核心素养学习·实践·研究集

以主题式教学为推动力

胡　莹　主　编

郑　茜　副主编

北京出版集团

北京出版社

图书在版编目（CIP）数据

核心素养学习·实践·研究集：以主题式教学为推动力 / 胡莹主编；郑茜副主编. -- 北京：北京出版社，2024.11. -- ISBN 978-7-200-18851-6

Ⅰ. G633.202

中国国家版本馆 CIP 数据核字第 20246MR807 号

责任编辑：董拯民　张　颖
责任印制：燕雨萌
装帧设计：品欣工作室

核心素养学习·实践·研究集
以主题式教学为推动力
HEXIN SUYANG XUEXI·SHIJIAN·YANJIU JI
胡莹　主编　郑茜　副主编

出　　版　北京出版集团
　　　　　北京出版社
地　　址　北京北三环中路 6 号
邮　　编　100120
网　　址　www.bph.com.cn
总 发 行　北京伦洋图书出版有限公司
印　　刷　北京建宏印刷有限公司
开　　本　787 毫米 ×1092 毫米　1/16
印　　张　30
字　　数　460 千字
版　　次　2024 年 11 月第 1 版
印　　次　2024 年 11 月第 1 次印刷
书　　号　ISBN 978-7-200-18851-6
定　　价　58.00 元

如有印装质量问题，由本社负责调换
质量监督电话　010-58572393

编委会

总　序

　　北京师范大学附属中学，简称北京师大附中，是教育部直属北京师范大学的第一附中，北京市首批市级重点中学、北京市首批示范性高中学校、教育部首批普通高中新课程新教材实施国家级示范学校。北京师大附中始建于1901年，是我国成立最早的公立中学，是我国最著名的中学之一，在海内外享有盛誉。

　　建校100多年来，北京师大附中为国家输送了大批优秀人才。历届校友中，有著名专家学者和各界知名人士数百人，仅中国科学院院士和工程院院士就有30多位。著名革命家赵世炎、科学家钱学森就是北京师大附中数万校友的杰出代表。中华人民共和国成立以来，北京师大附中得到了党和国家的高度重视和亲切关怀。毛泽东、邓小平、江泽民等党和国家领导人曾为北京师大附中题词，胡锦涛同志多次接见北京师大附中师生。每年国际国内众多来宾来校参观，对北京师大附中深厚的文化底蕴、扎实的工作作风、鲜明的办学特色，以及优秀历史传统与现代化的有机结合留下深刻的印象，并给予高度的赞扬。

　　北京师大附中始终走在基础教育改革的前列。建校之初，在国内率先实行"三三"学制，率先实行文理分科，创立课间操制度并开男女生合校之先河。中华人民共和国成立以来，积极投身教育教学改革，涉及课堂教学、课程设置、学制调整等。改革开放之后，成为北京市重点中学，首批开展军训，借鉴试用美国生物教材，探索"STS"教育。2002年，成为北京市首批示范校。进入新课改以来，成为北京市首批自主排课自主会考实验校、高中特色办学试点校、创新人才培养试点校、翱翔计划基地校、中外合作办学项目校、北京AP课程开发项目校、校本课程建设先进校、体育篮球田径传统校、声乐特长传统校和舞蹈金帆校。2020年，学校又成功获批普通高中新课程新教材实施国家级示范校。

新时期，北京师大附中提出了"全人格、高素质"的育人目标，把学生的个人发展需求与国家社会对人才培养的需求统一起来，构建了由"基石课程""志趣课程""卓越课程"组成的全人格教育课程体系，实现了学生主动、活泼、充分、健康的发展。学校开办了培养拔尖人才的钱学森班、科技实验班、人文实验班和中美合作国际化人才项目班，为不同特质、不同发展方向的学生提供了充足的发展空间。

北京师大附中政治教研组历来是一个具有团结、传承、进取精神的教研组，在大家的共同努力下，坚毅、沉稳地走在不断奋进的路上。截至2024年1月，教研组共有专职教师20位，教师结构呈现年轻化、专业多样化的趋向，中年骨干教师工作勤恳、经验丰富，青年教师锐意进取、勇于探索。在教师们的共同努力下，近十年来教育教学成绩突出，参与、主持国家市区级课题超10项，各级各类研究课80余节，学科专题讲座100余次，发表、获奖论文近60篇，组织丰富多彩的学科活动和实践活动上百次。在不断探索、总结和反思过程中，教师们科研意识得以增强、科研能力大幅提高、科研成果日益突出，以教促研、以研促教的作用越发显现出学校和教研组的特色和优势。

《政治学科核心素养学习·实践·研究集——以主题式教学模式为推动力》是学校政治教研组团队在长期的教学实践和对新课程改革学习研究的基础上，探索出的政治学科核心素养落地策略——主题式教学模式。所谓主题式教学模式，主要指以某一学科核心概念、时政热点问题或者学生核心能力等为主题，基于学生先前认知和经验构建教学设计框架，采取有效教育教学方式，帮助学生深化学科思想认知、提高问题解决能力、提升学科核心素养的教学模式。本书包括三篇内容：第一篇是学习篇，主要包含了对政治核心素养价值认知、主题式教学模式、情境教学、议题式教学、活动型学科课程、初高中思政课一体化策略等重要教学环节和问题的学习成果，梳理了近年来有关核心素养及其落地策略多方面的研究成果，是供大家学习研究相关理论和实践的重要基础；第二篇是实践篇，包括以"核心概念"为主题的学科教学设计、以"学科能力"为主题的学科选修课程群、以"时政教育"为主题的学科活动设计等内容，从实践层面展示教师的学习研究成果；第三篇是研究篇，是教师围绕核心素养落地撰写并公开发表的部分论文，这是教师基于实践、深入思考、梳理总结的重要研究成果。

北京师大附中的各教研组团队各具特色、各有所长，政治教研组的这本关于核心素养落地策略的研究成果，定会为其他教研组梳理并出版各自研究成果提供动力和参考，也相信不久的将来我们会有更多的成果与大家见面！

北京师范大学附属中学校长　王莉萍

2024 年 1 月

目 录
CONTENTS

第三篇　研究篇

第一篇
学习篇

沉心潜学，厚积薄发

核心素养是新一轮教育改革的重要方向之一，包括正确价值观、必备品格和关键能力，因而核心素养的培养不仅指对学生在知识、技能、态度和价值观方面的培育，还包括对学生创新思维能力、自主探究水平、问题分析解决等方面能力的培育。为探索核心素养有效落地策略，学校政治教研组教师对核心素养落地的相关环节和重要问题进行了相关研究成果的搜集、学习、梳理和总结，以期在此基础上找寻符合教育规律、符合学生发展、符合学校实际情况的培养核心素养的有效策略。

我们分别在核心素养价值认同、主题式教学模式、议题式教学、活动型学科课程实施策略、情境教学、优质设问、初高中思政课一体化教学等方面进行了学习，梳理总结了一些研究者的重要观点，试图站在巨人的肩上看清未来的发展方向。实践证明，努力和辛苦对我们的进步和研究大有裨益。在此，我们将学习成果呈现给大家，方便大家查阅。如果想要阅读全文，也可以循我们列出的文章篇目进行查找和深阅。

在胡莹老师的《核心素养价值认同学习成果》一文中，主要梳理了对核心素养培育的迫切性、内涵认知和主体责任等方面的研究成果，帮助我们追根溯源明确核心素养培育的必要性和重要性，以更好地指导我们的研究和探索。在姚岚老师的《主题式教学模式学习成果》一文中，分析了主题式教学的内涵、构成、理论基础、特征、实施步骤五个层面的内容。在张函老师的《议题式教学学习成果》一文中，梳理了议题式教学的内涵、开展缘由、实施策略等方面，并提出该教学方式进一步研究的方向。在徐芬芳、姚岚老师的《活动型学科课程实施策略学习成果》一文中，通过对活动型学科课程的价值引领、议题选择、活动设计、活动评价四大领域进行理论梳理与分析，为我们开展相关学科教学活动设计和实施、活动型学科课程的构建等提供有益的经验和研究基础。在郑茜老师的《思政课堂有效提问策略学习成果》一文中，从思政课堂有效提问的缘起、含义和标准、存在的问题、策略研究等方面，对近些年来国内专家学者和一线教师的相关研究进行了梳理。在王辰、梅超老师的《情境教学学习成果》一文中，从情境教学的概念内涵、开展缘由、创设和构建的路径及未来展望等方面，对近些年来国内外专家学者和一线教师的相关研究进行了梳理和分析。在邰美秋老师的《初高中思政课一体化教学学习成果》一文中，立足人生发展的重要基石阶段——初中和高中的贯通教育，对初高中思政课一体化教学的内涵、逻辑与原则、存在的问题与原因以及实践路径进行了梳理与分析，以帮助我们更好地在初高中贯通教育过程中开展相应的课程设计和教学实施。

　　以上研究资料的收集、分析和思考，为我们深入学习核心素养要求、推进核心素养落地，提供了重要经验、理论依据和思考路径，帮助我们在核心素养落地的探索中站得更高，看得更远，走得更好！

（撰文：胡莹）

核心素养价值认同学习成果

【摘要】 核心素养是新一轮教育改革的最新成果。本文在对核心素养国内外研究成果学习梳理的基础上，对核心素养培育的迫切性、核心素养的深刻内涵和主体责任等内容进行了总结分析，有利于从渊源上明确核心素养培育的必要性和重要性，明确核心素养的丰富内涵、框架设计及实施策略，有利于更好地指导思想政治学科核心素养的学习研究和实践探索。

【关键词】 核心素养　价值认同　丰富内涵　主体责任

核心素养不是心血来潮的应景之作，而是基于时代和教育改革的需要，继承中国优秀教育理念，在借鉴国内外诸多研究成果基础上的慎重之选，代表了新一轮课程改革的最新方向。梳理分析核心素养的有关理论和研究成果，有利于帮助我们厘清认识、把握实质、促进实施、助推改革。

一、核心素养培育的迫切性

培养学生的核心素养是落实立德树人根本任务的重要举措，是适应时代要求、尊重教育规律、培养学生终身发展和适应社会的迫切需要，已成为国家基础教育改革的时代强音，成为学界教育研究的共识。

有研究者从国际背景、当今时代的发展特点和要求、国家发展的需要等方面进行论证。例如，韩震老师在《核心素养与活动型课程——从本轮思想政治课程标准修订看德育课程的发展趋势》一文中，从中国社会的转型与发展、全球化与国际形势的变化、科学技术与信息技术的挑战、时代变化对教育提出的新要求等方面，阐述了核心素养教育的必要性和紧迫性，指出知识经济时代是一个差异性创新性的时代，创新本身成了驱动社会的主导力量；

在当代世界发展中，中国的角色已经从学习者转变为一个引领者，我们的教育从强调教师的教变成强调学生的学，而学就是创新，就是培养创新意识；现在我们的科学技术已经有了快速发展，质量也在提升，为创新提供了条件；而市场经济的发展和社会治理应该追求规范的法治，由价值多元的社会主义核心价值观引导。① 在此背景下，以核心素养为纲是制定和修订高中课程标准的标志性追求，核心素养的培育就成为本次教育改革的时代强音。张传燧、邹群霞老师在《学生核心素养及其培养的国际比较研究》一文中，分析了核心素养提出的深远背景，包括科技信息化浪潮的冲击、经济全球化的要求、文化多元化的要求、职业全面流动性的要求和参与社会及全球竞争的要求。刘彦华、刘胜男老师在《国际社会关于学生核心素养研究趋向分析》一文中，总结了各国际组织和主要国家开展核心素养研究缘由的共同背景：由于全球化进程加速推进，各国际组织和国家在20世纪中后期到21世纪初期都纷纷面临着诸如经济衰退、教育质量低下、社会形势严峻等挑战，迫切需要提升自身的竞争力，提高公民素养，于是不谋而合地提出要通过提高教育质量来增强公民素养和国家竞争力，而核心素养的研究则是提高教育质量不可或缺的一个重要环节。

有研究者从个人和社会发展需要角度论证培养核心素养的重要性。例如，蔡清田老师在《国际视野下核心素养教育理念之研究及其实现》一文中指出，核心素养兼具促成个人发展及社会发展的功能。就个人发展而言，核心素养培养可视为增能赋权与自我实现，有利于帮助个人具备与异质性社会群体进行互动的素养；就社会发展而言，核心素养培养可视为帮助人们具备参与贡献社会的知识、能力与态度，并能将其运用在不同的生活情境中，协助个人具备胜任扮演工作者、家庭成员与社会公民角色的教育素养。

总体来看，核心素养培育是国内外教育改革的必然趋势，是基于国际背景、国家发展、社会进步及个人长远发展的慎重考虑，具有紧迫的时代性、发展的多元性和个人的终身性等特征。

---

① 韩震.核心素养与活动型课程——从本轮思想政治课程标准修订看德育课程的发展趋势［J］.思想政治课教学，2016（3）：4-8.

二、核心素养的丰富内涵

核心素养培养不同于以往教育的培养模式，它特别着眼于学习者终身学习和离开学校步入社会后的适应能力和优良品质，其目的是提升学习者应对现实问题的多方面关键能力和综合素养，研究者通过对核心素养的内涵和框架进行梳理和设计，以帮助实践者更好地把握和推动核心素养落地。通过对国内外研究成果的学习和梳理，探究核心素养研究历程，有助于深入把握其丰富内涵。

（一）国内研究成果简介

绝大多数研究者认为核心素养是综合素养，并对素养进行了系统设计。例如，林崇德先生在《21世纪学生发展核心素养研究》一书中，阐述了素养和核心素养的内涵，包含较为全面内涵的素养英文单词应该是competence，该词源于拉丁文cum和petere，是指伴随着某件事或某个人的知识、能力和态度的总和。综合世界对核心素养的界定，考虑不同学科研究及我国的实际，该书对核心素养做了这样的界定："核心素养是学生在接受相应学段的教育过程中，逐步形成的适应个人终身发展和社会发展需要的必备品格与关键能力……它是关于学生知识、技能、情感、态度、价值观等多方面要求的结合体；它指向过程，关注学生在其培养过程中的体悟而非结果导向；同时，核心素养兼具稳定性、开放性与发展性，是一个伴随终身、可持续发展、与时俱进的动态优化过程，是个体能够适应未来社会、促进终身学习、实现全面发展的基本保障……核心素养不仅能够促进个体发展，同时也有助于形成运行良好的社会。"[①]该书从多角度对核心素养进行了描画，在目标上指向培养什么样的人，在性质上指向所有学生应具备最关键、最必要的共同素养，在内容上指向知识、技能和态度等的综合表现，在功能上同时具有个人价值和社会价值，在培养上以先天遗传为基础综合后天环境影响形成，在评估上须结合定性与定量测评指标进行综合评价，在架构上兼顾个体与文化学习、社会参与和自我发展，在发展上具有阶段性和终身发展性，在作用发挥上具

---

① 林崇德.21世纪学生发展核心素养研究［M］.北京：北京师范大学出版社，2016：29.

有整合性。①对核心素养进行了较全面的论述和阐释，是我们理解核心素养的重要著作。

有研究者面向学习者终身发展，认为素养要能解决现实问题，适应社会发展需要。例如，朱明光先生在《关于思想政治学科核心素养的思考》中分析了素养是一种人人终将拥有的品质，是人们生活经验的结晶。核心素养是指"个体在面对复杂的、不确定的现实生活情境时，能够综合运用特定学习方式所孕育出来的（跨）学科观念、思维模式和探究技能，结构化的（跨）学科知识和技能，以及世界观、人生观和价值观在内的动力系统，在分析情境、提出问题、解决问题、交流结果过程中表现出来的综合性品质"②。王丽琳老师在《国内核心素养研究述评》中分析了素养的各种内涵。第一，素养是基于行为能力取向做出的定义，是人适应信息时代和知识社会的需要，解决复杂问题和适应不可预测情境的高级能力与人性能力，是一整套可被观察、教授、习得和测量的行为，是完成某一情境工作任务所必需的一系列行为模式。第二，素养是一种真实性学力，需要通过真实性教学和评价来培养。素养是通过教化、自身努力和环境等因素合力作用的结果，包括因训练和实践而习得的思想品行、知识、技巧和能力。对于基础教育阶段学生而言，发展核心素养是为了适应信息时代和知识型社会的需要，以培养学生一种解决复杂问题和适应不可预测情境的综合能力。③核心素养的意涵在于强调开发学生学习潜能，实现终身学习理念，培养学生适应未来社会生活所需的知识能力态度情意。④

《普通高中思想政治课程标准（2017年版2020年修订）》指出："学科核心素养是学科与人价值的集中体现，是学生通过学科学习而逐步形成的正确价值观、必备品格和关键能力。思想政治学科核心素养，主要包括政治认同、科学精神、法治意识和公共参与。"我国公民的政治认同，就是拥护中

①　林崇德. 21世纪学生发展核心素养研究［M］. 北京：北京师范大学出版社，2016：30-31.

②　朱明光. 关于思想政治学科核心素养的思考［J］. 思想政治课教学，2016（1）：4-7.

③　张华. 核心素养与我国基础教育课程改革"再出发"［J］. 华东师范大学学报（教育科学版），2016（1）：7-9.

④　蔡清田. 核心素养与课程设计［M］. 北京：北京师范大学出版社，2018：3.

国共产党的领导，坚持和发展中国特色社会主义，认同中华人民共和国、中华民族、中华文化，弘扬和践行社会主义核心价值观。我国公民的科学精神，就是在认识世界和改造世界的过程中表现出来的一种精神取向，即坚持马克思主义的科学世界观和方法论，能够对个人成长、社会进步、国家发展和人类文明做出正确的价值判断和行为选择。我国公民的法治意识，就是遵法、学法、守法、用法，自觉参加社会主义法治国家建设。我国公民的公共参与，就是有序参与公共事务，勇于承担社会责任，积极行使人民当家做主的政治权利。

可见，国内学者们对核心素养内涵的认知和界定都具有综合性的特点，认为核心素养不仅包括学科知识和学科思想的要求，还包括相关能力和正确价值观的培养，是学习者离开学校、应对新情境解决新问题的关键能力和综合素养。

（二）国外研究典型探微

国外有关核心素养的研究始于20世纪70年代。经过多年探索，已经取得了不少成果，对核心素养内涵已经总结出几类成体系的框架，这些框架内容也无一例外地关注核心素养的综合性、系统性和应用性。例如，张传燧、邹群霞老师在《学生核心素养及其培养的国际比较研究》中，分析了国际上比较典型的四种核心素养的内涵，包括联合国教科文组织、经济发展与合作组织、欧盟和美国对核心素养内涵的界定和框架。联合国教科文组织确立了学段递进型结构，根据不同学段学生身心特点，细化每个维度和阶段性的指标条目，建构了学前教育、小学教育和中学教育等七个学习领域指标体系，体现了核心素养的发展是贯穿个体一生，强调终身学习的理念，具体的指标分别是身体健康、社会情绪、文化与艺术、文字与沟通、学习方法与认知、数字与数学、科学与技术，根据不同年龄段学生发展特征明确了不同的学习重点。经济合作与发展组织的分层递进型结构，每个维度和分级条目之间呈现了不断递进、细化的特点，从人与工具、人与自己、人与社会三个维度出发提出了核心素养结构，总体上是强调个人在社会中与他人的互动关系。欧盟的分类描述型结构，对核心素养的维度进行分类描述，对每一条目提出一定的要求，8项核心素养，包括使用母语交流、使用外语交流、数学素养与基本的科学技术素养、数字素养、学会学习、社会与公民素养、主动意识与创业精神、文化意识与表达，并对 8 项核心素养进行定义界定，然后从知识、技能和态度三个维度上对其进行具体描述。美国的支持系统型结构，分为学习内容和支持系统部分。学习内容包括 3 方面技能和 5 个 21 世纪主题；3 方面技能包括生活与职业技能、学习与创新技能及信息、媒体与技术技能；5 个 21 世纪主题包括全球意识，金融、经济、商业和创业素养，公民素养，健康素养，环保素养。这四种框架存在较大差异，联合国教科文组织特别提倡终身学习。

有的学者认为核心素养教育与可持续发展教育一致，后者起源于联合国教科文组织可持续发展教育，作为一种契合时代挑战与社会发展的教育理念，自 1988 年提出以来已成为世界各国教育改革研究的共同主题并获得广泛的认同，其根本目的在于促进学生可持续发展伦理观念和可持续发展价值观念的形成，提高学生实施可持续发展的认识、技能与实践能力。[①]

美国亚利桑那州立大学可持续发展学院的维克（Armin Wiek）教授于 2011 年发表名为 *Key Competencies in Sustainability: A Reference Framework for Academic Program Development* 的论文，将可持续发展的核心素养界定为五大类，即系统思维能力（systems thinking competence）、预测能力（anticipatory competence）、规范能力（normative competence）、策略能力（strategic competence）以及人际交往能力（interpersonal competence）。在美国，一方面不仅配合进行"素养的界定与选择"研究，提出沟通信息处理、社会素养、自主行动等核心素养；另一方面，2008 年美国教育部更组成产官学界合作组织，创办 Partnership for 21st century skills（简称 P21），发表《二十一世纪技能、教育和竞争力报告》，规划培育生活与生涯工作技能、学习与创新技能、信息媒体与科技技能等 21 世纪技术能力架构，受到世界各国政府及教育学者的普遍重视。

在德国，将素养进一步分为基础素养以及进阶的核心素养。基础素养包括理解知识、应用知识、学习素养、使用工具的素养、社会素养、价值导

---

① 田道勇，赵承福.关于可持续发展教育概念的解析［J］.教育研究，2009（3）：86-91.

向；进阶的核心素养包括因特网素养、后设认知与后设知识、沟通素养、媒体素养、经济素养、文化素养、跨文化素养、情绪智能、动机等核心素养，受到欧盟等国际组织及其会员国的重视。

可见，国外有关核心素养的框架结构设计虽然差异比较大，但都关注学习者终身学习的能力、都重视核心素养培养的阶段性和衔接性、都着眼于社会需要的知识技能和品质。与中国的研究有些不同，但二者都重视学习者适应社会的应变能力和自我发展综合能力的价值考量。

三、核心素养的主体责任

核心素养是当前教育改革的方向，是落实立德树人根本教育任务的重要载体，探索素养落地的有效策略，尤其明确相关主体的责任，是研究者和实践者必须面对的核心问题。大多数研究者和实践者都认同要全方位贯彻落实核心素养要求，要积极推动学校、政府等主体履行相应的职责。

在学校教育中，要重视课程、教学、实践活动等载体的作用和任务设计的引领价值，重视学校各类教育活动。例如，王丽琳老师在《国内核心素养研究述评》中提到，核心素养的落实，有赖于将核心素养的思想融入课程建设和教学实践中，做到与课程、教学的契合。在实施过程中，做到整体上的全面推进，使核心素养成为推动教育中各个环节改革发展的动力，从而实现以追求学生发展为中心的完整育人体系。核心素养被誉为课程发展与设计的关键DNA[1]，在培养核心素养的过程中，学校扮演着重要角色，学校可通过相关教育活动、学科教学、教学引导、学生学习、评量、教务、学生事务、辅导与心理、总务等，循序渐进培养学生的核心素养之知识、能力、态度并提升其水平质量。[2]

"核心素养"肇始于深化课程改革，优化于国际经验借鉴，完善于本土理论构建，落实于学校课程实施。[3]核心素养不在于知道什么是知识，而在于能灵活地创造性地运用知识，并且运用这一知识解决问题，是实际解决问

---

① 蔡清田.素养：课程改革的DNA［M］.台北：高等教育出版公司，2011.

② 蔡清田.50则非知不可的课程学概念［M］.台北：五南图书公司，2016.

③ 刘永凤.国际"核心素养"研究的最新进展及启示［J］.全球教育展望，2017（2）.

题能力的表现。①中国提出通过活动型课程推进核心素养落地，加强学生社会实践活动，通过外在体验把主流价值观内化为学生基本价值取向，活动可以是知与行、学而思，可以是讲问题、提问题，可以是社会实践、课堂教学，还可以是寻求结果、享受探究过程等。②

核心素养不太容易落地，在国际研究和比较中，西方国家由于管理体制的问题，往往存在研究成果和贯彻落实的脱节，如美国的研究成果很丰厚，但不容易找到落实的机构和主体，更多地依赖倡导和自愿。再如米洛斯拉夫（Miroslaw Dabrowski）等考察波兰中小学普通教育的课程设置后发现，由于缺乏配套的教学材料与评估系统，核心素养未能很好地嵌入学校教学中，这导致学校教育中核心素养培养处于边缘地位。在我国，形成了国家层面的制度和相关政策，国家自上而下推进改革，保障了诸多力量共同推进核心素养的落地，也由于很多学者和一线教育教研工作者，对核心素养的实施进行了有益探索和经验总结，使得我国核心素养落地具有可操作性、可借鉴性、可推广性，包括情境设置、议题引领、活动推进、设问优化等，都是切实可行的实施策略，这些内容在后面的学习中会逐一梳理。

综上所述，对于核心素养培育的迫切性、丰富内涵、主体责任等方面的研究，有利于我们更好认同核心素养价值，更好地推进各学科核心素养的落地，有利于真正培养学习者终身学习的关键能力和综合素养。

参考文献：

［1］刘永凤. 国际"核心素养"研究的最新进展及启示［J］. 全球教育展望，2017（2）.

［2］王晶莹，梁宇晨，马云梦. 国际核心素养研究进展与趋势的量化分析［J］. 中国人民大学教育学刊，2017（6）.

［3］刘彦华，刘胜男. 国际社会关于学生核心素养研究趋向分析［J］. 沈阳师范大学学报（社会科学版），2018（1）.

---

① 韩震. 核心素养与活动型课程——从本轮思想政治课程标准修订看德育课程的发展趋势［J］. 思想政治课教学，2016（3）.

② 同上.

［4］蔡清田.国际视野下核心素养教育理念之研究及其实现［J］.当代教育科学，2019（3）.

［5］王丽琳.国内核心素养研究述评［J］.课程教学研究，2018（3）.

［6］蔡清田.论核心素养的国际趋势与理论依据［J］.东北师大学报（哲学社会科学版），2018（1）.

［7］张传燧，邹群霞.学生核心素养及其培养的国际比较研究［J］.课程·教材·教法，2017（3）.

［8］林崇德.21世纪学生发展核心素养研究［M］.北京：北京师范大学出版社，2016.

［9］朱明光.关于思想政治学科核心素养的思考［J］.思想政治课教学，2016（1）.

［10］张华.核心素养与我国基础教育课程改革"再出发"［J］.华东师范大学学报（教育科学版），2016（1）.

［11］蔡清田.核心素养与课程设计［M］.北京：北京师范大学出版社，2018：3.

［12］田道勇，赵承福.关于可持续发展教育概念的解析［J］.教育研究，2009（3）.

［13］蔡清田.素养：课程改革的DNA［M］.台北：高等教育文化事业有限公司，2011.

［14］蔡清田.50则非知不可的课程学概念［M］.台北：五南图书公司，2016.

［15］韩震.核心素养与活动型课程——从本轮思想政治课程标准修订看德育课程的发展趋势［J］.思想政治课教学，2016（3）.

（撰文：胡莹）

主题式教学模式学习成果

【摘要】随着中考改革的推进，越来越强化对学生分析、综合、迁移等能力的要求。教师在教学过程中打破单一教材的条条框框，将知识进行系统加工、重组，对学生的素养提升至关重要，主题式教学应该成为每位教师在授课中的常态。新课改提倡的议题式教学、学生核心素养的培养、高阶思维能力的训练等内容都与主题式教学密切相关。本文从主题式教学的内涵、特征、实施、优点及问题四个层面进行学习成果总结，以期为主题式教学的实践提供理论依据。

【关键词】主题式教学　内涵　特征　实施　核心素养

教育是社会发展的重要组成部分，教学模式的选择和应用对学生的学习效果和发展至关重要。主题式教学模式作为一种新型的教学模式，在教育实践中得到了广泛的应用。在学生的学习过程中，对知识进行系统化的认知，是运用、迁移和发散的前提。对知识的理解，应该是在情境中获得的。因此，围绕有意义的主题进行教学可以加速学生对新内容的内化和长效记忆。主题式教学通过创设一个良好的学习情境，注重教学内容的重新选择和整合，横向、纵向选编和主题相关的教学材料，方便帮助学生对学习内容的系统化掌握。

一、主题式教学的内涵

关于主题式教学模式的内涵，国内外学者均有广泛而深刻的研究，其历史十分悠久。

主题式教学实践的雏形是1931年由美国芝加哥大学教授亨利·C.莫里

逊（Henry Clinton Morrison）教授所提倡的让学生在一段时间内学习一种教材或解决一个问题，以促进其人格发展的单元教学法。20世纪50年代，主题式教学的理念最早在美国提出，当时课程整合运动的势头还没有减弱，学者们创新出以主题教学为代表性的教学模式。1955年，美国学者拉瓦尼·A.汉纳（Lavone A. Hanna）正式提出了主题式教学是聚集于对某一具有社会意义的课题的理解而展开的有目的的学习体验，其中这种课题被视为一个横断各学科且基于儿童个体社会需求的意义整体①。20世纪80年代，学者鲁斯·甘伯格（Ruth Camberg）和简·欧雷姆（J. Altheim）继续深化主题式教学的内涵，更加突出学生的中心地位，强调通过广泛的主题探究，而非拘囿于某一学科领域来整合运作的教学模式②。

英国在20世纪70年代，全国上下推行类似"主题教学"的模式，但试行后发现，学生在接受小学教育后，不能适应中学的教学方式，因为中学还是按照传统的教学方式授课，因此，英国政府主张取缔主题教学，恢复了小学阶段的传统授课方式。到 20 世纪末，主题教学模式又一次被提上了议程，因为"现行的小学教育使学生们的创新意识和实践能力不断萎缩，越来越多的教师呼吁必须在小学教育中着重培养学生的创新精神和实践能力。现在的教师在制定教学主题时，充分考虑到国家的课程标准"③。

在我国，学者们纷纷对主题式教学的内涵阐释了自己的看法。袁顶国教授、朱德全教授认为，主题式教学设计是以主题为中轴围绕教学主题而展开的，在系统论、学习理论与教学论指导下，以教学主题为枢纽，在系统内诸要素之间彼此联系、相互作用与协调运行中，驱动师生"双适应、双发展"，以达成教学主体心理结构的完善与自我实现的整体性设计④。刘梅芳老师认为，简单来讲，主题式教学是指教师在开展教学活动时，结合教学大纲的基

---

① Hanna Lavone，Agnes. Unit Teaching in the Elementary School［M］. New York：Rinehart，1955：177–183.

② Camberg R，Others A. Learning and Loving It：Theme Studies in the Classroom［M］. New Hampshire：Heinemann，1988：102.

③ 郭力方.英国风行"主题"教学［J］.刊授党校，2007（8）.

④ 袁顶国，朱德全.论主题式教学设计的内涵、外延与特征［J］.课程·教材·教法，2006（12）.

本标准，将核心知识作为教学主体，利用科学的教学主体，给学生明确教学目标，在教学期间通过对教学重点和难点知识的挖掘和分析，为学生创设教学情境，确保教材中的信息可以传递给学生，并且利用教学情境给学生设计不同的学习问题[①]。何忠锋老师认为，主题式教学模式是"教师依据教学大纲的基本要求，以核心知识为主体，选择一个适当的主题即典型材料为背景，根据教学目标，围绕教学重点与难点，充分挖掘、利用材料与知识间的联系，创造情境，精心设计一系列问题，师生围绕主题开展合作探究活动，在活动过程中理解和把握主题中的核心知识，进而实现知识迁移，从而完成学习要求和任务，实现师生共同发展的一种开放性教学"[②]。

由此可见，主题式教学的核心内涵在于"内容主题化"。在此基础上，通过运用不同的教学模式，调动学生的主体学习性，从而实现课堂教学的变革。通过将知识和技能组织成有机整体的主题，促使学生主动探究、合作学习和批判思考。这符合新课程改革的大背景下，对学生核心素养、关键品格和必备能力的培养要求。学生掌握的知识应该是整体的、系统的，而非杂乱的、无序的；学生提升的能力应该是创新的、务实的，而非守旧的、本本的。

二、主题式教学的特征

主题式教学近年来之所以备受一线教师与学者的青睐，是因其本身具有的显著特点。

沈雪春认为，主题式教学具有三大主要的特点：情境的主题性、主题的探究性、探究的时代性。[③]袁顶国教授、朱德全教授认为，主题式教学的特征可以归纳为四个方面：主题中轴性、教学主体的辩证统一性、"教程"与"学程"的整合性、教学时空从"有限封闭"向"无限开放"的转化性。李

① 刘梅芳.弘扬核心价值，坚定文化自信——浅谈核心素养视域下开展文化生活主题式教学的策略 [J].天天爱科学（教学研究），2022（12）.

② 何忠锋.思想政治课主题教学模式构建 [J].中学政治教学参考，2013（10）.

③ 沈雪春.主题情景式探究：一种新的中学政治教学引领方式 [J].中学政治教学参考，2010（12）.

卉老师认为，主题式教学在思想政治课教学中应用的特点如下。第一，教学主题突出。一般在每一节课只针对某一个具体问题展开，确定一个主题作为学习内容。它主旨鲜明，针对性强，减少了学生学习时注意力分散的机会。第二，整合课程资源。第三，创设课堂情境。第四，便于师生的思想互动。①顾晓芳老师认为，主题情境式教学应该具有比较显著的特点：整节课有一个贯穿始终的主题情境，课堂的主要环节都围绕该主题情境展开；在主题情境渐次展开的过程中促进学生的认知发展，提升学生的思维能力。②

由此可以看出，主题式教学的特征离不开"主题"与"情境"两大核心。因此，教师在教学前要精心地预设主题和情境，既要基于对教材的分析、整合与把握，也要密切联系学生生活和成长的实际，能够实现理论逻辑与生活逻辑的统一。在主题探究的过程中，要鼓励学生合作完成、独立思考、批判创新、学会质疑，这样的教学方式有利于激发学生的主动性，培养学生的高阶思维能力。

三、主题式教学的实施

在教学过程中，如何发挥主题式教学的实效性、培养学生综合分析问题的能力？不同的学者在理论研究与实践的过程中有了不同的探索。我们大体可以把这些研究成果按照横向、纵向两个维度进行划分。

纵向维度，即按照教学的推演步骤划分。印云亮老师认为，主题式教学的三步为"确定主题—导入话题—确定问题、活动"的教学主线。确定主题，即一课一主题，需要打破原有教材的课、节、框，对教材内容进行适当重组和整合。导入话题一定要根据教学内容而不能脱离教学内容，导入方法要简明扼要。问题和活动的设计要关注、了解学生的情况和起点。③陆俊利老师认为，主题式教学应包含层层递进的几环：单元导读，目标导向—单元

---

① 李卉.主题式教学的设计构思与应用［J］.中学政治教学参考，2013（24）.

② 顾晓芳.主题式情境教学的三"生"三"试"——以《摩擦力》一课为例［J］.教育研究与评论（中学教育教学），2020（6）.

③ 印云亮.高中思想政治课中实施主题教学模式的探索［J］.上海教育科研，2008（5）.

整合，读写联动—开展活动，开阔视野—单元回顾，分享展示。[①]李卉老师认为，主题式教学在实施中应包括三步：第一，抓住学生的思想发展需求和情感需要；第二，通过对学生的价值引导设置学习任务目标；第三，抓住课堂信息反馈，促进学生自我意识觉醒。[②]

横向维度，即丰富主题式教学的外延，使学生多维度感知、理解主题。何灿华老师提到，想要丰富学生对主题的感知，就需要"整合资源选主题—行为跟进研主题—提升需求拓主题"。[③]陈义明认为，"要基于教材知识内容提炼主题—要从关键能力角度确立主题—要观照学生实际确立主题—要联系社会现实生活确立主题"[④]。刘云鹤认为，要合理解读教材，优化主题设计（根据学生思想实际和社会发展要求）—善于挖掘教材，提炼教学主题（善于从现实生活中尤其是时事热点中发现和寻找有价值的热点题材凝练教学主题）—突出创新启智，提升思维张力（培养学生带着问题去思考和探究的好习惯）—立足价值引领，聚焦成长成才。[⑤]

由此可以看出，主题式教学想要取得良好的教学效果，教师与学生这两大主体都发挥着很重要的作用。首先，教师自身要对教学内容与逻辑结构非常清晰，这样才能打破书本的结构，对内容进行重新梳理。其次，教师在每一步引导的过程中都要借助情境充分调动学生思考问题的积极性，产生良性互动。学生也需要根据教师的引导，有效调动既有知识，从而"温故"而"知新"。

四、主题式教学的优点及问题

随着新课改的推进，主题式教学凭着"坚持学生主体""能够培养学生多角度多层次思考能力"等优势活跃在一线课堂之中，然而，部分教师在实际应用的过程中，也依然面临着一系列的问题。

①　陆俊利.单元主题教学：主题式课程整合案例研究［J］.甘肃教育，2019（2）.
②　李卉.主题式教学的设计构思与应用［J］.中学政治教学参考，2013（24）.
③　何灿华.新课程理念下"主题式"教研的价值追求［J］.上海教育科研，2006（8）.
④　陈义明.主题式教学主题的确立［J］.中学政治教学参考，2020（20）.
⑤　刘云鹤.从心动到行动——主题式情境创设艺术浅析［J］.中学政治教学参考，2021（9）.

对于主题式教学的优点，学者们有如下总结。栾军认为，思想政治课开展主题式教学，可以提高政治课教学效率，突出思想政治课的思想灵魂，传递正能量；帮助学生建构完整的生活范例，引导学生在分析综合的基础上建构适合自己的有意义的生活；让思想政治课从单纯的知识传授转变为丰满完整的人的教育。① 李卉认为，主题式教学的优点包括：第一，有利于增强思想政治课教学的灵活性；第二，有利于思想政治课教学贴近社会现实；第三，有利于激发学生的学习能动性；第四，有利于提升思想政治教师的专业性。②

对于主题式教学中所存在的问题，教师们也在实践的过程中进行了如下概括。刘云鹤认为，主题式教学不可避免地存在一些不如意的地方。比如，有些生活主题与教学主题不够契合，关联度不高；素材杂乱堆砌，实效性、真实性不强；主题构思缺乏创意，引领作用不强；情感培育不足，淡化价值引领等。③ 姜丽艳认为，高中思想政治主题式情境教学存在的问题主要有：主题选择随意，缺乏设计；主题构思不足，缺乏凝练；情境创设杂乱，缺乏美感；情感价值培育不足，缺乏价值引领等。④

由此我们可以看出，主题式教学在培养学生的主动性和综合能力方面具有独特的优势。主题式教学强调学生学习的主动性，教师在教学的过程中，通过创设复杂的、生活化的情境，引导学生主动思考、主动建构，这与我们新课改中强调的"学生本位"是高度一致的。然而，主题式教学在实施过程中也面临一些挑战，如教师对主题的选择和设计能力等方面的限制。因此，未来应进一步完善主题式教学的理论框架和实施策略，以更好地促进学生的学习和发展。

综上所述，把教学内容放到有意义的"主题"中学习，可以有效培养学生的学科核心素养，把握知识间的内在逻辑联系。主题式教学模式通过构建有趣和有意义的主题，提高学生的学习动机和学习满意度，从而促进学生成

---

① 栾军.主题式教学：让思想政治课更丰满［J］.思想政治课教学，2014（4）.
② 李卉.主题式教学的设计构思与应用［J］.中学政治教学参考，2013（24）.
③ 刘云鹤.从心动到行动——主题式情境创设艺术浅析［J］.中学政治教学参考，2021（9）.
④ 姜丽艳.主题式情境教学的问题与对策［J］.思想政治课教学，2018（12）.

绩的提高和学习效果的提升。除此之外，主题式教学为跨学科教学、初高中教学的有效衔接、不同学科间的知识整合等理论研究也提供了一种有效的范例。在实施主题式教学模式时，教师应不断提升自身的教学能力，学校和教育机构应提供充足的教学资源支持，并采取不同的教学方法和策略，以满足不同学生的需求。未来研究可进一步探讨主题式教学模式的改进和发展，以推动教育模式的创新和进步。

参考文献：

［1］刘云鹤.从心动到行动——主题式情境创设艺术浅析［J］.中学政治教学参考，2021（9）.

［2］陆俊利.单元主题教学：主题式课程整合案例研究［J］.甘肃教育，2019（2）.

［3］刘梅芳.弘扬核心价值，坚定文化自信——浅谈核心素养视域下开展文化生活主题式教学的策略［J］.天天爱科学（教学研究），2022（12）.

［4］王高权，金春燕.基于思维进阶的主题式教学建构——以"精准扶贫·大凉山的可持续发展之路"为例［J］.中学地理教学参考，2023（10）.

［5］高嵩，陈晓端.论当代主题式教学中的课程知识整合［J］.课程·教材·教法，2020（5）.

［6］袁顶国，朱德全.论主题式教学设计的内涵、外延与特征［J］.课程·教材·教法，2006（12）.

［7］何灿华.新课程理念下"主题式"教研的价值追求［J］.上海教育科研，2006（8）.

［8］沈雪春.主题情景式探究：一种新的中学政治教学引领方式［J］.中学政治教学参考，2010（12）.

［9］王焰.主题式的任务型教学模式探析［J］.西南交通大学学报（社会科学版），2006（3）.

［10］栾军.主题式教学：让思想政治课更丰满［J］.思想政治课教学，2014（4）.

［11］李卉.主题式教学的设计构思与应用［J］.中学政治教学参考，

2013（24）.

　　［12］陈义明.主题式教学主题的确立［J］.中学政治教学参考，2020（20）.

　　［13］顾晓芳.主题式情境教学的三"生"三"试"——以《摩擦力》一课为例［J］.教育研究与评论（中学教育教学），2020（6）.

　　［14］姜丽艳.主题式情境教学的问题与对策［J］.思想政治课教学，2018（12）.

　　［15］郭力方.英国风行"主题"教学［J］.刊授党校，2007（8）.

　　［16］印云亮.高中思想政治课中实施主题教学模式的探索［J］.上海教育科研，2008（5）.

　　［17］何忠锋.思想政治课主题教学模式构建［J］.中学政治教学参考，2013（10）.

　　［18］李德桃.主题式教学模式在高中思想政治课中的运用研究［D］.苏州：苏州大学，2013.

（撰文：姚岚）

议题式教学学习成果

【摘要】探寻思政课议题式教学策略，是贯彻思想政治课新课标的现实要求，也是提升中学生学科素养的内在需要，有助于增强思政课教学的实效性。本文基于现有研究成果，梳理了国内思政课议题式教学策略研究的相关成果，包括议题式教学的内涵、开展缘起、实施策略等方面，并提出该教学方式进一步研究的方向，以期为思想政治课教师教学提供一些启示。

【关键词】议题式教学　缘起　内涵　策略

一、议题式教学的缘起

思想政治课程既是一门学科课程，又是一门特殊的、带有明显综合性的德育课程。从学科课程角度来看，思想政治涉及政治、经济、哲学、法律等各种不同的学科内容，它是根据各种知识的逻辑顺序和学生身心发展的顺序系统组织的；从知行结合的角度讲，这些内容更注重认知的方面，但缺少学生体验的思想教育。新修订的高中思想政治课程标准明确指出，要通过"活动"把"内容目标"与"教学提示"有机整合起来，通过围绕多种多样议题展开活动，使"知识内容依托活动""活动过程提升素养"。活动型学科课程与活动课程最大的区别在于，它不是围绕生活中的主题而开展探究活动，而是课内议题活动的延伸、拓展和深化，其实质是促进学生学习方式的转变，即引导学生开展学科内的探究性学习。议题式教学是新课改背景下实施高中思政课活动型课程，促进学生掌握学科知识、达成学习目标、发展思政学科核心素养的重要教学方式。

二、议题式教学的内涵

议题式教学以议题作为逻辑和实践的起点，首先需要明确什么是议题？《普通高中思想政治课程标准（2017年版2020年修订）》明确指出："议题，既包含学科课程的具体内容，又展示价值判断的基本观点；既具有开放性、引领性，又体现教学重点、针对学习难点。"唐璞（2021年）提出，议题是学科教学内容和价值引领观点相结合的统一体。议题的本质是以"议"的方式来解决问题，议题不同于普通的问题和辩题，是聚焦时政热点和社会生活主题的具有思辨性和开放性的问题序列。[①]

什么是议题式教学？它与问题式教学、主题式教学、美国的议题中心式教学之间有何区别？张帅和杨小斌（2017年）指出，问题式教学通常是基于学生提出的个体问题或者是基于群体问题而展开的一种思想政治课程教学，指向学生问题的解决，或者是引导学生对教师所提出的问题进行讨论与思考，并达到解决问题的目标，进而锻炼学生的思维能力和创新能力。[②]区别于问题式教学，议题式教学则需要找到一个能够统领课程的议题，它摆脱了具体问题的封闭性、单一性，因而，更具有综合性、开放性，根植于课程知识和现实情境，指向学生学科核心素养的培育和价值观念的引领，而不仅是解决具体问题的能力。主题式教学是基于课程知识的关联性、逻辑性的统整，找到知识之间的逻辑关系，并以某一共同的主题来进行串联的教学方式，知识跨度大导致在主题式教学的过程中，必然涉及多种多样的教学方式的综合运用。区别于主题式教学，议题式教学的切口较小，议题的设置更加具有公共性、开放性，受主题内容的限制相对较少，更多关注实践意义。不同于主题式教学的课程论性质的统筹，它更侧重于教学论意义上的创新，服务于活动型课程的实现，引导学生面对现实生活问题情境。议题中心教学法是通过对中心议题的讨论，为学生创设出学科价值两难的情境，引导学生通过自主学习、自主探究，进而在两难之间做出理性的抉择，能够有效地训练

---

① 唐璞.高中思想政治课议题式教学的设计［J］.科教文汇，2021（5）：151–152.

② 张帅，杨小斌.议题式教学初探［J］.思想政治课教学，2017（9）：28–31.

学生的思维能力，提升思维的层次与水平。议题式教学的议题设置包含学科的具体知识内容，同时也包含学科价值。这就决定了议题式教学的议题设置必然具有一定的知识限制，而议题中心式教学则主要围绕社会中心议题来展开，不但要求打破学科内部知识的边界，而且根据中心议题的转换，可能打破不同的学科知识边界。更为重要的是，议题式教学并不以追求价值冲突、观点冲突、理念冲突为目标，而是希望通过学生围绕议题的讨论，进而形成对学科价值的认同。①

在议题式教学的内涵方面，现有的研究成果基本都指向议题、知识、情境、活动、学科核心素养之间的系统优化关系。严宏亮（2017年）提出思想政治课议题式教学，强调以议题为实践载体，以政治学科知识为理论依托，以学生的自主学习、调查研究、展示交流为主要内容，以教师的引导与指导为有效保障，从而促进学生在体验生活中掌握学科理论知识，在交流互动中坚定正确价值取向，在教师引领中提升自身核心素养。②余国志（2017年）提出，议题式教学是在民主平等、协作开放、交往全纳的人文主义教育教学理念指导下，基于建构主义教育理论，以议题为统整，以学力为目标，以场景为舞台，以素养为鹄的，以思维活动为核心，以知识为工具，学习者深度参与学习的一种教学方法。③沈雪春（2018年）提出，议题式教学是以议题为引线，以情境为载体，以活动为路径，以学科知识为中心，以学科核心素养为培养目标的一种教学方法。④唐璞（2021年）提出，议题式教学不等同于案例或者问题教学，是一个可与其他教学法交织结合应用的庞杂的教学系统。议题式教学是将学生组成若干学习群体，并将教学目标通过系列活动嵌入教学内容中，以促使学习成为学生间思维与行为互相碰撞融合的活动。学生深入序列议题进行思辨学习，采取实践活动、互助合作、对话分享、体验

---

① 张帅，杨小斌.议题式教学初探［J］.思想政治课教学，2017（9）：28-31.
② 严宏亮.思想政治课议题式教学探究——以"垃圾围城"为例［J］.中学政治教学参考，2017（19）：16-17.
③ 余国志.议题式教学：高中思想政治课教学的新路径——以"做好就业与自主创业的准备"为例［J］.中学政治教学参考，2017（28）：28-30.
④ 沈雪春.议题式教学的四种"议"境——以"人民代表大会：国家权力机关"公开课教学为例［J］.思想政治课教学，2018（7）：15-18.

探究等方法建构学科逻辑知识体系，发展合作、沟通、解决问题等多项能力，在深度学习中提升自身的学科核心素养。①

三、议题式教学的重要性及问题

在开展议题式教学的重要性方面，李勤（2018年）提出，"教学设计能否反映活动型学科课程实施的思路，关键在于确定开展活动的议题"。从这段表述，一方面可见议题设计的重要性，它是教学设计的"关键"；另一方面，"能反映活动型学科课程实施的思路"是对设计议题总原则的界定，思想政治教学议题的设计必须服从并服务于思想政治活动型学科课程的实施，并把提升学生的思想政治学科核心素养作为根本目标。②朱爱武（2019年）从议题开发的角度，对议题式教学的意义做出了研究，他提出"议题"既是思政课程"活动型学科课程"性质的重要体现，又是学科教学目标得以实现的重要载体。"议题"不仅为学生提供了讨论、议论的话题，还提供了活动的路径、要求等建议，使"内容要求"的知识性提示得以实现，并搭建起由知到信、由信到践行、由践行到自觉承担责任的桥梁，必将对学生核心素养的形成和培养有信仰、有思想、有尊严、有担当的中国公民都起到促进作用。同时，当今社会发展正处在急剧变化的转型期，思想政治教育必须要直面新的挑战。所以，要提高教育教学效果需要积极开发包括教学议题在内的教学资源，促进学生全面发展。③唐璞（2021年）指出，有效开展议题式教学是贯彻高中思想政治课新课标的现实要求，是增强高中思想政治学科教学实效性的有效途径，是提升高中生学科核心素养的内在需要。④冯旭平（2020年）认为，议题式教学的重要意义在于，有助于活动型学科课程的构建，有助于在课堂上渗透民主教学理念，有利于增加学生的内在获得感。⑤

---

① 唐璞.高中思想政治课议题式教学的设计［J］.科教文汇，2021（5）：151–152.
② 李勤.议题设计的"六原则"［J］.思想政治课教学，2018（10）：40–43.
③ 朱爱武.高中思想政治课教学议题开发刍议［J］.天津师范大学学报（基础教育版），2019（1）：16–22.
④ 唐璞.高中思想政治课议题式教学的设计［J］.科教文汇，2021（5）：151–152.
⑤ 冯旭平.让议题式教学成为活化高中思想政治课的动力［J］.科学咨询，2020（10）：227–228.

在议题式教学研究现状方面，李丽凤、黄英姿在《高中思想政治课议题式教学的优化策略研究》中提出，《普通高中思想政治课程标准（2017年版2020年修订）》颁布以后，不少高中思想政治课堂尝试实施议题式教学并取得了一定的成效，高中思想政治课堂焕发出新的活力。但由于实施时间不长、实施经验不够、学生探究议题能力不足，以及教学评价体系尚待完善等，议题式教学在实施过程中出现了教师实施能力不足、学生小组合作的实际效果不明显、课堂教学评价落实不到位等问题。[①]

四、议题式教学的实施策略

开展议题式教学，议题的选择是重中之重。在议题的选择和设计方面，张帅、杨小斌（2017年）指出，以议题式教学法开展教学，教学目标的设置应清晰、适切、可操作，同时要格外关注学生的能力层次和能力差异，着眼于学生的最近发展区，明确目标是选定议题的基础，对议题的选定也进行了方向的规定。[②]余国志（2017年）提出，议题设置应遵循生活化原则、场景化原则、结构化原则。毕建华（2018年）提出，议题的选取一般应遵循以下要求。第一，坚持正确的价值导向。由于教学模块不同，议题的拟定具有各个模块鲜明的学科特色，体现其独特的价值诉求。第二，体现鲜明的学科主题，即议题能够凸显思想政治课程的基本观点，落实教学重点，突破教学难点。第三，突出学生的主体意识。议题的选取要激发学生的主动性，通过有情节、有情趣的议题，引导不同层次的学生走进社会、走进生活，亲力亲为地思考与行动。[③]严宏亮（2017年）提出，关于议题的来源，可以从书本中来，如教材中的综合探究；可以从学生中来，如以社会热点为依托引导学生讨论；也可以从教师中来。[④]孙伟丽（2021年）指出，开展议题式教学，在确定议题方面，首先应确定统领性的总议题，新课标在"教学建议"中共为

①　李丽凤，黄英姿.高中思想政治课议题式教学的优化策略研究［J］.教育观察，2020（39）：137-140，146.

②　张帅，杨小斌.议题式教学初探［J］.思想政治课教学，2017（9）：28-31.

③　毕建华.议题式教学促进深度学习［J］.思想政治课教学，2018（10）：51-53.

④　严宏亮.思想政治课议题式教学探究——以"垃圾围城"为例［J］.中学政治教学参考，2017（19）：16-17.

四个必修模块设置了34个议题蓝本，这些议题是从宏观层面设计的，具有方向性和统领性。政治教师应根据教学目标、重难点、学情等实际将宏观议题细化，然后再设置有层次的分议题，让议题式教学更具可行性，使核心素养培养真正得到落实。其次应设置层次化的子议题，子议题要围绕总议题整体构建。同时子议题之间要由浅入深、依次递进、有序衔接，充分考虑议题之间、知识概念之间、学生思维之间的关联性和连续性，既要避免出现知识能力的重复，又要避免出现断层。在精心设计议题后，如何优化设计教学活动。① 关于议题教学的程序，余国志（2017年）提出，议题式教学的程序一般包括进程设计、场景预置、议题生成、共识呈现四个环节。武兴华（2018年）提出"引入议题—介绍议题—探究议题—升华议题"四个环节。沈雪春（2018年）提出了议题式教学法的线式结构和层式结构。其中线式结构包括情境线的架构：通过良构情境—劣构情境，承载"柔化知识、活化知识、羽化知识"的三重任务。活动线的架构：接受式探究—建构式探究，任务线的架构：理解—应用—迁移。层式结构则从"是什么"之议层面的架构：导入性情境的选取—关键词连线活动，"为什么"之议层面的架构：探因性情境创设—商议争论活动，"怎么样"之议层面的架构：决策性情境设置—再构预测活动几个方面展开。② 张帅、杨小斌（2017年）指出，选择好议题后，教师在加工信息的同时要明确实施路径。针对议题，教师要厘清议题涉及的主要内容和相关知识，对信息进行结构化加工。同时，在教学实施过程中要时刻关注学生。议题式教学的主体始终是学生，它的形式必然是活动型。③

在教学场景的布置方面，余国志（2017年）提出，议题式教学的开放性、平等性特性，决定了教学场景布置一般采用圆桌形、马蹄形、椭圆形和长方形。学习者置身于这样的场景中，有利于身心的放松与投入，有利于研究和讨论的展开，有利于思维的交往和对话，有利于让学习者意识到每个人都是平等的，每个人都是议题的制定者、学习的参与者和理论的贡献者。在

① 孙伟丽.议题式教学的实践与思考——以"使市场在资源配置中起决定性作用"为例[J].中学教学参考，2021（1）：48-49.

② 沈雪春.议题式教学的线式架构[J].中学政治教学参考，2018（31）：34-36.

③ 张帅，杨小斌.议题式教学初探[J].思想政治课教学，2017（9）：28-31.

情境选择方面，前人的研究都强调要选择指向问题解决的真实情境。[①]沈雪春（2018年）进一步提出的思辨性情境、两难性情境、劣构性情境、生成性情境是能够让学生"议"起来的四种情境。[②]

如何评价议题式教学课堂的教学效果？韦强提出，要从议题设置维度、活动设计维度、学生学习维度进行评价，并设计了评价量表。在议题设置维度，韦强认为教师要反思议题是否切合教学内容，议题是否适合师生和时代实际、议题的开放性和可辨性、议题是否指向学科核心素养。活动设计维度，要关注学生参与指标、情境设计指标、问题设计指标、活动的序列化指标。学生学习维度，包括参与状态、情感状态、素养养成度。

五、议题式教学研究成果的简要评析

新课标出台后，对于议题式教学的研究日益增多和深入，大部分研究成果都是教学理论和教学案例的结合，既能提升教师的理论素养，又为教学提供了生动素材。总体来看，上述研究启示我们，议题式教学法是培养学生学科核心素养，办好活动型学科课程的重要方式，在开展前要对本课乃至本单元的教学内容进行系统规划，恰当选择议题，精心设计情境、活动，引导学生在"议"中生成知识，培育学科核心素养。

同时也要看到，议题式教学法作为课程改革的一种新尝试，还有很多问题尚待回答，如在什么情况下（包括学情、师情和教情）适合采用议题式教学？如何通过议题式教学进一步整合教材内容，使之具有系列化和结构性以及逻辑性？议题的设计是否必须有总议题和子议题？如何划分？这些问题仍然需要教育工作者进一步探究。

参考文献

[1]中华人民共和国教育部.普通高中思想政治课程标准（2017年版）[S].北京：人民教育出版社，2017.

① 　余国志.议题式教学：高中思想政治课教学的新路径——以"做好就业与自主创业的准备"为例［J］.中学政治教学参考，2017（28）：28-30.
② 　沈雪春.议题式教学的线式架构［J］.中学政治教学参考，2018（31）：18-20.

［2］朱爱武.高中思想政治课教学议题开发刍议［J］.天津师范大学学报（基础教育版），2019（1）.

［3］李晓东.基于高中思想政治学科核心素养培育的教学转变［J］.天津师范大学学报（基础教育版），2019（3）.

［4］余国志.议题式教学：高中思想政治课教学的新路径——以"做好就业与自主创业的准备"为例［J］.中学政治教学参考，2017（28）.

［5］严宏亮.思想政治课议题式教学探究——以"垃圾围城"为例［J］.中学政治教学参考，2017（19）.

［6］张帅，杨小斌.议题式教学初探［J］.思想政治课教学，2017（9）.

［7］沈雪春.议题式教学的四种"议"境——以"人民代表大会：国家权力机关"公开课教学为例［J］.思想政治课教学，2018（7）.

［8］沈雪春.议题式教学的层式架构［J］.中学政治教学参考,2018（28）.

［9］沈雪春.议题式教学的线式架构［J］.中学政治教学参考,2018（31）.

［10］毕建华.议题式教学促进深度学习［J］.思想政治课教学,2018(10）.

［11］李勤.议题设计的"六原则"［J］.思想政治课教学，2018（10）.

［12］李朋.基于学科核心素养的议题式教学［J］.中学政治教学参考，2019（1）.

［13］朱开群.思想政治议题式教学初探［J］.中学政治教学参考，2019（4）.

［14］李同.例谈议题式教学的课堂实践［J］.思想政治课教学,2018（9）.

［15］金朝辉.议题式教学：对传统课堂的超越［J］.中学政治教学参考，2018（19）.

［16］武兴华.法治课堂的议题式教学——以"国际关系的决定因素：国家利益"为例［J］.思想政治课教学，2018（8）.

［17］黄怡婧.核心素养下的议题式教学实施策略［J］.中学政治教学参考，2019（4）.

［18］王晓娜.议题式教学的实施方法［J］.思想政治课教学，2019（1）.

［19］韦强.基于课堂观察的议题式教学评价［J］.思想政治课教学，2020（5）.

［20］唐璞.高中思想政治课议题式教学的设计［J］.科教文汇,2021（5）.

［21］钟永秀.道德与法治课议题的设计与架构［J］.中学政治教学参考,2021（6）.

［22］中华人民共和国教育部.义务教育道德与法治课程标准（2022年版）［S］.北京：人民教育出版社,2022.

［23］冯旭平.计议题式教学成为活化高中思想政治课的动力［J］.科学咨询,2020（10）.

［24］李丽凤,黄英姿.高中思想政治课议题式教学的优化策略研究［J］.教育观察,2020（39）.

［25］孙伟丽.议题式教学的实践与思考——以"使市场在资源配置中起决定性作用"为例［J］.中学教学参考,2021（1）.

［26］张俊才.在落实课程标准要求下开展议题式教学［J］.基础教育研究,2020（24）.

［27］邹双国."情 议 行"：思想政治课议题式教学的三要素［J］.教育理论与实践,2020（5）.

［28］杨志敏.高中思想政治课议题的教学设计［J］.思想政治课教学,2019（9）.

［29］缪惠安.凝练中心议题 创生活动课程［J］.思想政治课教学,2020（1）.

（撰文：张函）

活动型学科课程实施策略学习成果

【摘要】《普通高中思想政治课程标准（2017年版2020年修订）》指出普通高中思想政治课程力求构建学科逻辑与实践逻辑、理论知识与生活关切相结合的活动型学科课程。因此，活动型学科课程的实施策略成为近年来众多学者和一线教师研究的热点问题，并已取得了丰硕成果。本文力图通过对我国现有活动型学科课程研究中的价值引领、议题选择、活动设计、活动评价四大领域进行整理，总结已有研究的成果，以促进活动型学科课程研究及实践的进一步发展。

【关键词】活动型学科课程　价值　议题　设计　评价

一、活动型学科课程的研究概况

关于活动型学科课程的内涵解读，教育部高中思想政治课程标准修订组组长朱明光指出："活动型学科课程的内涵是：学科课程采取社会活动在内的活动设计的建构方式，即'课程内容活动化'；或者说学科内容的课程方式就是一系列活动设计的系统安排，即'活动设计内容化'。"[①]可见，活动型学科课程是以学科内容为主线开展的一系列系统的、凸显学生主体性的活动设计和安排。

开展活动型学科课程具有必然性和重大现实意义。王礼新老师指出："活动型课程，体现了我国德育理论的发展成果、发展素质教育要求，符合思想政治课的特点，是重建思想政治新课程的必然选择。"[②]韩震教授从教师

[①]　朱明光.关于活动型思想政治课程的思考［J］.思想政治课教学，2016（4）.
[②]　王礼新.对"活动型学科课程"的几点思考［J］.思想政治课教学，2018（3）.

发展的角度阐述了高中思想政治活动型课程的意义。他指出："高中思想政治活动型学科课程符合德育发展的趋势，不仅有利于学生学科核心素养的培养，而且还有利于推动教师转变教学观念，培养教师成为积极主动的学习者，成为有行动能力的学习者，成为有创新能力的学习者，成为有反思能力的学习者和终身学习的学习者，从而促进师生的共同发展。"[①]

关于活动型学科课程实施策略研究则更为丰富，有从整体上进行概述的，如朱明光先生根据思想政治课程标准的修订思路，认为活动型学科课程的塑造主要体现在四个基本环节，包括课程目标、课程内容、课程实施、课程评价。钱月琴老师对活动型学科课程的构建明确提出了课程内容议题化、课程实施情境化、课程要求活动化、课程评价多元化四个方面的要求；同时，也有基于复习课、新课、社会实践课等角度开展研究的，如宋杉杉老师的《活动型学科课程实施路径探寻——以〈创新〉专题复习课为例》，林伦学老师的《依托红色资源探索活动型学科课程实施途径》中都有相关论述。

二、活动型学科课程实施的价值引领

活动型学科课程不能为了活动而活动，必须"理直气壮"地进行思想政治教育。几乎所有学者都认识到活动型学科课程的实施，首先要有基本立场和正确方向。学者李晓东指出："议题讨论不能价值中立，核心导向必须旗帜鲜明。基于活动型学科课程的基本属性和思想政治课的功能，必须强调活动型学科课程的价值引领作用，强调对基本观点的认同是实现有效活动的前提条件。"[②]林巧老师从核心素养的培养角度指出："活动型课程要围绕议题，通过序列化的活动，使学生在政治认同方面有理想、明立场；在理性精神方面有理智、辨是非；在法治意识方面有自尊、守规则；在公共参与方面有情怀、敢担当。"[③]

由此可见，活动型学科课程是一线教师授课的"形式"，而形式终归是

---

① 　韩震.核心素养与活动型课程——从本轮思想政治课程标准修订看德育课程的发展趋势［J］.思想政治教学，2016（3）.

② 　李晓东.活动型学科课程辨析与实施研究［J］.教育参考，2019（3）.

③ 　林巧.新课标背景下高中政治活动型课程的实施策略［J］.华夏教师，2019（32）.

为"内容"服务的。初中道德与法治、高中思想政治课程具有鲜明的价值导向作用，对于培养具有学科核心素养、"四个自信"的社会主义接班人意义重大。因此，教师在设计活动型学科课程时，首先应该思考清楚课程的育人导向、素养追求，而不仅仅是知识的传授。

三、活动型学科课程实施的议题选定

《普通高中思想政治课程标准（2017年版2020年修订）》指出，要"围绕议题，设计活动型学科课程的教学"。"教学设计能否反映活动型学科课程实施的思路，关键在于能否确定开展活动的议题。"

关于如何选定好的议题。学者李晓东指出，所谓"好"的议题应该具备"源于生活""有话可说""指导实践"的基本特征。余海志老师则提出从议题创设的路径应具有三性：一是新颖性；二是开放性；三是思辨性。张帅老师和杨小斌老师提出："议题式教学的议题设置必须包含学科的具体知识内容，同时也必须内含学科价值。这就决定了议题式教学的议题设置必然具有一定的知识限制，而议题中心式教学则主要围绕社会中心议题来展开，不但要求打破学科内部知识的边界，而且根据中心议题的转换，有可能打破不同的学科知识边界。"[①]

因此，议题在活动型课程教学中起到了风向标的作用，议题选择是否得当，直接影响了后续教学活动能否有效开展。源于生活、指向生活、回归生活，应该是教师选择议题时需要考虑的。与此同时，议题的选定应该兼顾学理性与实践性、知识性与价值性、综合性与开放性等的统一。让学生在"议"的过程中，发散思维、迁移运用、价值判断，进而增进对学科价值的认同，培养核心素养。

四、活动型学科课程实施的活动设计

议题的实施总要通过一定的活动作为载体来实现。针对活动设计，学者们提出一些需要遵循的原则。学者王礼新指出："一方面，要应对结构化的

---

① 张帅，杨小斌.议题式教学初探［J］.思想政治课教学，2017（9）.

学科内容，力求提供序列化的活动设计，并贯穿于教学全过程；另一方面，要以序列化活动为载体，运用学科知识对议题展开深入分析，在分析问题过程中提升学生政治认同和理性思维水平。"[1]

在具体活动设计上，广大一线教师展开各种实践和尝试。姚永刚老师和吴莉老师以"停车难"为议题，提出活动设计的路径为"深度解读—以景析理—议题讨论—反思践行"。刘雪娟老师认为，活动设计首先需要创设生活化情境，接着设置任务型问题，还要注重真实性体验，符合学生的认知特点和规律。刘帅老师通过总结教学经验，提出活动设计应将知识情境化、情境任务化、任务序列化。也有老师将自身的教学优势与活动型学科课程结合，如邢艳利探索用故事情境助力活动型学科课程的实施，积极开拓和创新教学方式和方法，善于把"有意义"的事情讲得"有意思"。

除了以上的策略，一线教师在教学过程中，还有各种体会和心得。比如，李金荣强调教师的引导，发挥教师作用，紧紧围绕核心素养培育的目标，主导教学活动。宋杉杉认为，要尊重学生主体地位，注重活动任务与学科课程相结合；坚持学科逻辑与生活逻辑、理论知识与生活关切相结合。同时，对于活动型学科课程实施，我们也有很多需要改进的方向。朱志平认为，我们需要加强顶层设计，规范课程实施；转变课程观，确立科学的课程意识；完善实施方式，增强活动体验；采取多元方式，改进课程评价。

关于活动的类型。学者和教师们普遍认同《普通高中思想政治课程标准（2017年版2020年修订）》所总结的两个主要方式——思维活动和社会实践活动。也有教师在实践过程中总结出更具体的分类，如余海志将活动分三种：一是体验型，模拟现场、小组合作、访谈等方式实现；二是思辨型，通过教师设置具有探索性、思辨性的问题；三是实践型，学生走出课堂，走向社会。

由此可见，活动型学科课程设计的活动，必须对传统的教学方式进行创新，使教师由"主讲"变身为"导演"，设计形式新颖的活动任务，引领学生主动参与学习，在活动中收获政治学科的必备品质和能力。

---

① 王礼新.对"活动型学科课程"的几点思考［J］.思想政治课教学，2018（3）.

五、活动型学科课程实施的活动评价

有人说"素养不素养，关键在评价""管用不管用，关键看标准"。评价是活动型课程开展的有效保障。课程标准强调"有统一标准，无标准答案"的评价方式。很多学者和一线教师认识到评价的重要性，并做了一些有益的探索。

为了更好地发挥评价的功能，学者们普遍强调将过程性评价与终结性评价相结合。李晓东教授认为，我们要明确标准，关注过程评价，要"既关注结果，也看重过程"。教育部高中政治课程标准修订组成员朱志平教授进一步指出，"将学生的思维过程和表达过程纳入教师评价学生的视野，充分考虑学生的表现。既可以采用过程性的档案记录，也可以利用终结性的协商评价；既要有教师、活动场所负责人的评价，又要有学生自己及同伴的评价。重点考查学生的思维能力、团队协作、信息素养、情感态度价值观念等"[1]。

有些教师在活动型课程中尝试创新评价方式。刘帅认为，"评价主体多元化，评价内容具体化"，"根据学生在活动中的表现制作从多个维度评价的、带有等级的评价表，既能评价学生的学习情况，又能引导整个活动顺畅开展"[2]。学者钱月琴指出，"活动型课程评价应观照活动的整体过程，注重学生在活动中的参与、体验、感悟等。尊重学生个性差异，关注学生个体发展，采用多元化的评价方式调动学生学习内驱力"[3]。

尽管活动型学科课程有诸多优势，但是也面临一些挑战。首先，教师培训是一个关键问题。活动型学科课程要求教师具备相应的教学技能和知识储备，因此需要加强对教师的培训和支持。其次，评价体系也需要改进。传统的评价方法往往偏重于知识的记忆和应试能力，难以评估学生在实践活动中的能力和素养。因此，需要建立多样化、综合性的评价体系，更好地评估学生的实践能力和创新思维。

---

[1] 朱志平.基于核心素养的思想政治活动型学科课程［J］.思想政治课教学，2016（5）.
[2] 刘帅.活动型学科课程实施中核心素养的落地策略——以"世界文化的多样性"教学为例［J］.教学月刊·中学版（政治教学），2020（4）.
[3] 钱月琴.活动型学科课程的思考［J］.中学政治教学参考，2017（33）.

综上所述，开展活动型学科课程无疑是当前以及未来高中思想政治课应该把握的方向。学者们的研究为课程发展提供了切实的理论基础，广大教师也在不断学习及实践中越来越扎根于课程教学中。活动型学科课程在促进学生全面发展方面具有积极意义。它能够培养学生的动手能力、合作精神和创造性思维，提高学习的积极性和主动性。期待未来能够将活动型学科课程塑造得越来越好，锻造核心素养培养、立德树人的里程碑。

参考文献：

［1］朱明光.关于活动型思想政治课程的思考［J］.思想政治课教学，2016（4）.

［2］王礼新.对"活动型学科课程"的几点思考［J］.思想政治课教学，2018（3）.

［3］韩震.核心素养与活动型课程——从本轮思想政治课程标准修订看德育课程的发展趋势［J］.思想政治教学，2016（3）.

［4］李晓东.活动型学科课程辨析与实施研究［J］.教育参考，2019（3）.

［5］林巧.新课标背景下高中政治活动型课程的实施策略［J］.华夏教师，2019（32）.

［6］李晓东.思想政治活动型学科课程的理解与实施［J］.福建教育，2018（50）.

［7］王礼新.对活动型学科课程实施的再思考［J］.思想政治课教学，2020（2）.

［8］朱志平.基于核心素养的思想政治活动型学科课程［J］.思想政治课教学，2016（5）.

［9］刘帅.活动型学科课程实施中核心素养的落地策略——以"世界文化的多样性"教学为例［J］.教学月刊·中学版（政治教学），2020（4）.

［10］钱月琴.活动型学科课程的思考［J］.中学政治教学参考，2017（33）.

［11］李金荣.对思想政治活动型学科课程实施的思考［J］.中学教学参考，2019（25）.

［12］宋杉杉.活动型学科课程实施路径探寻——以"创新"专题复习课

为例［J］.中学政治教学参考，2019（1）.

［13］林伦学.依托红色资源探索活动型学科课程实施途径［J］.基础教育课程，2018（10）.

［14］余海志.议题引领活动型学科课程的实施策略［J］.中学政治教学参考，2020（31）.

［15］姚永刚，吴莉.探寻议题实施路径　践行活动型学科课程［J］.中学政治教学参考，2019（1）.

［16］刘雪娟.也谈活动型学科课程实施攻略［J］.中学政治教学参考，2019（4）.

［17］林兴文.场境体悟：活动型学科课程实施的有效路径——以"企业的经营"为例［J］.中学课程辅导（教师教育），2021（5）.

［18］邢艳利.用故事情境助力活动型学科课程的实施之探——高中思想政治课改初探［J］.思想政治课研究，2019（6）.

［19］张玲.活动型学科课程实施的"难为"和"有为"［J］.中学政治教学参考，2019（22）.

（撰文：姚岚　徐芬芳）

情境教学学习成果

【摘要】情境是运用学科内容、执行任务、展现学科核心素养水平的重要平台，是中学政治课开展教学和评价的重要载体。情境教学可以通过教师的精心设计，高效率地呈现与理论内容相关的问题和线索，可以在较短时间里，为学生呈现较为全面的社会生活，提升学生在真实情境下解决实际问题的能力。在教学过程中，教师需要选取适合的素材作为教学情境。确定教学情境后，教师需要通过结构化的方式，结合教学内容，对于教学情境进行转化。但是，在这个过程中，政治课教师对于情境教学的理解尚存在一定的误区。通过情境选取和处理的具体方式可以有效解决这些问题。

【关键词】情境教学　内涵　缘由　路径　展望

"情境"一词由来已久。教育学家杜威在《我们怎样思维》中提出，任何正常的经验都是经验的客观条件和内部条件的相互作用，两者结合在一起，或者它们的交互作用中，便形成我们所说的情境。在心理学中，情境被认为是"事物发生并对机体行为产生影响的环境条件""是对人有直接刺激作用、有一定生物学的社会意义的具体环境""是客观的具体环境，而不是主观的情境境界"。

在中学思想政治课教学中，一直都有运用情境展开教学的传统。随着新课程改革推进，情境教学的地位和功能逐渐提升。作为思政课教师，应当首先明确的是，何为思想政治课中的情境。《普通高中思想政治课程标准（2017年版2020年修订）》（以下简称《课程标准》）中对于情境的描述是：情境是运用学科内容、执行任务、展现学科核心素养发展水平的平台。据此，新的思想政治课程更新了教学内容，要求课程内容情境化，以促进学科核心素养落地。

一、情境教学的内涵

《课程标准》的一大亮点就是议题式教学。在实际的教学中，为了更好地开展议题式教学，教师会创设丰富多样的教学情境，引导学生认识分析各种现实问题。近些年来，一些学者和教师围绕着情境和议题的关系展开探讨。在这些观点中，教师们都认为，没有情境就不能展开有效的思政课教学，情境也是议题展开的重要载体。例如，人民教育出版社课程教材研究所的付有能（2021年）提出，情境是议题的丰富和拓展。[1]王晓娜（2019年）提出，情境是载体，议题的解决和活动的开展都要在一定的情境中才能进行。[2]张翰等（2018年）提出，议题置于统领地位，通过议题（子议题）串联情境，结构化情境设计服从和服务于议题。[3]潘永志（2019年）指出，新课程中的情境，是教师有目的地引入或创设的生动具体的场景，以引起学生一定的态度体验，从而帮助学生体验感知。由此可见，无论对情境进行怎样的处理和加工，引入恰当的情境都是思政课教学的重要前提。

我们也发现，与传统观念相比，在新课程的视域下，情境教学绝不是仅仅根据教学内容选取某一段材料或某一类型的案例来辅佐教材观点，而是将这些情境通过教师的加工处理，转化为能够与学生对话的一种场景。在这一场景下，学生能够真实地感悟不同主体，与他们真正发生接触、产生联系，在解决情境存在的真实问题中，得到知识和能力的双重提升。[4]正如，陈友芳（2016年）认为，情境是若干条件综合在一起构成的一个世界，即情境就是若干条件的综合。进而，他提出一个好的情境，应该满足以下条件：真实

① 付有能.教科书内容向教学内容转化的活动设计［J］.思想政治课教学，2021（1）：9-12.
② 王晓娜.议题式教学中的逆向情境创设［J］.教学月刊·中学版（政治教学），2019（4）：8-11.
③ 张翰.提升议题教学设计能力［J］.思想政治课教学，2018（12）：43-45.
④ 潘永志.情境·议题·体验——活动型学科课程的实践［J］.思想政治课教学，2019（1）：21-23.

性与结构性并存、具有典型性和普遍性、富有启发性和思考性、问题及其解决条件是内生于情境的、开放性与封闭得宜、具有趣味性。[①]简言之，好的情境是与学生所面对的真实世界紧密相关的，是能够与学生产生强烈的共鸣的。通过筛选与教学内容相一致的关键信息后，情境可以变得更加鲜活，即使仅仅停留在纸面上，也是能够与学生的内心发生对话的。

在备课过程中，教师往往关注的是新闻素材或者社会热点。但是，这些情境并不是直接能够运用于课堂的。能够达成与学生对话效果的情境，需要教师对不同类型的情境有一定的加工和转化能力。从学界的研究成果来看，情境的分类有很多，其中比较具有权威性的是王礼新（2017年）指出的，思想政治学科的问题情境可以依据不同性质进行分类。从时间维度上，可以划分为旧情境和新情境；从要素的构成上，可以划分为简单情境和复杂情境；从结构的序列性上，可以划分结构性情境和不良情境。[②]其中，结构化情境，是指问题情境的内容是完整的、有序的，具有较好的逻辑结构。不良情境，是指结构内容是非逻辑的、非有序的，各种信息交织混杂在一起。各种不同的情境类型排列组合，衍生出多种多样的具体情境。为提升思想政治课教学的质量和水平，教师应当更多地关注复杂情境和不良情境。由此，我们能够看到，由于社会生活的复杂多样，真实的情境往往会存在一定的信息缺失。这些不良结构的情境，往往需要教师引导学生按照问题解决的思维方式，将其补充完成。在这个过程中，学生对于社会生活发生的真实事件背后的矛盾和冲突，会有更加深刻的理解，也能够结合教学情境的体悟迁移到对类似事件的理解中。

为了更好培养学生这样的能力和素养，教学中我们往往会更加关注复杂情境。关于复杂情境，《课程标准》中有着明确的界定：情境涉及的行为主体越多，主体之间的相互作用越强烈，决策要实现的相互竞争的目标越多，影响决策及其结果的因素越多，情境的不确定性越大，立场观点或价值观、利益越多样且相互冲突越大，情境所蕴含的价值、功能、作用越丰富多样，情

① 陈友芳.情境设计能力与学科核心素养的养成［J］.思想政治课教学，2016（9）：4-6.
② 王礼新.问题情境、学科任务与学科内容［J］.思想政治课教学，2017（12）：16-20.

境的复杂程度越高。关于不良情境，它也被称为劣构情境，指的是基于真实案例的开放式情境。不难理解，我们应当选取复杂情境和不良情境服务于教学，以此更好地提升学生的核心素养。正如罗金星、陈友芳（2018年）指出，典型情境不仅要求该情境在真实世界中具有问题的代表性和经常性，而且还要具有某一具体学科素养反映的充分性，这是学习任务给予情境创设的必然要求。①

通过以上分析，我们不难得出一个结论，那就是情境教学在思想政治课教学中发挥了极为重要的作用。林崇德很早就提出，情境教学的出现，冲击了传统的"填鸭式"教学，让学生在情境交融中获得发展，随着素质教育深入人心，情境教学获得了教育学界和心理学界的广泛认可，越来越多处于教学一线的教师成为情境教学的实践者。而如何将这种作用更好地发挥出来，任海宾（2017年）认为，情境应力图实现：第一步，面对现实的生活情境，学生能分析剥离出学科性的问题；第二步，学生能够把问题情境与学科知识和技能关联起来，找到已经掌握的学科知识和技能，提出解决这些问题的方法和方案；第三步，学生能够把这些方法和方案运用到现实生活情境中，解决实际面对的情境问题，把抽象和概括的知识、方法等时间化，以切实实现学科与生活的关联、与社会的关联、与个体现实的关联。②由此，我们能看到一个恒定的主题，那就是情境教学的最终目的依然是与学生个体的生命发展产生关联，构建其社会生活、理论知识与学生的认知和思维等之间的联系。

二、开展情境教学的缘由

作为立德树人的关键课程，思想政治课程是帮助学生确立正确的政治方向、提高思想政治学科核心素养、增强社会理解和参与能力的综合性的活动型学科课程。因此，《课程标准》中提出，通过问题情境的创设和社会实践

---

① 罗金星，陈友芳. 学科素养导向的思想政治课教材呈现方式［J］.思想政治课教学，2018（12）：23-25.

② 任海宾.问题情境的类型与设计——以初中道德与法治教科书为例［J］.思想政治课教学，2017（11）：33-38.

活动的参与，促进学生转变学习方式，在合作学习和探究学习的过程中，培养创新精神，提高实践能力。毋庸置疑，情境教学能够更好地达成这样的效果。因为，中学生不可能接触到社会生活的方方面面，而思想政治课程又力图从经济、政治、社会、文化、生态等领域引导中学生全面地认知社会，情境教学的作用在于，可以在课堂中带领学生快速体验和感悟真实的社会生活，在情境中把握社会生活的方方面面，通过思维活动理解情境中的关键环节，以此更好提高感知能力。

很多学者认为，好的情境能够更好地呈现理论与生活、经验之间的关系，通过情境中呈现出各类复杂关系和环节，让学生在课堂上有更好的体验。董新强（2020年）在《"还原"与"生成"：思政课教学逻辑再认识》一文中提出，学生由具体的生活情境出发，在情境中思考预设的问题，开展各项实践活动，在讨论和活动中不断生成抽象结论。[1]蔡铭智（2020年）提出，思想政治学科最突出的特点是理论与现实生活的结合，而且必须联系不断变化发展着的具体实际，即体现生活化和时代性。[2]

然而能够选取好的素材，并转化和加工为教学情境，却考验着思政课教师的素养。从过往一段时间的教学实践来看，情境教学的效果与《课程标准》所力求的效果之间存在一定差异。针对其中的一些问题，早在2015年，石芳就提出在教学实践中，很多教师对情境的理解是有偏差的。虽然新课程改革十分强调案例式教学、情境式教学，但是案例、情境的作用要么被作为证明所授知识正确性的根据，要么是易于学生理解知识的手段，抑或活跃课堂气氛的插曲。吴美燕（2016年）提出，高中政治课堂情境设置通常存在三种误区：情境材料的选取粗糙随意，认为情境教学就是举例子，情境设置过多且松散。因此，如何在课堂教学和考试评价创设和构建情境，是思想政治课教师面前的一项重要课题。[3]

① 董新强."还原"与"生成"：思政课教学逻辑再认识[J].思想政治课教学，2020（10）：8-11.
② 蔡铭智.情境教学在思想政治课中的应用[J].中学政治教学参考，2020（7）：55-56.
③ 吴美燕.课堂情境的有效设置[J].思想政治课教学，2016（5）：43-48.

由此看来，情境的转化和加工是思政课教师亟须提升的一项能力。这不仅需要教师有一定的专业敏感度，选择与教学内容相关度较高的内容作为情境。同样，也需要教师扎根教学内容，根据教学内容将情境转化为教学情境。这与传统的案例教学法大不相同。

三、情境创设和构建的路径

较早对情境创设进行研究的是美国认知心理学家柯林斯和布朗等，他们认为应该通过教学情境创设，让学习者在具体情境中获得应用的知识。它吸取了传统学徒制的核心技术，如示范、引导、脚手架支撑，克服了传统学徒制中专家思维不可视和学校教育中知识的教学脱离其存在情境的缺点，从而将学徒制的优点和学校教育结合起来，将学习者浸润在专家实践的真实环境中，培养学生的高级思维、问题解决和处理复杂任务的能力。

《课程标准》中提出，要优化案例，采用情境创设的综合性教学形式。应力求凭借相关情境的创设，提供综合的观点，提升综合能力。因此，一线教师应当首先关注的是情境创设的基本原则。刘文慧（2020年）提出，情境创设要注意真实性、典型性、整体性和针对性。复杂性的教学情境有助于提升学生的高阶思维能力。[①]郁娥（2018年）提出，这就要求在情境设计时力求通过选择典型、客观、精准的感性素材，设置高质量的探究问题，引导学生借助已有的知识与经验，在分析、比较、归纳、整理的基础上，把握基本概念，认识情境素材中蕴含的内在的本质的关联，从而获得规律性认识。[②]这些具有代表性的观点告诉我们，适应高中思政课教学的情境应当具有一定的复杂性。复杂性的情境有利于设计具有挑战性的问题，将情境与问题相互搭配，才能更好地让学生经历和体验。情境是与问题紧密相关的，教师在教学设计的过程中，应当充分考虑如何设计问题。通过层层递进的问题，可以更好地呈现情境之中的各类关系。

在情境的加工和处理上，大部分教师采取的方式是结构化处理。陈友芳

---

① 刘文慧.教学情境的整体性设计［J］.思想政治课教学，2020（2）：51-53.
② 郁娥.教学情境的整体性设计［J］.思想政治课教学，2018（10）：19-21.

教授在2016年提出，要根据具体的教学或评价目标与要求、具体学科的性质，去除真实生活中无关紧要的，甚至阻碍人们认识情境本质的细枝末节，保留关键性的事实与特征；在2017年指出，要对情境进行结构化，要根据学习目标与要求对教材的学习情境进行恰当的设计，使得情境能够更好地更有效地服从于学习的需要。这就对教学情境结构化处理提出了较为完整的界定。黄秀琼（2018年）还指出，情境的高度结构化应注意活动、路径、价值。活动安排要符合中学生的认知特点与认知规律，与中学生生活紧密联系，激发学生浓厚的参与兴趣，教学内容与教学活动有机统一。教学起点到教学目标的主线清晰，路径清晰，在问题的引导和活动的延展中，能较顺利地达成教学目标。同时，情境的设置要切实强化价值引领，提炼出鲜明的思想教育点。将思想政治学科核心素养的培养渗透于情境之中，引导学生形成正确的价值观，促进自身和谐发展。[①]在情境创设的过程中，朱昕旻（2019年）提出，议题情境设计可以采用递进式结构挖掘理论的深度，设置由表及里、逐层深入的序列化问题，激发学生理性的求知需求和内在的探究动力，不仅知道"是什么"，还要深入把握"为什么"和"怎么办"，从而构建完整的理论体系。[②]

同时，正如前文所说，问题设计既是情境创设与学科内容之间的重要桥梁，也是教学设计的重要一环。沈青青（2018年）由此提出要进行主题情境探究。它是情境教学的升级版，开展这一教学要经过三次打磨：确定情境主体、设计具体情境、调整教学细节。而设计具体情境时，要对素材做到浸透式了解，要对情境素材呈现进行优化选择，最后才是设计问题。由此我们可以看出，问题是支持情境教学顺利高效开展的要素。[③]王礼新（2017年）指出，问题情境是运用学科内容、执行任务、展现核心素养水平的条件和平台。而问题情境、学科任务、学科内容是相互统一、相互协调的，学科内容

① 黄秀琼.学科素养的落地：课堂教学情境的结构化设计——以"世界是普遍联系的"为例［J］.中学政治教学参考，2018（28）：47–48.
② 朱昕旻.依境而议 以情点题［J］.思想政治课教学，2019（5）：40–43.
③ 沈青青.主题情境探究教学的三次打磨——以"文化创新的途径"为例［J］.思想政治课教学，2018（2）：31–34.

在具体问题情境和学科任务中得到展现，并得到测评。因此，在设计问题情境时，要以学科任务为导向。学科内容只有与具体的问题情境相融合，才能体现出它的素养价值，反映学生真实的能力和品格。[①]

还有一些教师从实际操作的角度提出建议，如蔡铭智（2020年）认为运用现代多媒体更能激发学生的学习情绪，调动学生的积极性。多媒体可以利用其强大的现代信息技术优势，对既得的信息材料进行筛选、加工、组合，使其形成的情境最大限度地接近学科知识，更好地实现教学目标。

我们注意到，不仅在教学过程中以情境作为载体，在考试评价过程中绝大部分试题也以情境作为载体，同样需要引起重视。一方面，应当把握试题情境的来源，吉锦文（2018年）在《从情境式命题到情境教学》中提出，试题情境选取主要有两个渠道：一是教材知识，二是教材外的信息。而教材外的信息主要包括国际国内重大事件、社会现象、诗词语录等。另一方面，应当把握试题情境与教学情境之间的区别。[②]李晓东（2020年）从四个维度说明了教学情境和命题情境的主要区别。其中一点最为重要，即教学情境主要立足于"未学"，是以"如何培育核心素养"的方式落实于教学之中，而命题情境主要立足于"已学"，是以"核心素养培育得如何"的方式落实于评价之中。[③]因此，教学情境的生活关联要尽可能地贴近学生生活实际，主要从可参与或者可感受的实际生活体验展开；而命题情境的生活关联主要观照考试的结构化设计，需要在生活情境的选择中为学生提供"既熟悉又陌生"的场景体验。

从试题情境来看，《课程标准》中提出，思想政治课程的评价要着重评估学生解决情境化问题的过程和结果，反映学生所表现出来的思想政治学科核心素养发展水平；进行综合性评价的过程，也是反思和评价情境创设和案例选取是否得当、是否高效的过程，可据此进一步优化情境、案例，不断提

① 王礼新.问题情境、学科任务与学科内容［J］.思想政治课教学，2017（12）：16–20.

② 吉锦文.从情境式命题到情境教学——以2018年高考江苏政治卷为例［J］.思想政治课教学，2018（12）：79–81.

③ 李晓东.教学情境与命题情境的区分及其意义——基于《普通高中思想政治课程标准》的文本分析［J］.中国考试，2020（1）：47–53.

高教学效率和效果；试题应该对源于真实生活的情境进行有针对性的建构，保留关键性的事实与特征，去除无关紧要的细枝末节，创设信息支持充分的评价情境。从学业水平考试命题建议的角度来看，要注重情境对展示学科核心素养发展水平的价值；要根据思想政治课程目标和内容，筛选典型情境用于命题，需要综合考虑各种因素。从这一角度来看，刘媛、蔚国娟（2020年）以2020年各省高考思想政治试题为例进行了说明，她们认为要以立德树人为引领，进行情境的筛选，从而解决"选什么"的问题；以学科核心素养为导向，确定情境的角度，从而解决"怎么用"的问题。因此，在教学和复习备考中，要加强对国家重大时事政策的理解，加强对复杂情境不同角度的对应分析训练，把备考过程变成理解认同国家大政方针的过程、辩证思维和逻辑思维能力提升的过程、助力学生提高思想政治学科核心素养的过程。①

四、情境教学的展望

从已有文献中可以看出，国内学界对于情境教学的研究涉及诸多方面，这些研究立足于《课程标准》中对情境教学的各项要求。一些专家学者对情境教学做了深入解读与分析，为准确理解和运用情境教学提供了有益借鉴。总体来看，这些启示我们应当明确情境教学的内涵，并据此找寻典型情境做结构化处理。也要把握准确试题情境与教学情境的关系，助力备考、编纂试题等工作。其中，大部分研究成果要做到教学实践和理论分析的结合，这不仅能帮助教师提升理论水平，也能为教学提供现成素材。

同时，也需要看到现有研究仍存在以下两点不足。第一，情境教学的研究主要聚焦于典型情境的特点和找寻原则，缺乏对于找寻典型情境的方式和如何结构化情境的研究。第二，情境教学的研究主要聚焦于课堂教学，涉及社会大课堂、综合性社会实践的情境教学应用的研究几乎没有，这在无形之中就缩小了情境教学的概念内涵。如果加强此类研究，无疑有助于为丰富思想政治课形式提供更多启示。因此，对于情境教学的研究，一方面应当朝向

---

① 刘媛，蔚国娟.以情境为载体的高考评价体系落地探析——以2020年高考思想政治试题的"情境"设置为例［J］.基础教育课程，2020（8）：36-40.

整体性设计情境方法继续深入；另一方面，应当加强基于"大思政课"的分析和把握进一步拓展情境教学的内涵与形式。

参考文献：

［1］普通高中思想政治课程标准（2017年版2020年修订）［S］.北京：人民教育出版社，2020.

［2］吴美燕.课堂情境的有效设置［J］.思想政治课教学，2016（5）.

［3］陈友芳.情境设计能力与学科核心素养的养成［J］.思想政治课教学，2016（9）.

［4］任海宾.问题情境的类型与设计——以初中道德与法治教科书为例［J］.思想政治课教学，2017（11）.

［5］王礼新.问题情境、学科任务与学科内容［J］.思想政治课教学，2017（12）.

［6］沈青青.主题情境探究教学的三次打磨——以"文化创新的途径"为例［J］.思想政治课教学，2018（2）.

［7］李杰，苗红梅.情境·思辨·对话［J］.思想政治课教学，2018（4）.

［8］郁娥.教学情境的整体性设计［J］.思想政治课教学，2018（10）.

［9］吉锦文.从情境式命题到情境教学——以2018年高考江苏政治卷为例［J］.思想政治课教学，2018（12）.

［10］陈友芳.学科素养导向的思想政治课教材呈现方式［J］.思想政治课教学，2018（12）.

［11］张翰.提升议题教学设计能力［J］.思想政治课教学，2018（12）.

［12］黄秀琼.学科素养的落地：课堂教学情境的结构化设计——以"世界是普遍联系的"为例［J］.中学政治教学参考，2018（28）.

［13］潘永志.情境·议题·体验——活动型学科课程的实践［J］.思想政治课教学，2019（1）.

［14］龚俊波.情境创设三立足［J］.思想政治课教学，2019（1）.

［15］李刚.生活化情境教学促转变［J］.思想政治课教学，2019（3）.

［16］王晓娜.议题式教学中的逆向情境创设［J］.教学月刊·中学版（政

治教学），2019（4）.

［17］朱昕旻.依境而议　以情点题［J］.思想政治课教学，2019（5）.

［18］卢益飞.问题情境创设三策［J］.思想政治课教学，2019（5）.

［19］李晓东.教学情境与命题情境的区分及其意义——基于《普通高中思想政治课程标准》的文本分析［J］.中国考试，2020（1）.

［20］刘文慧.教学情境的整体性设计［J］.思想政治课教学，2020（2）.

［21］金慧.优化情境设计　促进深度学习［J］.思想政治课研究，2020（5）.

［22］谢秋燕.依托问题情境　培养创新思维［J］.中学政治教学参考，2020（9）.

［23］邓小玲.核心素养视域下高中思想政治情境教学探析［J］.教育观察，2020（9）.

［24］董新强."还原"与"生成"：思政课教学逻辑再认识［J］.思想政治课教学，2020（10）.

［25］蔡铭智.情境教学在思想政治课中的应用［J］.中学政治教学参考，2020（21）.

［26］刘媛，蔚国娟.以情境为载体的高考评价体系落地探析——以2020年高考思想政治试题的"情境"设置为例［J］.基础教育课程，2020（2）.

［27］张秀芬.思想政治课"结构不良问题"的情境创设［J］.教学与管理，2020（31）.

［28］付有能.教科书内容向教学内容转化的活动设计［J］.思想政治课教学，2021（1）.

［29］韩庆芳.探源情境学习理论　提升情境创设能力［J］.中学政治教学参考，2021（1）.

［30］王元元.指向深度学习的情境设计［J］.思想政治课教学,2021(11).

［31］孙建国.核心素养背景下情境教学的路径探寻［J］.中学政治教学参考，2021（29）.

（撰文：王辰　梅超）

思政课堂有效提问策略学习成果

【摘要】课堂提问作为一种传统并且非常重要的教学手段，在教学过程中占据十分重要的地位。课堂教学需要"真问题"，"真问题"有利于促进课堂学习真实发生，也能促进学生解决真实问题的能力培养。"真问题"影响课堂教学状态，也影响教学目标实现。本文从思政课堂有效提问的缘起、含义和标准、存在的问题、策略研究等方面，对近些年来国内专家学者和一线教师的相关研究进行了梳理，以期对思想政治课教学提供一些启示。

【关键词】有效提问缘起　内涵　策略

一、有效提问研究的缘起

当代教育心理学理论认为，只有当学生在学习过程中遇到未知的问题，用已有的经验、知识和已掌握的方法不能解决时，才会产生强烈的求知欲，其思维的积极性和主动性才最为活跃。"问题性"无疑是推动学生思维能力发展的基本动力，有了问题意识，学生才会有解决它的欲望和兴趣，才能创造出相应的理论和方法。美国教学法专家斯特林·卡尔汉也认为，"提问是老师促进学生思维、评价教学效果以及推动学生实现预期目标的基本控制手段"。

2004年，以"三维目标"为标志的高中课程改革全面铺开。这一轮课程改革要求改变课程过于注重知识传授的倾向，强调形成积极主动的学习态度，这就要求教师加大课堂教学的自主性与自由度，在课堂提问中充分发挥学生的积极性与主动性。以核心素养培养为标志的新一轮课程改革正在推进，《普通高中思想政治课程标准（2017年版2020年修订）》指出："高中思想政治以立德树人为根本任务，以培育社会主义核心价值观为根本目的，是帮助学生确立正确的价值方向、提高思想政治学科核心素养、增强社会理解和参与能力的综合性、活动型学科课程。"在"实施建议"部分，新课标提供了议题式、辨析式、情境式、活动式四种教学思路。这四种教学思路，都以议题为引领，通过问题的设置引导学生积极参与，从而实现核心素养培养目标。这四种教学思路的推进，要做到理论与实践相结合，离不开教师的提问和学生的思考与回答。思想政治教师的有效提问，不但可以丰富课堂教学内容，还能引导学生积极、高效地参与课堂，从而激发学习内驱力。

由此可见，以问题为导向的教学能激发学生的求知欲，激励学生积极主动地投入学习，并使学生在思考问题的过程中获得知识、发展思维，有利于形成和培养学生的问题意识，激发学生勇于探索、创造和追求真理的科学精神。所以，以问题为导向的教学过程，既是学生创造性学习的过程，也是思辨能力的培养与形成过程。教师不同的提问行为和方式对学生的思维产生的作用是不同的。优质问题的设置，能引起学生内部的认知矛盾冲突，激起学生积极主动的思维活动。赵李叶和路克利（2017年）提出，思想政治理论课探究式教学"问题设计"的价值有综合引领性价值、认知驱动性价值、意志导向性价值、行为迁移性价值。[①]刘玲慧和赵惜群（2015年）提出，提升思想政治课教师课堂提问技巧是提升思政课教师专业素质的必由之路，是增强思政课堂实效性的重要手段，是促进学生全面发展的重要路径。[②]

二、有效提问的内涵和标准

那么，有效提问应符合什么标准呢？在有效提问的含义和标准方面，赵李叶和路克利（2017年）认为，思想政治理论课探究式教学"问题设计"是在相关教学理念及教学目标指导下，思想政治理论课教师在实施探究式教学过程中，为学生创设一定情境并进行有目的的引导提问，或者学生根据教师展示的情境自主质疑发问，是教师与学生共同参与、主动参与并为此后一系列的合作探究、得出结论提供具体的方向指引的动态过程。问题设计重

① 赵李叶，路克利.思想政治理论课探究式教学"问题设计"的价值及实现分析［J］.思想教育研究，2017（11）：82-85.
② 刘玲慧，赵惜群.高中思想政治课新教师课堂提问技巧提升策略［J］.当代教育理论与实践，2015（9）：27-29.

在"设计"，是指在开展探究活动之前，为学生活动预先提出的要求、方法等目标性动作。洪少帆（2013年）提出，有效的课堂提问是指教师结合教学内容及学生的实际情况，在创设良好的问题情境基础上，于教学前精心预提问题及教学中生成适当的新问题来引导学生主动思考和参与对话，诱导学生主动发现解决问题的方法，进一步就学生的思考结果和思考过程提出批判性问题，引导学生自觉发现其不足，建立新的认知体系，并逐步形成思维的独立性、全面性、深刻性和逻辑性。[①]周云旺（2013年）提出了更加具体的标准，例如①清楚：学生能立即抓住问题的要领并知道期望的答案是什么；②有学习价值：有价值的问题能激发思维，对问题的回答有利于对所学材料的进一步处理；③激发兴趣：学生认为问题有趣、具有挑战性；④参与性：有大部分学生尝试回答问题；⑤扩展性：问题能使学生做出深入的、多样的回答；⑥学生反应：学生回答问题时有安全感，即他们的回答会得到尊重，即使回答不当也不会被嘲笑。[②]李文和张娟（2023年）提出，有效提问具有以下几个特点：①有效提问是教师和学生的双边活动，以教师为主导、学生为主体；②课堂氛围是轻松的、和谐的；③能够实现预期的目标；④促进学生自主学习能力、自主解决问题能力的提升。[③]

三、思政课堂提问存在的问题

在思政课堂教学提问存在的问题方面，洪少帆（2013年）指出，从提问是否有效、良好来看，目前的思想政治课堂教学存在以下问题：一是"满堂问"，使学生缺乏思维的时间；二是问题的思维价值不高，学生缺乏思维的空间；三是问题大而空，缺乏针对性或超出学生的认知水平，学生缺乏思考的指向性。姚波兰（2020年）反思了法治课堂提问现状，认为主要表现在以下三个方面：第一，提问切口太大，脱离学情和学生思维特点，导致学

---

① 洪少帆.思想政治思辨能力培养的课堂有效设问策略探析［J］.思想政治课教学，2013（11）：13-15.

② 周云旺.中学政治课堂提问有效性研究［J］.科教导刊（上旬刊），2013（3）：125-126.

③ 李文，张娟.高中思想政治课"有效提问"存在的问题及策略探究［J］.科教导刊，2023（36）：130-132.

生无从入手；第二，提问浅尝辄止，缺少追问深究，错失发问时机，无法培养学生的批判思维和创新能力；第三，提问针对性模糊，不能调动各个层面的学生广泛参与，课堂成为部分学生的戏码。此外，无效、无谓、无用提问的存在，都拖慢了课堂节奏。赵李叶和路克利（2017年）提出设计问题的主体单一，学生参与不足；设计问题的类型单一，灵活形式缺失之外，还补充了设计问题的理论单一，学科交叉乏力。①周云旺（2012年）总结出中学政治课堂存在的六大问题是：①课堂提问目的不明确，表面热闹，华而不实，一问一答，频繁问答；②忽视学生的年龄特征，提问偏题遥远，脱离学生的"思维发展区"，启而不发；③提问表达不明，零碎不系统，缺乏层次；④答案被老师完全控制；⑤候答时间过短，学生回答问题需要酝酿和思考的时间，教师在极短的时间就叫停，学生的思维无法进入真正的思考状态；⑥不注重利用课堂生成资源。刘喜如（2011年）根据对课堂数据的分析，提出教师提问的频率过密，问题类型单一，以记忆性为主，问题的提出以直接呈现为主，学生回答以集体齐答为主，教师在教学过程中没有给学生充分时间思考。

四、有效提问的策略研究

为了突破上述问题，学者和教师做了大量的思考和实践，从而将有效提问提出的策略分为提问前、提问时两个阶段。

提问前，即备课阶段，教师对于问题的选择和设置的位置要精心准备，反复演练。张丽琴（2015年）提出提问的设计要围绕教学目标，基于学生认知水平，明确问题的目的性和层次性，提高问题质量；使用恰当的词句，陈述清晰、简明。②朱小为（2017年）提出教师备课时要把问题设置在最近发展区、思维矛盾区、生活感悟区、情感体验区。③郭绍仪（2017年）提出提问要首先明确方向，体现价值目标，结合学情，精心选择，确切到位，因材

---

① 姚波兰.课堂设问三思［J］.中学政治教学参考，2020（14）：36-37.
② 张丽琴.优质提问教学法在学科教学中的运用［J］.中学政治教学参考，2015（3）：58-59.
③ 朱小为.高中政治课堂问题设置的"去伪存真"［J］.教学与管理，2017（31）：69-70.

施问，角度多维。①洪少帆（2013年）认为，着眼于培养学生的思想政治思辨能力，课堂有效提问应该采取以下策略：第一，提问应具有未知性和可及性，以更好培养学生思维的独立意识。第二，提问应有整体性及层次性，以更好照顾到不同思维层次的学生，培养学生思维的逻辑性及深刻性。第三，提问要有针对性及思辨性，以更好培养学生思维的全面性及深刻性。第四，提问应有一定的开放性及灵动性，以使学生的思考更具全面性、深刻性、创新性，能更好引发学生的质疑精神。②陈俊睦（2020年）提出，道德与法治学科教学可以借助具体图形、精彩比喻、合理假设，把提问具象化，以此培养学生的空间想象、社会理想、科技幻想等想象力。图形式提问，是指借助图形的空间表现形式提问，把心理、道德、法治和国情的观点、原理融合在图形中，学生通过图形思维，直观形象地理解所学知识，根据图形问题类比推理，以培养空间想象力。比喻式提问，是通过形象的比喻，把抽象的心理、道德、法治、国情知识具象为看得见、听得到、摸得着的人、事、物，并实现结构化提问，引导学生立足社会发展规律，对社会（人文）理想、国家未来进行想象、设想、猜想、憧憬。假设式提问，是利用假设把问题的条件、解决途径、最终结果具象化，引发学生大胆猜想、想象、假设、质疑，以引导学生进行科学幻想。③张科茹（2009年）提出，好的提问一方面要立足生活，体现人文性，通过提问培养学生的人文素养和人文精神，关爱学生，尊重学生，避免提问的纯"工具性"倾向；另一方面注重探究，兼顾教育性，在课堂教学中要充分利用探究性教学，创设一定的探究情境，设置有效的探究性问题，建立探究氛围；提问要有艺术，找准关键点，把握住提问火候，吃透教材，处理好提问难易度，提供思考空间，力求提问的有效性。④

提问时，即课堂上师生依托提问进行对话时，张丽琴（2015年）认为教师提问应坚持平等性，创造平等、公平的机会，制定问题回答规则，使所

① 郭绍仪.有效设问 诱思深究——思想政治课的提问策略［J］.中学政治教学参考，2017（34）：38-39.
② 洪少帆.思想政治思辨能力培养的课堂有效设问策略探析［J］.思想政治课教学，2013（11）：13-15.
③ 陈俊睦.指向想象力的具象化设问［J］.中学政治教学参考，2020（8）：22-24.
④ 张科茹.政治课教学设问浅议［J］.思想政治课教学，2009（7）：26-28.

有学生都能参与其中。同时，延长"等待时间"，让学生拥有充裕的思考时间，在学生回答后不急于评价和反馈，学生会表达出更为完整的答案，或为他们的观点和结论提供证据，或反思自己的发言，或对问题进行再思考等。对学生的答案给予鼓励性评价，激发学生的求知欲，设置开放性问题，引导学生逐层深入分析，把学生思维引向新的高度。[①]刘喜如（2011年）、周云旺（2013年）提出，教师在提问时注意提问的态度，要克服提问中的"偏爱"现象，注意保护学生回答问题的积极性。[②]

五、有效提问研究成果的简要评析

从已有文献中可以看出，近年来国内学界对于有效提问的研究持续增多。其中涉及中学思想政治课提问研究的各个方面，特别是新课标出台后，这些研究能够立足于课标要求，旨在通过创设提问情境，以优质提问引领学生思考，生成知识，从而实现政治学科核心素养的培养。上述研究对于教师理解有效提问的重要性，反思在课堂提问中存在的问题，以及提升课堂提问水平都提供了有益借鉴。总体来看，这启示我们在备课时要精心设计问题，注意问题的目标性、趣味性、思辨性、价值性、开放性，在课堂师生对话时，要充分尊重学生，鼓励、激发学生的回答热情。

同时，也应看到现有研究仍存在以下两点不足。第一，高中政治学科知识综合性较强，涉及政治、经济、哲学、法律等多个学科的知识，当前的有效提问研究或基于某一堂课的教学实践，或结合某个教学片段来谈，而针对不同模块的知识特点，问题的设计也应符合学科特点，目前缺乏这方面的研究。第二，部分学者提到了提问的设计应注意梯度、循序渐进，结合新课标提出立足于学科大概念的整体教学设计，当前缺乏对于一个单元或一个主题的系列提问设计的研究，而提问的梯度性在该主题下应可以得到更深入的研究。

---

① 张丽琴.优质提问教学法在学科教学中的运用［J］.中学政治教学参考，2015（3）：58-59.

② 周云旺.中学政治课堂提问有效性研究［J］.科教导刊（上旬刊），2013（3）：125-126.

参考文献

［1］普通高中思想政治课程标准（2017年版2020年修订）［S］，北京：人民教育出版社，2020.

［2］姚波兰.课堂提问三思［J］.中学政治教学参考，2020（14）.

［3］程鑫.高中思想政治课探究式教学"问题设计"研究［D］.上海：上海师范大学，2019.

［4］刘哲宇.基于学科核心素养的高中思想政治课堂教学问题设计研究［D］.海口：海南师范大学，2020.

［5］何斌.课堂提问的大与小——引领深度思考须改进提问［J］.中学政治教学参考，2020（28）.

［6］张科茹.政治课教学提问浅议［J］.思想政治课教学，2009（7）.

［7］陈俊睦.指向想象力的具象化提问［J］.中学政治教学参考，2020（8）.

［8］李同.让故事走进课堂　让课堂走向生活——叙事教学法在高中思想政治课教学中的应用［J］.思想政治课教学，2017（7）.

［9］李国华，谢武贵，朱小莉.高中思想政治课教学中小组合作学习问题设计的科学性［J］.教学与管理，2016（22）.

［10］陆培良.课改与考试交互中的学科教学转型——以高中思想政治课为例［J］.上海教育科研，2014（7）.

［11］周捷宾."有效"源于"真实"——浅谈高中思想政治课"真实"教学情境的构建［J］.思想政治课教学，2013（3）.

［12］周云旺.中学政治课堂提问有效性研究［J］.科教导刊（上旬刊），2013（3）.

［13］赵李叶，路克利.思想政治理论课探究式教学"问题设计"的价值及实现分析［J］.思想教育研究，2017（11）.

［14］郭绍仪.有效提问　诱思深究——思想政治课的提问策略［J］.中学政治教学参考，2017（34）.

［15］左有明，贺亚丽，严淳淳.如何有效提高高中政治课堂的高效性

［J］.教育现代化，2018（28）.

　　［16］张丽琴.优质提问教学法在学科教学中的运用［J］.中学政治教学参考，2015（3）.

　　［17］刘玲慧，赵惜群.高中思想政治课新教师课堂提问技巧提升策略［J］.当代教育理论与实践，2015（9）.

　　［18］蓝江.论以问题为中心的思想政治教育理路［J］.思想理论教育，2007（3）.

　　［19］朱小为.高中政治课堂问题设置的"去伪存真"［J］.教学与管理，2017（31）.

　　［20］洪少帆.思想政治思辨能力培养的课堂有效提问策略探析［J］.思想政治课教学，2013（11）.

　　［21］薛静.课堂提问的策略［J］.中学政治教学参考，2018（21）.

　　［22］李文，张娟.高中思想政治课"有效提问"存在的问题及策略探究［J］.科教导刊，2023（36）.

（撰文：郑茜）

初高中思政课一体化教学学习成果

【摘要】本文基于新课程理念，对初高中思政课一体化教学的内涵、逻辑与原则、现实问题，以及实践路径进行了梳理与分析。初高中思政课一体化教学是全员、全过程、全方位的一体化，凝聚了多元主体、全要素的思政教育合力，应坚持系统性、针对性、渐进性、适切性的原则，教学实践中应破解"大德育"难题，坚持问题解决，实现学科知识、学科任务和教学情境的深度融合，培养学生做人做事的学科核心素养和关键能力，在课程体系、教学内容一体化教学的基础上，进一步延展到教学目标体系、课程体系、教学内容整合、教学方式的变革、评价一体化等方面，归纳总结系统性的教学策略。

【关键词】初高中思政课一体化教学内涵　原则　路径

2019年3月18日，习近平总书记主持召开学校思想政治理论课教师座谈会时指出："要把统筹推进大中小学思政课一体化建设作为一项重要工程，推动思政课建设内涵式发展。"2019年8月，国务院印发《关于深化新时代学校思想政治理论课改革创新的若干意见》明确指出："统筹大中小学思政课一体化建设，推动各类课程与思政课建设形成协同效应。"在中央思政课建设的"顶层设计"指导下，近年来一体化建设成为中学思政课的一个重要研究方向，其研究主要融合在大中小学思政课一体化的研究论述中。整体而言，主要聚焦于对一体化教学的内涵、逻辑与原则、现存问题分析与实践路径的探索。

一、初高中思政课一体化教学的内涵

与林剑丽、赵琴等研究的初高中思政课教学衔接问题相比较，新时代的初高中思政课一体化秉持了"大思政"理念，具有多重指向。李东坡、王学俭、陈飞、高国希、吴敏等人认为初高中思政课一体化教学是总目标的一体化和分目标的具体化。总目标的一体化表现为对中国特色社会主义的价值认同的一体化，也是全方位全过程的一体化，是横向和纵向育人一体化的统一。邵沁妍、刘振霞等认为，这种统一是"多元立体式"育人体系，政府、社会、学校、家庭、学生等多元主体参与，通过一体化的具体制度设计，如沟通备课制度、教师培养培训制度、评价激励制度、保障制度等，将教育内容、教学方式、教学组织、教学成果等有机结合，形成涵盖课堂、校内、校外、网络等教育形式构成立体育人结构。

总之，初高中思政课的一体化教学是全员、全过程、全方位一体化，凝聚了多元主体的教育合力，关注了中学生成长全过程思政核心素养和关键能力的培养，融合了区域内、校际、校内德智体美劳诸育、教科研、管理服务等全方位的思想政治育人体系。

二、初高中思政课一体化教学的逻辑与原则

初高中思政课一体化教学策略应遵循教育教学规律、学生认知规律、学生成才规律。围绕上述规律，研究者们对此进行了深入挖掘和延展，提出了更具有操作性的指导方法。

吕甜甜认为，应该坚持针对性、渐进性与整体性相结合的原则，坚持青少年成长规律与课程教学规律相结合的原则，坚持理论教学、实践教学与网络教学相结合的原则，坚持课程共性建设与地方个性德育建设相结合的原则。

贾支正、张钰等认为，应坚持整体性、层次性、动态性和时序性，在系统视域下开展一体化教学。要突破局部思维、线性思维、机械思维的狭隘和局限，从要素、关系、结构上构建网络化、立体化、系统化的逻辑框架，遵循纵向深化的学科育人逻辑、横向配合的协同共育逻辑、循序渐进的认知进

阶逻辑。

吴玉龙提出，一是应坚持适时原则，即时机适当、方法适当、尺度合适，教师的表述、立场、情感等要恰到好处、拿捏到位，才能与学生达成思想共识、情感共鸣；二是应坚持适度原则，教师要把握好尺度，把握好问题设计的难易程度、活动设计的时长、小组人数、探讨时间等；三是应坚持适宜原则，要尊重差异，针对不同阶段不同个性的学生，采取符合其身心特点的教育方式方法。

研究者对初高中思政课一体化教学在教学内容设计、教学方法运用、教学实施策略、教学评价方面有一定推进，尤其是提出用系统化思维统合教学资源，在系统性、适合性上下功夫。

三、当前初高中思政课一体化中存在的问题分析

"大德育"的难题依然存在。我国的初高中思政课作为德育的主阵地，属于"大德育"，泛指社会意识教育德育，包括政治教育、思想教育、道德教育、法纪教育、劳动教育、心理教育等。思想政治教育内容形态是多类型、多向度、多层次的，呈现出一定的结构关系，其层次的划分和把握是一个既相当重要，又极其复杂的问题。从总体上看，心理教育、法纪教育、道德教育是最基础、最基本的教育内容，思想教育是最经常、最普遍的教育内容，政治教育则是最高层次、最为艰巨的教育内容；从具体来看，同一内容形态也不是由单一的一个层次构成的，而是有低有高、有浅有深的多层面构成的复合体。政治教育、思想教育等包容在德育之中，从内容上看并无大碍；一旦涉及实施的途径和方法就会出现问题。品德的发展，世界观、人生观和价值观的形成，公民意识的养成，政治觉悟的提高，属于不同层面的问题，其过程与机制相去甚远，不能遵循一样的原则，以一样的手段、方法，通过一样的途径实施。

初高中思政课教师对教学内容的内在逻辑和递进关系理解不到位，未实现教学的整体性和差异性。初中的《道德与法治》课程具有基础性的特点，主要以对社会、他人以及道德法律的认知为主，使学生养成积极乐观的生活态度，理解公民的基本权利和义务，初步形成人际沟通的社会协作能力，宜

采用生活化教学，以学生结构化的生活为主线。高中"思想政治"课程则是活动型课程，重在引导学生理解当代中国社会常识，培养其政治认同、科学精神、法治意识、公共参与等学科核心素养。目前，国家统一编写的初高中思政课教材已经基本解决教学内容的进阶和一体化问题。对初高中新课标和新教材的一体化关系，教师还需要提高认识，结合地区、学校和学生具体差异，因地制宜地开展创造性的一体化教学。

笔者认为，在全球化、信息化、数据化、多样化的时代背景下，初高中学生学习心理状态、学习方法有了新变化，呼唤更能激发探究兴趣的体系化的、进阶式的体验式学习、实践性活动、线上线下混合式学习。这对学校思政课教师开发和整合实践活动、课程资源的能力，讲好中国故事的能力提出了挑战。

与此同时，新课程改革逐步推进，教师新旧教学观念的碰撞，使得初高中思政课教学一体化的难度增加。从原先的做题，到做事，再到做人，思政课教师的教学必须指向问题解决，实现学科知识、学科任务和教学情境的深度融合，用真实的各类教学情境引导学生做开放性议题和活动探究，培养其创造性解决经济、政治、文化问题的能力。

四、初高中思政课一体化教学的实践路径

研究者们普遍强调实现初高中思政课的一体化教学重在实践。大家的研究主要聚焦于以下五个方面。一是方法论视角下的范式思考（如翁铁慧、邵志豪、肖芬芳）；二是区域性视角下的中小学思政课的教学一体化实践摸索与反思（如松江区一体化实践探索、北京海淀区及江苏省宿迁市的实践探索）；三是专题式、主题式的一体化教学实践与反思（如道德与法治、经典著作研习、劳动教育、爱国主义教育）；四是以教材、教师、学生"三大要素"驱动的一体化教学（丁义浩、郑若彤）；五是教材等课程资源一体化建设（如课程资源利用策略、教材体系等）。

具体而言，实践路径可归纳为以下。第一，课程体系的建设。主张根据时代发展和学生成长要求落实相关政策和措施，守正创新，建设兼具整体性和差异性的课程体系。第二，教学内容的调整与整合。可以从跨学段目标、

大概念教学、关键能力进阶、单元整体学习、教学环节设计等方面着手，形成分层发展、螺旋上升的内容体系，为初高中学生建构循序渐进的有意义的认知图景。第三，教学方式的更新。课堂教学方式应将"灌输式"和多样化结合，不断创新表达方式，充分运用互联网技术，构建生活化的典型教学情境，讲好故事，构建多样化、立体式、综合性的教学方式。第四，教师队伍的建设。加强教师队伍管理的一体化，通过定期教研、课程研究、实践教育等方式，建立一体化备课机制，实现循序渐进的接力式授课。第五，资源建设。校内、校际、区域内开展教学资源共通、共建、共享，实现教学资源的优化配置。

笔者认为，对于实践路径和范式的思考渐趋一致，但实践性的一体化教学策略目前还是以散点式探索和研究，没有形成系统性的教学策略。教学目标体系、课程体系、教学内容整合、教学方式的变革、评价一体化等方面缺少深入具体系统的实践探索。基于思政学科大概念下的单元、课的一体化教学的实践性经验的总结和提升还不够。对于一体化教学的对象学生的认知特点，尤其是在新时代背景下，21世纪学生的道德认知和实践养成的阶段性特点研究还很少。此外，基于立德树人、共享共建、系统整合的价值理念，通过"互联网+"，构建网络课程体系和网络教学平台，有利于重塑系统整合、链条发展的思政课教育新形态。

参考文献

［1］林剑丽.初中思想品德课与高中思想政治课教学衔接问题探析［D］.福州：福建师范大学，2009.

［2］赵琴.初高中政治课教学衔接问题与对策研究［D］.海口：海南师范大学，2016.

［3］李东坡，王学俭.新时代大中小学思政课一体化建设的内涵、挑战与对策［J］.新疆师范大学学报（哲学社会科学版），2021（3）：60–69.

［4］陈飞.思政课一体化建设：内涵、逻辑与实践推进［J］.中国德育，2020（17）：5–10.

［5］高国希.大中小学思想政治理论课一体化建设的思考［J］.思想理

论教育，2019（5）：22-27.

［6］吴敏.大中小学思政课一体化背景下的中小学教学衔接研究［D］.南昌：江西师范大学，2020.

［7］邵沁妍，刘振霞.大中小学思政课一体化建设的三维思考［J］.思想理论教育导刊，2020（9）：106-110.

［8］吕甜甜.关于大中小学思想政治理论课一体化建设的思考——以宿迁市为例［J］.教育教学论坛，2020（33）：75-76.

［9］贾支正，张钰.系统论视域下大中小学思政课一体化建设探析［J］.系统科学学报，2023（3）.

［10］吴玉龙.思政课一体化建设的"三适"原则［J］.中学政治教学参考，2020（21）：74-75.

［11］黄向阳.德育原理［M］.上海：华东师范大学出版社，2014.

［12］熊建生.论思想政治教育内容形态的层次结构［J］.思想理论教育导刊，2006（9）：58-62.

［13］翁铁慧.大中小学课程德育一体化建设的整体架构与实践路径研究［J］.上海师范大学学报（哲学社会科学版），2018（5）：5-12.

［14］邵志豪.思想政治教育有效衔接的路径突破［J］.社会科学战线，2015（8）：277-280.

［15］肖芬芳.朱熹"小学—大学"教化体系对思政课一体化建构的启示［J］.教育评论，2019（12）：157-161.

［16］郑巍.松江区大中小学思政课一体化建设的实践探索［J］.现代教学，2020（12）：9-10.

［17］黄伟.道德与法治课一体化教学的实践理路［J］.思想政治课教学，2020（9）：16-20.

［18］朱小超，张德明.思政课一体化建设初探——基于初中道德与法治课堂教学［J］.中学政治教学参考，2020（21）：70-73.

［19］王贵.思政课一体化建设中的劳动教育育人实践［J］.思想政治课教学，2020（7）：12-15.

［20］胡金蕾.简析大中小学思政课一体化中的爱国主义教育［J］.教育

观察，2020（35）：70-72，75.

　　［21］丁义浩，郑若彤.以"三大要素"驱动大中小学思政课内容一体化建设［J］.沈阳师范大学学报（社会科学版），2023（5）.

　　［22］程静.大中小学思政课一体化网络教学体系建设的价值理念与实现路径［J］.西华师范大学学报（哲学社会科学版），2023（5）.

　　［23］王静.思政课一体化建设背景下的课程资源利用策略［J］.中学政治教学参考，2020（18）：82-83.

（撰文：邰美秋）

第二篇
实践篇

第一部分：
以"核心概念"为主题的
学科教学设计

多维度讲准核心概念，全方位提升核心素养

《普通高中思想政治课程标准（2017年版2020年修订）》指出，思想政治课程讲授马克思主义基本原理，讲授马克思主义中国化时代化成果特别是习近平新时代中国特色社会主义思想。学生全面把握、准确理解其中的原理、观点和论断，需要以学科核心概念作为基础。这些核心概念是学生参与政治、经济、文化、法治生活，发现、分析和解决问题的前提，也是本课程培育核心素养的重要基础。本文以"学科核心概念"为主题，选取初高中思想政治课中重要的核心概念，展示我校教师在讲授这些学科核心概念的教学设计和研究成果。

思想政治课程涉及的核心概念极为丰富，有些概念需要学生从理论上掌握内涵，有些概念则侧重引导学生思考和行动。这就需要教师判断出哪些概念属于学科核心概念，并梳理核心概念之间的内在关联。高中思想政治课的学科核心概念涉及社会主义市场经济、社会主义民主政治、全面依法治国、马克思主义哲学、中华优秀传统文化、国际关系与时代主题等。初中道德与法治课的学科核心概念涉及人际交往、生命、情绪、公民权利和义务、社会主义核心价值观、国家机构、基本经济政治制度等。学生学习的目的，不仅是掌握这些核心概念的内涵，更在于综合地、系统地运用这些概念应对来自真实生活的问题。因此，教师们从具体学科的学理出发，探究核心概念的内涵、外延、关系，打造了逻辑严密的知识体系。

同时，为更好呈现和运用核心概念，教师从多维度组织教学内容，精心设计以情境、活动等为载体的综合性教学，尝试为学生提供具有丰富的、现实的、可拓展的解释空间，助力提升核心素养，达成相应的教育教学目的。例如，胡莹老师和邰美秋老师的"使市场在资源配置中起决定性作用"，通

过模拟决策的体验活动，实现核心概念、学科任务、复杂情境的有机融合，在动手参与、动脑思考中完成学习任务；郑茜、王辰等老师围绕"全面依法治国"的教学设计，将核心概念之下的具体概念进行结构化处理，设置了辨析性强、价值引领积极的议题，遵循意义优先、兼顾形式的原则，尝试打破教材条目的框架，为学生提供了更多的学习路径；张函老师的"公平的价值与坚守"，选取了与学生生活紧密相关的"高考移民"话题，引发了学生的强烈共鸣，激发了课堂讨论和深入思考，促使深度学习的发生，将略显抽象的"公平正义"这一核心概念在学生的内心激起了波澜。

这些教学设计和实践作为有益尝试，用富有时代气息的鲜活内容，以学生喜闻乐见的方式，引导学生准确理解核心概念和基本理论，有效提升了学生运用核心概念分析现实生活、应对各种复杂社会生活情境的能力，以培养以实现中华民族伟大复兴为己任的有理想、有本领、有担当的时代新人打下牢固的思想根基。

（撰文：王辰）

围绕"经济高质量发展"为主题的教学设计

"坚持新发展理念"教学设计

一、教学背景分析

（一）课程分析

本节课选自高中思想政治必修2《经济与社会》第三课"我国的经济发展"第一框题"坚持新发展理念"。《普通高中思想政治课程标准（2017年版2020年修订）》中要求，阐释以人民为中心的发展思想和创新、协调、绿色、开放、共享的新发展理念。推动经济发展和社会进步，确立发展理念，首先要解决为谁发展、靠谁发展、由谁享有发展成果这个根本问题。因此，需要阐明的是以人民为中心的发展思想的内涵、意义和要求。在此基础上，从我国发展的理念、原则、过程、方法等方面阐述我国怎样发展。

（二）学情分析

高一年级的学生知识积累量增多，社会接触面扩大，社会交往更加频繁，思想意识日趋活跃。在知识上，学生在初中阶段和必修1《中国特色社会主义》中已经概括性地学习并了解以人民为中心的发展思想和新发展理念，但缺乏系统、全面的认知，尚不清楚两者的具体内涵和内在联系；在能力与方法上，学生缺乏全面分析贯彻新发展理念典型情境的能力，对于新发展理念是一个具有内在联系的有机整体的理解力尚显不足；在态度与价值观上，学生能结合生活事例，感悟在新发展理念指导下，我国经济与社会取得的成就，但尚不清楚背后的深层次理论逻辑。因此，本节课应该通过典型事例，引导学生科学认识新发展理念。

（三）教学设计思路分析

在分析教材和学情的基础上，结合高中思想政治课程标准，开展活动型学科课程的教学实践。本节课围绕"新发展理念助力北京冬奥"这一主题，由学生搜集资料并汇报展示，提升学生对新发展理念的全面认知，增强学生的实践能力。在汇报展示和问题思考中培育学生的政治认同、科学精神、公共参与等政治学科核心素养。

二、教学目标

通过北京冬奥会筹备过程中的特色与亮点，理解新发展理念的着力点、重要性和实践要求，明确以人民为中心的发展思想的基本内涵和重要意义，提升相应的政治认同。

通过对我国社会的主要矛盾与经济社会发展面临的挑战和困难的分析，理解新发展理念的重要性，帮助学生牢固树立并切实贯彻新发展理念，坚定理论自信。

三、教学重难点

教学重点：理解新发展理念是具有内在联系的集合体，要统一贯彻、不能顾此失彼。

教学难点：理解牢固树立并切实贯彻新发展理念的重要意义和新发展理念中每一理念的着力点、重要性和实践要求。

四、教学过程

环节一：感悟冬奥

【课堂导入】历经16天的精彩呈现，北京冬奥会落下帷幕，国际奥委会主席巴赫宣布北京冬奥会闭幕，并对北京冬奥会做出了真正"无与伦比"的高度评价。回忆2022年北京冬奥会，同学们会想到什么？

【学生1】我能想到国家速滑馆"丝带飞舞"、国家雪车雪橇中心"游龙盘卧"、国家跳台滑雪中心"如意亮相"等，不仅在2000多个日夜全面完工，还完成了多项科技攻关，填补了许多空白。

【学生2】经过这次冬奥会，"冰天雪地"点燃了3亿人的冰雪激情。赛事过后，"冰雪经济"也成为体育产业新的增长点，越来越多的人会在冬季选择滑冰、滑雪等运动。

【学生3】我们都知道，冬奥会不仅仅是在北京举办，在北京、河北两地的三个赛区同步书写、同样精彩，张家口这座城市也越来越知名。

【教师点评】同学们说得非常好！2022年冬奥会在北京和张家口举办。作为第一个既举办过夏奥会，也举办过冬奥会的城市，北京再次受到世界的瞩目。在冬奥会筹备的过程中，有许多的特色和亮点，这些让我们印象深刻。下面我们一起观看一段视频，谈谈自己的想法。

【学生活动】观看视频，并发表观点。

【设计意图】通过了解冬奥会的筹备过程，帮助学生感悟"绿色、共享、开放、廉洁"的办奥理念，教师以此引领学生走进课堂，激发兴趣。

环节二：走进冬奥

【学生活动】学生展示课前项目式学习的成果。

【小组1】冬奥会有2/3的项目在户外举行，山地气象预报的科技攻关是首要难题。在加强科研观测的同时，服务团队还需对赛区尺度局地环流特征和赛道天气要素变化特征进行分析，深入分析山谷风、背风波等山地环流，不断完善山地天气环流概念模型，并重点深入分析赛区阵风、降雪、低能见度等对赛事的可能影响。

通过查阅资料，我们找到了冬奥组委会的解决方案。崇礼地区处于内蒙古高原与华北平原过渡带，地形复杂，小气候独特。聚焦办赛需求，在国家"科技冬奥"项目基础上，河北省张家口市支持气象部门组织开展"冬奥会崇礼赛区赛事专项气象预报关键技术"研究与应用，针对张家口赛区冬季灾害性天气的形成机理，复杂地形下气象特征分析研究，赛事高影响天气分析预报及风险预警技术，气象要素客观预报方法的集成和改进，加强对精细化预报、环境气象、交通气象等预报服务的技术攻关。经过努力，科技成果逐渐显现。气温预报平均误差由2.8℃降低至1.5℃以内；平均风速预报准确率由10%提升至60%……在科技的支撑下，气象服务精细化程度达到国际领先水平，填补了在复杂山地条件下精细化气象预报的技术空白。通过科技创新，有效地攻克了山地气象预报这一难题。

【小组2】京津冀协同发展借助冬奥会筹办契机跑出加速度。在民生领域，京张高铁、京礼高速等城际交通网络构建起"一小时生活圈"；同时，发展体育事业同促进生态文明建设相结合，成为北京冬奥会的亮眼底色。国家雪车雪橇中心专门研发"地形气候保护系统"，最大限度降低能源消耗；延庆赛区竞赛场馆完工的同时，生态修复也接近尾声，"山林场馆、生态冬奥"尽显其中；张家口云顶滑雪公园将融雪水、自然降水进行高效回收存储，在雪季时作为造雪用水。

【小组3】北京冬奥会成了中国与世界加深联系的"加速器"。一直以来，我国秉承人类命运共同体的理念，高举多边主义旗帜，顺应时代发展潮流，把握经济全球化趋势，主动融入全球发展大潮，正在以全新的姿态、大国的担当、开放的自信融入全球发展大局，在全球治理体系中发挥着越来越重要的作用。可以说，当前的中国和世界各国的联系越来越紧密，正逐步成为你中有我、我中有你的共同体。北京冬奥会从筹办到举办的过程，是中国兑现承诺、自我升华、快速发展的过程，更是向世界提供中国方案、中国智慧、中国经验的过程。因为开放，中国的发展将受益于冬奥会举办，中国也将为奥林匹克运动和全世界做出新贡献。

【小组4】举办冬季奥运会，除了承担全球顶级赛事任务，还要能带动冰雪产业发展，助推经济社会蓬勃发展。冰雪运动在中国市场前景广阔、具有巨大潜力，随着北京冬奥会申办、筹办、举办等一系列活动，将进一步点燃中国冰雪运动的"火炬"，带动亿万人民群众参与冰雪运动，弥补冰雪运动在中国的市场短板。同时，以冰雪产业为载体，促进产业链融合发展，带动新兴产业、旅游业等上下游延伸，促进带动当地群众就业创业，为高质量发展注入新的动力源。

【教师点拨】同学们抓住了冬奥会筹备举办过程中的特色和亮点，我们一起感悟"绿色、共享、开放、廉洁"的办奥理念。我想这与"创新、协调、绿色、开放、共享"的新发展理念是不谋而合的，也体现出了以人民为中心的发展思想。理念是行动的先导，一定的发展实践，是由一定的发展理念来引领的。新时代需要新发展理念。在新发展理念的指引下，我们北京2022

年冬奥会成了一届精彩、非凡、卓越的冬奥会。

【设计意图】学生结合前期收集的资料，结合主题进行汇报。教师在此基础上，引导学生认识到冬奥会的举办不仅坚持了新发展理念，在我国经济社会发展的各个环节、各个方面也都要坚持新发展理念。通过学习，理解我国贯彻新发展理念的必要性。

环节三：总结提升

【教师追问】新发展理念中每一个理念分别可以解决我国发展过程中的什么问题？请同学们根据教材上的探究与分享，以连线的方式找出对应关系。

【教师点拨】要着力解决好发展不平衡不充分问题，破解发展难题，增强发展动力，厚植发展优势，更好地满足人民经济、政治、文化、社会、生态等方面日益增长的美好生活需要，必须牢固树立并切实贯彻创新、协调、绿色、开放、共享的新发展理念。

【设计意图】由冬奥会筹办迁移至我国经济社会发展的全局，引导学生站在更加宏观的角度上思考新发展理念，提升学生认知，使其明确新发展理念是关系我国全局发展的一场深刻变革。新发展理念是具有内在联系的集合体，要统一贯彻、不能顾此失彼。

五、教学反思

关于教学设计与实施的反思，主要有两点：第一，新发展理念涉及内容相对零散，既要关注到每一个发展理念，也要让学生体会到整体性。因此，在教学中，学生分组进行展示，教师据此总结梳理提升，发挥了课堂教学中学生的主体作用和教师的主导作用，提升了学生参与课堂的积极性。第二，学生搜集资料的过程是搜集感性材料的过程，教师据此引导学生形成理性认识，实现情感态度价值观升华，有助于教学目标的达成和核心素养的落地。

六、专家点评

本节课以"新发展理念"为主题，以2022年北京冬奥会作为情境，全面展示新发展理念在我国成功举办冬奥会的生动实践。学生在本节课能够做到理论与实践相结合，从发展理念的角度认知大国成就，提升政治认同等核心素养。

第一，充分体现学生的主体地位。学生根据自身情况搜集资料，小组通过合作、探究学习、分享研究成果，课堂给予学生充分展示的机会，让学生在自主学习过程中用理论验证现实问题，有利于学生全面掌握和理解学科知识，掌握学科方法。

第二，由于新发展理念涉及的方面较多，且角度各异，能找到一个适合的情境对于本节课的教学是一个挑战。本节课以冬奥会为情境，由此生发至我国经济社会全领域的发展，引导学生形成全面认知。学生可以在此基础上不断演绎推演到经济、社会的其他问题上，有利于增强学生的理论理解力。

（撰文：王辰）

"精准扶贫　圆梦小康"教学设计

一、教学背景分析

（一）教材分析

本节课为高中政治必修模块2《经济与社会》第二单元的综合探究课，旨在综合运用经济学相关知识解读、解析、评价中国精准扶贫的具体案例，理解中国减贫奇迹的密码。

课标要求：一是，阐释以人民为中心的发展思想和创新、协调、绿色、开放、共享的新发展理念……评析经济发展中践行社会责任的实例。二是，以"如何从收入分配中品味获得感"为议题，探究实现共同富裕、完善个人收入分配的意义和途径。

（二）学情分析

高一学生正处于人生观、价值观形成的关键时期、从以具体形象思维为主导向抽象逻辑思维转变的关键时期，对社会观察的热情高，但理性认识有待提升拔高。具体到我国的精准脱贫问题上，生活在北京城区的高一学生听说得多，与自身生活经验的关联度小，知道得多，深入思考得少。

二、教学设计理念

采用案例分析法，通过讲故事、摆事实、说数字、做比较等方式，构造丰富的教学情境，提出相应的学科任务，用问题驱动探究，用讨论激荡智慧，促进学生生成对中国减贫奇迹的理性认知，增强政治认同、科学精神、公共参与，树立四个自信。

三、教学目标

探究脱贫攻坚的典型案例，科学评析精准扶贫的举措，提出合理具体的产业脱贫思路；阐释精准扶贫是系统工程，关键在产业扶贫，产业扶贫必须精准发力，需要选准产业发展方向、发展模式，坚持绿色发展新理念，进而分析实现精准脱贫和共同富裕的伟大意义，树立道路自信、理论自信、制度自信和文化自信。

四、教学重难点

教学重点：以人民为中心的发展思想、新发展理念、精准脱贫。
教学难点：产业扶贫如何做到精准发力。

五、教学过程

环节一：真实的力量

课前播放6分钟的视频，介绍9个大凉山的孤儿讲述人生梦想，用贫穷地区孩子的梦想故事激发无贫困之忧的学生关注远方的人，关注中国贫困问题，激发思考，为课题探究奠定情感共鸣的基础。

环节二：激趣导入

分析贫困陷阱，解读新时代脱贫攻坚任务单，展示改革开放以来，尤其是党的十八大以来我国的扶贫行动和巨大成就。一起来解读中国减贫奇迹的密码。

【教师活动】贫困是人类社会的顽疾。反贫困始终是古今中外治国安邦的一件大事。一部中国史，就是一部中华民族同贫困做斗争的历史。

资料：党的十八大以来，以习近平同志为核心的党中央把消除贫困摆在治国理政更加突出的位置，举全党全社会之力，集中脱贫攻坚。2020年是全面打赢脱贫攻坚战的收官之年。11月23日，我国832个国家级贫困县已全部宣布脱贫摘帽。新时代的脱贫攻坚，力度之大，规模之广，成效之显著，影响之深远，前所未有，世所罕见，创造了人类减贫史上的中国奇迹。

新时代脱贫攻坚任务单
► 贫困人口：9899万人
► 脱贫标准：人均纯收入达到2011年全国农民年平均收入2300元（按不变价计算），实现"两不愁、三保障"
► 脱贫目标：贫困县全部摘帽，解决区域性整体贫困，到2020年，所有贫困人口一道迈入小康社会

【环节三】活动探究

探究一：王书记的烦恼（1）

分析某村扶贫资金的使用方法，理解我国扶贫思想的发展，尤其是精准扶贫思想。

【教师活动】教师讲述某贫困村村支部王书记的烦恼：王书记所在的村位于西部某贫困县，地处崇山峻岭之间，山清水秀。村里有村民561人，98户人家，人均耕地约1亩，人均林地约20亩。由于自然、地理、历史等原因，长期以来村民主要从事"靠天吃饭"的农业生产，种植水稻、小麦和水果，饲养牛、猪、羊、鸡、鸭等，村民年收入为1688元。近年来，大部分青壮年外出打工，村里常住人口多为留守的老年人、妇女和儿童。

教师：王书记的第一个烦恼是：上级政府提供了50万元的扶贫资金，50万元怎么花好？

村两委会议讨论中，大家提出如下5个方案：

方案1：村里98户人家，每户大约5000元。

方案2：20个贫困户每户25000元。

方案3：修路、沟渠、电网、水网等基础设施。

方案4：发展特色产业，如养猪、养羊、种植猕猴桃。

方案5：修建村小学，救助、奖励考上大学的孩子。

【学生活动】同学们小组讨论2分钟，提出小组的结论，并说明理由。

师生课堂讨论，最终达成共识：选择方案1和方案2不行，没有精准帮扶到贫困户，搞的是平均主义，不会有很好的扶贫效果。选择方案4有利于村民依靠自身能力致富，具有可持久性，兼具短期和长期效应。选择方案3有利于完善村基础设施，有利于当地村民基本民生的保障；选择方案5属于教育扶贫，有利于贫困户未来致富；选择方案3和方案5都没有精准扶助村里的绝对贫困户，属于村整体层面的扶贫行动，且脱贫效应发生时间长，应在产业发展起步后，有一定经济实力的情况下展开，或者再进一步寻求政府和社会的更多的相应支持。

教师：选择方案4的背后是我国的精准脱贫的扶贫思想。改革开放以来，尤其是党的十八大以来，我国的扶贫思想不断发展。

我国扶贫思想的发展

● 救济式扶贫　　　　● 开发式扶贫　　　　● 精准扶贫
（输血）　　　　　　（造血）　　　　　　（滴灌）

> 开发式扶贫是指在国家必要支持下，利用贫困地区的自然资源，进行开发性生产建设，逐步形成贫困地区和贫困户的自我积累和发展能力，主要依靠自身力量解决温饱、脱贫致富

> 精准扶贫是指通过对贫困户和贫困村精准识别、精准帮扶、精准管理和精准考核，通过发展生产、发展教育、生态补偿、社会保障托底等引导各类扶贫资源优化配置，逐步构建扶贫长效机制

【设计意图】创设不同群体间利益冲突的现实情境，剖析公共机构制定公共政策的原因，引导学生在真实复杂具体的情境中理解精准扶贫思想。

探究二：精准发力、选对产业

探究四个贫困村的产业选择，学会确定扶贫产业的现实逻辑。

【教师活动】提问："产业选准了，才能走对路，走长远。"请同学们运用精准扶贫思想，从实际出发，为下面这些贫困地区选择致富脱贫的产业，并说明理由。

产业扶贫——精准发力，选对产业

贫困村	比较优势	特色产业
四川三河村		
河南张庄村		
内蒙古马鞍山村		
青海班彦村		
乡村产业示例：1.特色种植；2.特色养殖；3.林下经济；4.特色山货；5.乡村旅游业；6.规模化集约化种植养殖等		
村庄概况：		
四川三河村：处于大凉山腹地，平均海拔2500多米，是一个典型的彝族聚居村，保持着传统生产生活方式。该村适宜云木香等中药材种植和蜜蜂养殖，有牛、羊、猪等养殖基础		
河南张庄村：位于黄河大堤东岸，平原浅丘，是兰考县沙害最严重的地方，焦裕禄书记在此成功治沙。不少村民从事小规模养鸡、蔬菜种植等		
内蒙古马鞍山村：位于内蒙古自治区赤峰市喀喇沁旗，典型的小山村，近水靠林，森林覆盖率高，村民一般种植玉米、葡萄等		
青海班彦村：129户人家居住在被当地人称为"脑山"的山顶上，严重缺水、交通闭塞，自然条件极端恶劣		

【学生活动】学生小组合作探究，完成产业选择，并分享探究选择的理由。（见下表）

产业选择——因地制宜，精准发力

贫困村	比较优势	优势产业
四川三河村	亚热带季风气候 多山高海拔彝族风情	中药材、特色山货、特色养殖、乡村旅游
河南张庄村	平原浅丘红色文化资源	集约化规模化种植养殖乡村旅游
内蒙古马鞍山村	近水靠林	林下经济、特色种植养殖乡村旅游
青海班彦村	无	易地搬迁

【设计意图】将问题继续追问下去，呈现不同地区的特点，引导学生谋划脱贫的方法，深入理解扶贫思想的"精准"。

探究三：王书记的烦恼（2）

分析并选择王书记所在贫困村产业发展模式，理解扶贫产业发展选择的市场逻辑。

【教师活动】提问：经过反复讨论论证，王书记和村民们决定因地制宜，发展猕猴桃种植业。新的烦恼产生了：贫困户们应选择哪种模式种植红心猕猴桃？

模式	贫困户角色	政府、村帮扶内容
投资入股	将所承包的林地流转入股给种植大户或公司，坐等分红，完全不参与种植	资金
个人自主经营	自行种植	资金或种苗物资、技术
专业合作社	村组建集体经济合作社，合作社提供专业指导，统一组织产品销售	资金或种苗物资、技术

【学生活动】学生分组探究，交流分享。

学生一：选择投资入股的模式，这样可以发挥种植大户或公司的技术优势、规模优势，分红有保障，贫困户在市场经营中无风险，有利于保障他们的收入。

学生二：这个模式不好，这种模式下，贫困户并没有提升致富能力，不能真正解决贫困问题。如果种植大户经营不善，贫困户还是会重返贫困。

学生三：我觉得专业合作社是更好的方式，既可以发挥村集体经济合作社的技术优势，又能解决个别农户在市场上销售猕猴桃难的问题，还可以增强贫困户生产致富的能力，真正解决他们的就业问题。

【教师活动】总结并提问：大家的分析特别好，既考虑了技术、竞争、规模、销售等市场经营的因素，又考虑了贫困户持久脱贫的需求。老师也觉得专业合作社是比较理想的选择。我觉得，可以从精准脱贫的角度，将投资入股的模式再优化一下，招工向贫困户倾斜，会更理想一些。我想，大家还要考虑村里贫困户家庭情况各有不同，如不具有劳动能力的贫困老人，选择投资入股是非常理想的。精准扶贫的思想，在这里就体现为按户扶贫了。

大家一致认为，个人自主经营的模式不行。你们可以从理论上阐释一下吗?

【学生活动】学生:市场调节是通过价格、供求、竞争机制,优胜劣汰。贫困户缺少资金、技术,生产能力不高,对市场需求了解少,在猕猴桃的种植和销售上不具备竞争优势。

【设计意图】聚焦产业扶贫这一核心,引导学生在具体情境中从实际出发,在精准扶贫思想的指导下,运用社会主义市场经济相关知识,寻找产业扶贫精准落地的模式。

探究四:王书记的烦恼(3)

分析并解决某村扶贫产业发展中的生态问题,理解扶贫产业的可持续发展需要践行新绿色发展理念。

【教师活动】恩格斯说:"当我们深思熟虑地考察自然界或人类历史或我们自己的精神活动的时候,首先呈现在我们眼前的是一幅由种种联系和相互作用无穷无尽地交织起来的画面……"王书记的小村庄通过发展猕猴桃种植业、生态农业旅游,村民们摘掉了贫困的帽子,富起来了。但是富裕了王书记又有了新的烦恼。伴随着猕猴桃种植、旅游业的兴旺、养猪场规模不断扩大、村民生活条件的提高,原本山清水秀的小村庄出现了环境问题:垃圾遍布、污水到处排放、土灶烧柴污染空气、养猪场的排泄物污染河流。请同学们帮王书记支支着儿,人富山水恶,怎么办?

【学生活动】思考并回答问题。

学生一:制定村规民约,对乱排放、乱丢弃说"不"。

学生二:加强监管,专门安排村民巡逻、清扫。

学生三:村里提倡并用资金支持村民改土灶为煤气灶,建立污水处理系统。

【教师活动】提问:富起来,环境糟了,肯定不能满足村民的美好生活需要。这需要王书记和村民改变发展思路,调整经济发展与环境保护的关系。同学们,你认为,人们应该如何处理两者的关系?

【学生活动】回答问题。应该建立经济发展和环境保护和谐统一的关系。经济发展是保护生态环境的物质基础,生态环境有利于经济可持续发展,两者是相辅相成的。

【教师活动】总结提升。也就是说,要跳出人与自然对抗征服单纯对立阶段，摒弃"绿水青山，不如金山银山"的落后发展观，践行"绿水青山就是金山银山"的绿色发展理念。

【设计意图】坚持新发展理念，使学生更全面理解新时代精准扶贫思想的先进性，关注扶贫视域下经济建设和生态文明建设的有机统一。

【环节四】解码中国减贫奇迹

分析重庆华溪村脱贫的具体做法，总结我国整体推进脱贫攻坚战的方法。

【教师活动】教师播放重庆华溪村脱贫的视频，请学生观看视频，根据下表记录相关信息，并思考重庆华溪村的做法为精准脱贫提供了哪些宝贵经验。

重庆华溪村的脱贫攻坚行动一览表

		脱贫行动		启示
主心骨				
产业				
经营主体（三变改革）	股东			
	用工	村民，向（　　　）倾斜		
	利润分配	60%归（　　　　　） 30%归（　　　　　） 10%归（　　　　　）		
三链共生	通过互需链、亲情链、责任链，解决村民的自来水、（　　）（　　）等问题			
三甜行动	（　　）：传承家训、组织技能培训，培养村民的劳动能力			
	（　　）：党员干部担任院落长，美环境、睦邻里、树典型，实施人居环境综合整治			
	（　　）：用时代新风尚占领乡村文化阵地，破除陈规陋习，建设环境优美、宜居宜业、乡风文明、生活富足的美好家园			

【学生活动】思考并回答问题。华溪村成功脱贫的故事告诉我们，脱贫是个系统工程，在我国，要坚持党的领导；要坚持产业脱贫，因地制宜，找准产业，完善经营制度，培育新型主体，遵循市场规则整合优势资源，构建产业链条，践行共享理念；建设基础设施，保障贫困户基本权益。

【教师活动】总结提升：精准脱贫攻坚战中有无数扶贫干部的默默付出。全国累计选派300多万位县级以上机关、国有企事业单位干部参加驻村帮扶,在岗的第一书记20.6万人、驻村干部70万人,加上197.4万名乡镇扶贫干部和数百万名村干部,构成了一支强大的扶贫战斗队伍,打通了精准扶贫"最后一公里"。

【环节五】课堂总结

总结中国式扶贫智慧,布置实践作业,推荐课后阅读书目《贫穷的本质》。

习近平总书记指出:"打赢脱贫攻坚战不是搞运动、一阵风,要真扶贫、扶真贫、真脱贫。要经得起历史检验。攻坚战就要用攻坚战的办法打,关键在准、实两个字。"实现精准脱贫,需要坚持党的领导,发挥制度优势,坚持新发展理念,举全党全社会之力,抓关键精准发力。今天,大家可以作为一名消费者,通过购买贫困地区的大米、水果等产品消费扶贫;更需要习得一身硬本领,在不久的将来投身到中国梦的奋斗中,为巩固拓展脱贫攻坚成果添砖加瓦!

实践作业

以"如何推动家乡实现精准脱贫和共同富裕"为主题,从下列任务中任选一项,开展实践调查,运用本课所学进行分析,撰写一份不少于800字的调查报告。

任务一:通过文献检索或访问调查等方法,了解本地的贫困情况和政府的扶贫工作,分析并评价政府扶贫方面的政策、举措和实效。

任务二:通过文献检索、访谈或实地调查了解相关企业参与脱贫攻坚的情况,分析企业参与精准扶贫的动力机制、方式方法和实际效果。

六、教学反思

从讲好中国扶贫故事出发,构建真实复杂的问题情境。用大凉山孤儿的未来理想叩动首都学生的美好心灵,激发高一学生的同理心。从一个村支部书记的烦恼切入,用村支书的三个烦恼展现我国脱贫攻坚战中的扶贫思想发展、扶贫产业选择、扶贫产业发展模式、经济发展与环境保护的矛盾,构建出层层推进，丰富真实的农村脱贫场景。用真实的问题，推动学生分析问题、解决问题，构建对精准扶贫的理性系统的认识。最后，用真实的华溪村成功脱贫的故事对王书记的三个烦恼做现实有力的回答，印证学生此前课堂探究的结论，进一步巩固学生的理性认知。

价值立意高，理性认知深。让学生置身于脱贫攻坚一线感受贫困，使其体悟脱贫之艰难、脱贫之伟大；让学生寻找并论证脱贫之策，使其感受学科知识的力量，进而深刻感受我国脱贫攻坚战彰显的中国智慧、中国力量，树立四个自信。又如，教师在课程实施中选用了《人生七年》纪录片、阿玛蒂亚·森关于贫困的论述，到《贫穷的本质》，引导学生从人的尊严、发展权利、思维方式等角度理解贫困，展现了教师对贫困问题的深层次认知及其对学生理性思考的高位引领。

七、专家点评

本节实践探究课结合中国脱贫攻坚的真实案例，展现了中国式奇迹的成果和智慧，用具体议题和学科任务驱动学生自主探究，寻找中国扶贫密码，素养立意高。通过创设有深度、有广度、有温度的情境，知识分析深，情感渲染好，构建高质量活动型课堂，创造和谐课堂生态，实现了知深、情真、有思有行，提升学生综合能力，素养落地实。

（撰文：邰美秋）

"共筑生命家园"教学设计

一、教学背景分析

（一）教学内容分析

本节课是人教版九年级《道德与法治》上册第三单元第六课第二框题的内容。第六课从"建设美丽中国"的视角出发，分析我国发展过程中所面临的人口、资源、环境问题和所做出的积极应对，第一框题"正视发展挑战"

让学生认识到我国的人口、资源、环境现状，本课"共筑生命家园"主要立足我国生态文明建设，回答如何应对发展中的挑战，主要是理解人类生存与生态环境的相互依存关系，在观念上树立人与自然和谐共生的理念，在行为上践行绿色发展的理念，走绿色发展道路，践行绿色生产生活方式，自觉节约资源、保护环境。

（二）学情分析

学生已经初步具备了节约资源保护环境的观念，但对为什么要走绿色发展道路，缺乏深入的思考。因此，需要提升学生对自然生态保护的理性认识和天人关系的重新审视。学生虽然意识到每个人都要为环境保护、节约资源做贡献，但在日常落实中缺乏责任感和行动力，导致知行不一。教师需引导学生树立天人合一的意识，使学生牢固树立绿色发展理念，践行绿色低碳的生活方式。

二、教学设计理念

依据新课标要求和教学内容，开展活动型学科课程的教学实践。本节课围绕"如何看待浙江余村的两次致富路"这一议题，通过对教材经典素材的扩展运用，创设真实情境，引领学生不断思考和反思，提升学生对新发展理念的全面认知，增强学生辩证思维能力，培育学生的政治认同、科学精神、公共参与等核心素养。

三、教学目标

通过创设余村两次致富路的真实情境并提出相关问题，引导学生在真实情境中合作探究思考，理解经济发展和环境保护的关系，理解人与自然的关系，明确走绿色发展道路的措施和要求，从而培养学生辩证认识分析问题的能力，增强对我国生态文明建设策略的认同，提升生态建设的公共参与意识和能力。

四、教学重难点

教学重点：理解为什么要走绿色发展道路。

教学难点：理解人与自然和谐共生的理念，并落实到行动中。

五、教学过程

环节一：课堂导入

【教师活动】同学们，今天我们到一个小山村游览一下，它在20世纪80年代就已经是全国富裕村了，有一首诗可以形容该村的一些情况，"浙江山中有宝藏，江明水秀花芬芳，余霞成绮难忘返，村民致富把歌唱"。这是一首藏头诗，大家能猜到这是浙江的哪个村子吗？

【学生活动】阅读、思考并回答。

【设计意图】运用藏头诗引领学生感受余村的环境和富裕情况，点燃学生的学习热情，调动学生深入探究的积极性。

环节二：余村的第一条致富路

【教师活动】介绍余村的概况：位于浙江省著名的毛竹乡安吉县，全村4.86平方千米，三面环山，森林面积6000余亩，280户1060人，山上盛产毛竹和白茶，山里有最优质的石灰岩。

情境一：余村的第一次致富路：

· 1980年前，靠少量耕地生存，贫穷；

· 1980年后，拥有三座石灰岩矿山，一家水泥厂；

· 村里每年可以获得300多万元净利润，成为典型的首富村；

· 全村200多户人家，一半以上在矿区务工；

· 人均月工资有1000多元（全国当时人均工资仅168元）；

· 一位中学生在日记里写到富裕起来的另一面："水泥厂上空，升起了黑色烟雾，像是一朵朵黑玫瑰正在优雅地绽放……"

【教师提问1】20世纪80年代，余村是怎么致富的？

【学生活动】观察、感受、思考并回答问题。

【教师点拨】20世纪80年代，余村以牺牲资源环境为代价换取短暂的经济增长。

余村第一次致富路的代价：

· 溪水污染，水土流失；

· 土地裸露，满山伤痕；

·扬尘四起，黑雾冲天；

·树叶蒙尘，粉尘蔽日……

【教师提问2】余村的第一次致富路付出了什么代价？

【学生活动】思考并回答。

【教师点拨】余村富起来了，生态环境却恶劣了，人民的居住环境、健康安全都受到了威胁，余村的致富路显而易见是不可持续的。

【教师活动】情境二：面对富裕和糟糕的生态环境，村民们争论起来。

村民：关了矿山吧，污水和粉尘已经导致庄稼减产。咱们每天都不敢痛快地喘口气，不少人都病了。真想让孩子们赶快远走高飞，再也别回来。

矿工：我们知道污染的严重，可靠山吃山，不开矿山，我们去哪里挣钱？不挣钱怎么生活？我的拖拉机不拉矿石就是一堆废铁，白买了。

【教师提问3】如果你是村主任，你决定关不关矿山，请说明理由？小组合作探究。

【学生活动】思考并回答。

【教师点拨】如果关矿山，会保护生态环境，但是经济发展就会受到影响，如果开矿山，会继续发展经济，但是生态环境会遭到更大的破坏，无论关矿山还是开矿山，都会发生经济发展和生态环境的不协调，那应该怎么办呢？

【设计意图】教师依托教材中的案例材料的基础又增加过程细节，再现了余村发展的一些场景，引导学生分析余村第一次致富路的原因、代价、困惑，讨论关不关矿山的疑问。目的是通过具体场景和案例的分析，引发学生对如何处理经济发展和生态环境关系的深入思考，从而帮助学生树立可持续发展的思想，培养学生从长远的角度、从综合的角度、从辩证的角度看问题的意识和能力。

环节三：余村的第二条致富路

【教师活动】情境三：余村的第二条致富路。

余村的"双赢"之路

2003年7月，时任浙江省委书记习近平提出打造"绿色浙江"的战略，同年，安吉县正式把"生态立县"确立为发展战略，余村两委班子向村民郑重宣布：关闭全村所有矿山企业，调整发展模式，还余村绿水青山。关矿停厂容易，余村人靠山吃山的思想却一时转不过弯。由于矿山和水泥厂的相继关停，村集体经济收入瞬间下滑，许多村民丢了工作，村集体经济收入从300万元骤降至20万元，他们对未来感到迷惘。就在一筹莫展时，2005年8月15日，时任浙江省委书记习近平一行到余村调研。习近平评价停掉矿山是"高明之举"，还说"绿水青山就是金山银山"。有了这一思想的引领，所有的顾虑、犹豫都烟消云散了。

余村人下决心封山护林。村里关停全部矿山和水泥厂，把矿坑填平复耕复绿，清理河道污水，挤出村里所剩不多的集体资金修复冷水洞水库，整治村庄干道，改造农房立面和污水管网。矿山关停后，山慢慢又泛出翠绿色；水泥厂关了，溪水渐渐恢复了清澈。余村发展的另一条路正逐渐清晰起来——从"石头经济"到"绿色生态经济"。

余村重新编制了发展规划，把全村划分为生态旅游区、美丽宜居区和田园观光区，对村民生活、生产与发展的空间做了合理布局。

环境保护一直是余村的重中之重。关停矿山，复垦复绿后，生态保护依旧是不变的主题，山变绿了，不能随意改种。白茶经济收益高，总有村民毁林改种白茶，但白茶根系较浅，不利于水土保持，因此，安吉县定下标准茶园17万亩的红线，规定坡度25度以上不允许种植白茶。2017年，县里开展集中整治行动，拔除了1.3万亩茶苗，全部复绿。水变清了，还需常态管护。在安吉，不仅有河长，还有河嫂、塘嫂。河嫂、塘嫂由热心支持生态的女志愿者担任，如果发现有人在水塘里洗衣服、往河道扔垃圾等，她们可以随时监督。正是如此，游人来才有了漂流、垂钓的兴趣。

为了绿色发展，安吉县规定所有竹林均不能打农药化肥，余村严格执行这一制度。得益于生态环境优势，余村的竹子还搭上了绿色经济这趟"快车"，一株竹子变成了能吃的竹笋、能喝的竹饮料、能穿的竹纤维成衣、能出口的竹地板和竹工艺品……竹子长在山上还是"景"，一眼望不到边的竹海吸引了一批批游客前来观光；竹子埋在土里也是"金"，一年四季可售卖的笋鼓起了村民的腰包。余村开发竹制品已经达到3000个品种。做到了最大限度利用资源，保护环境，竹产业为余村带来了巨大的经济收益，占全村收入的20%。

经过十几年变迁，余村彻底变了样，优美的环境回来了，村里千年的银杏树和百岁的娃娃鱼成了游客眼里的"香饽饽"，美丽环境变成了"摇钱树"，昔日寂静的山村变得像闹市一样。村民们发展休闲产业，也逐步形成了旅游观光、河道漂流、户外拓展、休闲会务、登山垂钓、果蔬采摘、农事体验的休闲旅游产业链。2019年，余村接待游客达90万人次，农民人均收入从2005年的8732元增加到如今的近5万元。第一家农家乐春林山庄的开创者潘春林，2005年从矿厂下岗，2019年春林山庄实现纯利润100万。利用村里荷花山景区搞漂流的胡加兴2005年从水泥厂失业，现在已经成了千万富翁。

村民们富起来了，都说是托了绿水青山的福，更积极地保护村里良好的环境，积极进行垃圾分类，村里规定下午五点之后才可以扔垃圾，第二天早上七点之前垃圾都要运走分类处理。为了保护良好的生态，村民自愿过年不燃放烟花爆竹，自愿排班进行巡山护林活动，他们要把环境变得更美，守住自己的绿水青山。

如今的余村，已经是国家4A级景区，全国美丽乡村示范村，2012年获得联合国人居奖。现在余村不仅仅局限于生态和休闲产业，他们要大力做实美丽文章，未来要把余村打造成国家5A级景区。一两年之内，要完成全程12公里环村绿道建设，形成"三区一环"布局，还要做到村庄规划、文化规划、5A级景区规划的"三规融合"。未来，要把余村打造成村强、民富、景美、人和的中国最美村庄的样板。

【教师提问】余村是怎样再次致富的？

【学生活动】小组合作探究，回答问题。

【教师点拨】在保护环境的基础上，依托自身优势，发展生态旅游业，充分利用竹资源优势，发展绿色经济，走上了一条绿色发展道路，实现了人与自然和谐共生。

【设计意图】结合余村第二次致富路的选择和作用，引导学生思考余村是如何处理好环境保护和经济协调发展、实现人与自然和谐共生的。通过阅读，锻炼培养学生提取重要信息的能力，并结合案例找到走绿色发展之路的发力点，体会绿色发展之路是生态文明建设的最佳选择。基于真实情境的分析和学习任务的完成，引导学生思考生态文明建设道路的必要性和重要性。

【教师提问】对比余村的两次致富路有何不同？对我们有何启示？

【学生活动】谈论、思考并回答问题。

【教师点拨】通过下面的表格进行对比分析。

余村的第一次致富路	资源环境	资源枯竭 环境污染 生态破坏	经济发展与 资源环境 不协调	人与自然不和谐 表现： 一味向自然索取， 不保护，超过自然 的承载能力，不尊 重自然规律
	经济发展	短暂的经 济发展， 不可持续		
余村的第二次致富路	资源环境	节约资源 保护环境 生态良好	经济发展与 资源环境 相协调	人与自然和谐 表现： 生态良好 经济繁荣 人民幸福
	经济发展	长远发展 可持续发展		

【设计意图】结合余村两次致富之路的深入对比分析，引导学生理解经济发展与资源环境的关系，人与自然的关系，深入思考绿色发展道路的必要性和重要性，明确保护生态环境就是保护生产力，"绿水青山就是金山银山"的深刻内涵。

环节四：思维拓展，知行合一

【教师活动】列举人与自然和谐共生、走绿色发展道路的其他示范和举措，如塞罕坝、海绵城市建设，中国碳中和规划等。

【教师提问】走绿色发展道路，我们个人可以如何做出自己的一份贡献？

【学生活动】思考并回答问题。

【教师点拨】美丽中国，是留住乡愁、守望相助的生命家园。走绿色发展道路，建设资源节约型、环境友好型社会，实现经济繁荣、生态良好、人民幸福，是建设美丽中国的时代图景。我们每个人都要为美丽中国建设贡献自己的一份力量。

【设计意图】拓展学生的认知，帮助学生了解更多生态文明建设的示范和举措。引导学生将生态文明建设落实到生活的点滴中，促进知行合一，提升公共参与意识。

六、教学反思

第一，创设真实的、典型的、复杂的教学情境。通过创设余村两次致富路情境，引导学生探究经济发展和环境保护的关系、人与自然的关系，有利于学生在真实充分的情境中用全面的长远的眼光看问题。对比两条致富路，透过发展方式看发展理念，有利于学生深入思考问题，提升综合分析问题的能力，培养公共参与的学科素养。

第二，灵活拓展和整合教材资源。本节课使用的余村致富路、塞罕坝、海绵城市都来自教材资源，但又对相关内容进行了拓展和深化，根据课程的逻辑和推进，打破了教材的顺序，有效整合了教学资源。

第三，不足之处。在教学中给予学生发挥的空间和时间不够，教师讲得过多，对学生积极性的调动不足，教学内容的生成性不足，教学效果打了折扣。在今后的教学中，教师要给学生留足思考空间，启发学生思考表达，促进学生思维成长。

七、专家点评

这节课以"绿水青山就是金山银山"的诞生地——浙江余村的发展变迁为情境，以余村两次致富路对比为主线，通过真实案例的设置，真实问题的设计，引发学生深入、辩证地思考相关问题，帮助学生在解决真实问题中提高辩证看待问题、理性解决问题的能力，认同经济发展和环境保护的协调统一理念，认同绿色发展道路的重要意义，认同国家生态文明建设的实践价值和践行路径，培养学生政治认同、科学精神、公共参与等政治学科核心素养。

（撰文：张靖）

"使市场在资源配置中起决定性作用"教学设计

一、教学背景分析

（一）教学内容分析

本节课是高中思想政治必修2《经济与社会》第二课"我国的社会主义市场经济体制"第一框题的内容，该内容与第二框题"更好发挥政府作用"和综合探究"完善社会主义市场经济体制"，共同构成我国社会主义市场经济体制在本册教材中的核心内容。本框题主要阐述资源有限及配置资源的两个基本手段，阐明市场配置资源的机制、优点、基础和缺陷，解析"看不见的手"的重要作用和存在的问题，形成对市场配置资源相关问题的较全面的认知和理解，是理解社会主义市场经济体制作用机理的基础，为第二框题和综合探究的学习做了重要铺垫。

《普通高中思想政治课程标准（2017年版2020年修订）》要求在本框题中"说明市场在资源配置中如何发挥决定性作用，分析市场调节的局限性，为更好发挥政府作用奠定基础"。学习本课内容，有利于学生理解为什么要让市场在资源配置中发挥决定性作用，如何发挥决定性作用，又为什么要更好发挥政府作用，引导学生辩证看待市场和政府的关系，培养学生辩证思维能力，提升其政治认同、科学精神、法治意识和公共参与等政治学科核心素养。

（二）学情分析

《道德与法治》（九年级）介绍了我国社会主义市场经济体制的基本内容，学生在初中学段初步了解了我国目前实行的经济体制和市场作用，但对市场如何发挥作用、为什么能发挥这样的作用、市场有没有缺陷等问题尚不明晰，对市场和政府的深层关系尚不清楚。

与初中学生相比，高中学生的身心发展趋于成熟，知识积累量增多，社会接触面扩大，分析解决问题的能力增强，对社会主义市场经济体制具有一定的认识和认同，但相关能力和素养需要进一步提升。

二、教学设计理念

针对教材内容和学情分析，遵照高中思想政治课程标准要求，本节课的设计力图构建以培育思想政治学科核心素养为主导的活动型学科课程。以议题为引领，将核心议题分解为问题串，让学生在质疑、探究、破疑中，提升思辨能力，提高分析问题解决问题的能力；以体验活动为载体，通过体验活动的设计和实施，实现学科逻辑与实践逻辑、理论知识与生活关切的统一。在议题研讨和活动体验中，帮助学生思考学科核心问题，提升核心能力，落实核心素养要求。

三、教学目标

结合日常生活的经济环境和所感所知，鼓励学生列举具有经济价值的资源，简要分析其价值，对比资源配置的两个基本手段和两种经济体制，通过经典案例分析计划经济体制的弊端，梳理党和国家对经济体制尤其市场作用认识的历程，帮助学生认同我国建立社会主义市场经济体制的必要性和重要性。

模拟企业购买原材料的市场情境，设置市场交易体验活动，帮助学生在体验中深入理解市场在资源配置中起作用的要求、机制和优点，认同"使市场在资源配置中起决定性作用"的重要论断，在参与经济生活时，能积极利用市场的作用。

结合现实生活中企业在市场中遇到的机遇和面临的困境，促使学生辩证地分析市场配置资源的优缺点，全面分析市场的作用，提高其辩证思维能力；帮助学生理解"两只手"优于"一只手"，体会我国社会主义市场经济体制的优越性，提升中国特色社会主义道路自信、理论自信、制度自信、文化自信。

四、教学重难点

教学重点：明确市场配置资源的机制，理解价格、供求和竞争在市场配置资源中的作用机制，理解市场调节的缺陷。

教学难点：理解市场配置资源的优点，在此基础上明确在市场经济条件下，要使市场在资源配置中起决定性作用。明确统一开放、竞争有序的市场体系的形成，理解市场体系是使市场在资源配置中起决定性作用的重要基础。

五、教学过程

环节一：感知生活，关注市场经济

在经济生活中，我们关注到许多资源。

【教师提问】大家了解哪些资源？这些资源可以发挥什么经济作用？相对于人的无限需求而言，这些资源有什么特点？

【学生活动】学生举例并回答。

【教师活动】结合同学回答的情况，教师引导学生认知身边多种多样的经济资源，并探讨其经济作用。引导学生思考资源的有限性，引出资源配置的两种基本手段和两种经济体制。

教师播放计划经济体制下沈阳电缆厂千里迢迢购买原材料的视频。

【教师提问】计划经济体制下，配置资源的主要手段和存在的问题有哪些？

【学生活动】学生结合视频内容，回答问题。

【教师点拨】计划经济体制下，资源配置依靠国家计划调拨，企业无自主权，成本高，经济无活力。计划经济体制在我国历史上发挥过积极作用，但是随着经济发展和复杂化，越来越凸显出诸多弊端，经济体制改革迫在眉睫。

【教师活动】教师展示党对市场作用的认识历程，从党的十四大提出要使市场在社会主义国家宏观调控下对资源配置起基础性作用，而后经历党的十六大、十七大、十八大，到十八届三中全会提出使市场在资源配置中起决定性作用和更好发挥政府作用，二十大提出充分发挥市场在资源配置中起决定性作用和更好发挥政府作用，说明我们党对市场作用的认识越来越深化。

【设计意图】从学生生活出发，设置开放性问题，引导学生关注身边经济现象和经济资源，将学生生活与经济体制内容建立联系，激发其学习和探究的兴趣。通过视频，拉近学生与经济体制的距离，引导学生分析计划经济体制存在的问题，培养学生的辩证思维能力，引导学生以历史眼光看待我国相关的改革。

环节二：小组活动，探究市场作用

【活动规则】教师组织学生开展市场模拟活动。活动规则：全班同学分为5个小组，每个小组都是某种商品的生产商，活动目的是出售自己拥有的一些物质并购进自己所需的生产要素；每个小组会获得相同的初始资金和一张身份牌，牌上会写明角色名称、游戏目标以及初始物资；每次交易都要在表格上记录清楚获得的资源、出让方及交易价格；共进行三轮交易。

【学生体验】学生分小组，体验模拟活动，并做好每次交易记录。

【教师提问】教师基于学生体验，提出问题：在市场上，影响交易成败的重要因素有哪些？交易价格呈现出什么特点？为什么？资源是如何流动的？有什么积极意义？

【学生活动】学生结合体验，思考并回答问题。

【教师活动】结合需求和供给的学科内涵。根据学生活动小组交易记录，用课件相关工具生成交易价格变化折线图，帮助学生直观感受价格的波动，并引导学生思考其中的原因，分析总结价格变化主要在于市场上供求关系的变化。在市场经济体制下，主要由市场形成价格。

【教师提问】价格统一由政府来定，会怎么样？为什么？

【学生活动】学生思考并回答问题。

【教师点拨】如果政府统一定价，商品价格不能充分反映供求关系状况，也不能有效调节供求关系，进一步论证了主要由市场形成价格。政府定价应主要限定在重要公用事业、公益性服务、网络型自然垄断环节等方面。我国制定了中央定价目录和地方定价目录，以限定政府定价范围，凡是能由市场形成价格的都交给市场，充分发挥市场在资源配置中的决定性作用。

【教师提问】生产者获得有限资源，如何更好地提高资源利用效率？

【学生活动】学生思考并回答问题。

【教师活动】用课件工具将学生小组活动的各种资料、交易情况展示出来，并总结分析当资源有限，生产者付出成本获得资源之后，有两种途径可以提高资源利用效率：一是加大研发，提高科技水平；二是注重管理，提高管理水平。在这种市场竞争机制下，能够引导资源流向效率高的领域和企业，推动科学技术和经营管理进步，实现优胜劣汰。

【资料展示】教师出示前面视频中提到的两家企业的不同命运和发展状况的材料：沈阳冶炼厂因资不抵债、无力偿还到期债务而破产；沈阳电缆厂应市场经济要求进行公司制改革，以全新的机制，崭新的风貌重新进入市场，至今仍搏击于市场经济大潮之中。引导学生思考市场经济条件下市场在资源配置中的决定性作用。

【设计意图】根据活动型课程的要求，设置体验活动，提高学生学习热情，并引导学生理性思考其中的经济学道理，帮助学生更透彻地理解市场配置资源的内在要求、机制和优点。在体验中学习，在体验中提高，在体验中深思，从实践中获得认知深化，建构更深层的学科思想体系。

环节三：案例剖析，认同市场价值

【情境延伸】沈阳电缆厂准备投产损耗低、成本低、功能高的环保新产品——一种超导导线。

【教师提问】沈阳电缆厂要引进新的生产线，需要扩大厂房，以及更多的资金、人才、生产原料等，去哪里获取？如何获取？

【学生活动】学生思考并回答。

【教师点拨】去各类市场，购买获得各类资源。各类市场的总和，构成市场体系，在各类市场中交易双方根据交易价格获得交易对象，构成市场活动。

【教师提问】沈阳电缆厂能不能进入高端制造领域？

【资料展示】教师提供市场准入负面清单的材料，并播放相关视频。

【教师提问】市场准入负面清单制度会给沈阳电缆厂这类的企业带来哪些福音？对市场经济发展有什么重要意义？面对竞争对手的刷单赚口碑和销量的行为，我们该何去何从？

【学生活动】学生思考并回答问题。

【教师点拨】市场准入负面清单对市场主体而言就是"非禁即入"，表明国家降低市场准入门槛，给予市场主体更大的自主权，放权于市场，有利于充分发挥市场的作用。对于竞争对手的刷单赚口碑和销量的行为，国家要完善相关的法制和管理，建立良好的市场秩序。建立统一开放、竞争有序的市场体系是使市场在资源配置中起决定性作用的基础。

【教师提问】使市场在资源配置中起决定性作用就是完全让市场发挥作用，对不对？为什么？

【学生活动】学生思考并回答问题。

【教师点拨】市场不是万能的，国防、消防等公共物品不能由市场调节，枪支、弹药等特殊物品不能由市场调节，教育、医疗等与民生息息相关的重要服务不能完全由市场调节。

【资料展示】电缆市场上有假冒伪劣电线产品；有电缆生产企业根据掌握的市场情况盲目上马新项目而导致产品积压；电缆生产企业根据价格上涨情况调整生产，但周期漫长影响效益。

【教师提问】这些情况分别说明市场调节存在什么问题？

【学生活动】学生思考并回答问题。

【教师点拨】市场主体为自身不当利益、眼前利益损害公共利益；生产企业不能完全掌握所有信息，盲目决策投产造成损失；不能及时根据价格变化调整生产从而满足市场需求。这体现了市场调节不是完美的，分别体现自发性、盲目性和滞后性的局限。单纯的市场调节，易造成资源浪费、配置低效、不当竞争、分配不公、经济波动等弊端，在发挥市场在资源配置中的决定性作用的同时，要更好发挥政府的作用，这是下一框题要学习和研究的内容。

【设计意图】围绕案例多侧面剖析，引导学生全面理解市场经济运作的内在机理。此处深入挖掘沈阳电缆厂在市场经济大潮中运营的案例，便于学生理解市场调节的局限性，与前面市场调节的机制、优点形成呼应，培养学生系统思维，帮助学生学会辩证地认识市场的作用，培养学生的辩证思维能力，提升学生的科学精神、法治意识和公共参与等学科核心素养。

六、教学反思

本课注重"活动—实景—主题"的教学方式方法，力图将抽象的学理内容活动化、适用情境典型化、主题内容综合化，提升学生积极性、参与度和认同度，有效贯彻落实核心素养的培养。

（一）模拟活动的有效利用

在本节课重难点突破方面，运用了商业交易的模拟活动，让学生身临其境感受市场要素的流动和变化，实践证明这个活动学生很感兴趣，强烈要求再多进行几轮交易模拟。对活动结果的有效利用也是点睛之笔，和其他活动的体验总结不同，笔者运用活动过程中的数据统计，引导学生深入思考，从而让活动的效力持续发挥，提升学生的兴趣，并深化学生的认知，是一次有益尝试。

（二）真实情境的回望深挖

在市场的大浪淘沙中，有成功的弄潮儿，也有被卷散的小沙砾，本课程中，运用两家命运不同的企业对比，让学生体悟市场的无情和契机，进而理解市场的多重作用，唤起学生的情感共鸣和理性思考。

（三）主题式教学模式的高效组织

本课围绕"市场调节"这一主题，将资源配置手段机制、市场调节机制、市场调节优点、市场调节场所、市场调节弊端等内容进行了整合，增强了该问题解读的全面性。"课程内容活动化，活动内容课程化"，围绕这一主题，开展了不同活动，也使活动有了统一起来的"魂"，增强了实施效果。

诚然，在该课程的实施过程中，市场模拟活动占用时间比较长，可以通过两节连堂课程，让活动和课程紧密结合，增强教与学的效果。

七、专家点评

本课是促使学科核心素养落地的有效尝试，注重核心议题的引领，促进活动型课程的实施，以核心学科概念为主题实施主题式教学模式，采用"一例到底"的情境设置，搭建层层深入的问题设计，培养学生的辩证思维能力，应对现实生活分析问题解决问题的能力，增强市场参与意识，提升思想政治核心素养。此外，在授课过程中，呈现出如下亮点。

第一，将"历史—现在—未来"的思维逻辑有效地展示出来。本框题要讲清楚"使市场在资源配置中起决定性作用"，教师利用经典案例引导学生分析原来计划经济存在的问题和破解路径，组织学生通过当前市场交易模拟活动，帮助学生切身感受市场作用及其机制，进而引导学生认识市场经济体制未来发展的广阔前景。引导和论证清晰，逻辑自然简洁。

第二，让"以学生为本"真实落地。新课标要求坚持和落实"学生本位"思想，让学生会学、乐学，以提升学生的核心素养。本节课以市场模拟活动为抓手，让学生亲身体验市场交易的热闹场景，并理性分析市场交易中涉及的因素、相互作用及作用机制，将抽象的理论融于生动的实践中，有效点燃学生的激情，学生主动参与、思维活跃、积极研讨，发挥了活动的多重价值，践行了活动型课程的要求，体现了课程为学生发展服务的理念。

（撰文：胡莹）

玉米，还是猕猴桃？
——"充分发挥市场在资源配置中的决定性作用"教学设计

一、教学背景分析

1.教材分析

本课为高中思想政治必修2《经济与社会》第二课"我国的社会主义市场经济体制"第一框题"充分发挥市场在资源配置中的决定性作用"。本课是经济部分的核心内容。一是知识地位重要，属于微观和宏观经济知识对接、融合的重要知识，现代经济学的核心问题。二是内容深奥，市场决定资源配置是市场经济的一般规律。真正理解市场机制如何指导生产什么、如何生产、为谁生产的优点，方能理解计划经济的弊端；真正理解市场失灵，方能理解需要政府的作用。这一内容链接着百年来经济学家们的思考与争论、各国经济实践的收获与反思。三是现实意义强，理解这一内容有助于学生更好地认同我国经济体制改革以及建立和完善社会主义市场经济体制的重大意义。

2.学情分析

高中学生思维活跃，具备分析社会生活具体现象的热情，能够对经济现象形成初步的理解和评价。高一学生刚刚接触经济学,受生活经验和知识水平所限,难以全面地认识计划和市场的作用。同时学生理解抽象的市场配置资源的基本原理和机制存在难度,对价格、供求、企业经营等知识的掌握情况影响着学生对本课内容的学习。

二、教学设计理念

在分析教材和学情的基础上,结合高中思想政治课程标准,本节课的设计力求构建以培育核心素养为主导的活动型学科课程,打造议题式教学模式,通过模拟市场的实践活动,在真实情境中实现议题和理论相结合,让学生在课堂上能够探索式学习,在思考、追问、质疑中建构市场配置资源的一般知识,提升政治认同、科学精神、公共参与等核心素养。

三、教学目标

通过参与市场模拟游戏,探究市场配置资源的基本原理和机制,明晰市场配置资源的优点和局限性,感悟市场经济的优越性;提高对生产决策等经济行为的解释与论证、预测与选择、辨析与评价能力。

四、教学重难点

教学重点:市场配置资源的机制、市场调节的缺陷。
教学难点:市场配置资源的机制。

五、教学过程

环节一:激趣导入 感悟市场

【教师活动】播放视频——市场掠影和价格变动场景。在今天,有各种各样的市场:商品市场、信息市场、技术市场、债券市场……在市场中,价格时涨时落,风云变幻。变化的市场中蕴藏着怎样的奥妙?让我们一起通过模拟市场决策,探求市场配置资源的规律。

【学生活动】模拟活动——我们都是农场主。

每一位同学扮演一位农场主。每位农场主都有两块地可以耕种,10亩猕猴桃园和100亩玉米地。由于人力、财力等的限制，在资源稀缺的情况下，只能选种其中一块地。请你根据市场信息，决定是种植猕猴桃还是种植玉米。让我们看一看谁是这个市场上的最大赢家！

环节二：第一轮模拟决策　探究市场配置资源的方式

【教师活动】发布第一轮市场信息（表1）。各位农场主，你们准备种什么？请决策。

表1　市场信息（1）

种类	去年消费量（万公斤）	耕地（亩）	亩产量（公斤）	价格/公斤（元）	成本/亩（元）
玉米	180	100	800	1.5	1000
猕猴桃	40	10	2000	9	8000

备注：①两类作物的市场需求大致稳定。②所有产品都能卖出。③种植猕猴桃和种植玉米所费劳动大致一样。④由于人力、财力所限，只能二选一。选种玉米，就是选种100亩。选种猕猴桃，就是选种10亩。

【学生活动】独立完成决策。

【教师活动】统计选择种植玉米和猕猴桃的农场主人数并发布。结果显示：选种玉米的共4人，选种猕猴桃的共35人。

请选种猕猴桃和玉米的农场主分别发言。为什么要选种猕猴桃或玉米？请说出你的决策理由。

【学生活动】选种猕猴桃：经过计算，种植猕猴桃的利润是10万，种植玉米的利润是2万，猕猴桃的利润高于玉米。

选种玉米：经过计算，猕猴桃市场供求平衡时，需要20位生产者；玉米市场供求平衡时，需要约23位生产者。考虑到种植猕猴桃的利润高，选种猕猴桃的农场主会很多，这样猕猴桃市场竞争激烈，可能会出现供大于求，导致猕猴桃价格下降。根据计算结果和对市场的预测，我决定选种玉米。

【教师点拨】进行生产决策时，要始终围绕利润，要综合考虑价格、供求和竞争之间的相互影响和相互制约，进而判断和推测生产经营的预期利润。从宏观上看，这个过程就是市场在通过利益杠杆的调节，实现人、财、物资源配置的过程。

【教师活动】发布玉米和猕猴桃的当期市场价格（根据现实中相似状况下的市场价格给定），请农场主计算收益。

·猕猴桃：3元/公斤
·玉　米：2元/公斤

【学生活动】计算收益，小组交流。

【教师活动】种植猕猴桃亏损，种植玉米盈利6万元。本轮决策中，种植玉米的4位农场主获利。表扬其市场判断能力。

【教师活动】做决策前，需要了解市场信息，你们觉得哪个信息最容易获得，也最能帮助你灵敏地了解市场状况？为什么？

【学生活动】价格。因为在市场上，商品的价格是透明的，能很快很方便地获得。供求影响价格，价格能反映供求状况。去年的竞争，导致了价格的整体的变化，所以价格能反映出成本、供求、竞争、利润等各方面的变化。

【教师点拨】"价格不仅仅能够传递关于稀缺的信息，它同时也能够指导生产，指导人们在不同的生产方式当中，选择适当的生产方式。"价格是最好的风向标，表达了效用、稀缺的信息，传递方式最经济、最明确。概括而言，价格有三大作用，即传递稀缺、指导生产和解决奖惩。

本轮决策中，猕猴桃价格由原来的9元/公斤下降到3元/公斤，表明猕猴桃市场中供过于求、竞争激烈。种植猕猴桃的农场主亏损，玉米种植者获利，这是市场通过价格以利润的形式对农场主的决策进行奖惩，我们说，价格是市场机制的灵魂。

环节三：第二轮模拟决策　明晰市场配置资源的优点

【教师活动】在第一轮决策中，种植猕猴桃的35位农场主亏损了，如何扭亏为盈呢？

【学生活动】通过广告宣传，扩大猕猴桃的市场需求，尤其是扩大出口；进行深加工，制作成猕猴桃汁、猕猴桃干；改进技术，提高猕猴桃的品质；

开展猕猴桃采摘旅游活动等。

【教师活动】你们想出了很多办法缓解供过于求的矛盾，非常好。接下来我们要进入第二轮决策环节。发布市场信息。请大家在种植玉米、新法种植猕猴桃、旧法种植猕猴桃三种情形中选择一种。

表2　市场信息（2）

种类	去年消费量（万公斤）	耕地（亩）	亩产量（公斤）	价格/公斤（元）	成本/亩（元）
玉米	180	100	800	2	800
猕猴桃（旧法）	40	10	2000	3	8000
猕猴桃（新法）	40	10	2200	3	8200

备注：①科学家针对猕猴桃，发明了一种特种肥料，亩产量会增加10%，每亩成本增加200元。②玉米种植因为使用新技术，人工成本下降，每亩总成本下降200元。

【学生活动】独立完成决策。

【教师活动】统计并发布决策结果。数据显示，13人种植玉米，新法种植猕猴桃的共20人，旧法种植猕猴桃的6人。

发布玉米和猕猴桃的当期市场价格（根据现实中相似状况下的市场价格给定），请农场主计算实际利润。

> · 猕猴桃：4元/公斤
> · 玉　米：2.5元/公斤

【学生活动】计算收益，小组内交流。

【教师活动】种植玉米的利润是12万元，新法种植猕猴桃的利润是0.6万元，旧法种植猕猴桃的利润是0元。表扬本轮决策中种植玉米的农场主。两轮决策中有2位农场主都获得了利润，共18万元。表扬这两位同学，他们在决策过程中表现出了敏锐的市场判断力和市场变化的预测推断力。

在两轮的市场决策活动中，大家做出决策后，猕猴桃和玉米市场的供求关系发生变化，马上就通过两种商品价格的涨落表现出来，这体现了市场在信息传递上的优点，它可以通过价格涨落来比较及时、准确、灵敏地反映市场状况。这是市场配置资源的优点之一。

【教师活动】猕猴桃的种植中，选用新法和旧法农场主的结果有什么不同？

【学生活动】采用新法种植猕猴桃，挣得更多；如果猕猴桃价格低、供大于求，新法种植猕猴桃亏得也低。

【教师活动】如果在接下来的生产中，市场需求等其他条件不变，继续选用旧法种植猕猴桃，结果会怎样？

【学生活动】优胜劣汰。

【教师活动】市场配置资源，它鼓励什么？又会带来什么客观结果？

【学生活动】鼓励创新，鼓励采用新的技术、新的管理方法，促进劳动生产率的提高。

【教师点拨】市场配置资源客观上推动科技进步，促进劳动生产率和资源利用率的提高，较好地解决稀缺性资源的配置问题。在自由的市场中，活力、创造力被激发出来，这是市场的力量。

环节四：追问反思　理解市场配置资源的局限性

【教师活动】两轮决策的结果表明，一直有农场主亏损，导致资金、土地等资源出现浪费，这说明市场配置资源并不是完美无缺的，它存在局限性，我们称之为市场失灵。市场失灵的具体表现是什么呢？

第一轮决策中，35位同学一哄而上地种植猕猴桃，结果，猕猴桃市场上供大于求，价格急剧下跌。这是市场失灵的表现之一——盲目性。为什么会出现盲目性？

【学生活动】我们所看到的价格反映的是之前的市场供求状况、竞争状况，我们所计算的利润是预期利润。市场信息的传递存在滞后性。农场主获得的信息可能不充分，理性判断的能力不够。

【教师活动】猕猴桃高产妙招有"蘸药"。在猕猴桃种植中，一些果农为追求利润，使用"膨大剂"来催大猕猴桃，以提高产量。但是，这些被"蘸药"的大猕猴桃不好吃，农民自己都不吃，消费者也不会购买，这就出现了资源配置的低效、浪费。这种也是市场失灵的表现，我们称之为自发性。

环节四：反思提升　回望计划与市场的百年争鸣

【教师活动】大家根据价格等市场信息来决定种什么，有风险、太麻烦，能不能由老师说了算，确定价格，并决定生产什么、生产多少？

【学生活动】不能。一是，没有刺激性，缺少激励，不能调动生产者的积极性。二是，信息的收集、处理中，老师一个人不能做到百分之百的正确，存在预测不准问题。

【教师活动】如果一国经济中，由"老师说了算"，即通过指令性计划来配置资源，我们称为通过计划来配置资源。资源配置有两种方式：计划和市场。计划和市场哪个手段更好？百年来，经济学家们的观点不一，今天仍然在争论。但是，经济实践表明，市场虽然存在失灵，但是它仍然是实现资源优化配置的较好选择。新中国成立后，我们就经历了这样一个艰难的探索过程，最终选择了市场经济这种经济体制，取得了经济建设的巨大成功。所谓市场经济，就是市场在资源配置中起决定性作用的经济。但是，这不是完美的经济体制，今天我们仍然在探索如何用政府调控来弥补市场的缺陷，以促进经济更好地发展。

六、教学特色

第一，厘清议题涉及的主要内容并进行结构化处理。"市场配置资源"这一框题中，涉及的基本概念和基本观点多且难，如，计划与市场手段、市场经济的含义、市场配置资源的机制、市场秩序、市场体系、市场规则、市场交易原则、社会信用体系等，如何处理这些内容？在本节课上，教师打破教材条条目目的框架，紧紧抓住"稀缺的资源如何优化配置"这一关键问题，设计议题——"玉米，还是猕猴桃？"通过两次模拟市场决策活动，让学生在决策中体验、在体验中反思，从而深入理解价格、供求、竞争机制是如何调节资源配置的，明晰市场配置资源的优点和局限性。知识的学习伴随着对议题的深入分析展开，教师根据议题的需要对教学内容进行了大胆的取舍，以突出市场配置资源优点与缺陷这一主线。课堂上教师补充"价格有三大作用，即传递稀缺、指导生产和解决奖惩"这些新知识的学习在问题解决中发生，在问题解决中推进，在问题解决中活化，知识的结构化建构在问题解决中完成。

第二，活动设计实现学科知识、学科任务、复杂情境的有机融合。"我们都是农场主"的模拟生产决策体验活动，是微缩版的市场沙盘模拟。教师发布前期市场中的消费量、价格、单位产量、耕地面积、单位成本等关键市场信息，构建出由39名学生形成的完全竞争"班级市场"。教师要求学生只能在种植玉米和猕猴桃中选择其一，提示资源是有限的，人们需要考虑生产什么，才能实现利益最大化。活动中，教师2次发布市场信息，要求39名学生现场独立决策种什么，并说明理由；教师两次发布市场价格信息，要求学生核算利润，并反思问题……学生在活动中深刻理解市场是如何通过价格、供求和竞争来配置资源的，市场的优点与缺陷。如何设计活动，如何实现"课程内容活动化、活动设计内容化"，这节课给我们几点启发：其一，活动设计要符合学科逻辑和生活逻辑；其二活动应为学生提供真实的复杂的情境；其三，活动应为学生提供可以动手参与、动脑思考的学习任务。

第三，体验与思考中提升学生思维能力。种植玉米还是猕猴桃、如何解决猕猴桃市场供需矛盾、猕猴桃新法种植还是沿用旧法、为了增产你会使用膨大剂吗？学生亲历体验、反思、质疑，思维"动"起来。一是，做中"悟"。学生通过模拟决策活动，在"实践"中体会理解市场配置的过程。由于市场信息的相对复杂和"农场主"个体的差异性，整个模拟决策活动充满强烈的不确定性，趣味与挑战并存，是学生参与的一场"新鲜而刺激"的市场之旅。二是，问中"思"。作出市场决策并解释理由、比较新旧两种种植方案的利弊做出理性的选择、评价个别使用膨大剂农户的经济行为……承载解释与论证、预测与选择、辨析和评价学科任务的问题，引导学生反思模拟决策的过程和结果，激发学生深入地探究现象背后的市场规律，充分拓展了学生的思维空间，提升学生在复杂情境下提出问题、分析问题和创造性解决问题的能力。

七、专家点评

紧紧围绕议题展开学习过程。教师紧紧抓住"稀缺的资源如何优化配置"这一关键问题，设计议题——"玉米，还是猕猴桃？"通过市场模拟，推进学生的学习探究。教师以突出市场配置资源优点与缺陷为主线，对教学内容大胆取舍，对学习内容做结构化处理，知识的学习在问题解决中发生、在问题解决中推进、在问题解决中活化，知识的结构化建构在问题解决中完成。无论是市场模拟，还是对猕猴桃种植乱象的分析，学科任务和情境设置符合学生特点、学科思想，实现学科知识、学科任务、复杂情境的有机融合，给学生生成知识的广阔空间，呈现出深度学习的课堂特质。

（撰文：邰美秋）

（本文发表于《思想政治课教学》2018年第3期）

"市场体系和市场缺陷——以'网约车'市场为例"教学设计

一、教学背景分析

（一）内容分析

本节课是高中思想政治必修2《经济与生活》第二课第一框题的第二目"市场体系"和第三目"市场缺陷"的整合，是第二课"我国的社会主义市场经济体制"的重要内容，阐明市场配置资源的基础和局限性，解析"看不见的手"的重要作用和存在的问题，形成对市场配置资源相关问题较全面的认知和理解。同时是对初中《道德与法治》九年级上册关于社会主义市场经济体制内容的拓展与深化。

（二）学情分析

九年级高中思想政治课程介绍了我国社会主义市场经济体制的基本内容，学生初步了解了我国目前实行的市场经济体制和市场的作用，但对市场如何发挥作用、为什么能发挥这样的作用、市场有没有缺陷等问题尚不明晰，对市场和政府的深层关系尚不清楚。高一学生具有一定的抽象和辩证思维能力，但不能很好地在具体情境中做出理性的抉择。

二、教学设计理念

在分析教材和学情的基础上，结合高中思想政治课程标准，本节课的设计力求构建以培养核心素养为目标的活动型学科课程，打造议题式教学模式，将学科逻辑与生活逻辑相结合。坚持贴近学生生活和社会实践的基本原则，让学生在课堂上充分参与课堂活动探究、思考与分享。在议题讨论和材料分析中培养学生的法治意识、科学精神、公共参与等学科核心素养。

三、教学目标

（1）探讨投资者进入网约车市场前遇到的困惑，分析市场规则、市场体系的内涵和价值，阐述建立统一开放、竞争有序的市场体系需要公平开放透明的市场规则，提高分析和解决问题的能力，培养法治意识和规则意识。

（2）结合网约车市场竞争的现象，分析市场调节的局限性，并分析理解这种局限性产生的原因及其影响，培养学生的全面思维和科学精神。

四、教学重难点

教学重点：明确建立统一开放、竞争有序的市场体系要建立公平开放透明的市场规则；理解和区分市场调节的三个局限性。

教学难点：市场规则的要求及其对市场经济体制的重要作用。

五、教学过程

情境导入：你觉得网约车市场的前景怎么样？

【教师活动】出示近年来网约车市场状况的材料和数据。请同学们根据网约车市场的调查问卷结果，预测这个市场的前景。

【学生活动】思考并回答。

【教师点拨】大城市网约车已经比较饱和，中小城市还有很大的市场空间，三、四线城市仍是一块等待享用的巨大的蛋糕。某创业者想在三线城市创办网约车公司，让我们一起帮他将公司创办起来。

【设计意图】围绕学生比较熟悉的网约车市场设计情境，让学生有话可说，能很好将学生带入到接下来的学习当中。虚拟出创业者小何的形象，引导学生帮他创业，激发学生学习和探究的兴趣。

环节一：小何创办网约车公司之"招兵买马"

【教师活动】提问：办公司需要准备各种人、财、物，他的第一个困惑是这些资源需要分别去哪些市场获得？

【学生活动】学生思考并结合自身经验分享，去人才市场招聘员工、去银行贷款、去商贸市场购买办公用品等。

【教师点拨】市场可以分为商品和服务市场及生产要素市场。商品和服务市场包括用于生产的和用于生活的市场。所谓生产要素指生产这些商品和服务需要的资源，包括钱、地、人、技术等。在市场里，一定会有交易双方：消费者和企业，交易对象即商品或服务，交易价格，这些要素是市场的基本要素。这些市场相互作用，形成有机联系的市场体系。

【设计意图】在真实的市场和生活的基础上，模拟小何创办公司的经历，从学生的已有经验出发，初步感受市场的类型，在总结提炼的基础上，了解市场体系的内容和组成要素，实现由感性认识上升到理性认识的飞跃。

环节二：小何创办网约车公司之"了解市场"

【教师活动】一个行业并不是想进就能进的，小何第二个困惑是："我"能不能注册网约车公司？注册网约车公司，需要哪些条件？

【学生活动】观看视频，了解我国市场准入负面清单制度。阅读《网络预约出租汽车经营服务管理暂行办法》摘录后，学生认识到，只要不在负面清单之列的都可以进入，即"非禁即入"。

【教师活动】教师追问：市场准入负面清单制度对小何这样的创业者，以及整个市场有什么作用呢？

【学生活动】思考并总结，学生认识到市场准入制度的完善，有利于更好地发挥市场在资源配置中起决定性作用，也有助于激发市场主体活力。

【学生活动】学生分享《网络预约出租汽车经营服务管理暂行办法》摘录中对申请《网络预约出租汽车经营许可证》的相关制度、技术等要求，并认识到，任何市场都是有进入条件或规则的，才使得我们的市场能够有序健康地发展。

【教师活动】最近一起网约车之间的"价格大战"让小何困惑，如何看待"价格大战"？

【学生活动】观看视频，同时阅读相关的法律法规、条文摘录，思考并回答上述问题。

【设计意图】引导学生辩证认识"价格大战"。企业降价本是市场竞争行为，有利于市场的发展，但以排挤竞争对手为目的，故意压低价格属于不正当竞争，扰乱市场秩序，甚至会出现垄断，长期也会损害消费者合法权益。针对这种不正当竞争行为，政府相关部门需要依法加强监管。这里也让学生初步认识到市场调节也有其自身的局限性。

视频和相关资料让学生真切地了解到我国市场准入制度、行政许可制度、公平竞争制度。在真实的体验、分析中，突破教学重难点。认识到建立统一开放、竞争有序的市场体系要建立公平开放透明的规则。同时，了解和运用真实的法律法规，提高学生运用材料分析思考问题的能力，有利于提升学生的法治意识和科学精神。

环节三：小何创办网约车公司之"进入市场"

【教师活动】小何最终选择进入三线城市——南宁市。调查到以下三个现象。

现象一　关于进入南宁市网络预约出租汽车市场风险预警的公告

至2019年7月，南宁市已有神州专车、首汽约车、滴滴出行等10家网约车平台公司取得经营许可证，核发网约车运输证11203本；取得网约车驾驶员证21769人，其中约8470人2019年7月营收为零（未接单）。数据显示，网约车驾驶员营收普遍偏低，南宁市网约车数量及运力已相对过剩。

现象二　南宁市网约车市场整体饱和，但专车服务比较少，市场有需求，而且价格高。为提高效益，小何想新增专车服务。两个月的系统调整和专车司机培训后，专车服务投入市场，但发现价格已经下降了。

现象三　按照《网络预约出租汽车经营服务管理暂行办法》要求，网约车司机必须同时拥有《网络预约出租汽车驾驶证》和《网络预约出租汽车运输证》，同时接单时必须车证合一。当前，网约车司机不合格现象大量存在，成为人们关切的问题。

针对以上三个现象，小何有以下困惑：

为什么南宁市网约车市场环境和"我"预想的不一样，市场已经比较饱和了？

"我"根据市场需求，调整生产经营，为什么赶不上价格变化？

为什么南宁市一些网约车企业仍然让不合格的车主注册和运营？

提问：这些现象体现了市场调节的哪些局限性？

【学生活动】分组讨论，分析这些市场现象背后体现出的市场调节的三大局限性：盲目性、滞后性、自发性。学生根据真实案例，分析供需失衡、市场混乱、社会不公平等现象，教师在此基础上，概括总结，提升认识。

【设计意图】让学生在真实情境中分析市场调节的局限性及其影响，综合运用所学解决实际问题，培养科学精神。

环节四：总结提升——市场与政府"手拉手，一起走"

正是因为市场规则的不断制定和完善，让网约车市场这个近几年的新兴产业能够更加健康成长，也让小何这样的创业者更加有信心、有激情地进入市场搏击。市场调节有其自身的优点，但也有局限性，针对网约车市场的各种乱象，该怎么办？学生自然想到，积极发挥政府的作用，市场与政府"手拉手，一起走"。

【设计意图】整体回顾小何的创业经历，以及网约车市场发展过程，让学生对市场体系、市场规则、市场局限有了更系统的认识。也为下一框题"更好发挥政府作用"做铺垫。

六、教学反思

本节课力求通过真实情境的转化，探索活动型学科课程的实施策略。

第一，贴近学生生活。本节课从学生比较熟悉的网约车市场的发展入手，引用网约车市场发展过程中的真实案例、数据等，通过模拟小何的创业过程，让学生在真实情境中体验、思考和分析，在探究中加深学科认知和理解。

第二，设计有思维力度的问题。课堂上，要激发学生的探索热情，有思维力度的问题往往是激发学生思维活动的关键。本节课着力在探究问题上下功夫，设置模拟人物小何在创业过程中遇到的困惑问题，让学生利用材料和已有经验，一步步思考探究，思维全程跟着课堂活动活跃起来。

反思本节课，也有需要改进的地方。设计比较慢，个别地方给学生思考表达时间不够，学生本位意识需要加强。合理设置环节，一方面需要做减法，把握重点，厘清主线；另一方面需要做加法，创设环境，注重引导，给学生充分发挥的空间，以更好地达成教学目标。

七、专家点评

本节课是对活动型学科课程一个很好的尝试，知识情境化、情境任务化、任务序列化，促进"课程内容活动化，活动内容课程化"，在活动中理解学科思想，在活动中提升学科核心素养。

第一，一例到底，创设真实情境。网约车是随着互联网时代发展，顺应新需要而产生的新兴行业，需要在市场经济体制中不断得到发展和完善。从一个小的切入口——创业者小何的创业过程入手，招兵买马、了解市场、进入市场，让学生卷入课堂，在解决小何创业过程中遇到的问题探究中，逐步深入认识市场体系和市场缺陷。

第二，问题引领，构建知识逻辑联系。在课堂探究中，运用多角度、多层次的问题串，有意识引导学生构建知识之间的联系。如通过"价格大战"的探讨，让学生进行思维碰撞，逐步构建起价格、市场、企业、消费者、政府等之间的逻辑联系，帮助学生系统思考市场经济的作用机制和主体之间的关联。

第三，活动探究，培养必备能力和核心素养。课堂活动，需要在步步推进的情境中，设置序列化的任务。去哪些市场获得创办公司的要素？能不能进入市场？进入市场如何参与竞争？如何认识和解决因市场自身局限性产生的问题？通过一系列问题，为给学生创造探究环境，教师精心准备了相关法律条例、真实数据等资源，学生在真实的情境体验和任务解决中，分享与交流、碰撞思想火花，培养分析与综合、辨析与评价等能力，促进学生的法治意识、科学精神、公共参与的核心素养的提升。

（撰文：徐芬芳）

"更好发挥政府作用" 教学设计

一、教学背景分析

1.教学内容分析

本节课选自高中思想政治必修2《经济与社会》第二课"我国的社会主义市场经济体制"第二框题"更好发挥政府作用"。《普通高中思想政治课程标准（2017年版2020年修订）》对本框题的要求是，辨析经济运行中政府与市场的关系，并解析宏观调控的目标与手段。

社会主义市场经济需要"两只手"共同发挥作用，因此，政府经济职能的实施是市场经济运行的内在要求。本节课承接"使市场在资源配置中起决定性作用"，鉴于单纯依靠市场调节有缺陷，因而需要更好发挥政府作用，由社会主义市场经济体制的基本特征引发出我国政府的经济职能。本框题的学习有助于学生全面、准确地理解我国的社会主义市场经济体制，体会其优越性，坚定制度自信，从而培育政治认同、科学精神、法治意识、公共参与等核心素养。

2.学情分析

高一年级的学生知识积累量有所增加，社会接触面扩大，社会交往更加频繁，思想意识日趋活跃。在知识层面，学生已经学习并领会了"使市场在资源配置中起决定性作用"的相关内容，明确了单纯依靠市场调节存在缺陷。因而，更加迫切地想要了解政府如何发挥作用；在能力与方法方面，学生尚未具备辩证思维能力，无法全方位、准确地理解社会主义市场经济体制，甚至有些同学认为，市场作用能够取代政府作用；在态度与价值方面，学生能结合生活事例，感悟到改革开放以来我国经济社会发展取得的成就，但尚不清楚背后的理论逻辑。因此，本节课应该引导学生科学地认识我国的社会主义市场经济体制。

二、教学设计理念

在分析课程和学情的基础上，结合课程标准，开展议题式教学。本节课围绕"为何'两只手'优于'一只手'？"这一议题，层层设问，逐步推进，运用情境化教学。通过比较不同国家市场经济体制的异同、我国政府扶持光伏产业持续健康发展和我国政府应对经济发展周期性的举措等真实、复杂、典型的情境，帮助学生树立学科认知。在议题讨论和情境分析中培养学生的政治认同、科学精神等核心素养。

三、教学目标

通过改革开放以来我国在经济领域取得的巨大成就，领会坚持社会主义市场经济体制的必然性和重要性，坚定道路自信、制度自信；

通过不同国家市场经济的异同比较，理解社会主义市场经济体制的基本特征，引导学生认同社会主义市场经济体制，提升政治认同的核心素养；

通过我国政府扶持光伏产业持续健康发展等具体情境，分析政府的经济职能及其作用；

通过我国政府在应对经济发展周期性时所采取的财政政策和货币政策，理解宏观调控的主要目标，提高科学精神等核心素养。

四、教学重难点

教学重点：辨析经济运行中政府与市场的关系，准确理解使市场在资源配置中起决定性作用和更好发挥政府作用，二者是有机统一的。

教学难点：理解宏观调控的主要目标是促进经济增长、增加就业、稳定物价、保持国际收支平衡，理解财政政策和货币政策是宏观调控最常用的经济手段。

五、教学过程

环节一：感悟中国经济奇迹

【教师活动】教师播放视频，展示我国改革开放以来在经济领域取得的巨大成就（我国是世界第二大经济体、制造业第一大国、货物贸易第一大国、商品消费第二大国等）。

提问：成就中国奇迹的原因有很多，结合上节课的学习和你的了解，你能说说社会主义市场经济体制发挥了怎样的作用吗？

【学生活动】学生思考问题并陈述理由。

【教师活动】教师根据学生的答案，继续追问同样都是市场经济体制，你知道中国的市场经济与美、德、日等国市场经济模式有何异同吗？

【学生活动】学生结合教师提供的资料卡，比较、分析各国市场经济体制的异同，体会由于各个国家制度、历史文化、经济状况等诸多因素的影响，各国市场经济模式不尽相同。从而看出我国社会主义市场经济体制的独特性和优越性，感悟"从传统的计划经济体制到前无古人的社会主义市场经济体制"的变化。

【设计意图】学生从感性认识出发，找寻中国奇迹的经济密码，感悟市场经济在解放发展生产力方面发挥的巨大作用；通过比较不同国家市场经济体制的异同，体会我国社会主义市场经济体制的基本特征。

环节二：在经济领域，我国政府能做什么？

【教师活动】教师展示"十四五"规划的制定过程和2024年《政府工作报告》的主要组成部分，引导学生感悟我国政府的经济职能。

【教师提问】通过阅读和梳理，你能说说我国政府在经济领域都做了什么吗？

【学生活动】学生阅读材料并思考回答问题。

【教师活动】在学生回答问题的基础上进行总结，政府"通过制定国家经济发展战略和规划，实现经济社会发展目标"，通过"宏观调控"稳定经济发展。

【教师活动】教师进一步追问，你还知道我国政府能够在经济领域做哪些事情吗？结合教材综合探究光伏产业发展相关情况，并进行分析。

【学生活动】阅读教材，思考分析问题。

【教师活动】在点评学生的分析的基础上，分析光伏是一种新兴产业，21世纪初产量比较低，后来由于国家政策支持，短短几年，实现爆发式增长，相关产品产量跃居世界第一。后来出现产能过剩，一些企业面临破产。国家出台大量政策，对不同光伏企业实行区别对待，重点支持技术水平高、市场竞争力强的骨干优势企业，淘汰劣质企业。一些光伏企业也开始加大自主创新力度，投入了大量的研发费用。技术进步提升了产品竞争力，扩大国内外市场，光伏产业开始复苏。思考政府是如何支持光伏产业持续健康发展的？

【学生活动】学生思考并回答问题。

【教师活动】总结提升政府"通过实施产业政策，促进产业结构不断优化升级"。

【设计意图】学生通过我国政府在经济领域的具体举措，感悟政府的经济职能及其作用。明确坚持和发展社会主义市场经济体制，需要使市场在资源配置中起决定性作用的同时，更好发挥政府作用。坚定道路自信、制度自信。

环节三：经济过热、遇冷时，政府怎么办？

【教师活动】教师展示我国改革开放至今GDP变化曲线图，引导学生体会经济发展呈现周期性。当经济过热或经济遇冷时，我国政府应该怎么办？

【学生活动】学生通过资料查询和小组讨论对我国政府应对经济发展周期所采取的政策进行分析，并得出结论。

【教师点拨】当经济繁荣时，经济增长速度比较快，就业率提高，但可能伴随较高的通货膨胀率；当经济不景气时，虽然物价稳定，但经济增长率可能会下降，失业率会上升。为了让宏观经济保持在合理区间，政府就要进行科学的宏观调控。其中，财政政策和货币政策是宏观调控最常用的手段。

【设计意图】通过对我国宏观调控中财政政策和货币政策的路径分析，理解宏观调控的目标和手段，从而更好理解经济运行中政府与市场的关系。增强政治认同、科学精神等核心素养。

六、教学反思

关于教学设计与实施的特色，主要有两点：第一，教学设计贴近学生认知和学生生活，符合学生认知水平的"最近发展区"，由生活逻辑逐步递进到理论逻辑，并由此实现情感态度价值观的升华和核心素养的落地；第二，采用真实、典型、复杂的情境和问题，引导学生在课堂上有思考、有争辩，在分析问题的过程中培养学生运用学科知识解决问题的意识，从而培育高阶思维能力。同时，通过课堂教学，教师发现本节课的教学内容容量较大，情境设计的连贯性需要进一步加强。

七、专家点评

本节课围绕"社会主义市场经济"这一学科大概念展开，其学理性强，理论逻辑相对复杂。因此，对于教师的教学和学生的学习来说都是一个不小的挑战。教师在处理本节课时深入对教材进行了分析，对教材正文的逻辑结构做了再思考，整合相关内容，便于学生学习和理解。

第一，聚焦大主题，拓展大视野。本节课以"社会主义市场经济体制"为主题，考虑到这一主题内容宏大，教师从不同角度选取了教学情境，既有国际层面的不同国家之间的体制的对比，也有宏观经济层面的国家某一产业发展状况的分析，以及财政政策和货币政策对微观主体经济行为的影响。学生能够在丰富翔实的真实情境中感悟我国市场经济体制，提升制度自信。

第二，源于教材，又高于教材。本节课充分落实了"用教材教，不是教教材"的理念，妥善处理了教材正文内容和相关的探究材料，通过再次架构，充分彰显了教材在社会主义市场经济体制中所传递的核心理念，有效地帮助学生基于一定的经济学理论进行问题探究，强化了问题解决能力，推动了科学精神和公共参与等核心素养的落地生根。

（撰文：王辰）

围绕"中国特色社会主义民主政治"的教学设计

"中国共产党的领导——智慧和力量"教学设计

一、教学背景分析

1. 教学内容分析

"中国共产党的领导"是部编版思想政治必修3《政治与法治》第一单元内容，主要阐述了中国共产党领导地位的确立是历史和人民的选择，中国共产党始终坚持以人民为中心，始终走在时代前列，在新时代尤其要坚持并加强党的全面领导，以巩固党的执政地位。鉴于单元综合复习知识容量大、理论难度深，在1课时内无法达成"知识全覆盖"，所以进行了适当取舍：选取第一课"历史和人民的选择"，第二课"中国共产党的先进性"，第三课第二框题第一目"坚持全面从严治党"等内容。

《普通高中思想政治课程标准（2017年版2020年修订）》（以下简称《课程标准》）对本单元的要求为"引述宪法序言，说明没有共产党就没有新中国，阐明中国共产党成为执政党的必然性；引述党章规定，明确党的性质、宗旨和指导思想；理解坚持党对一切工作的领导的意义，阐述中国共产党依宪执政、依法执政的道理、方式和表现"。

2. 学情分析

通过第一单元的学习，已经初步知晓中国共产党领导地位的确立是历史和人民的选择，中国共产党始终坚持以人民为中心，始终走在时代前列，且要坚持和加强党的全面领导。但是对"为什么中国共产党的领导是历史和人民的选择""怎样高扬永不褪色的旗帜"等内容还需要进一步的理解和认识。再加上这些知识的学习是按课时进行的，学生头脑中还没有形成相对完整的知识框架，尚不具备综合运用所学知识回答问题的能力。所以需要在掌握知识的基础上，进一步理解本单元内容的内在逻辑，通过运用所学知识解决问题实现能力上的提升。

二、教学设计理念

基于教材和学情分析，依据《课程标准》，并结合习近平总书记在党史学习教育动员大会上的讲话，对第一单元内容进行重新架构：借由议题引领，围绕"马克思主义是如何深刻改变中国的""为什么说'江山就是人民，人民就是江山'""党是如何加强自我建设的"等问题提高分析并解决问题的能力；通过"猜猜TA是谁""诵读红色诗词""强国有我，青春中国"等体验活动的设计和实施，实现学科逻辑与实践逻辑、理论知识与生活关切的统一。在议题讨论和活动体验中，助力学生落实学科核心素养，实现学史明理、学史增信、学史崇德、学史力行。

三、教学目标

结合议题讨论和问题探究，能够分析说明中国共产党成为执政党的历史必然性和全面从严治党的必要性。

综合运用所学，能够阐释中国共产党为什么"能"、中国特色社会主义为什么"好"，是马克思主义"行"。

结合"猜猜TA是谁""诵读红色诗词""撰写'强国有我，青春中国'宣言书"等活动，能够勇担时代重任，树立将"个人小我"融入实现2035年远景目标"大我"的责任感和使命感。

四、教学重难点

教学重点：马克思主义是如何深刻改变中国的，"党是如何加强自我建设的"。

教学难点：如何理解"江山就是人民、人民就是江山"。

五、教学过程

环节一：视频导入，引出主题

【教师活动】播放视频《百年恰是风华正茂》，引导学生观看并思考视频与第一单元"中国共产党领导"的联系。

【设计意图】视频导入，激发兴趣，引出本节课主题。

【教师活动】下面是初二某班文化墙设计，请你为他们再补充一些重要会议、重要事件或重要人物。

> 1921年建党、1927年南昌起义、1928年井冈山会师、1936年长征胜利、1945年抗战胜利、1949年新中国成立、1970年东方红一号发射、1978年改革开放，1980年深圳特区建立、1997年香港回归、1999年澳门回归、2001年入世、2008年北京奥运、2012年党的十八大、2017年党的十九大、2019年国庆70周年、2020年全面小康……

【学生活动】进行补充（如党史中的重要事件、人物和会议等）。

【设计意图】运用已有党史知识帮助初中学生解决问题，实现"学以致用"。

环节二：探寻中国共产党的智慧和力量

【过渡】"百年征程波澜壮阔，百年初心历久弥坚"。百年党史，生动记录了中国共产党从小到大、由弱变强，从胜利走向胜利的光辉历程，蕴含着十分丰富的思想资源、实践智慧和精神力量。通过第一单元复习课回顾党的百年奋斗历程，探寻党的智慧和力量。

【教师活动】播放视频《觉醒年代》片段（李大钊先生慷慨激昂地说："一百年后的中国，她必然会证明我今天的观点，社会主义绝不会辜负中国！"）。提出问题1：翻开厚重的百年党史，真理的光芒指引着前进的方向。在党的百年历程中，马克思主义（科学社会主义）是如何焕发真理的力量从而深刻改变中国的？

【学生活动】参考资料，分析说明中国共产党成立100年来中华民族的沧桑巨变。

【教师活动】中国共产党始终走在时代前列，在马克思主义及其中国化理论成果的指引下，中华民族迎来了从站起来、富起来到强起来的伟大飞跃，迎来了实现民族复兴的光明前景。

【设计意图】通过回顾百年历史取得的伟大成就，理解在马克思主义及其中国化的理论成果指引下，中国共产党带领中国人民不懈奋斗，使得中国和中华民族发生了沧桑巨变，从而引导学生坚定"社会主义没有辜负中国""中国也没有辜负社会主义"的信念。

【教师活动】播放视频：习近平总书记庄严宣告我国全面建成小康社会。提出问题2：到建党100年现行标准下贫困人口全部脱贫是党对人民的庄严承诺，请从党和人民的关系角度谈一谈为什么要如期打赢脱贫攻坚战、全面建成小康社会？

【学生活动】运用所学分析，为什么要如期打赢脱贫攻坚战（如中国共产党的性质、宗旨、初心使命、执政理念、根本立场、工作的出发点落脚点等）。

【设计意图】通过综合运用所学分析，为什么要如期全面建成小康社会，理解中国共产党始终坚持以人民为中心，增进对马克思主义是人民的理论的认同。

【教师活动】党的百年历史，就是一部践行初心使命的历史，就是一部党与人民心连心、同呼吸、共命运的历史。历史充分证明，江山就是人民，人民就是江山，人心向背关系党的生死存亡。赢得人民信任，得到人民支持，党就能够克服任何困难，就能够无往而不胜。

【过渡】作为百年大党，如何永葆先进性和纯洁性、永葆青春活力，如何永远得到人民拥护和支持，如何实现长期执政，是我们必须回答好、解决好的根本性问题。

【教师活动】展示材料：中国这十年系列主题发布会——反腐败斗争已取得压倒性胜利并全面巩固。提出问题3：习近平总书记多次强调"打铁还需自身硬"，为什么全面从严治党永远在路上？

【学生活动】参考资料，回答问题3（如新形势下，党面临的一系列考验、一系列危险摆在全党面前）。

【教师活动】追问：如何实现全面从严治党？

【学生活动】参考资料，分析并回答如何实现全面从严治党（如新时代党的建设总要求、推动全面从严治党向纵深发展等）。

【设计意图】通过综合运用所学分析时事内容，进一步理解必须坚持全面从严治党，才能永葆党的青春活力，永葆党的先进性。

【教师活动】补充：实现党的自我建设，不仅需要全面从严治党，还需要增强"四个意识"，做到"两个维护"，健全党总揽全局协调各方的制度体系。

教师归纳：党在百年历程中汲取了真理的智慧和力量、初心的智慧和力量、自我建设的智慧和力量，除此之外还包括千年文明的智慧和力量，法治的智慧和力量等，随着我们学习的深入，今后将继续探究。

环节三：强国有我，青春中国

【过渡】在推进党的建设过程中，总有一些榜样的感召超越时空，精神的力量无坚不摧。每当我们重温这些名字，心中总是感到自豪、充满敬意：他们是视死如归的革命烈士，是顽强奋斗的英雄人物，是忘我奉献的先进模范。

【教师活动】展示材料，布置活动一：猜猜TA是谁？

【学生活动】根据材料提示，猜猜这些人物是谁。

【教师活动】我们可能知道他的名字，也可能不知道他的名字，但是他们都有一个共同的名字——共产党员。

【设计意图】通过"猜猜TA是谁"这一活动，以个体折射共产党员的先锋模范作用，理解党组织的重要作用。

【过渡】英雄的事迹，值得我们永远铭记；伟大的精神，构筑起共产党人的精神谱系，为我们立党兴党强党提供了丰厚滋养。让信仰之火熊熊燃烧，让精神谱系绵延不绝，我们党就能不断积聚生生不息的奋进力量。

【教师活动】展示材料：习近平总书记《念奴娇·追思焦裕禄》，布置活动二：全班同学诵读诗词。

【学生活动】诵读诗词。

【设计意图】通过诵读诗词活动进行红色信仰教育，感悟习近平总书记的人民情怀，加深对"党的先进性"的理解，坚定制度自信。

【过渡】100多年前，李大钊先生发出了"以青春之我，创建青春之中国"的呐喊，100年后的今天，踏上实现第二个百年奋斗目标的新征程，历史的接力棒传到了我们新时代新青年手中。

【教师活动】布置活动三：思考并撰写宣言书——"新征程，青春之我如何成就青春之中国？"

【学生活动】撰写宣言书、分享并交流。

【设计意图】通过撰写青春寄语，将青春之我和青春之中国相结合，明确新征程上，需要我们每个人将"个人小我"融入实现中华民族伟大复兴中国梦的"大我"之中，实现学史崇德、力行。

环节四：总结，提升

【过渡】历史的画卷，总是在砥砺前行中铺展；时代的华章，总是在不懈奋斗中书写。躬逢伟大新时代，更需要从百年党史中汲取前行力量，不忘初心再出发，牢记使命加油干，共同推动"中国"号巨轮在新的伟大征程中续写新的辉煌篇章。

【教师活动】布置活动四：全体朗诵金句，从金句中汲取前行的力量。

【学生活动】集体朗诵金句（金句内容：一代人有一代人的使命，一代人有一代人的担当。实现中华民族伟大复兴中国梦，是一场接力跑，我们要一棒接着一棒跑下去，每一代人都要为下一代人跑出一个好成绩）。

【设计意图】以习近平总书记重要论述进行总结提升，增进理想信念教育，推动习近平新时代中国特色社会主义思想进课堂进学生头脑，用新思想铸魂育人、启智润心。

六、教学反思

第一，议题引领下的知识内容结构化。"中国共产党的领导"这一单元课程容量大、实施难度高。在进行本节课设计时，对内容进行了适当取舍，并依据党史学习教育动员大会讲话将议题设计为"中国共产党的智慧和力量"，通过对"真理的智慧和力量""初心的智慧和力量""自我建设的智慧和力量"

等问题的讨论，运用知识去解决实际问题。

第二，以学生活动为载体的活动内容课程化。通过设计"猜猜TA是谁""诵读红色诗词""撰写'强国有我，青春中国'宣言书"等活动，为学生提供动脑思考、动手参与的学习任务，将学科逻辑与生活逻辑相结合。推动学生转变学习方式，在合作学习和探究学习的过程中，培养创新精神，提高实践能力。通过党史的学习，发扬红色传统、传承红色基因，勇担时代重任，将"个人小我"融入实现2035年远景目标，实现中华民族伟大复兴中国梦的"大我"之中，通过党史学习崇德、力行。

第三，以核心素养落位为导向的评价多样化。《课程标准》指明要围绕核心素养的形成与发展，构建激励学生不断进步的发展性评价机制。本节课通过设计个性化的评价量表，采用教师评价和学生自评等多种评价方式，从学科知识的掌握、运用水平，课堂讨论与议题讨论过程中学科任务的完成情况，学科核心素养的培育情况等方面，尽量全面地反馈学生学科素养的发展情况。

第四，采取议题式教学法，通过合理的情境设置和问题设计推进课程，为思想政治学科的教学提供了有益参考，但是由于议题式教学的研究尚浅，所以如何在思想政治课程教学中实践，还需要做进一步探索。

七、专家点评

第一，坚持价值性和知识性相统一。通过依托"马克思主义是如何深刻改变中国的""为什么说'江山就是人民、人民就是江山'""党是如何加强自我建设的"三个问题的分析，进行学科知识体系的构建和价值观的引导，在教师的不断启发中认同中国共产党领导和中国特色社会主义制度。

第二，坚持理论性和实践性相统一。思政课注重用科学理论培养人，重视课程的实践性，把思政小课堂同社会大课堂结合起来。本节课通过"猜猜TA是谁""诵读红色诗词""撰写'强国有我，青春中国'宣言书"等活动，引导学生将课程所学内容运用到实际学习生活和工作之中，立志成为担当民族复兴大任的建设者和接班人。

第三，坚持主导性和主体性相统一。思政课以议题式教学为载体，将情境体验法、合作探究法、讲授法相结合，调动学生积极性，使学生"能说""有的说"；以师生互动、生生互动的形式为主，引导学生在思考中理解、在理解中认同、在认同中创新，使得思维得到锻炼、素养得到提升。

（撰文：裴志新）

（本文获陕西师范大学主办第二届全国高中思想政治议题式教学设计大赛一等奖，有改动）

"最广泛、最真实、最管用的民主"
——"'接诉即办'改革背后的民主密码"教学设计

一、教学背景分析

1.教材分析

"最广泛、最真实、最管用的民主"是普通高中思想政治必修3《政治与法治》第四课"人民民主专政的社会主义国家"第一框题第二目的内容，也是"以人民为中心的发展思想"的重要内容。《普通高中思想政治课程标准（2017年版2020年修订）》要求学生在本课"感悟我国社会主义民主是最广泛、最真实、最管用的民主"。

教材行文从最广泛、最真实、最管用三个角度分别展开，阐述了我国社会主义民主是一种新型民主，具有鲜明特点和独特的制度优势，阐明了在我国人民怎样当家做主。为学生第二单元乃至于整本教材的学习打下了重要的理论与思想基础。

2.学情分析

本课针对高一年级学生。学生知识积累增多、分析和解决问题的能力增强，社会交往和活动范围扩大，对于社会现象有一定的自我认知和判断。同时，学生在初中阶段《道德与法治》九年级上册第三课"追求民主价值"的学习中已经对我国社会主义民主的本质有了整体性认识，学生对"最广泛、最真实、最管用的民主""发展全过程人民民主"等概念并不陌生，因此，本课教学重在学生能力提升和价值引领。

二、教学设计理念

本节课遵循高中思想政治课程标准要求，以北京市近年来推进的"接诉即办"改革作为情境载体，力图构建以学科核心素养为主导的活动型学科课程。以议题作为引领，将核心议题做结构化展开，引导学生通过对具体实例、制度改革创新以及法制化的发展过程展开探究，将学科理论与社会关切有机结合，落实价值性和知识性相统一的要求，培养学生的核心素养。

三、教学目标

分析北京市推进"接诉即办"过程中的具体实例，总结我国社会主义协商民主的鲜明特色与制度优势，梳理党的领导与相关制度对民主的保障，阐述我国社会主义民主是最真实的民主。

阅读材料，明确从"接诉即办"到"未诉先办"的转变的缘由和过程，剖析社会主义制度借由改革达成自我完善和发展的必要性，明确社会主义民主是最广泛、最真实、最管用的民主，坚定道路自信、制度自信。

结合《北京市接诉即办工作条例》的制定过程以及部分条款，分析"接诉即办"的法制化建设对发展社会主义民主的作用，总结"发展全过程人民民主"的具体内涵与优势，提升政治认同、法治意识等思想政治学科核心素养。

四、教学重难点

教学重点：明确最广泛、最真实、最管用的民主的基本内涵。

教学难点：理解社会主义协商民主的必要性与优势；理解发展全过程人民民主。

五、教学过程

课堂导入：北京推进"接诉即办"改革

【教师活动】介绍并提问：在北京12345作为"接诉即办"的主渠道，为解决市民急难愁盼的问题发挥了重要的作用。你拨打过12345吗？你知道12345有什么用吗？

【设计意图】12345市民热线与学生生活经验联系密切，激发学生兴趣，进而引出近年来北京市"接诉即办"改革的情况，引入新课。

环节一：接诉即办，回应诉求

【教师活动】呈现案例：石景山五里坨街道居民遭遇用水难题。

材料一：近日，北京12345市民服务热线多次接到石景山区五里坨街道材料厂南院居民反映的长期停水问题，居民只能依靠从远处拉水或购买桶装水解决应急用水，希望能协调安装市政供水。据了解，此区域产权单位和供水单位均为中铁三局四公司，院内生活用水水源为铁路自管，不在石景山市政供水范围。此外，由于管道多年使用老化严重，管道破裂导致水压不足无法供水，如果要接通市政管道的水源，自来水公司就要新建管道，则需要穿过北京铁路局管辖的铁轨，施工成本高、施工难度大。

提问："难"在何处？怎么解决？

【学生活动】回应问题。解决居民用水难的问题需要中铁三局四公司、自来水公司、市政、北京铁路局等多方主体相互配合、通力合作才能解决，可见通过民主协商平衡多方利益、凝聚共识，进而保障居民权益十分必要。

【教师活动】播放视频："接诉即办"解难题。

视频内容：五里坨街道受理了居民诉求，东街社区党委书记李宁全程参与并组织问题解决。2022年3月，石景山区五里坨街道组织召开"吹哨报到"会议，邀请中铁三局四公司、北京自来水集团、石景山区域管委等多方代表参与会议。会议商定，由中铁三局四公司供水的老宿舍平房区接出一路管道为14户居民供水、中铁三局四公司与相关的铁路产权部门协商施工事宜、中铁三局四公司和五里坨街道共同出资49万元用于施工。管道顺利接通后，社会还组织居民召开"自来水问题沟通会"，商讨后续水费如何收取等问题，最终采纳居民意见，采用抄表的方式收取水费，居民的"用水难"问题得以妥善解决。

提问："接诉即办"是如何解决居民"用水难"问题的？为什么能解决？

【学生活动】小组讨论问题并回答。

1.问题解决的全过程由社区党委及党员干部负责牵头组织，保证问题能够持续得到关注并得以解决。党的领导是我国民主的重要政治保证。

2.在"吹哨报到"会议上，各方利益主体进行民主协商，最终明确了各方的责任与利益，使得用水问题可以顺利解决。协商民主是我国的社会主义民主政治的特有形式和独特优势。

3.社区在解决问题过程中发挥了重要作用，不仅组织解决用水问题，还在解决问题过程中听取居民意见，遇到重要决策召开"居民会议"讨论决定。

4.党的领导制度、基层群众自治制度、北京市"接诉即办"制度也为人民民主提供了重要保障。由此可见，我国的社会主义民主是最真实的民主。

【设计意图】本环节呈现了"接诉即办"工作中的一则具体案例。借由引导学生对"用水难题"原因进行分析，让学生感悟我国基层实际工作的复杂性，领会坚持和发展社会主义协商民主的必要性与重要意义。通过对"用水难题"解决过程的分析，从政治保证、制度保障、实现方式三个角度说明了我国社会主义民主是最真实的民主。

环节二：从"接诉即办"到"未诉先办"

【教师活动】接诉即办为市民解决了不少烦心事，但在具体落实中也出现了一些问题，比如一些利益纠葛复杂、解决难度大的问题，拖延时间过长，不少市民已对解决问题不抱希望，影响了人民的幸福感和获得感。教师呈现素材并提问。

材料二：据统计，12345市民热线服务中心，2023年北京12345热线共受理市民反映2103万件，诉求办理量1080万件。市民诉求解决率、满意率分别达到94.29%、95.20%，较2022年均提升1.57个百分点。

材料三："12345接诉即办"的主要工作流程是在接到市民的投诉后，街道（乡镇）管辖权属清晰的群众诉求，根据规则直接派给街乡镇，街乡镇回应"接诉即办",区政府同时接到派单,负责督办。一般性问题7天反馈办理结果,直到令市民满意为止。

提问:结合材料,思考为什么会出现部分市民幸福感下降的现象?怎么办?

【学生活动】思考并回答,市民问题需求量巨大和政府行政资源有限之间存在矛盾、单纯的接诉模式相对被动等,需要对工作模式进行改革。

【教师活动】教师展示资料并提问。

材料四:北京市创新"每月一题"工作机制及27个难点问题目录。

2021年,北京市创新推出"每月一题"工作机制,充分利用12345民生大数据和"接诉即办"年度体检报告,梳理出27个高频难点问题,每月围绕1个主题、选取2~3个具体问题。北京市聚焦市民诉求集中的问题,每个问题都由具体市级部门牵头负责,办好了一批群众身边的事。北京市通过"每月一题"机制实现了解决问题与治理单位之间的有效匹配,以问题为导向,实现了城市治理跨部门、跨层次、跨系统的重构和创新,是主动治理、未诉先办的范例。

提问1:不难发现,此项改革不仅进一步解决了北京市民生活中交通、医疗、养老等多方面的问题,也保障了城镇居民、农民、工人、老年人等不同群体的民主诉求,这体现出我国民主的什么特点?

提问2:结合材料与生活经验,思考北京市"接诉即办"创新"每月一题"工作机制有何意义?

【学生活动】讨论并回答。对于政府而言,"每月一题"工作机制有利于提高解决问题的靶向性,激发各责任主体的执行动力,提升基层治理的效率。对于群众而言,真正解决群众切身利益相关的问题,回应民众诉求,增强人民群众的获得感、幸福感和安全感。这体现了社会主义民主是最广泛、最真实、最管用的民主。

【设计意图】本环节注重情境创设的连贯性与递进性,从北京"接诉即办"转向"未诉先办"的改革过程中,明确社会主义制度通过改革实现自我完善和发展,使学生坚定道路自信。以"每月一题"工作机制为依托,引导学生进一步理解和把握我国社会主义民主是最广泛、最真实、最管用的民主，掌握和巩固新知。引导学生站在不同角度思考和分析问题，培养学生的辩证思维能力。

环节三："接诉即办"的法制化

【教师活动】展示材料并提问。

材料五：《北京市接诉即办工作条例》制定过程。

· 2020年8月，北京市委全面深化改革委员会提出加快推动接诉即办立法。

· 2021年2月10日至3月11日，《北京市接诉即办工作条例》草案公开征求意见。

· 2021年5月27日，北京市人大常委会对条例草案进行第一次审议。

· 2021年6月6日至6月27日，条例草案再次公开向社会征求意见。

· 2021年7月6日，北京市委主要领导专题听取条例修改情况汇报，并作出重要指示。

· 2021年7月9日，北京市人大研究提出条例草案的二次审议稿。

· 2021年8月3日至9月3日，条例的二次审议稿征集意见。

· 2021年9月24日，北京市人大常委会表决通过《北京市接诉即办工作条例》(以下简称《条例》)并实施。

材料六：《条例》(部分条款节选)。

第八条　诉求人为了维护自身、他人正当权益或者公共利益，可以就经济发展、城市建设、社会管理、公共服务、民生需求等方面的事项提出诉求。

诉求人可以自主选择以语音、文字、图片、视频等形式提出诉求，有权了解诉求办理情况并作出评价。

第三十四条　接诉即办工作接受公众和新闻媒体的监督。

提问：改革总与法治相伴而行。谈谈"接诉即办"的法制化建设如何彰显我国民主优势？

【学生活动】小组讨论并回答。

1.立法过程中多次广泛征求社会意见，《条例》本身又保障了公民提出诉求的权利，保障全体人民享有广泛的知情权、参与权、表达权和监督权，是人民民主真实性和广泛性的生动体现。

2.民主实现不仅体现在《条例》的制定过程中，还体现在公众对接诉即办工作的监督中。形成了完整的参与实践，彰显了我国社会主义民主是一种新型民主，是发展全过程人民民主。

3.北京市委在"接诉即办"的法制化建设中发挥了重要的领导和监督作用，深层次体现了我国社会主义民主政治是党的领导、人民当家做主、依法治国的有机统一。

【设计意图】本环节基于"接诉即办"的法制化过程引导学生进行探究。重在促进学生对已掌握知识的理解与运用，强化学生对于知识的迁移能力。同时从"全""过程""人民"几个关键维度深化学生对社会主义民主的理解与思考，进一步深刻感悟我国社会主义民主政治是党的领导、人民当家做主、依法治国的有机统一。

课堂总结："接诉即办"改革不断完善和发展，可以说只有进行时、没有完成时，贯穿其中的是一场深刻的治理革命，更是落实和实现人民当家做主的价值依归。相信在接下来的"接诉即办"改革的进程中，会不断以市民诉求驱动城市治理，为实现满足人民对美好生活向往的承诺作出新的更大贡献。

六、教学反思

关于教学设计与实施的反思，主要有以下三点。

第一，坚持素养导向。本设计力图落实学科核心素养要求，围绕"接诉即办"改革开展探究活动，深化学生对于社会主义民主的认同，培育"政治认同"核心素养；通过呈现"接诉即办"改革法制化进程，感悟法治对于保障民主的作用，促进学生尊法学法守法用法，培育"法治意识"核心素养。

第二，积极贴近学生。本设计以学生熟知的"12345"市民服务热线为切入点，选择北京市近年来推进的"接诉即办"改革作为情境载体，结合高一学生的社会生活经验选择教学内容，使学生有话可说，同时，问题设计贴合学生能力，开展可操作、可把握、可合作的课堂探究活动，促进学生能力提升。

第三，探索议题教学。本设计通过将议题情境进行序列化、结构化处理，一方面就"接诉即办"改革开展层层递进的探究活动，另一方面深化学生对于社会主义民主最广泛、最真实、最管用的理解与认同，既包含了学科课程的具体内容，又展示了价值判断的基本观点。就本设计而言，个人认为在议题创设的辨析性上还可以进一步雕琢。

七、专家点评

本节课以北京市"接诉即办"改革作为情境展开教学，旨在引导学生深刻感悟我国社会主义民主的特点和优势。具体表现为以下三点。

第一，以学科核心素养为导向开展活动型学科课程。核心素养的培育是落实立德树人根本任务的具体要求，也是对传统三维目标的整合与提升。因此，教师在开展教学设计与活动的过程中应坚持素养导向。在本课的设计中，教师结合教学内容与思维方法，以"政治认同""法治意识"等核心素养为准则，通过问题设计带动学生使用学科知识思考分析实际问题，探究北京市"接诉即办"改革背后的民主奥秘，践行了"课程内容活动化、活动内容课程化"的课标要求。

第二，情境创设兼顾真实性与结构性。情境教学有助于学生深化理解知识并加以运用，课程标准也要求教师通过问题情境的创设促进学生能力提升和素养实现。本课创设的情境具备真实性，"接诉即办"改革是北京近年来基层治理体系与治理能力建设的重要环节，与人民群众生活密切相关，符合学生的日常生活经验，使学生有话可说；同时，情境创设兼具结构性，本节课将"接诉即办"改革依据"接诉即办—未诉先办—法制化建设"三个维度展开，从整体上呈现了"接诉即办"改革的发展历程，层层递进，既符合中学生学习特点，又遵循思政课学习规律。

第三，教学设计与实施注重价值引领。上好思政课，不仅要将知识讲明讲透，还要实现政治性与学理性的统一，注重价值引领。"接诉即办"改革与"以人民为中心的发展思想"在价值追求和内容指向上高度契合，教师在教学过程中紧扣"民主"这一核心概念，突出社会主义民主最广泛、最真实、最管用的特点和优势，环环相扣，有利于促进学生认同社会主义民主，坚定道路自信。

当然，本节课在问题设置的思辨性、情境材料的挖掘度等方面还可以进一步加强。

（撰文：付佳乐）

"根本政治制度——我国的人民代表大会制度"教学设计

一、教学背景分析

1.教材内容分析

"根本政治制度"是统编版《道德与法治》八年级下册第五课第一框题内容。本框题阐述人民代表大会制度是我国的根本政治制度，阐明了人民代表大会制度的内容、优越性和如何坚持完善这一制度，以及人大代表的权利与义务等。

《义务教育道德与法治课程标准（2022年版）》（以下简称《课程标准》）在课程内容部分的要求是"了解人民代表大会制度是我国的根本政治制度"，在学业质量描述这一部分的要求是"能够结合实例阐明人民代表大会制度的基本内容和意义"。

本节课借助合作探究"确立人民代表大会制度的必然性""人民代表大会制度的优越性"等内容，帮助学生理解人民代表大会制度作为我国的根本政治制度在保障人民当家做主中的重要作用，进而坚定"制度自信"，落实政治认同、法治观念等核心素养，成为建设社会主义现代化强国、实现中华民族伟大复兴的合格建设者和接班人。

2.学情分析

八年级学生处于从依赖性向独立性、从冲动性向自觉性、从幼稚性向成熟性过渡的关键期；同时也开始具备了"刨根问底"的思维，即探究现象背后的道理。

该班大部分学生思维较活跃、课外资源信息量较大，但他们获取的资料呈现出片段化、表象化的特点，即多为对事物的感性认识。班中有少数政治学科素养较高的学生，能够在一定程度上综合运用所学知识解决政治学科问题。然而，大部分学生学科素养较弱、知识面较窄、公民意识较为淡薄，这种公民意识的淡薄已经成为落实全面推进依法治国理念、建设社会主义法治国家的障碍。

在授课之前，通过问卷调查发现学生虽然对"根本政治制度"有一定的了解，但对"为什么选择人民代表大会制度""人民代表大会制度如何保证人民当家做主"等尚存在较大疑惑。

二、教学设计理念

针对教材和学情分析，依据《课程标准》要求，本节课旨在构建以培育学科核心素养为主导的活动型课程。具体而言，通过立足"已知"、精准分析学情，着眼"未知"、设置具有一定难度的问题，借助设置不同层级的任务逐步深入，引导学生在小组合作、活动探究中发现、分析并解决问题。同时，通过活动体验这一载体，促使学生参与体验，促进感悟与建构，引导学生开展自主探究与合作探究，实现学科逻辑与实践逻辑、理论知识与生活关切的统一。在问题探究和活动体验中，帮助学生思考学科核心问题，帮助学生认识社会，提升核心能力，落实核心素养要求。

三、教学目标

能够结合事例分析、课堂讨论、小组活动等，剖析人民代表大会制度的内容。

能够综合运用史实和时政，解释人民代表大会制度的确立是历史的必然和人民的选择。

能够运用人民代表大会制度的知识分析说明区分各国家机关的关系。

能够结合议案撰写和分享活动，分析说明人民代表大会制度对保障人民当家做主的重要作用。

四、教学重难点

教学重点：为什么选择人民代表大会制度为我国的根本政治制度。

教学难点：人民代表大会制度是如何保障人民当家做主的。

五、教学过程

课堂导入：2018年底至2019年初，美国经历了史上最长时间的政府"停摆"，这到底是怎么回事呢？

【学生活动】美国政府"停摆"，源于总统特朗普要求国会拨款修筑美墨边境隔离墙，遭到国会的抵制，导致美国政府关门。

【教师活动】这次政府"停摆"创造了美国政府"停摆"史上的纪录，它深层次的原因在于美国三权分立制的政体（根本政治制度），那我国的根本政治制度是什么？这是我们今天要共同探讨的内容。

【设计意图】以美国政府"停摆"的时事引导学生关注本课核心问题，为后续任务开展做铺垫；培养从全球视角看问题的能力。

环节一：小组合作，探讨根本政治制度

【教师活动】在探讨我国根本政治制度（政体）之前，我们需要了解其内涵，即"国家权力属于谁""权力如何分配""权力由谁执行"等问题。请以小组为单位，参照任务单完成任务。

1.新中国的权力属于谁？并说明理由。

A.君主　　B.有产者　　C.人民大众

2.新中国的国家权力如何分配（即权力分成几个部分）？

3.这些权力分别由什么机关行使？

【学生活动】学生以小组为单位探讨上述问题，教师从旁予以指导。

学生1：新中国的权力属于人民。理由是：根据毛主席和黄炎培"窑洞对"的内容，只有权力属于人民，才能跳出"历史周期律"，保证国家长治久安。另外，根据现行我国宪法规定，我国是工人阶级领导的、以工农联盟为基础的人民民主专政的社会主义国家，国家的一切权力属于人民。

【教师点拨】这位同学根据"窑洞对"的内容得出"国家权力属于人民"，所以新中国成立前，代行全国人大职权的政协会议确定了人民民主专政的国家性质（国体）。

【学生活动】学生2：新中国的国家权力被划分为立法权、行政权、司法权和监察权。

【教师点拨】我国国家权力划分既有一般国家特征（立法、行政、司法三权），也有独属于我国的特征（监察权）。

【学生活动】学生3：行使立法权的是人大及其常委会等机构；行使行政权的是政府；行使司法权的是人民法院和人民检察院；行使监察权的是监察委员会。

【教师点拨】在了解了根本政治制度（政体）内涵的基础上，如何将其架构以符合新中国的实际需要和发展要求呢？我们进入下一环节。

【设计意图】引导学生分析本课核心问题。学生以小组为单位，根据教师布置的任务探讨"国家权力所属""国家权力如何分配"等问题，为开展下一环节做好准备。

环节二：回溯历史，选择根本政治制度

【教师活动】请以小组为单位，从中国历史上唐朝、明朝的根本政治制度以及美国的三权分立制中，选择新中国的根本政治制度，并给出选择理由和不选择理由。

【学生活动】学生以小组为单位进行研讨，教师从旁进行指导。

【教师活动】请同学做出自己的选择并说明理由。

【学生活动】学生1：我不选择历史上唐朝、明朝的根本政治制度，因为它们都是君主专制制度，不符合新中国保障人民当家做主的要求，所以我们组不选择。

【教师活动】新中国的根本政治制度要保障人民当家做主。

【学生活动】学生2：美国三权分立制，会导致权力分立，相互掣肘，效率低下，所以我们组不选择。

【教师活动】新中国的根本政治制度要坚持民主集中制原则。人民代表大会制度这一根本政治制度既保障了人民当家做主又满足了民主集中制的要求。所以说它是历史的必然，更是人民的选择。

【设计意图】学生以小组为单位，通过运用所学知识从历史视角（纵向维度）和全球视角（横向维度）进行分析比较，得出人民代表大会制度是历史的必然、人民的选择，有助于突破教学难点，培养学生以历史视角和全球视角看问题的能力。

环节三：了解内容，图示根本政治制度

【教师活动】大家已经了解人民代表大会制度是历史的必然和人民的选择，请以图示呈现人民代表大会制度的内容。

【学生活动】每个学生单独完成，教师从旁予以指导。

【教师活动】请参照教师呈现图示进行修改。

学习强调"知行合一"，请运用人民代表大会制度内容说明西城区各国家机关之间的关系。

【学生活动】学生1：根据人民代表大会制度的内容，西城区人民代表大会及其常务委员会是西城区权力机关，区人民政府、区监察委员会、区人民法院、区人民检察院都由其选举产生，对其负责，受其监督。

学生2：西城区各国家机关坚持民主集中制原则。

【教师点拨】非常好。其实政治就在我们身边，我们可以运用所学知识解决现实中的很多问题。

【设计意图】通过图文转化，引导学生加深对人民代表大会制度的理解；通过运用根本政治制度的内容解释西城区各国家机关的关系，引导学生"理论联系实际"，运用所学解决现实问题，实现"知行合一"。

环节四：分组汇报，感受根本政治制度

【教师活动】课前我们请各位同学对家长做了问卷调查，结果显示家长最为关心的问题分别是：教育、医疗、停车、垃圾分类、城市建设（PPT呈现）。我们已经分小组撰写了议案并进行了若干次修改。下面请各组派代表依次汇报。

【学生活动】学生1：大家好！根据《中华人民共和国全国人民代表大会和地方各级人民代表大会代表法》第三条，我们代表团依法联名提出议案。我们组的案由是关于解决××区中小学课外班时间过长的议案，提议案人有谢××、李××、周××、唐××、杜××等5人，领衔代表姓名为谢××，工作单位为北京师范大学附属中学，联系电话为：185×××××××。本议案形成时间为人代会前，代表议案形成的来源为调研形成，涉及问题通过议案反映的次数为第一次，对于"如转为建议、批评和意见是否同意公开"表示同意。案据为：目前××区众多补习班充斥了各个年龄段学生的课余时间。经调查，本班有32名同学，参加人数为24人，占本班人数的75%，其他班级也有75%～90%的补课人数。周末休息时间（不含睡眠时间）为30小时，其中每位同学平均上课时间为8～10小时，占比为26.67%～33.3%，甚至有部分同学在放学后还要去培训机构参加补习，这样会影响到青少年学生的正常休息，进而影响学习和生活，不利于青少年的身心健康与成长。方案为建议区教委联合工商管理部门出台相关文件，以规范中小学生课外班时间过长现象。

学生2、3、4、5、6（略）：与学生1汇报结构同。

【教师活动】以上6个小组都善于发现问题、分析问题、解决问题，他们的议案汇报不仅有数据分析、事实依据、解决措施，更体现了"美丽中国""人与自然和谐共生""满足人民的美好生活需要"等党和国家的价值理念追求。目前以上议案已经交由区人大代表提交区人大会议，等待区人大的回复。这些都体现了道德与法治课程知识和理念在现实生活中的应用，也体现了人民代表大会制度在保障人民当家做主中的作用。

【设计意图】引导学生发现问题、分析问题、解决问题，这是本课的落脚点。在本环节，学生通过调查研究、撰写并分享议案，将思政小课堂与社会大课堂相结合，提高了依法参与国家政治生活的能力，切实感受到人民代表大会制度在保障人民当家做主中的重要作用，从而增强政治认同，坚定制度自信。

【教师点拨】习近平总书记说"履不必同，期于适足；治不必同，期于利民"，也就是说"鞋子合不合脚，只有穿了才知道""一个国家实行什么样的制度这个国家的人民才有发言权"。通过本节课的学习，我们可以证明人民代表大会制度是"历史的必然和人民的选择"，是"符合中国国情的好制度"。

我们通过本课的学习，共同发现问题、分析问题并解决问题，这是"用双眼观察世界""用双脚丈量中国""用双手共圆梦想"，也说明了"无穷的远方，无数的人们，都和我有关"。

设计意图：通过展示习近平总书记关于人民代表大会制度的重要论述，进行总结与提升，在学生心中种下"真善美"的种子，进而增强对制度的认同，坚定道路自信和制度自信。

六、教学反思

第一，深入把控学情。凭借现代化手段测试学生"已知"和"未知"，从而精准确定教学重难点并制定具有针对性的教学目标。唯有如此，方能让教学更具针对性，进而做到"事半功倍"。

第二，精准实施教学。通过层层递进的活动安排，引导学生在小组合作中完成学习任务，进而实现教学目标。在教师的不断启发和引导过程中实现理想信念的培育，在问题启发过程中做到教师主导性和学生主体性的统一。

第三，正确引领价值观。通过小组合作、任务驱动等方式，对教学内容进行了合理的布局与优化，如通过选择根本政治制度、议案分享等活动，将启发性的内容落到实处，让学生通过小组互动学习，在鲜活的生活情境中运用所学知识，在实践中经历自主辨析、分析的过程，得出结论、形成新知。如此一来，学生就更加认可信服课程内容，进而在感悟学科之美的同时坚定了制度自信。

七、专家点评

本课具有较强的理论性，专业概念多，与学生的生活存在较大距离。这样的教学内容，常常会因为难度过大，教师解读理论过多，进而成为教师的"一言堂"，灌输过多而启发不足，致使学生无法将晦涩的理论运用到生活实践中，使得教学难以达成良好的效果。教师运用合适的教学方法、合理的教学引导，在调动学生积极性的同时，将理论性、专业性的教学内容与学生的生活经验、已有知识进行有机结合，达成思政小课堂和社会大课堂的有机融合，不仅让学生理解了我国根本政治制度的内涵和优越性，还让学生在实践中增强了对根本政治制度的认同。

本课最大的亮点在于将人民代表大会制度中代表提出议案的过程开发成学生实践活动，学生通过小组互动学习，在鲜活的生活情境中运用所学知识，在实践中经历自主辨析、分析的过程，从而得出结论、形成新知、增强认同。

（撰文：裴志新）

（本文为2019年北京师范大学未来教育高精尖创新中心改进课，北京师范大学未来教育高精尖创新中心2020年小课题一等奖《基于"智慧学伴"的道德与法治课堂教学改进的实例研究》的课例内容）

"参与民主生活——透视人民政协"教学设计

一、教学背景分析

1.教学内容分析

本课为统编版《道德与法治》八年级下册第五课第二框题第一目"中国共产党领导的多党合作和政治协商制度"与九年级上册第二单元第三课第二框题"参与民主生活"内容的整合，是将所学理论知识与实践结合的综合性课程。

2.学情分析

学生已具备初步的政治学知识，知道每年要召开"两会"，但是不了解政协的组成、职能、性质、主题等，不清楚政协在发扬人民民主中的重要作用。同时，本班同学里有参与模拟政协社团的同学，掌握撰写提案的基本方法，对时政与社会实践抱有浓烈的兴趣，乐于探究、善于思考。

二、教学理念分析

本课强调深化学生对人民政协职能与作用的理解，培养学生的批判性思维和政治认同感。通过模拟政治协商过程，激发学生民主参与的热情，强化其社会责任感。旨在让学生了解人民政协在国家治理中的重要角色，同时，通过案例学习和模拟活动，提升学生的实践技能和协作精神，为培养具有综合素质的现代公民打下坚实基础。

三、教学目标

第一，通过模拟政协会议，以及对选举民主的分析，探究我国人民政协的职能、协商民主的意义。增强制度自信，实现政治认同与政治自觉。

第二，通过模拟政协会议以及社会实践调研的方式，关注社会热点问题，理解"有事好商量，众人的事情由众人商量，是人民民主的真谛"。增强公共参与意识，能够做到有序参与政治生活，解决政治参与过程中遇到的问题，体验人民当家做主的幸福感。

四、教学重难点

教学重点：人民政协的职能、主题和性质。

教学难点：感受协商民主的优越性。

五、教学过程

导入新课：

【教师活动】在生活当中，"小黄""小绿""小蓝"等共享单车随处可见，它们为我们的生活带来了很多便利，可是随着大规模的投入使用，在运营中也遇到了很多的问题。北师大附中模拟政协社团的同学们对这些问题进行了调研，我们一起来看一看。

【学生活动】关注生活话题，观看调研视频，结合自己的生活经验，思考共享单车存在的问题。

【教师活动】两会召开，就有政协委员就共享单车的问题提出了提案。

怎样协同、如何共治，来促进共享单车的健康发展？让我们一起来走进人民政协。

【设计意图】从学生生活实际入手，引导学生关注身边的热点话题，引发学生的思考，为模拟政协会议做铺垫。

第一部分：初识人民政协

【教师活动】先考大家一个小常识，你们知不知道哪些人可以来参加政协会议呢？比如大家熟知的姚明、成龙。

【学生活动】结合已有知识，思考政协委员的组成。

【教师活动】我们通过视频了解一下人民政协的组成。

播放视频：人民政协的组成。

教师：大家看，政协委员涵盖各个领域，既有民主党派的，也有无党派的，有来自大陆的，也有来自港澳台地区的，其来源非常广泛。你们知道这些政协委员被划分为多少个界别吗？

【学生活动】学生：34个。

【教师活动】教师：没错，34个界别的委员，都可以建言献策。假如你是政协委员，针对共享单车当前存在的问题，你有什么好的建议和意见呢？

【设计意图】考查学生对于人民政协初步的了解，通过视频的方式，加深学生对于人民政协的认识。

第二部分：模拟政协会议

【教师活动】让我们通过模拟政协小组会议进行探讨。本次政协模拟会议设6个界别的委员，请各小组派一名代表抽签确定角色。（6个小组分别抽取对应序号）

教师：我宣布，北京市政协第十三届委员会第一次模拟会议现在开始。下面进入政协委员提案交流时间。

【第一环节：提案展示】请政协委员刘××简单为我们介绍一下提案。大家欢迎！

政协委员刘××：下面是提案草案，主要展示共享单车存在的问题和初步建议。

内 容：

共享经济作为新的经济模式，正在快速地改变着我们生产和生活，也为经济发展新常态增添了新的内涵。最近兴起来的"共享单车"经营模式，不仅以共享经济为特征改变着传统的经营模式，也对解决群众出行最后一公里、实践绿色环保理念、增进群众交流和个人健康锻等诸多领域产生了深远影响。

但是，共享经济模式毕竟是新生事物，如前一阶段"网约车"一样，企业本身经营模式，政府引导和监管还存在空白。"共享单车"发展更急需以供给结构性改革为引导，在企业经营模式、政府监管等环节形成适应其经营模式发展的良好环境。

目前，共享单车经营模式还存在一些问题，存在的主要问题是：

1. 企业自身管理水平需要进一步提升。如ofo以大学生创业为主，对于绿色、共享等新理念理解较浅，但是对于经营管理乃至社会公共管理存在提升空间。

2. 金融监管缺失。部分企业为了加强资本运作，使用押金形式急剧扩张资本擂量，甚至使用延迟退押金的手段加大资本沉淀。由于押金不受金融部门监管，资本安全也存在极大隐患。

3. 车辆停放还待规范。客观上由于使用者目的地不同，造成停放地分散。有的在市内街道繁华地区随意停放，造成了市容市貌混乱，也给治安带来隐患。

4. 自行车增量使得去库存更加困难。大量新的"共享车"生产，客观上将造成更大的存量库存，不利于资源优化。

建 议：

1. 有关部门加强引导，营造全社会关心支持监督"共享经济"发展的良好氛围。要组织力量加大"共享单车"经营模式对供给侧改革提出的新要求的研究，加强对"共享单车"经营管理的调查研究，及时出台相应管理政策和规定，对于企业自身经营予以规范，对于社会道德层面问题加强宣传引导，对于社会管理层面问题加强引导和监督。

2. 加强金融监管，防范金融风险。由于"共享单车"发展迅速，对于收取的大量押金使用及监管存在安全隐患，金融监管部门要有预判、有干预、有监管，防止企业因经营不善，甚至恶意套取资金引发的经济风险和社会稳定。

3. 加快制定"共享单车"法规性管理办法。鉴于"共享单车"有可能形成普通的新的出行方式，行政管理部门应尽快启动立法调研程序，深入研究管理办法，尽早形成行政法规甚至报请形成法律文件。

4. 企业自身应加强经营发展研究，提高发展能力和水平。"共享单车"理念接地气、合民意、符国情，因此，企业不但是一种经营行为，应把自己的经营理念和着力解决民生、践行绿色发展理念、净化社会风气等结合起来，应不断加强社会责任感，通过提高自身站位，不断增强经营管理水平和能力。为"双创"树立典型，为实现发展新理念做出自己贡献。

【第二环节：交流研讨】请各界别委员阅读专属本界别的材料，阅读完毕后，从本界别视角出发，提出对提案的完善建议。时间3分钟。研讨角度：经济、政治、文化、科技、法律5个视角。角色扮演：企业、政府、公民、人大、媒体5个主体。

经济界阅读资料

企业倒闭，押金难退是制约共享单车发展的一大桎梏。2017年在悟空单车、3Vbike第一批共享单车停运或破产后，第二梯队的小鸣单车、酷骑单车、小蓝单车又深陷押金困局。

·哈罗单车表示，芝麻信用达到650分即可免押金，享受骑行服务。

·2017年6月，酷骑单车单方面表示押金保管在招商银行与民生银行，但均遭到银行否认。随后酷骑单车倒闭，用户押金再也退不出。

·今年两会交通运输部回应称，已经制定了初步的针对押金和预付金的监管办法，下一步将按照工作程序报批后尽快发布实施，全力确保用户的资金安全。

·部分网友认为企业应开立用户押金专用账户，专款专用、接受监管，保障消费者对押金使用的监督权和受益权。但此建议遭到了部分企业的排斥，它们认为自己没有义务向社会公示自己的财务情况。

·运营企业原则上不收取用户押金，确有必要收取押金、预付资金的，须按照国家对交通运输新业态用户资金管理的规定分别开立用户押金、预付资金专用存款账户，确保专用存款账户内用户资金安全。

任务要求：以上材料给了你哪些启示？你有哪些更好的建议？请结合材料与生活经验，从经济角度进行思考：如何有效防范金融风险？请提出具体的举措，并完善提案草案建议的第2点。

特别邀请人士（美团单车企业代表）阅读资料

最近出现了几篇质疑共享单车的文章，比如《共享单车其实就是一家没有牌照的揽储金融公司》，以及《共享单车创业者正沦为资本家傀儡》。这似乎在告诉我们一个事实：共享单车不能因为冠有"共享"二字，就免于批评、问责。

·网友"春光灿烂"：不能钱你赚了，把一堆烂账推给市民、推给政府、推给社会。这不符合"共享"内涵。

·网友"我爱北京"：共享单车要想行得更远，必须检讨这种无序扩张导致的粗放式管理模式，主动融入城市治理秩序的管理体系之中。

·网友"清风送爽"：哈罗单车的发展其实是可以被其他共享企业所借鉴的。他们提供单车生命周期结束后的回收拆解及无害化处理等专业化服务，使共享单车回收产业实现批量化、无害化和资源再生化，为城市闲置待处理非机动车的环保利用提供了可供参考的解决方案。

·网友"见贤思齐"：美团的服务水平其实在一定程度上蛮差的，到处可以看见被破坏的小黄车，难道没有人回收维修吗？这方面哈罗做得就好很多。

任务要求：作为美团单车的代表，以上材料给了你哪些启示？其他企业的发展有没有可以借鉴的地方？请结合材料与生活经验，从企业角度进行深入思考：美团单车如何走得更加长远？请提出具体的举措，并完善提案草案建议的第4点。

民主促进会阅读资料

（提示：民主促进会的组成人员以文教界的知识分子为主）

使用共享单车中的不文明现象不断见诸报端，一场有关"国民素质高低"的争论也随之而来。如果太多的人不按照规定使用共享单车，那么最终的结果是，共享单车退出市场。对此，网友发表了如下观点。

·网友"春光灿烂"：政府需要加大共享理念的宣传，更需要加大此方面的惩戒。

·网友"我爱北京"：政府可以多组织"全国共享单车行业文明骑行倡议活动"，以此号召市民文明出行、规范用车。

·网友"清风送爽"：且不管别人要做什么，我觉得公民本身就要加强自己的文明意识，提升自身文化修养，不蓄意破坏单车

·网友"见贤思齐"：整个社会应该营造爱护共享物品、文明骑行的氛围，在一定程度上促使市民遵守社会公德，也可以借此在全社会范围内开展美德教育。

任务要求：以上材料给了你哪些启示？你有哪些更好的建议？请结合材料与生活经验，从文化角度进行切入，思考：如何营造共享经济发展的良好氛围？请提出具体的举措，并完善提案草案建议的第1点。

科学技术协会阅读资料

上海某闹市区，一个使用者正在路边的花坛边停放单车。"找了一大圈都没找到可以停单车的地方，要不然就得停远点走过来，太不方便了，只能这样放了。"对此，网友展开了讨论。

·网友"春光灿烂"：现在智能停车点还是十分方便的。比如哈罗智能推荐停车点采取了通过智能停车桩智能模块的无线信号发射技术，加上精确定位算法迅速判断单车停放位置及状态，实现了亚米级的定位。

·网友"我爱北京"：可以通过科技引导呀！我觉得引入红包车、信用分奖励、其他奖惩措施等引导机制就挺好，可引导用户停车至智能停车桩附近。

·网友"清风送爽"：听说一些企业将在京津冀地区配备由北斗导航特制研发的拥有全球卫星导航定位技术的"北斗智能锁"，车辆定位更加精准，不错。

·网友"见贤思齐"：有没有可能进一步优化电子围栏定位技术，利用定位和大数据技术智能划定虚拟的规范停放区域，并可向政府提报禁停区及推荐停放区的规划方案？

任务要求：针对共享单车当前存在的问题（如二维码破坏严重、乱停乱放等），以上材料给了你哪些启示？你有哪些更好的建议？请从科技角度

进行切入，思考：如何利用科技解决共享单车的停放问题？请提出具体的举措，并完善提案草案。

无党派人士阅读资料

私自给小黄车上锁，违法？近日，火箭军总医院的两名女护士因给"小黄车"上锁，被行政拘留5日。"我们都后悔死了，不知道会犯法啊。"

·《治安管理处罚法》第四十九条规定，盗窃、诈骗、哄抢、抢夺、敲诈勒索或者故意损毁公私财物的，处五日以上十日以下拘留，可以并处五百元以下罚款；情节较重的，处十日以上十五日以下拘留，可以并处一千元以下罚款。

·把车上锁了，就导致车辆无法被乘客使用。这是侵犯共享单车供应商的财产权。

·不少城市都出台了《公共自行车管理办法》，这使相关部门有了执法的依据，这对破解共享单车乱象治理难无疑提供了一个有力的法律支撑。

·据了解，针对全国各地破坏共享单车的事件，各地执法机关均采取了行动。

任务要求：生活中有很多人并不清楚自己违法了，对此你怎么看？以上材料给了你哪些启示？你有哪些更好的建议？请结合材料与生活经验，思考：如何用法律更好地促进共享单车的发展？请提出具体的举措，并完善提案草案建议第3点。

新闻出版界阅读资料

西南石油大学开展了"不文明骑行小黄车随手拍"的活动。通过校园监控设施，将学校内不文明使用共享单车的行为，以大屏幕滚动播放的方式予以曝光。师生发现"不文明不诚信"的骑行行为，在拍照取证后，通过微博、微信等形式可进行举报。学生的不文明使用行为，将纳入诚信档案体系和综合测评体系。对此，不同的人有不同的观点。

·学生1：学校是否管得太多，启用曝光台是否涉嫌非法曝光、是否侵犯个人肖像权？

·学生2：我赞同这一行为，这可以让我们敢于同不当用车行为做斗争，"在互联网+"时代最大限度发挥媒体的功效。

·校方：校方现在主要从"宣传教育引导"和"管理规范疏导"两个方面开展活动，学生所反映的"曝光台"，只是其中一个宣传辅助的做法。

·网友：校方应该有一个具体的规范和依据去定义"何为不文明使用共享单车"，否则如果只是鼓励学生去拍这种不文明现象并进行曝光，可能会造成误判。

任务要求：以上材料给了你哪些启示？你有哪些更好的建议？请结合材料与生活经验，从媒体角度进行切入，思考：如何有效发挥媒体的作用？请提出具体的举措，并完善提案草案。

【第三环节：发言汇报】请各界别委员派代表进行发言，代表发言时须注意：各界别轮流发言，发言时间应控制在2分钟以内，其他界别代表有异议时，可及时提出。

学生发言时，老师板书，记录各界别代表发言要点，及时追问和引导。

【教师活动】大家都对提案草案提出了自己的建议。我们来总结概括一下，想要共同治理共享单车的问题，需要哪些主体的通力合作呢？

【学生活动】政府、企业、人大、公民、媒体等。

【教师活动】由此可以看出，政协为建言献策提供了一个非常好的平台，我们可以在政协中共商共议。

【设计意图】本部分学生需要结合教师下发的阅读资料，分小组完成教师所给的任务，需要站在不同的立场，考虑不同的诉求和利益。在模拟政协的过程中，体会协商民主，感悟政协职能，积极履行政协委员职责，增强主人翁意识和参与度。

第三部分：感悟政协职能

【教师活动】我们在政协会议中的协商、议政、监督，其实就是人民政协的三大职能，即政治协商、民主监督、参政议政。那同学们理解的民主监督是什么意思呢？

【学生活动】对国家机关及其工作人员的工作，通过建议和批评进行监督。

【教师活动】对国家宪法、法律和法规的实施，重大方针政策、重大改革举措、重要决策部署的贯彻执行情况，涉及人民群众切身利益的实际问题解决落实情况，国家机关及其工作人员的工作等，通过提出意见、批评、建议的方式进行的协商式监督，这就是民主监督。

参政议政和政治协商看起来很像，但却是有区别的。大家判断一下，我们讨论共享单车的问题，是参政议政呢？还是政治协商呢？

【学生活动】思考并回答问题。

【教师活动】对国家大政方针和地方的重要举措以及经济建设、政治建设、文化建设、社会建设、生态文明建设中的重要问题，在决策之前和决策实施之中进行协商，这叫作政治协商。

对政治、经济、文化、社会生活和生态环境等方面的重要问题以及人民群众普遍关心的问题，开展调查研究，反映社情民意，进行协商讨论。通过调研报告、提案、建议案或其他形式，向中国共产党和国家机关提出意见和建议，这叫作参政议政。

【教师活动】追问：请大家回顾本次会议，思考。

第一个问题：各界别委员为什么要轮流发言？可以限制某个界别的发言时间吗？其他界别有异议时，为什么可提出疑问？

【学生活动】思考并回答问题。

【教师活动】由此可以看出，人民政协的主题是民主、团结。追问第二个问题：对共享单车问题的探讨属于决策吗？人民政协是一个国家机关吗？（此时教师给学生引出国家机关的含义帮助学生理解）

【学生活动】不属于国家机关。

【教师活动】那它是什么性质的呢？

【学生活动】思考并回答问题。

【教师活动】人民政协是中国共产党领导的多党合作和政治协商制度的重要机构，是中国人民爱国统一战线组织。

第三个问题：各个界别的政协委员代表谁的利益对共享单车的问题进行协商和研讨？

【学生活动】思考并回答问题。

【教师活动】无论从政协委员的组成上看，还是从政协委员协商的程序上看，政协都是为实现人民民主。

【设计意图】在问答与追问的过程中，引发学生深度思考，学生需要在模拟政协的过程中，对知识进行总结、升华、迁移，以此加深对人民政协的了解。

第四部分：体会协商民主

【教师活动】像政协这种在人民内部各方面广泛商量，凝聚共识的过程，我们把它叫作协商民主。

我国的民主除了协商民主，还有什么形式的民主？如人大代表是怎样产生的？

【学生活动】选举产生。

【教师活动】没错，中国特色社会主义民主，有选举民主和协商民主两种形式。

与选举民主相比，大家觉得协商民主的优越性在哪里呢？

【学生活动】可以比较充分地发表意见，最大限度地包容不同利益诉求，扩大公民参与渠道，推动社会的和谐发展。有利于决策民主化、科学化，有利于改进工作、提高效率，有利于促进各方理解。

【教师活动】无论是哪种形式的民主，它们最终都是为了保障什么呢？

【学生活动】人民当家做主。

【设计意图】突破本课难点，引导学生区分选举民主与协商民主，感受协商民主的优越性。

【课堂小结】今天我们了解了政协的组成、职能、主题、性质，感悟到了政协在协商民主中发挥的重要作用。

【课后思考】请大家课后撰写一份完善的共享单车提案，要求：结合本节课相关讨论内容，补充完善原有提案，字数在 1000 ~ 1500。

六、教学反思

（一）特色及创新点

1.尝试打造活动型课程。本节课将"模拟政协"会议流程引入课堂，形式别具一格。以社会发展和学生生活为基础，构建综合性、活动型的课程。秉持学科逻辑和生活逻辑相统一，将学习主题与学生生活相结合，其内容体现社会发展要求。以"共享单车"这一学生每天都会接触到的真实情境为基础，增强内容的针对性和现实性，引导学生发现问题、分析问题并解决问题。

2.坚持教师价值引领和学生主体建构相统一。本节课在"模拟政协"会议的讨论期间，充分发挥教师的主导作用，突出学生的主体地位，通过预先下发各自的讨论任务、设置议题、创设多样化的学习情境，引导学生开展自主、合作的实践探究和体验活动，助力学生增强政治认同，形成正确的价值观。

（二）不足与改进

1.受时间所限，讨论并不充分。由于课堂仅40分钟，致使在"模拟政协"会议的流程中，学生的讨论时间及汇报时间均受到了制约，若时间允许，可考虑设计成单元教学，如此便能给予学生充分的讨论时间和汇报时间，学生对政协的职能感悟会更加深刻。

2.提案可以继续完善。本节课的提案由学生自主撰写，其内容有很多不完善、不充分的地方。课后学生可以结合所学知识，继续深入进行实践与调研，完善提案。

七、专家点评

本节课积极探索课堂教学的新方法，关注学生核心素养的提升，构建活动型课程，在教学中引入了模拟政协会议的方式辅助教学，旨在关注学生课内与课外的实际获得，通过亲身参与体验的方式，增进对人民政协的理解、对生活热点的关注，提高学生的政治参与热情。

打造活动型课程。这节课利用模拟政协会议的形式，使"教学内容活动化，教学活动内容化"，每名同学都是"政协委员"，每名委员都能够建言献策。这样的课堂极大地激发了学生参与的积极性和热情，培养了学生公共参与的意识，引导学生关注社会生活，做合格公民。在活动中加强学生对知识的理解，在活动中提升学生的核心素养，达到了知识依托活动，活动体现素养的目的。

（撰文：姚岚）

（本文发表于《思想政治课教学》2017年第11期，有改动）

创新社会治理，打造共建共治共享的社会治理格局

一、教学背景分析

1.教学内容分析

党的十九大和十九届四中全会提出"推进国家治理体系和治理能力现代化"的总体要求，要实现这一目标，需"坚持和完善共建共治共享的社会治理制度，打造共建共治共享的社会治理格局"，实现从"社会管理"向"社会治理"的转变。本课是高三第二轮时政专题复习的重要内容，以"旧衣服的二次利用"为切入点，让学生深刻体会加强社会治理制度建设的重要性，推动社会治理重心向基层下移，提高社会治理社会化、法治化、智能化、专业化水平，发挥社会组织作用，实现政府治理和社会调节、居民自治良性互动。通过对身边具体事例的分析，学生能深入理解国家治国理念，同时积极依法参与社会治理，提高对保护环境、节约资源的绿色发展理念的认识，同时密切关注百姓生活，体会社会主义民主是最广泛、最真实、最管用的民主，充分体现我们的制度自信。

2.学情分析

学生对"推进国家治理体系和治理能力现代化"的总体要求，既有着浓厚的学习探索兴趣，又因缺乏社会生活经验，对该治国理念存在一定的认知局限，难以从社会生活的实践角度理解。另外，学生从政府的角度理解知识内容更容易，但"国家治理"的主体不仅包括政府，还包括企业、社会组织、公民个人等，从答案的结构化角度等能全面、透彻、深入认识"推进国家治理体系和治理能力现代化"在现实生活的具体实践，理解该治国理念的现实意义。

3.设计思路分析

本课先从"旧衣服的二次利用"这一发生在学生身边的典型事例为起点，通过介绍"利用方案"，引导学生从"谁——主体"，"做什么、怎么做——途径"，"结果——意义"三个方面思考，得出政府、社会企业、公益组织等

主体在社会治理过程中各自发挥的作用，通力合作，协商沟通，实现公共利益的最大化，体现我国从"社会管理"向"社会治理"创新、治理能力和水平的不断提高。

二、教学设计理念

高阶思维是发生在较高认知水平层次上的心智活动或认知能力，它是高阶能力的核心，主要培养学生的创新能力、问题求解能力、决策力和批判性思维能力。本节课以"旧衣服的二次利用"为切入点，寻找治理方案的亮点，通过教师设置的系列问题，启发学生思维的张力，实现试题答案的结构化。在形成答案结构化的过程中，学生积极发言，认真思考，全面、有条理、深入地认知"国家治理体系和治理能力现代化"这一知识点，培养学生的创新意识、解决问题的高阶思维能力，使学生形成一定的政治认同、科学精神、公共参与的核心素养。

三、教学目标

第一，通过身边的平凡小事"旧衣服的二次利用"，让学生理解从政府单一的"社会管理"转向多方主体的"社会治理"，是实现"国家治理体系和治理能力现代化"的体现，也是加强社会制度建设，创新社会治理格局的具体表现。学生在理解国家大政方针的基础上，形成对国家的政治认同。

第二，社会即课堂。教学采用高三模拟试题——某校学生从保护环境，节约资源角度出发，以"旧衣物的二次利用"为探究课题，提出了利用方案，准备提交给政府相关部门。学生通过对现实材料的分析，深刻理解对"社会治理"过程中"公民个人参与"的重要性，从而提高学生参与社会实践意识，积极参与到"社会治理"过程中。

第三，通过具体事例，剖析我国社会制度的改革，分析核心知识点——打造共建共治共享的社会治理格局，提高学生理论分析的能力。尤其在试题答案形成结构化的过程中，培养学生的创新意识，提高学生的分析问题、解决问题的高阶思维能力。

四、教学重难点

教学重点：结合身边"社会治理"的具体事例，让学生分析多元主体如何实现"共建共治共享"，明确实现"推进国家治理体系和治理能力现代化"的总体要求，就要"坚持和完善共建共治共享的社会治理制度，打造共建共治共享的社会治理格局"，体现我国制度创新以及社会主义制度的优越性。学生既能从理论角度深刻理解"什么是多元社会治理"，又能从生活角度熟练把握"如何进行多元社会治理"以及"多元治理的好处"。

教学难点：突破学生对"推进国家治理体系和治理能力现代化"的总体要求的理解，通过把"社会治理""多元共治""共建共治共享"等比较抽象的理论概念和现实生活事例的有机融合，实现学生理论逻辑与生活逻辑的有机统一。

五、教学过程

【课堂导入】引入案例。

> "买买买"伴随着的是"扔扔扔"。每年国人扔掉的旧衣服约有2600万吨，绝大多数是按普通垃圾处理，填埋或焚烧了事，极少部分是捐到贫困地区，但消毒运输成本高，衣服也并不一定适用。某校学生以"旧衣物的二次利用"为探究课题，提出了以下方案，准备提交给政府相关部门。
>
> > 方案内容
> > 　建议政府与社会企业、公益组织合作，在写字楼、小区、大学校园等地区设置"旧衣回收箱"，募集的旧衣由专人进行整理、分类，在打工者群体集中的地区设立公益商店，低价销售，如牛仔裤6元，夹克8元，羽绒服30元左右，人工成本由销售所得承担，剩余所得用于支持打工者群体的文化教育公益事业。

环节一：分析案例

> 为提交方案，同学们确定了行动步骤：
>
> 第一步：查询相关法律法规，看方案的内容是否与现行法规相适应 → 第二步：提炼出方案中的亮点，阐释其价值 → 第三步：联系本区的人大代表，请代为提交给政府相关部门

【教师提问】说明第一步和第三步的合理性。

【学生活动】思考分析问题并回答。

【教师总结】第一步，公民树立法治意识，依法积极参与社会生活。第三步，人大代表应密切联系人民群众，公民将自己的意见、建议反映给人大代表，有利于推动方案的实施。

【设计意图】本试题是复合性试题，通过简单的第一设问，把学生引入公民依法积极参与社会生活的情景。同时，通过第三设问，提醒学生注意治理方案的实施途径，从而提高方案实施的实际可操作性。把第一设问作为第二设问的引入，可以使学生快速进入情境，了解试题的设问背景，为第二设问做好情景铺垫。

环节二：结构化分析

【教师活动】通过教师结构化的课堂提问，帮助学生提炼"旧衣物的二次利用"方案亮点。

教师提问：在方案中，从"谁（主体）""做什么？怎么做？（途径）""结果（意义）"这三个方面思考。

【学生活动】思考分析问题并回答。

教师在学生回答的过程中引导学生分析，形成结构化答案。

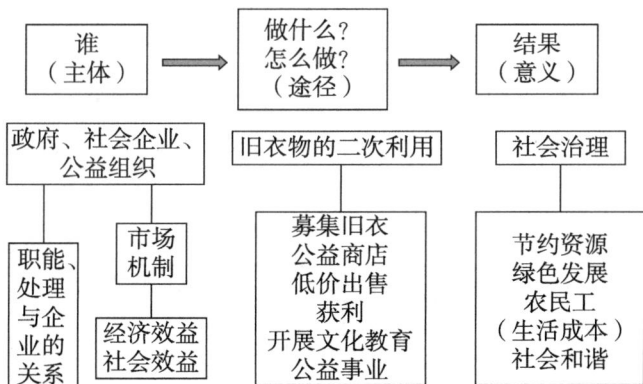

传统社会管理的主体是政府，现代社会治理的主体不仅包括政府，还包括社会企业、公益组织、个人等，政府要处理好与企业的关系，企业充分利用好市场机制，实现经济效益和社会效益的有机统一；具体途径有募集旧衣、设立公益商店、低价出售旧衣物、开展文化教育公益事业等。这样做的结果

可以节约资源，降低农民工的生活成本，保障农民工的权益，构建和谐社会。

【设计意图】政府、社会企业、公益组织等主体在社会治理过程中各自发挥的作用，通力合作，协商沟通，实现公共利益的最大化，体现我国从"社会管理"向"社会治理"创新，治理能力和水平的不断提高。

环节三：突破重点概念

【教师点拨】社会治理是政府、社会组织、企事业单位、社区以及个人等多种主体通过平等的合作、对话、协商、沟通等方式，依法对社会事务、社会组织和社会生活进行引导和规范，最终实现公共利益最大化的过程。

【设计意图】学生在分析问题的过程中必须掌握核心概念，这样可以更清晰、更深入地理解国家治理水平的现代化，为提高学生的高阶思维能力奠定基础。

环节四：理论提升

【教师提问】从"社会管理"转向"社会治理"为什么是我国社会治理制度的创新？

【学生活动】思考分析问题并回答。

【教师活动】教师引导，归纳，形成结构性答案。

党的十九大提出"加强和创新社会治理"，打造"共建共治共享的社会治理格局"，实现"社会管理"向"社会治理"的创新。党的二十大指出，完善社会治理体系，健全共建共治共享的社会治理制度，提升社会治理效能，畅通和规范群众诉求表达、利益协调、权益保障通道，建设人人有责、人人尽责、人人享有的社会治理共同体。

社会管理 ➡ 社会治理

党的十九大：加强和创新社会治理
★打造共建共治共享的社会治理格局——目的

★完善党委领导、政府负责、社会协同、公众参与、法制保障的社会治理体制，提高社会治理社会化、法制化、智能化、专业化水平。

社会化：
基层党组织：战斗堡垒
企业、社会组织：承担相应的治理任务，如购买服务等
群众参与：基层自治

【设计意图】在对"方案亮点"的基本问题分析之后，就要对时政热点进行理论提升，从国家大政方针角度理解"社会制度的创新"，提升治国理论——加强社会治理制度建设，推动社会治理重心向基层下移，完善党委领导、政府负责、社会协同、公众参与、法治保障的社会治理体制，提高社会治理社会化、法治化、智能化、专业化水平，发挥社会组织作用，实现政府治理和社会调节、居民自治良性互动。

六、教学反思

第一，小切口，大视野。高阶思维强调培养学生的知识理解和运用能力，而实现这一目标的关键在于课堂要从生活实例入手，引导学生深入思考，自觉提炼知识，提升认知水平。"创新社会治理"内容是一个比较抽象的概念，学生需借助身边的具体事例来"浅入深出"地理解，才会更好地分析、理解和运用知识，提升理论思维能力，达到良好的教学效果。

第二，从低阶到高阶的思维过程。思维过程包括记忆、理解、应用、分析、综合、评价和创造七个教学目标，其中记忆、理解、应用是低阶思维，是较低层次的认知水平；而分析、综合、评价和创造为高阶思维，是发生在较高认知水平层次上的心智活动或认知能力。在本课中，"寻找方案亮点"环节引导学生从"谁——主体"，"做什么、怎么做——途径"，"结果——意义"三个方面思考，既实现了答案的结构化、系统化，又体现了高阶思维过程的"记忆、理解、应用"的较低层次的认知。此外，通过提问"社会管理"向"社会治理"的转变是社会治理制度的创新，这一问题则实现了高阶思维"分析、综合、评价和创造"等较高认知水平层次上的心智活动或认知能力的能力。

第三，学生多素养的培养。高三学生需要掌握的知识内容繁多，在作答试题时形成框架式的答案，以确保答案的完整性和系统性，体现学生思维的张力和政治学科素养。高阶思维是高阶能力的核心，主要指创新能力、问题求解能力、决策力和批判性思维能力。课堂设问注重学生逻辑思维能力，通过有层次的教学推进，让学生自主思考、判断和评析，从而培养学生创新能力、问题求解能力、决策力等高阶思维能力，同时还能培养学生的政治认同、科学精神和公共参与等政治学科核心素养，取得良好的教学效果。

七、专家点评

课堂素材来源于生活，核心素养走向生活。"创新社会治理"是我国"推进治理体系和治理能力现代化"的重要内容，从理论知识的角度讲，学生对这部分内容的理解较有难度。本课通过对学生身边事例的分析，激发学生兴趣，引导学生思考，学生在分析、理解的过程中真正体会到这一制度创新。推动社会治理重心向基层下移，完善党委领导、政府负责、社会协同、公众参与、法治保障的社会治理体制，学生树立制度自信，体会到社会主义制度优越性。

课堂由浅入深，逐步递进，符合学生的认知规律。本课以"旧衣服的二次利用"为例，分析内在的理论支撑—打造共建共治共享的社会治理格局，通过找出方案亮点，引导学生从"谁"—"怎么做"—"做法的意义"角度分析，归纳总结社会治理创新制度的内容，学生发散思维，领悟加强社会治理制度建设，发挥社会组织作用，实现政府治理和社会调节、居民自治良性互动。课堂结构合理，层次清晰，问题环环相扣，直指核心内容，学生思考的过程有疑问有解答，尊重了学生的认知规律。

教学目标切合实际，落实到位。教师通过不同主体在社会治理中发挥的不同作用的引导，由"做法"到"意义"，实现了教学内容的层层递进，最后落实到课堂的中心主旨"社会治理制度的创新"，从具体事例的分析到理论的提升，过度自然，点题到位，很好地实现了本堂课的教学目标，学生既领会了社会治理的核心内容，提升了分析问题、解决问题的能力，又培养了核心素养，教学任务完成自然顺畅，是有温度、重规律、达效果的一堂课。

（撰文：张新雨）

"突围——和平与发展：时代的主题" 教学设计

一、教学背景分析

1.教学内容分析

本节课主要围绕高中思想政治人教版选择性必修1《当代国际政治与经济》第二单元第四课第一框题"时代的主题"内容展开。教材主要讲述和平问题和发展问题是什么、为什么、怎么办。在这部分内容中，设计事实性知识，如霸权、强权与平等、和平与发展；概念性知识包括显性概念关系即和平与发展，以及隐形概念关系即权力与利益关系；方法性知识是以政治学的思维方式，基于权力与利益关系为基础的分析方法；价值性知识则是学生通过对建立亚投行的各方面利益分析，让学生接受并认同以和平方式促进和平与发展问题的解决的情感和态度。

2.学情分析

从知识层面看，学生在高一历史课上学习过相关的知识，对和平与发展问题作为社会热点问题也有所耳闻，因此对于其是什么、为什么、怎么办，学生有一定的积累，理解起来比较顺畅，但学生对和平与发展的主要障碍和关系了解还不深入。从思维能力看，高中学生抽象思维能力有所提升，分析解决问题的能力较初中学段有比较大的提高，但是辩证思维等思维能力还有待培养，需要逐步培养。

二、教学设计理念

依据课程标准的内容目标要求，需引述有关资料以表明和平与发展是当今时代的主题。

同时，参照课程标准的提示与建议，如霸权主义和强权政治新的表现、恐怖主义危害上升的有关事例。

基于课标和教材，本课要研究的问题包括：政治课讲的"和平与发展问题"和历史课讲的区别是什么？"和平与发展问题"和上一框题"国际关系

155

的决定因素"之间是什么关系？"和平与发展问题"和政治学的核心概念之间是什么关系？学生在这节课中要学习的方法性知识是什么？学生在这节课里寻找的价值认同是什么？

三、教学目标

能够针对具体事例进行分析，阐述什么是和平问题，什么是发展问题，阐释存在和平问题、发展问题的原因，并提出在和平与发展时代主题下，解决主权国家间冲突的基本思路。

能结合本课案例，学会政治学的思维方法，分析主权国家间做出选择的依据——利益关系，树立科学精神。

能够基于对建立亚投行的各方利益的分析，接受并认同以和平的方式促进和平与发展的情感和态度，增强政治认同。

四、教学重难点

教学重点：发展问题与和平问题是什么、为什么、怎么办。

教学难点：发展问题与和平问题的存在是权力的角逐，而角逐权力背后隐藏的是国际关系的决定因素——国家利益。

五、教学过程

【教师活动】提问：同学们，有人知道C形包围吗？

投影1：C形包围地图。

投影2：中国人民解放军国防大学教授戴旭在《C形包围》一书中提到，以美国为首的西方国家对中国海陆并进，海上包围圈以日本为起点、印度为终点，陆地包围圈以印度为起点、中亚为终点，由海到陆形成了一个C形包围圈。

美国利用这一包围中国的地缘态势，不断地敲诈、胁迫中国，对中国国内局势进行干预，迫使中国在经济领域和其他领域做出让步。

提问：你认为从C形包围圈突围的方式有哪些？你认为哪种突围方法比较好？

【学生活动】学生1：用和平的方式，通过谈判的方式突围。

学生2：用武力的方式突围。

【教师活动】有多少同学同意用和平的方式突围？有多少同学同意用武力的方式突围？我们统计一下人数。

大多数同学同意用武力的方式突围。一定要用武力的方式吗？可不可以用谈判等和平的方式解决问题呢？

我们先说说最近的世界热点问题：亚投行。

投影：什么是亚投行？亚投行是指亚洲基础设施投资银行，简称：亚投行。

提问：为什么要成立亚投行？

投影：外交部新闻发言人洪磊的发言——建立亚投行是为了造福于亚洲人民。亚洲各国大多数是发展中国家，缺乏基础设施建设资金，多一些投资、融资平台、渠道，对亚洲发展有利。

【学生活动】建立亚投行是为了投资亚洲发展中国家基础设施建设。

【教师活动】成立亚投行对谁有利？

【学生活动】对亚洲国家基础设施建设有利；对中国有利，有利于中国的人民币"出海"；对国际货币基金组织和世界银行改革有利，有利于世界经济的发展。

【教师活动】亚投行解决的是什么问题？

投影：中国财政部部长楼继伟六答"亚投行是干什么的"——对于本地区发展中国家而言，可加强基础设施建设，以保持经济持续稳定较快发展；就本地区整体而言，可加快互联互通，不断增强自我发展能力，为经济发展注入持久动力；对于发达国家而言，则能够扩大投资需求，拉动其经济复苏；同时，也有利于扩大全球总需求，促进世界经济复苏。

【学生活动】可以解决本地区的发展中国家经济较快发展问题；能助力发达国家经济复苏；可以促进全球经济复苏。

【教师活动】根据上面的投影片，我们一同看看教材，思考全球经济发展存在哪些问题？

【学生活动】全球发展最突出的问题是南北发展不平衡问题。

世界贫富悬殊严重，发达国家和发展中国家的差距越来越大。这种差距是由发达国家和发展中国家之间不平等的地位所致。

由于发达国家对发展中国家的长期掠夺，使得发展中国家普遍存在贫穷和饥饿现象。制约其经济发展的重要因素是资金、基础建设、技术水平、人力资源等。

【教师活动】现今中国倡导成立亚投行的目的就是解决基础建设，为其经济发展提供保障。

投影：分析普遍认为，亚投行的创立，绝不仅仅是经济上的事情，更重要的是国际政治经济格局的改变。申请加入亚投行，并非这些国家与中国站在一起，而是选择了与趋势站在一起，去努力建立一个多极的、更加提倡合作、包容、共赢的新格局。未来，亚投行势必会在世界经济中扮演积极角色。

提问：这里的趋势是什么？为什么说这些国家"选择了与趋势站在一起"？

【学生活动】趋势是指"渴望发展的历史潮流"共同的利益使得亚洲这34个国家紧密联系在一起，随着欧洲发达国家的加入，有助于推动亚洲经济的发展，特别是发展中国家的经济发展，有利于发展问题的解决。

【教师活动】现在请同学们再思考一下，亚欧等各国加入亚投行的目的是什么？各国对待亚投行截然不同的态度是由什么决定的？

投影：加入各国所需。

【学生活动】亚洲国家加入亚投行的目的是争夺基建投资目的地；欧洲国家是为了维持金融影响力；澳洲国家为了抢占上游资源输出份额。

【教师活动】如何理解加入各国所需的"需"？

【学生活动】"需"就是"利益"。

【教师活动】投影："需"就是"利益"。

投影：漫画——打造亚洲共同体。

提问：亚洲成为命运共同体的实质是什么？

【学生活动】实质是"利益共同体"。

【教师活动】亚洲成为命运共同体实际上就是利益共同体，亚投行把参与其中的亚洲34个国家共同的利益紧密联系在一起。

提问：各国对待亚投行截然不同的态度是由什么决定的？

【学生活动】由利益决定的。

【教师活动】投影：国际关系的实质是利益关系。国家间的共同利益是国家合作的基础；国家间利益对立是引起冲突的根源，维护国家利益是主权国家对外活动的出发点和落脚点。

投影："一带一路"示意图。

提问：美国为什么害怕菲律宾、越南等国加入亚投行？命运共同体会对我们突出重围意味着什么？

【学生活动】美国想用菲律宾、越南牵制中国，加入亚投行就不行了。

【教师活动】菲律宾、越南等曾在南海问题上与中国存在分歧的国家加入亚投行后，鉴于共同的经济利益关联，这些国家有可能将其与中国在南海方面的分歧暂时搁置，进而对美国试图围困中国的战略布局造成一定冲击。

解决分歧的方法并非仅有靠武力这一种，还可以通过和平途径来实现。构建利益共同体，使各国的利益相互交织、相互依存且相互制约，这对和平问题的解决是极为有利的。

提问：维护和平存在着什么"问题"？为什么要解决这些"问题"？

【学生活动】世界总体和平，局部战乱；总体缓和、局部紧张；总体稳定、局部动荡。如果局部问题解决不好，容易引起世界性战争。

【教师活动】投影：亚投行接到的第28份"申请书"，不是来自韩国，也不是澳大利亚，竟是来自美国的老盟友英国。恼羞成怒之余，美国斥责英国"不断迁就"中国，感觉就像是吃了百年陈醋。英国《金融时报》感叹："这次谴责是一次罕见的翻脸。"

投影：亚投行来了，美国是真急了。

投影：各国对亚投行所持的立场。

教师：英国为什么任性地背离美国？美国又为什么任性反对？它要通过维护什么实现美国利益？

【学生活动】有矛盾。美国要维护自己的地位。

【教师活动】投影：各国为何"投奔"亚投行。

英国任性地背离美国这件事说明，它们之间存在着矛盾，而且这些矛盾旷日持久。

美国任性不加入亚投行，甚至为亚投行的成立设置各种障碍，也是怕中国的崛起影响其霸主地位。

它很恐惧亚投行会令北京在该地区已经很强的经济影响力变得更强。

投影：世界银行、国际货币基金组织、亚洲开发银行，都是被美国和日本控制的金融机构，美国在这三个机构中的投票权分别是15.85%、17.09%和12.76%，日本分别是6.84%、6.13%和15.57%。

世界银行和国际货币基金组织，美国有一票否决权；在亚洲开发银行，日本有巨大的影响力，并垄断了行长的职位。

在这三大国际金融机构中，美国可以一票否决、可以逼迫西欧盟国让渡话语权，体现了美国霸权地位。

投影：亚投行有哪些特点？

提问：亚投行的特点告诉我们，它和三大金融组织的区别是什么？

"有事好商量"，能商量事情说明加入亚投行的国家彼此之间是平等的，"都能挣钱"说明各国加入亚投行可以实现共赢。

提问：亚投行在解决发展问题方面给我们的启示是什么？

【学生活动】亚投行给我们的启示之一——只要存在着对利益的追求，就会有对权力的追求。利益关系是权力关系的基础，权力是获取利益的主要手段。

在平等的前提下，有利于确认各国权力，从而保障各国利益的实现；如果离开平等的前提，则会使某些国家的权力膨胀，产生霸权主义和强权政治，损害另外一些国家的利益，最后往往导致国际秩序的混乱，甚至爆发战争。

所以要反对霸权主义，就要建立公正、合理的国际政治经济新秩序。

【教师活动】投影：习近平主席在博鳌论坛讲话的照片。

亚投行给我们的启示之二——中国作为大国，不是对地区和国际事务进行更大垄断，而是对地区和世界和平与发展肩负更大的责任。

中国不仅提出建立国际新秩序的主张，而且和各国政府一道，为建立公正、合理的国际新秩序努力着。

提问：我们为什么不选择武力解决？和平对于像中国这样的发展中国家意义是什么？

【学生活动】我们不选择武力的原因之一是利益，采用哪种方式更符合我们的利益。

【教师活动】和平对于我们这样的发展中国家是重要的前提基础，只有和平的环境才能保持经济的平稳发展和国家间的正常交往。

提问：突出包围圈都可以用哪些方法？用什么方法突出包围圈取决于什么？

【学生活动】"二战"前基本是通过武力解决国际关系问题，"二战"后可以采用和平方式解决国际争端，这是因为：

第一，历史的经验教训使人们认识到战争对人类文明和人性的践踏，因此人们渴望和平、反对战争，同时人们也意识到发展差距的加大不利于国际社会的稳定，是局部战争的温床，因此，解决发展问题有利于和平问题的解决。

第二，科学技术的发展，一方面使得拥有核技术的国家不敢贸然发动战争，另一方面也为各国加强联系提供了技术支持，例如互联网使得世界联系更紧密了。

第三，经济全球化是当今世界的一个基本经济特征，经济的可持续发展受到日益关注。

经济全球化使得国家之间相互依存、相互制约，既有利于经济发展，也有利于维护世界和平与稳定。

和平与发展成为时代的主题、趋势或者说是潮流。

【教师活动】

提问：突出包围圈都可以用哪些方法？用什么方法突出包围圈取决于什么？

【学生活动】

①每人一张纸，写出感悟：你认为突出包围圈都可以用哪些方式；

②写好以后与同组同学交流；

③每组推荐一位同学介绍本组的感悟。

六、教学反思

第一，关注热点。C形包围问题在实际中呈现为钓鱼岛问题、南海问题、中印边境问题等，这些问题涉及的国家较多，情况比较复杂，如何解决，成为人们关注的焦点。学生在日常生活中通过各种途径知晓相关信息，同时也有自己的观点，如何引导学生正确认识这些观点，十分重要。为此，在教学设计中以亚投行为线索，围绕针对亚投行问题，美国和欧亚国家不同的态度，呈现利益独占和利益依赖之间的博弈，利益之间的相互依赖和制约，这有利于创建和平的国际环境，通过经济发展来解决政治问题，而美国认为其霸主地位受到触动，其在国际的影响力有可能被削弱，故而强烈反对成立亚投行以及其他国家的参与和加入，其目的就是捍卫其霸主地位，从而实现其利益的最大化。以和平与发展问题为知识背景，以建立国际新秩序为目标，进行相关教学。

第二，任务驱动。通过设计一系列问题引导学生持续思考、深入分析，在此基础上构建知识，而非直接把知识给学生。内在生成的知识容易引发学生的学习兴趣，使基于学生思考、分析、理解的基础上产生的知识痕迹更深、学生的记忆时间长久，同时助力学生养成思考的习惯以及不断追问的习惯，有利于学习方法的养成。

第三，运用教材教学。在备课过程中打乱了教材顺序，率先引入亚投行的事例，以热点为线索重新组织教材，让学生认识到亚投行解决的是亚洲发展中国家的问题，即发展问题。然后让学生思考解决发展问题对解决和平问题的重要作用。

第四，适度拓展教材。在这节课的设计中不仅解决了教材所涉及的内容，即发展问题与和平问题是什么、为什么、怎么办，而且还引导学生进一步思考和平和发展的关系是什么，思考这些问题的存在是权力的角逐，而角逐权力背后隐藏的是国际关系的决定因素——国家利益。也就是不停留在知识表面进行教学，而是讲清知识背后的核心概念和隐性知识，这种可迁移的知识是学科的主干知识，这种知识的学习可以引导学生进行深层次的思考、培养和发展思维能力，而不是简单地记忆知识。

七、专家点评

本课教学设计有两大特点。一是围绕着政治学的核心概念、权利与权力的关系，设计由旧秩序（战争与革命的时代主题）向新秩序（和平与发展的时代主题）转变的教学知识内容，让学生学会用政治学的核心概念视角来看待时代主题的特点。板书设计把整个知识与知识间的关系呈现得非常清晰。二是选择国际社会热点问题作为教学资源，与教学内容有机地结合。教师设计该课时恰逢中国倡导建立亚投行，各国纷纷表明立场和态度的时期。教师能够及时利用时事资源，通过问题链条的设计，帮助学生学会用政治学的思维分析现实的国际问题。

（撰文：赵敏）

（本文发表在《思想政治课教学》2015年第12期，有改动）

"国际关系的决定因素：国家利益"教学设计

一、教学内容分析

本节课主要结合普通高中思想政治选择性必修1《当代国际政治与经济》第二单元第三课第二框题"国际关系"的内容。本课的主要内容是评述国家之间合作、竞争与冲突的实例，以印证国家利益是决定国际关系的主要因素，并说明我国在国际关系中必须维护自己的国家利益。"评述国际关系实例"是通过创设情境来引导学生关注国际社会；"印证国家利益是国际关系的决定性因素"是帮助学生掌握"国家利益的分析方法"；"说明我国维护自己的国家利益"则是希望学生在当今国际形势下，应用"国家利益的分析方法"识别和自觉维护我国的国家利益。

本单元教材内容旨在培养"国际理解"素养，其中的关键方法即为"国家利益的分析方法"。"国际关系的决定因素：国家利益"一课是本单元的重要突破口。倘若学生能够从国家利益的角度观察和思考国际关系，便可以增进对于国际问题的深入理解，加强对于我国外交行为的政治认同。

二、学情分析

笔者在课前发放前测问卷，调查和分析本班学生"国际理解"素养的实际水平。前测问卷如下：

前测问卷

1.你认为自己关注国际时事吗？（ ）

A.非常关注　B.经常关注　C.偶尔关注　D.完全不关注

2.近年来，中国参与了一系列改变世界政治、经济格局的国际大事，你认为最重要的三件事是？

①_____　②_____　③_____（按重要性顺序）

3.你认为世界上最重要的"双边关系"是？（ ）

A.朝韩关系　B.美俄关系　C.中美关系　D.中日关系

原因是：_____

4.你认为朝鲜危机引发局部战争和第三次世界大战的可能性分别有多大？（请用百分数表示）

局部战争_____%　　　　第三次世界大战_____%

5.你认为朝鲜危机如何才能妥善解决？（ ）

A.武力对峙，保持相互威胁状态。

B.寻求政治、军事同盟。

C.通过联合国安理会达成国际共识。

D.重启六方会谈，讨论解决之策。

E.其他方式：_____

6.你认为在朝鲜危机中，中国的立场应该是怎样的？（ ）

A.不惜代价促成和谈，战争太可怕了。

B.爱打不打，和我没关系。

C.积极促成谈判，保留"无核化"和"非战争解决"的底线。

D.支持朝鲜，报复美韩部署"萨德系统"的"一箭之仇"。

7.当前的国际局势可谓"错综复杂，风起云涌"，在这些现象背后，一直有一只"看不见的手"在推动，你认为它是（　　）。

　　A.国家力量　　B.国家领导人　　C.民族性格　　D.国家利益

　　8.你听说过"零和博弈"吗？能举出一个国际关系中"零和博弈"的例子吗？

　　9.你认为"强国必称霸"的说法对吗？请说明你的理由。

　　10.你认为中美关系在未来十年中会产生哪些变化？

　　通过对前测问卷的结果进行分析，发现学生具有以下特点。

　　第一，学生普遍比较关注国际时事，对热点国际事务有较强的求知欲望。

　　第二，学生普遍对国际关系的判断比较感性和片面，缺少理性、全面的分析过程。

　　第三，绝大部分学生能够意识到国家利益对于国际关系具有重要影响。

　　第四，大部分学生对中美关系及其重要性有一定了解。

　　第五，部分学生对国际关系的各种影响因素的影响力认识不清。

　　前测问卷的结果表明这一年龄阶段学生"国际理解"素养的实际发展水平，并为明确本课教学目标、确定教学重难点、创设教学情境等方面提供了重要的参考。

　　《21世纪学生发展核心素养研究》为教师培养学生的核心素养提供了理论基础。在"国际理解"素养方面，学生需要从"关心国际事务"发展到"主动关心全球议题和国际形势"。从"关心"到"主动关心"是态度上的培养方向，从"国际事务"到"全球议题和国际形势"是内容上的培养要求。

三、教学目标

　　列举国际关系的形式与内容，分析国际关系变化的影响因素，全面阐述我国的国家利益所在。

　　运用国家利益的分析方法，理性分析国家之间的利益关系。

　　主动关心"和平发展"这一全球议题，全面理性看待和理解中国的外交行为。

四、教学重难点

教学重点："国际关系"与"国家利益"之间"现象与本质"的逻辑关系。

教学难点：创设复杂、真实的教学情境，引导学生由浅入深、从现象到本质看待国际关系；引导学生从学科逻辑全面、准确地理解"国际关系中的决定性因素是国家利益"；学生能够应用"国家利益的分析方法"识别我国国家利益，分析我国的外交行为。

五、教学过程

导入环节：播放自制视频"国际社会大事记"，引导学生关注国际社会发生的热点现象。教师对这些现象进行简要概括，说明"国际关系"概念的范畴，将学生注意力导入"中美关系"这对最重要的双边关系。

【设计意图】本课以中美关系作为国际关系的研究对象。原因有二：一是根据"学情分析"来看，学生普遍比较了解中美关系；二是中美关系错综复杂、频繁变化，便于构建真实复杂教学情境。通过自制视频的方式将震撼的音乐和新闻图片结合为一体，能够有效提高信息量，帮助学生快速回忆近一年国际社会的热点现象，将学生的注意力高效引导到本课的主题之中。

环节一："贴笑脸——回顾中美关系的三个'二十年'"

【学生活动】学生分组探究，分别讨论中美两国在不同历史时期（第一个"二十年"为1949—1969年；第二个"二十年"为1969—1991年；第三个"二十年"为1991—2010年）的政治、经济、军事、文化各方面的关系。学生通过"贴笑脸"（"红色怒脸"代表关系紧张、"黄色笑脸"表示关系冷淡、"绿色笑脸"表示关系亲密）的方式将讨论结果在黑板上进行展示，并说明支持本组观点的历史事件。

【教师活动】教师引导学生观察探究结果，得出相应的结论："国际关系的内容是多方面的，主要包括政治、经济、军事、文化等方面；国际关系的形式是多样的，但基本形式主要表现为合作、竞争、冲突；国际关系的亲疏冷热、分离聚合是复杂多变的。"

【设计意图】本活动为学生提供丰富的阅读素材，为各组学生提供明确的任务，引导学生进行合作探究。学生在大量信息中提取关键内容，形成相应的论点和论据。"贴笑脸"活动将抽象的国际关系变为可以直观观察的图像，一方面可以帮助学生快速掌握国际关系的内容、形式等基础知识；另一方面可以帮助学生明确国际关系是表面现象，是事件的结果，而更加需要关注的是事件的原因。通过本活动将"现象"与"本质"进行分离，引导学生关注国际关系背后的原因是这一活动的核心价值。

环节二："战略天平——分析各种因素的影响力"

【教师活动】教师提出问题，通过"战略天平"的辅助演示帮助学生从国家利益的角度思考国际关系问题，掌握本课的核心知识，运用"国家利益的分析方法"解决实际问题。

问题一：在1969年的国际形势下，中美合作为何"一拍即合"？

问题二：在"北约轰炸我国大使馆"事件中，中国为什么"不敢"做出实质性回应？

问题三：奥巴马曾激烈反对"一带一路"，特朗普为何派出特别代表参加峰会？

【学生活动】思考并回答问题。

【设计意图】制造富有"认知冲突"的问题是学生进行探究性学习的关键。在本课中，根据学生前测问卷的结果，提出了三个与学生"生活经验"相冲突的问题，这不仅能够激发学生的探究兴趣，还可以引导学生理性、全面地分析国际关系问题，甚至可以引发部分学生对"元认知"思考。问题一和"1969年中美战略天平"的演示，有助于学生明确"国家利益"这一核心概念的基本范畴，同时理解国家利益是影响国际关系的重要因素；问题二和"1991年中美战略天平"的演示，能够帮助学生理解国家外交行为是对利益进行权衡取舍的过程，认识到国家力量也是影响国际关系的重要因素；问题三则用来解决"国家利益和国家力量谁是决定性影响因素"这一关键问题。通过对本问题的分析，学生会发现国家力量是实现国家利益的重要保障，但对于国际关系来说具有决定性的影响因素是国家利益。"战略天平"可以将国家在处理国际关系过程中权衡取舍的过程变为"可视化"的演示过程，有助于学生比较分析各类影响因素对国际关系的影响效果。实际上，学生的分析过程即是通过"学科逻辑"解决实际问题的过程，学生在这一过程中更加关注现象背后的本质原因，聚焦影响国际关系的决定性因素。

环节三："出谋划策——中国如何摆脱'大国困境'"

【教师活动】教师引导学生预测"中美关系第四个二十年的走向"。观察中美两国关系的新变化：中国综合国力快速接近美国，陷入所谓的"修昔底德陷阱"，即"大国困境"。

在此情境下布置探究任务："利用所学知识，从政治、经济、军事、文化等角度为中国摆脱大国困境提出至少一条建议"。

【学生活动】思考并回答问题。

【设计意图】引导学生从国际视野看待现阶段中美关系的新变化，通过构建复杂、真实的教学情境，为学生提供运用"国家利益分析的方法"解决现实问题的机会。在学生解决这一问题的过程中不仅综合应用本课的知识和方法，还能理性思考中美关系的现状与走向，深入理解中国的外交行为。

【教师活动】播放自制视频"中国近年外交大事记"。视频包括"中国提出'一带一路'倡议""人民币加入SDR货币篮子""亚投行成立""G20峰会中国提出全球治理的中国方案""习近平提出'人类命运共同体'的理念在全球范围内获得广泛认可""'一带一路'高峰论坛在北京成功举办"等内容。

【设计意图】学生通过观看视频可以印证自己提出建议的合理性，理解中国外交行为背后蕴含的国家利益所在，加深对于我国外交行为的政治认同。

六、教学反思

第一，立足于解决学生问题培育学生素养设计课程。授课教师从发展学生核心素养的高度解读教材内容，在依据新课标、立足观点的基础上，通过自主设计前测，针对调查结果分析学生"国际理解"素养的发展水平，客观诊断本班学生关于国际关系领域问题的认知特点，以此作为确定教学生长点和选择教学策略的依据，减少教学盲从，使课堂教学更好地为发展学生素养服务，也体现了"以学习者为中心"课程设计初衷。

第二，情境设置还原了生活本身的综合性和复杂性，为理性探究奠定了扎实的基础。情境，不仅是为了"包装"知识，也不是一味地为了激发思考的乐趣，其目的在于引导学生在观点与生活的双向建构中，反思生活，生成生活智慧，促进知情意行的全面发展，本质上实现学科价值。本课例没有采用平铺直叙的处理方式呈现中美关系的历史、现在和未来，而是精心设计了具有挑战性的冲突情境。从1969年的"一拍即合"到1999年"大使馆事件"中的隐晦表态，再到两届美国总统对"一带一路"的不同选择，以及新时期我国面临的"大国困境"。在历史纵深和多国横向比较的视角下，学生需要辨别多种因素的影响力、权衡具体利益的得失，才能深刻理解国际关系的实质以及我国外交战略的选择。从问题的表现形式，到原因分析、对策建议、发展预测，各环节的情境内容均富有探究的深意。这些充满理性探究的真实情境还渗透了积极向上的价值导向。学生们不仅拓宽了国际视野，还真切感受到了我国建设发展的巨大成就，领会到民族崛起时期自己应肩负的责任。此时的价值选择是理性的，此时的政治认同是自觉的。知识、技能因注入情感焕发出更大的力量。

第三，注重还原科学探究的基本过程，体现生成性。本课例以中美关系的三个"二十年"为中心线索，试图让学生经历一个相对完整的对问题发现、分析、解决和发展的认识过程。通过质疑、鉴别、论证、印证等任务，引导学生在不确定中有逻辑地找出决定国际关系的确定性因素，体验从现象到本质、从感性到理性、从生活到理论、从理论到生活的思维历程。在这一系列的探究活动中，推动了在信息获取、判断推理、辩证思维、创新能力等多方面的激发，促进了学生在知识视野、思维品质、学习方法、语言表达等多方面的发展。这些都体现了新课程倡导的注重过程的思想。

七、专家点评

王建业老师的这堂课讲的是"国际关系的决定性因素"，在内容上是这一部分最核心的内容。从素养角度来看，落实的是"国际理解"方面的核心素养；从教学效果来看，能够比较好地帮助学生建立起对于国家利益、国家力量这些核心问题的正确认识。从教学设计来看，三个大的环节彼此是环环相扣的：通过分析中美关系的过去、现在和将来，让学生在活动中去分析现象背后的本质。在这个过程中学科任务的选用是非常合理的，从"描述与分类"到"解释与论证"来帮助学生理清知识逻辑，再到"预测与选择"帮助学生在复杂情境下应用所学，体现了教师的基本功和教学能力。

（撰文：王建业）

"谋求互利共赢" 教学设计

一、教学内容分析

本节课是统编版《道德与法治》九年级下册第一单元的内容，依据《义务教育道德与法治课程标准（2022年版）》"国情教育主题"中"了解世界正处于百年未有之大变局，了解全人类共同价值的内涵，领悟构建人类命运共同体的意义"而设立。

本框题旨在带领学生放眼当今世界，了解人类共同面临的一系列全球性问题，帮助学生深刻认识到，解决全球性问题需要各国共同努力，携手合作。在此基础上，形成对人类命运共同体理念的认同，并立足当下，从我做起。从尊重生命，关注他人命运的角度，引发学生看到人类的个体渴望；结合思维碰撞，帮助学生认识到构建人类命运共同体需要你我的实际行动，体会大国的合作意识和责任担当。

二、学情分析

随着《道德与法治》学习的深入，九年级的学生逐步融入社会，学习的重点扩展到了解"我与社会、我与国家、我与世界"的关系，这为学习中国的外交政策、理念提供了基础。然而，由于他们的历史知识不够丰富和全面，思想观念还不够成熟，对现实中还存在诸多威胁和平的因素、实现和平还需人们付出更多努力等认识还不够全面；对"人类命运共同体""全球化""大国担当"等理解多停留在平时的新闻事件中，并不了解其背后的内涵，因此有必要进行深入学习。

三、教学目标

能认识到人类生存发展所面临的全球性问题，分析人类命运共同体理念的内涵。

能运用辩证思维方法理性分析不同国家的全球治理理念，深化对构建人类命运共同体理念的理解，真正提高参与社会生活的能力。

心系祖国，胸怀天下，树立为世界和平与发展贡献力量的意识。

四、教学重难点

教学重点：构建人类命运共同体。由习近平主席首创的构建人类命运共同体理念，既是当下国内的时事热点，也是中国在各大外交场合宣传的重点！为了帮助学生理解人类命运共同体理念，本课首先通过气候问题引出对全球性问题的思考，让学生体会全球性问题对人类生存发展的制约影响，引发学生共鸣。然后，借助对气候问题的国际会议探讨，学生亲身体验，不同国家采取的态度不一样，这是由其本身治理理念主导的。最后，通过中国的实际外交行动引出中国的全球治理观——构建人类命运共同体，使学生由理解、认同，最终过渡到对落实人类命运共同体理念的思考。

教学难点：不同国家在全球治理理念的差异。面对同样的全球性问题，为什么不同国家会采取不同的治理理念，这与各国的生存环境、地缘政治、国家利益等都有很大关系。对于九年级的学生而言，要想深入理解这一问题，本身有一定难度。因而，课前将学生分成不同的小组，使之与不同的国家相对应。教师认真编写学案，为学生补充每个国家在气候问题上的背景资料，以增进学生对国际问题的认识。学生在课下展开讨论交流，汇总观点后，最终通过模拟国际会议的形式，让学生以不同国家外交官的身份带入情境，切实感受各国治理理念的差异。

五、教学过程

环节一：认识全球性问题

【教师活动】导入：播放视频《关注全球气候变化》，展示全球气候变暖的基本情况。

引导学生关注社会热点问题，引入新课学习。

教师：为了应对全球气候变暖，2005年世界各国在巴厘岛召开联合国气候变化大会，商讨应对之策；2009年又召开了哥本哈根气候大会；2015年召开巴黎气候大会等。

设问1：请思考，气候问题为何成为世界各国共同关注的议题？

设问2：除了气候变暖，人类社会还面临哪些全球性问题？

【学生活动】学生小组讨论并回答：全球气候变暖会引发一系列现实问题，诸如海平面上升、农作物北移、极端天气增加等，严重影响人类的生存和发展，成为人类社会亟须解决的问题。

小组互相补充："网络安全""重大传染性疾病""恐怖主义""世界经济增长乏力""地区热点此起彼伏""垃圾处理"等。

【设计意图】从气候问题出发，由个别到一般，引导学生思考什么是全球性问题；再从一般到个别，举一反三，丰富学生对全球性问题的认识。从而引导学生得出结论，全球性问题即关系整个人类的生存、制约人类的发展的问题。

环节二：辨析治理理念

【学生活动】活动1：模拟国际会议

以全球气候治理为议题，围绕是否要减排的问题，组织学生模拟国际会议：将学生分成四个小组，分别代表美国、欧盟、中国、斐济四方，每组提前阅读辅助学案，各方立场如下。

1.发达国家方面，美国持消极态度，本着美国利益优先，不能损害美国的发展利益，拒绝参与国际合作。

2.欧盟在全球气候治理问题上比较积极，愿意同各方对话，给发展中国家提供援助，但是要求发展中国家务必落实减排要求。

3.发展中国家方面，中国代表新兴经济体的利益，积极落实减排要求，绿色发展，承担国际责任，提供国际援助。

4.斐济作为岛国的代表，关注自身生存利益，积极呼吁国际社会加强合作，共同发展。

组内讨论，由小组"外交官发言人"发表本国观点立场。提发言要求：

每组"外交官发言人"需按照以下格式发言：例如，我是中方代表，围绕是否要减排的问题，经过慎重考虑，我们立场如下：_____

理由是：_____

【设计意图】在认识全球性问题的基础上，采用体验式的方法，模拟国际会议。学生通过课下准备和课上发言，尝试站在不同国家的立场上思考问题，能更好地理解不同国家全球治理理念的差异。

【学生活动】活动2：观点交锋

综合各方代表发言，国际社会呈现出两种立场。

观点一：参与全球气候治理，将加重本国负担，损害本国经济发展，治理好国内事务即可。

观点二：人类命运息息相关，气候治理各国都负有责任，大国要帮助小国。

设问：你赞同哪方立场？为什么？

小组讨论，表达不同见解，深化认识，了解不同立场背后的影响分析。

【设计意图】汇总模拟会议的讨论情况，辨识不同的观点，引导学生深入分析不同的全球治理模式。培养学生形成正确的全球治理观念，树立互利共赢意识。

环节三：感受中国方案

【教师活动】教师展示在《巴黎气候协定》上各国承诺到2020年的减排目标：美国（前奥巴马政府）：17%；欧盟：20%；日本：25%；澳大利亚：25%；中国：40%～45%；印度：24%。

设问：中国作为一个发展中国家，为什么定下2020年碳排放要比2005年下降40%～45%如此高的目标？

【学生活动】学生思考讨论中国外交决策背后的国内国际动因。国内：

深入贯彻绿色发展理念，倒逼国内改革，加速经济发展方式转型。国际：做负责任的大国，积极承担国际责任，谋求人类共同发展，互利共赢。

【教师活动】解决全球性问题，各国应采取共同行动，承担共同责任，构建人类命运共同体。

分享关于命运共同体的经典阐述：独行快，众行远；滴水不成海，独木难成林。

【设计意图】以中国的实际行动引领学生思考中国是如何以身作则，探究中国治理模式的内在逻辑。在教学中渗透传统文化的魅力，为引出由中国首创的构建人类命运共同体理念做铺垫。

【教师活动】资源分析1：播放视频《人类命运共同体》

设问：由中国首创的构建人类命运共同体理念的基本内涵是什么？

【学生活动】学生观看视频，完成学案《人类命运共同体》填空。

政治领域，坚持对话协商，建设一个持久和平的世界。

社会领域，坚持共建共享，建设一个普遍安全的世界。

经济领域，坚持合作共赢，建设一个共同繁荣的世界。

文化领域，坚持交流互鉴，建设一个开放包容的世界。

生态领域，坚持绿色低碳，建设一个清洁美丽的世界。

【设计意图】从五个维度分析"五个世界"理念，深化对人类命运共同体理念的理解认同。

【教师活动】资源分析2：展示近几年中国的主场外交

2017年5月，在北京举办"一带一路"国际合作高峰论坛。

2017年9月，在厦门举办金砖国家领导人会晤。

2017年11月，在北京举办中国共产党与世界政党高层对话会议。

2018年6月，在青岛召开上海合作组织峰会。

2018年9月，在北京举办中非合作论坛。

2018年11月，在上海举办中国国际进口博览会。

设问：选择一场外交活动，说说对人类命运共同体理念的认识。

【学生活动】学生思考并讨论回答，中国利用主场外交的优势宣传人类命运共同体理念，愿意积极承担国际责任，并且中国理念也在不断获得世界认同。

【设计意图】感悟人类命运共同体理念的国际影响，理解中国国家崛起背后的大国自信，分析构建人类命运共同体的意义。

环节四：关心共同命运

【学生活动】如果联合国临时增设中学生席位，要从我们中选出一名中学生参会，结合刚才模拟国际会议的环节，你认为他应该具备怎样的个人能力素养？应对国内社会和国际社会做哪些准备和了解工作？

各组讨论，互相补充：

1.从个人能力素养上来讲：要学好外语，培养语言表达和沟通能力，关注时事等。

2.从国内社会来讲：要深入了解本国的文化和基本国情，在搜集资料、分析论证的基础上系统阐述本国的原则和立场等。

3.从国际社会来讲：要关注世界政治经济形势，关注其他国家的历史和国情，对讨论的议题有一定了解等。

【设计意图】从国际层面过渡到个人层面，关注全球性问题，树立互利共赢的理念，要落实到中学生身上，培养中学生心系祖国、胸怀天下的思维意识，从而将构建人类命运共同体理念同实际行动联系起来。

总结：本节课我们以全球气候治理为讨论话题，认识了全球性问题。面对全球性问题，不同国家呈现出了不同的治理理念，中国方案是构建人类命运共同体，互利共赢，合作发展。作为中学生，我们要心系祖国、胸怀天下，积极践行人类命运共同体理念。

六、教学反思

第一，本节课围绕全球气候治理，从四个环节展开分析，认识全球性问题——辨析治理理念——感受中国方案——关心共同命运。从国内到国际、从国家到个人，从认识问题、辨析问题到解决问题，层层递进，环环相扣，逻辑清晰，条理清楚，能够有效落实学科核心素养，培育高阶思维，推动深度学习。

第二，本节课采用体验式的教学方法，通过模拟国际会议，学生不仅认识到面对全球性问题，不同国家呈现出不同的治理方案，引发对正确治理理念的思考。同时还掌握了参与国际事务应该具备的基本素质，为将来进一步参与全球治理中打下了良好的基础。学生在教师的引导下，针对具体的问题展开讨论，逐步丰富了对构建人类命运共同体理念的认识，树立起互利共赢的发展思路。

第三，同时笔者也深刻地感受到初三的学生对外交问题缺乏深入思考，在正式授课之前学生对全球气候治理议题也未做深入了解，很多问题在学生面前显得非常空洞，离学生的生活实际较远。教师在授课前应该充分调查好学情，做好课前准备。例如针对全球气候大会，专门查找和中国、美国、欧盟、斐济相关的资料，制作学案，以辅助学生展开讨论；为了帮助学生理解什么是命运共同体理念，专门查找介绍视频等，这些工作都是必不可少的。

七、专家点评

本节课有非常清晰的教学思路，高度关注学生的思维，并注重学生思想境界的提升。因此，我们从思路、思维、思想，"三思"的角度来分析。

第一，清晰的教学思路。什么是人类命运共同体理念、如何落实个人的责任之类的问题，与学生的生活有一定距离。教师将整个教学活动分为"认识全球性问题、辨析治理理念、感受中国方案、关心共同命运"四个环节，逻辑清晰，条理清楚，试图通过这样的一个引导过程，在学生心中逐渐形成对人类命运共同体理念的了解和认同，促使学生在这样一个正确观念引导之下，落实自己的行为。

第二，关注思维引导。在本节课中，教师首先从全球气候变暖这一具体事实入手，引领学生认识全球性问题，从点到面，从具体到抽象，符合学生的认知规律。其次，在模拟国际会议环节，围绕气候治理，让学生站在不同的立场，代表相应的国家利益发言、讨论，助力学生理解不同国家的治理模式差异。最后，在厘清不同治理模式差异的基础上，通过展现各国减排目标，采用对比的方式帮助学生理解我国的治理方案，达成对人类命运共同体理念的认同。进而把谋求自身发展与促进互利共赢的观念有机地统一起来，为学生理解和认同人类命运共同体观念，提供了有效的引导。

第三，提升思想境界。这节课在教学效果的达成上有一定的思想境界，主要体现在资源的选择和教学的设问上。从资源的选择上来看，既有国内问题也有国际问题，尤其是我们国家近段时间大国外交的一些事迹，为学生认识国情，了解国际社会提供了很好的窗口，有利于培养学生的全球视野。从教学设问上来看，整体设问的数量很少，但是每个问题都具有引导价值，在引导学生分析的过程中，达成对问题的深度理解，最终助力学生形成对人类命运共同体的观念认知。

（撰文：梅超　金利）

（文章发表在《思想政治课教学》2019年第5期）

围绕"全面依法治国"的教学设计

"公平的价值与坚守"教学设计

一、教学背景分析

1.教学内容分析

"公平的价值与坚守"聚焦于跨学科伦理学研究中涉及的公平话题,从学生最熟悉的生活情境引入,促使学生对公平及公平价值的思考。最终希望学生能够用全面的、发展的眼光看待社会生活中的公平问题,并树立追求公平的长远目标。本课作为本主题的第二课时,肩负着明确公平概念的重要任务。借助复杂情境和逐层设问训练学生的辨析能力、分析论证能力和合理推测能力,引导学生用发展的眼光看问题。

2.学情分析

基于上一课时的分析讨论,学生对公平问题抱有较高的学习兴趣。而且高一年级的大部分学生已经具备了分析论证的基本能力,然而在遭遇两难情境和复杂条件时,其看待问题和解决问题的方式仍略显单一。特别是将自身利益放置在情境中时,大部分学生会迟疑,对于公平话题的探讨,旨在通过引导学生用全面的发展的方式看待复杂问题,解决学生思想上的难题。

思维难点:破解学生对公平认知的思维定式;在公共利益和个人利益、短期利益和长远利益中做出正确的选择。

能力需求:在高一的学习中,学生逐步接触更加复杂的学习内容和知识组块,需要提升辨析、论证和深入探究的能力。同时,在面对复杂的社会生活时,学生需要具备较强的思维能力来洞察问题的本质。

二、教学设计理念

本主题围绕伦理学中的公平问题进行讨论和辨析，在情理和规则中明晰公平的价值。同时根据《普通高中道德与法治课程标准（2022年版）》的要求，引导学生认识公正对社会生活的意义，通过法治教育提升学生的法治观念。通过道德教育，进一步理解社会主义核心价值观中的公平的价值。

三、教学目标

能够在不同地区高考录取分数线存在差异这一话题中，对公平的概念进行辨析和阐释，理解公平不是绝对的，从而深化对公平的认识。

能够对比"看不见"的高考与"流动"的高考，探究公平背后的内涵与要求，提高辩证地分析、论证问题的能力，从而增强法治意识。

能结合课堂情境，探究如何坚守公平，提升辩证分析问题能力，增强公共参与的意识和能力。

四、教学重难点

教学重点：理解公平的内涵和价值，知道如何坚守公平。

教学难点：认识到公平的状态是不断进步的。

五、教学过程

环节一：初识公平

【教师活动】呈现素材——2018年河北省与湖南省高考分数及清华大学文理科在两省录取分数线对比，提出问题，梳理学生回答并总结。

问题1：同一份试卷，不同地区，不同的分数线，你认为这样的高考公平吗？

【学生活动】小组讨论，形成观点，选出代表回答问题。

总结：公平背后不是一块白板，公平的背后存在差异性和复杂性，公平不是简单一刀切。

【设计意图】引导学生分析，认识公平背后的差异性和复杂性，进而对公平是不是绝对的，是不是简单地一刀切进行反思。

环节二：明晰公平

【教师活动】组织活动一——"看不见"的高考

在高考中，不仅存在地区差异，还存在群体差异。那么，在我国有一群人，他们是摸着试卷来参加高考的。大家能猜到这类人是什么人吗？

问题2：如果你是盲人考生，你是否希望得到帮助？你希望得到哪些帮助？

素材呈现：2008年新修订的《残疾人保障法》规定："国家举办的各类升学考试、职业资格考试和任职考试，有盲人参加的，应当为盲人提供盲文试卷、电子试卷或者由专门的工作人员予以协助。"

问题3：假设你是一名盲人考生，在国家政策改变的前后，你会有怎样的感受？为什么？

追问：假设你是一位盲童的家长，或者只是一个普通人，看到国家出台这样的政策帮助，你会有怎样的感受？

【学生活动】学生体验不同角色，表达感受。

【教师点拨】"看不见"的高考让这个特殊群体以及我们普通人都看见了高考背后的公平。大家在谈感受的同时，也已经提到了我们在追求公平的过程中要考虑到机会公平、权利公平。

【教师活动】组织活动二："流动"的高考

素材呈现：河北省某重点中学与深圳某民办中学合作。高考移民现象指部分考生为了达到上大学或者上好大学的目的，向录取分数线比较低、录取率比较高的省份流动。

问题4：如果你是河北考生，你想到深圳参加高考吗？为什么？

问题5：会有哪些人不愿意你到深圳参加高考呢？

【学生活动】思考并回答问题。

【教师点拨】这样的高考移民打破了规则的约束，造成了不公平的竞争。

【教师活动】问题6：为什么我们认为国家对盲人考生的特殊照顾是公平的，而高考移民是不公平的呢？

【学生活动】思考并回答问题。

【教师点拨】公平通常指人们基于一定标准或原则，处理事情合情合理、不偏不倚的态度和行为方式。

【设计意图】引导学生参与情境讨论，用角色的感受来认识机会公平和权利公平，理解公平是个人生存和发展的重要保障。引导学生在做选择的同时认识规则公平，理解公平是社会稳定和进步的重要基础。比较"看不见"的高考和高考移民现象，理解公平的内涵。

环节三：坚守公平

【教师活动】呈现素材并提问，梳理学生回答并总结。

在深圳市高三学生"二模考试"中，当地家长发现，该民办中学有6名学生进入全市前10名，超过深圳市传统四大名校之和。该中学的中考录取分数线比四大名校低100分左右。

问题7：如果你是当地家长，你会作何反应？

追问：你会选择默不作声吗？

【学生活动】思考并回答问题。

【教师点拨】公平从美好的愿望转化为现实，离不开每个人的积极参与和不懈努力。

【教师活动】个人的捍卫引发了社会的关注，深圳市教育局也在第一时间回应了事件，并依法做出了公正的处理。

问题8：请同学们反思一下，哪些因素使高考移民"畅通无阻"？

追问：我们应该怎样改善高考移民现象呢？

【学生活动】小组讨论，分享观点。

【教师点拨】在立法层面，要完善相关制度和法律、健全相关监督机制；在司法层面，对于发现的问题要绳之以法；在守法层面，公民要自觉守法，合理合法地维护公平。这一事件迅速引起了国家的重视，教育部也再次强调了关于严格规范大中小学招生秩序的规定。由此可见，在面对不公平的现象时，既离不开个人的积极捍卫，也离不开国家的制度保障。

【教师活动】素材呈现：

问题9：哪幅图是我们现在所努力维护的公平状态？

追问：你希望的公平是怎样的？

总结：第二幅图展示的是我们现在为了达到公平状态所付出的努力，但这并非我们心中最理想的公平状态。现在的公平是不断在路上进步的公平，我们期望通过个人和社会的努力，最终消除阻挡我们生存和发展的障碍，让我们现在所调和的公平背后的差异性不再是阻碍我们发展的因素，而是成为每个人独一无二的闪光点。

【设计意图】引导学生在具体情境中发现问题并解决问题，从个人和制度两个层面理解如何维护公平。同时，通过对三幅图片的选择和分析，让学生更加深刻地认识到我们正处于公平不断理想化的进程中，并对构建理想公平社会充满期待。

六、教学反思

本课题的设计彰显了本校的育人理念，课堂设计旨在满足全人格教育中对学生思维能力、道德感等方面的要求。课堂活动紧扣学生需求，以发展的方式延长了学生的思维链条。以"高考"为主题，以高考录取分数线为切入点，借助"看不见"的高考让学生从正面认识公平，通过"流动"的高考让学生深入思考公平的内涵，认同公平的价值。通过创设冲突情境，关注学生的探究过程，记录学生的思考痕迹，引导学生在解决问题时尝试多角度思考，从而形成对公平较为全面的认识。

本节课选用的素材与学生生活紧密联系，由于学生需将自身代入情境，可能会面临个人利益与他人利益或整体利益的冲突，这对学生的价值判断和思维能力提出了更高的要求。在实际授课过程中，答案并不是轻而易举唾手可得的，而是需要学生踮起脚尖思考。因此，在设问时，如何为学生搭建高度适合的台阶就显得尤为重要，这也是我在准备这堂课时花费最多精力的地方。整堂课以一个个情境素材为支撑，通过一个个问题将素材合理地串联。在考虑设问难度的同时，还应兼顾学生的思维特点，以及对其辩证思考能力的培养，使学生能够调动已经养成的思维习惯，合理地解决问题，并在此基础上进一步提升能力。

七、专家点评

课题设计立足学生生活，选取贴近学生紧密相关、备受关注的事例搭建情境，能够在课堂开始时抓住学生的注意力，激发起学生积极思考的状态。教师通过对比不同的高考录取分数线，以及两类高考现象，将情境展开；通过构建冲突情境，引导学生在问题冲突中进行分析和理解。本节课具有较强的思辨性，突出了学生的思维活动。教师敢于直接面对学生思维中的难点，生活中的痛点，引导学生剖析难点，探究背后的本质规律，明确公平的价值与坚守。此外，本节课也并没有止步于单纯的思辨，教师经过精心设计，将学生的学习过程延伸至课前问卷和课后反思中。通过课前问卷调查，了解学生对公平的认知，激发学生对公平的深入思考。学生带着问题来到课堂，更能够主动探究问题。而课堂结束前教师呈现的公平的理想状态，进一步引发了学生对公平的深入思考。学生逐渐以对公平的期待和更全面的认识去看待当下的公平状态以及社会中所出现的问题，在解决问题的过程中升华了情感价值。

（撰文：张函）

"正义的守护与价值" 教学设计

一、教学背景分析

本课题是统编版《道德与法治》八年级下册第四单元第八课"维护公平正义"的内容，包括"公平正义的价值"和"公平正义的守护"两框题。作为宪法专册的八年级下册教材，其主要脉络是介绍宪法总纲—理解权利义务—了解国家制度和国家机构—崇尚法治意识。本课作为新教材的最后一个单元，旨在培养学生形成公平正义的法治意识。通过对教材的整合，将"正义"的内容集中呈现，最终确定主题为"正义的守护与价值"。

二、学情分析

一方面，初二的学生已经具备一定的是非判断标准，能够说出一些与正义相关的人物、言论和行为，但对于什么是制度的正义性，即制度是如何体现正义的，以及正义在维系人际关系和社会稳定方面的作用，他们了解较少；另一方面，学生也能认识到做一个有正义感的人的必要性，但对于如何去做一个富有正义感的人，即如何守护正义，他们思考得并不多。这两点应该成为本课教学的重难点。

三、教学目标

知道正义的内涵，认识到制度背后的正义性。

在真实、复杂的社会生活情境下，能够全面、辩证地看待问题，分析正义背后的复杂性，明辨是非善恶，做出正确的价值选择；具体问题具体分析，真正提高参与社会生活的能力。

认同正义的价值，做有正义感的人；培养法治意识，做社会生活的好公民。

四、教学重难点

教学重点：正义的守护。

教学难点：正义的价值。

五、教学过程

环节一：江歌遇害案

【教师活动】导入：教师播放江歌遇害案动画模拟视频。学生观看。

教师引导学生分组讨论在江歌案中：

1.哪些行为是你赞同的？理由是什么？

2.哪些行为是你反对的？理由是什么？

追问1：从道德层面分析，赞同或反对的理由是什么？据此谈谈你对正义行为的理解。

追问2：同学们能不能分享一下自己身边的正义行为和非正义行为。

【学生活动】学生思考并讨论，赞同的行为是：江歌在刘鑫遇难的时候，好心收留刘鑫，并一直帮助刘鑫。

反对的行为是：1.刘鑫在江歌遇害后，长期避而不见其母（刘鑫在江歌遇害当时，有没有反锁门，目前有争议，故不引入教学）；2.陈世峰恐吓刘鑫，并最终残忍杀害江歌。

学生阐述对正义行为的理解。教师小结，正义行为的概念：符合一定社会道德规范的行为。在此基础上，学生结合生活事例，列举正义的和非正义的行为。

【设计意图】通过江歌遇害视频，导入本课的教学资源，再以设问的形式引导学生辨析是非善恶，从而挖掘出正义行为的概念，以更好推进接下来的教学环节。

学生学习了正义行为后，再举一反三，结合生活实践，分享身边的正义与非正义的行为，从而帮助其更好地理解身边的社会行为。

环节二：江妈维权

【教师活动】教师播放江妈赴日维权视频。引导学生分别从三个维度理解正义的内涵：

1.江歌离开人世，江妈悲痛不已。这种行为之所以是非正义的，因为它剥夺了人们的哪项权利？

2.警方调查真相，依法提起公诉。从这一行为中，我们应如何理解正义的内涵？

3.江妈获得了450万个请愿签名，这反映群众对这件事持何种态度？

【学生活动】学生讨论后回答：

1.江歌离开人世，失去的是生命健康权。由此可知，正义要求依法保障人的正当权利（尤其是生命健康权）。

2.警方调查真相，依法提起公诉。这表明法律是最有效的维权手段，严惩真凶，为江妈讨回公道。由此可知，正义要求人们明辨是非，惩恶扬善。

3.江妈获得了450万个请愿签名，可见群众对这件事的态度是支持江妈，支持弱者。由此可知，正义要求人们帮扶弱者，共渡难关。

【设计意图】在了解正义概念的基础上，结合具体案例的发展情况，进一步剖析正义，明晰正义对人们的具体要求，提升学生对正义内涵的全方位认识。

环节三：寻找刘鑫

【教师活动】教师展示教学资源：江歌遇难后，刘鑫长期避而不见其母，江妈无奈之下，在网上公开曝光刘鑫及其家人的重要私密信息，包括姓名、住址、电话、微信号码及QQ号码等。

提问：江妈如此"守护正义"，你怎么看待这种行为？

根据剧情发展，教师展示新的教学资源：由于江妈的曝光行为，刘鑫及其家人不断收到各种各样的骚扰电话，网上对刘鑫的谩骂也是不绝于耳。

提问：网友如此"守护正义"，你又怎么看待这种行为？

【学生活动】学生运用所学知识，交流讨论，思考回答。

【设计意图】设置冲突，面对江妈的非法曝光和网友的"网络暴力"，培养学生在复杂情境下分析具体问题的能力，使其明辨是非善恶，做出正确选择，从而落实能力目标。

【教师活动】教师追问：如果你是江歌的好朋友，从正义的角度来讲，你会怎么做？

【学生活动】学生分成四组，第一组：得知江歌遇害后，我会这样做……

第二组：面对刘鑫的躲避，我会这样做……

第三组：面对江妈非法的曝光，我打算和江妈说……

第四组，面对"网络暴力"，我会在网上这样留言……

【设计意图】学生在价值判断的基础上，做出价值选择，突破教学重点，学会守护正义。

【教师活动】提问：同学们以身作则，列举了很多正义的举措，那么实际上我们之所以会采取正义的行为，来源于怎样的道德意识？

追问：江歌案发展到这一步，江妈名义上是在"守护正义"，但实际上自己却做出了非正义的行为，这对我们的启示是什么？

【学生活动】维护正义、伸张正义。但一定要采取正当的维权手段。

【设计意图】进一步引导学生，正义的行为来自人们追求正义、伸张正义的道德意识，即正义感，要做有正义感的人。面对非正义的行为，既要勇于斗争，还要善于斗争。所谓善于斗争，就是要讲究策略，方法有效——要遵守社会规则，寻求正当帮助。进一步将学生思考的维度上升到法律维权层面。

环节四：司法审判

【教师活动】教师展示最新剧情发展：1.2017年12月20日，日本东京地方裁判所做出判决，法院以故意杀人罪和恐吓罪判处被告人陈世峰有期徒刑20年；2.刘鑫承担一定的民事责任，江妈表示回国后要和刘鑫对簿公堂。

教师：从司法审判的角度来看，法律是如何守护正义的？这两则材料是否给你带来新的启发？

【学生活动】学生：司法机关根据犯罪事实，依法做出审判；法律通过打击违法犯罪行为，保护公民的合法权益。

（关于陈世峰未判处死刑的问题，可跟学生解释：不同国家的国情不同，司法审判制度也有所不同。法律的作用在于惩前毖后，教育公民，量刑只是手段，并非目的。）

【设计意图】启迪学生思考，司法维护正义的内在逻辑。

【教师活动】追问：刚才我们讨论了法律的审判，那么从法律制定的角度来看，法律又是如何体现正义的？此外，我国还有哪些相关的制度也体现了正义？

【学生活动】学生展开讨论，并回答问题：

1.法律维护所有社会成员的利益；

2.每个人都受益于制度和规则，同时也要受到制度和规则的约束。

面对制度的正义性，学生结合生活经验和已学知识，能做出一些感性回答，如：义务教育阶段免费入学、城市居民设定最低工资标准、养老金制度等。进而引申出中国特色的社会保障制度：下岗职工基本生活保障制度、失业保险制度、城市居民最低生活保障制度、养老保险制度、医疗保险制度、法律援助制度等。

【设计意图】从法律的执行过渡到法律的制定，层层递进，引申思考：作为制度象征的法律，是如何体现正义的？从而帮助学生树立规则意识，培养法治思维，落实情感态度价值观目标。

再从法律这一具体的制度，举一反三，扩展到社会制度的方方面面，升华对制度正义性的理解。

环节五：幕后思考

【教师活动】教师带领学生回顾江歌案的全部过程，厘清人物间的利害关系。

【学生活动】学生分组讨论：

1.该案例中，非正义的行为是如何阻碍人际关系的？

2.该案例中，正义是如何维系社会稳定的？

学生交流讨论后回答：

1.陈世峰杀害江歌，带来了江妈对陈世峰的仇恨；刘鑫的躲避，破坏了原本和谐的江刘两家关系；江妈不正当的维权方式，也招来了刘鑫的埋怨……

2.通过法律的正义审判，调解人物矛盾，逐渐平息怨恨，并且保留了江妈进一步维权的可能，维系了社会的稳定。

【设计意图】在理解制度正义性的基础上，认识正义对调节人际关系、维系社会稳定的重要性，突破教学难点，认同正义的价值。

六、教学反思

第一，关于教材：对于新教材的使用，教师首先要精读教材，吃透教材。在此基础上，提炼主干知识，把握好主线脉络。然后根据教学的需要，可以适当打乱教材，从而达到整合知识，融会贯通的效果。

第二，关于案例：既要慎用案例，又要巧用案例。具体来说，其一，教师要长期关注时事，密切跟踪案例发展。案例的选取最好是近三年的时事，越近越好，这样越贴近学生的生活实际，越能吸引学生注意力。同时，也最能体现政治课的时效性要求。其二，在案例的引用上，要围绕教学内容有所取舍。也就是说，一个案例不能拿来全盘引用，如江歌案，涉及道德、心理、国情、教育、国际法等很多方面的知识，但只有和教学有关的内容，才是我们真正需要的。其三，要聚焦设问，主线突出。即案例用得好不好，用到什么程度，都要通过设问来体现，一个好的设问能立刻激发学生的思考，得出教师想要的答案。通过将一节课的设问联系在一起，就能将一节课的主线脉络清晰呈现。

第三，关于学生：其一，教师在教学设计的过程中，既要注重学生的课堂参与，又要把握和引领好课堂教学，这对教师的教学功底有一定要求；其二，要在学生中形成价值观上的冲突，要有思维观点的碰撞，这样才能培养学生辩证分析问题的能力，提升课堂参与力；其三，要让学生带着生活经验来到课堂，同时又能将所学知识应用解决生活问题，即从生活中来，到生活中去。因此，教学不能直接陈述事实，而是要举一反三，注重培养学生解决现实问题的能力。

七、专家点评

第一，立足核心素养，注重价值引领。对于正义这个话题，要讲好有一定的难度。因为对于初中的学生来说，他们对守护正义的价值认识强烈，但对于守护正义的方式认识模糊。为此，教师在设计中以课标和核心素养的要求为出发点，引导学生能够分辨是非善恶，在复杂的社会生活中做出正确选择，做富有正义感的守法合法公民。

第二，巧妙整合教材，充分挖掘案例。好的教师要学会活用教材，对于初中的学生来说，公平正义这个话题如果纠缠在一起，可能对于学生的认知有一定的难度。为此，教师在把握理解教材内容的基础上，对教材的内容进行了整合。而为了更好地实现教学目标和达成教学效果，教师以引起社会广泛关注的"江歌案"为例，对案例的筛选，问题的设计，层层的剖析，引发学生在思考中反思和提升。

第三，调动学生思考，培养思维能力。对于课堂教学来说，好的追问能够更好地激发学生的思维。要实现知识、能力、品格乃至方法本身的价值，必须运用一定的方法。"不愤不启，不悱不发"，教师通过案例的剖析和层层追问，形成价值观上的冲突和思维观点的碰撞，让学生从悲惨的案例本身中跳出来，更多地去思考案例的后续发展带给我们守护正义的重要意义以及如何去守护正义的思考。

（撰文：梅超）

（本文系2018年北京市《道德与法治》部委统编新教材教师培训课例）

"自由的真谛与追求"教学设计

一、教材分析

本课是人教版初中《道德与法治》八年级下册第七课"尊重自由平等"的相关内容。第七课包括自由和平等两个方面，本课将教材第一框题学习内容和第二框题学习内容进行了整合，进而对"自由"方面的内容展开学习。本单元"崇尚法治精神"是整册书的逻辑升华，也是法治教育的落脚点，借由学习法治的价值追求，崇尚法治精神，以形成尊重自由的意识。首先，认知自由的真谛；其次，结合身边的案例分析，从内心深处深刻体会社会主义法治尊重自由，在生活实践中践行法治精神，树立尊重自由理念；最后，拓展对自由更为深刻的认识。

二、学情分析

八年级的学生思维较为活跃，具备一定分析问题、解决问题的能力。相比七年级学生更为成熟，但对于很多事情仍缺乏辨析的能力，考虑问题多从自己的角度出发，容易忽略他人的利益和感受。缺乏对"自由是有限制的、相对的"辩证认识的能力，容易出现严于要求他人，却对自己宽容的现象。因此，本课旨在针对实际生活中的问题，使学生全面认识自由的内涵，树立尊重自由的理念，以及运用所学内容正确处理现实生活中的问题的能力。

三、教学目标

知道"自由"的内涵，理解自由与规则、法治之间的关系，自觉树立正确的"自由观"，以引导个人行为，将"自由"的法治精神当作个人价值追求目标，并能自由地追求个人的人生幸福。

领会在道德、法治的范围内充分实现个人自由，生活中自觉践行"自由"的社会主义核心价值观，把遵守宪法和法律作为个人"自由"的基本要求。

学习世界人民为追求人类自由而努力的事例，树立全人类自由、平等的意识，为实现全人类的自由、平等而努力奋斗。

四、教学重难点

教学重点：自由的真谛以及如何追求自由。

教学难点：自由与法治的关系，对崇高的人类自由的认识。

五、教学过程

（一）导入新课

【教师活动】观看"上海封控期间人们的日常生活以及解封之后人们欢喜愉悦"的视频。

思考：上海人民解封之后有着怎样的心情？为什么被封控的人们那么渴望自由？

【设计意图】日常看似简单的行为自由其实对我们每个人都很重要，若没有了行为自由，我们很多想法和实践都会受到限制，因此我们要珍视自由。以这种简单的行为自由切入的导入方式，能从实际生活中更深刻地领会自由的重要性。

（二）新课探究

环节一：什么是自由？——无法治不自由

【教师活动】组织讨论，结合学校周边的道路交通环境，说明如果我们完全不受约束地自由行走，会有怎样的结果？为了维护良好的交通秩序，都有哪些人在辛勤地工作着？我们中学生为了维护良好的交通秩序应该怎么做？

【学生活动】参与讨论并回答问题。

【教师点拨】学校处于一个交通相对繁杂的地段，每个人都不受约束地自由行走，会出现交通堵塞、交通事故，甚至付出生命的代价。交通警察、协管人员、学校教师都为维护社会秩序做出了贡献。

我们更要遵守交通秩序，交通规则，既珍惜自己的生命，又爱惜了别人的生命。所以，自由是有限制的，是相对的，必要的规则是对自由的保护。

【设计意图】学校处于较为繁华地段，周边交通环境比较复杂，结合学生日常上学交通环境说明个人的交通出行不是为所欲为，不是随心所欲，而是要遵守交通规则。联系七年级教材讲解规则的重要性，体会规则和自由的关系。

【教师活动】播放视频：澳籍华人女子返京后，拒绝执行隔离政策便外出跑步，并且不戴口罩，在面对社区防疫人员的劝说时，她不服从管理，还大声呼喊"救命"。随后民警赶到并对其发出了警告，要求她必须按规定居家隔离14天，不允许外出。该女子任职的拜耳公司得知此消息后，根据相关规定，对该女子做出辞退处理。北京市公安局出入境管理局依据《中华人民共和国出境入境管理法》第六十七条等规定，决定依法注销该女子工作类居留许可、限期离境，自被驱逐出境之日起10年内不准入境。澳籍女子因自己欠缺法律意识和无知，付出了沉重的代价。

思考：澳籍女子不遵守疫情隔离制度，不戴口罩外出跑步，而她又是携带病毒的患者，那将会造成怎样的影响？我国公安机关对其做出限期离境，驱逐出境的处罚，这说明了什么？

【学生活动】思考并回答问题。

【教师点拨】不遵守疫情隔离制度，可能带来疫情的传播，影响社会秩序。说明了法律面前人人平等，每个人的自由是法律范围内的自由，每个人只有在法律范围内可以依照自己的意志活动的权利，法律之外的自由只会走向自由的反面，导致混乱与伤害。

提问：结合视频内容，思考公安机关依法对澳籍女子进行处理有怎样的积极影响？请说明自由与法治的关系。

【学生活动】回答问题，积极影响：有利于疫情的控制，维护良好的社会秩序；保护其他人的合法利益，营造良好的法治环境，提升人们的法治意识，使人人懂法、守法。

法治与自由的关系：一方面，法治标定了自由的界限，自由的实现不能碰触法律的红线，违反法律可能付出失去自由的代价；另一方面，法治是自由的保障，人们合法的自由和权利不受非法干涉和损害。

【设计意图】通过疫情中的真实案例，分析得出自由不仅和规则有关，它和法治也密切相关，人们的自由不仅体现在规则的范围内，同时也体现在法律的范围内。在分析自由和法治的关系的过程中，培养学生的辩证思维能力，掌握自由和法治的相互关系。同时，得出自由的含义：人们在法律规定的范围内，依照自己意志活动的权利，自由在法律上的体现，就是我们享有的和正当行使的各项权利。

环节二：珍视自由——自由的价值追求

【教师活动】设置情境：八年级学生田某总是上学迟到，不按时完成作业。老师对其进行督促，他却说："什么时间上学、是否完成作业是我的自由。"田某有时抽烟喝酒，强行向同学索要财物。老师批评教育他，他却理直气壮地说："这是我在校外的活动，是我的自由。"

提问：查阅《中华人民共和国义务教育法》和《中华人民共和国预防未成年人犯罪法》的相关规定，对田某的言行进行评价。

【学生活动】经查证相关资料，《中华人民共和国义务教育法》第五条规定：凡年满六周岁的儿童，不分性别、民族、种族，应当入学接受规定年限的义务教育。《中华人民共和国预防未成年人犯罪法》第十四条规定，未成年人的父母或者其他监护人和学校应当教育未成年人不得有下列不良行为：强行向他人索要财物；第十五条规定：未成年人的父母或者其他监护人和学校应当教育未成年人不得吸烟、酗酒。

在查阅资料的基础上评析如下：田某的言行是错误的。理由：田某没有认识到自由，他错误地认为自由就是为所欲为，想做什么就做什么。自由是有限制的、相对的，是在法律规定的范围内的自由。田某在校内的行为是不珍惜受教育权、不自觉履行受教育义务的表现。他在校外抽烟、喝酒是不良行为，强行索要财物是违法行为。

【教师点拨】自由并不是为所欲为，自由是相对的，是有限制的，是宪法和法律赋予我们的受限制的自由。

【设计意图】结合情境，对学生中存在的对"自由"的错误认识进行评析，学生掌握评析行为的方法，能透过现象看本质，找到问题的关键所在，对自由有正确的认识，从而能正确行使自己自由的权利。

【教师活动】设置情境：学生田某有一次与同学小何聊天时，得知小何有先天性心脏病，便将此事在微信朋友圈传播，当面对同学小何的质问时，田某不以为意地说："这件事又不是我虚构的，我有言论自由。"

提问：评析田某的行为，同时思考：如果你是小何，你会如何做？

【学生活动】学生帮小何找到解决问题的方法：告诉老师这件事情，请老师帮助处理；告诉家长，让家长和田某的家长沟通，切忌产生矛盾，甚至动手，都是不正确的。结合个人实际情况，对以上情境做出个人的行为选择。

【教师点拨】每个人都有自己的隐私权，这是宪法赋予的权利，珍视自由，必须依法行使权利。作为公民，应自觉守法、遇事找法、解决问题靠法，树立守法光荣、违法可耻的法治意识。

【设计意图】珍视自由，树立珍惜宪法和法律赋予我们的权利的意识之外，还要在实际生活中依法行使权利，遇事找到解决问题的正确方法，树立守法光荣，违法可耻的法治意识。

环节三：树立崇高的自由意识——自由的升华

【教师活动】设置情境：阅读革命先烈叶挺所作的《囚歌》。

"为人进出的门紧锁着，为狗爬出的洞敞开着，一个声音高叫着：爬出来吧，给你自由！我渴望自由，但我深深地知道——人的身躯怎能从狗洞子里爬出！我希望有一天，地下的烈火，将我连这活棺材一起烧掉，我应该在烈火与热血中得到永生！"

提问：被锁在牢房里的先烈是多么渴望人身自由，但为什么他们要放弃个人的自由，要在烈火和热血中得到永生？

【学生活动】学生经过讨论后得出：学习革命先烈那种不怕牺牲、不屈不挠、坚定信仰与真理、视死如归、甘愿为革命事业而献身的精神。与革命者个人坚定的革命信仰相比，个人的人身自由算不了什么。

【教师活动】播放歌曲，Beyond乐队《光辉岁月》。歌曲的背景介绍如下：曼德拉是南非的第一位黑人总统。当他认识到南非黑人和其他族群的不自由时，他毕生都在为自由而斗争。他领导南非人民反抗白人专制、反抗种族隔离制度和种族歧视。在长达40年的斗争历程中，即使是漫长的27年铁窗生涯，他也从未片刻停止对自由、平等的追求，从未放弃过对胜利的希望。在他的领导下，南非摆脱了种族隔离制度，消除了种族间的差异；南非变成了全体南非人的南非，不分种族与肤色；南非人走向了自由和平等，获得了民主与和平。

提问：结合背景介绍，说一说在这首歌中你听到了什么？

【学生活动】回答问题。

【教师点拨】曼德拉用他的智慧与善良，超越种族的胸怀，超脱仇恨的宽容，以及永不屈服的勇敢之心，为南非人争取到平等与自由，堪为人类的楷模。学习曼德拉终其一生为推动南非族群和解，建立一个民主自由社会的精神。

【设计意图】通过对经典和内涵丰富的歌曲的播放和分析，激发学生的热情，帮助学生树立正确认识——为全人类的自由和平等做出贡献。

（三）课堂小结

自由是法治的基本精神和价值追求。法治是实现自由的保证。当人类依据法治自觉止步于自由的边界，彰显的是理性的力量；当人类通过法治把"自由意识"与"自由行为"统一起来，闪耀的是文明的光辉。自由不仅是行为上的自由，更是人类思想与认识上的自由。

六、教学反思

本课以实际生活中"上海解封"这一事例引入，引发人们对自由的渴望，进而激起对"自由"的思考，为什么人们如此渴望自由？自由是不是就是为所欲为、随心所欲？经过分析讲解，明确自由与规则的关系，即自由是有限制的、是相对的。结合具体事例，分析自由与法治的关系，这两种关系有助于培养辩证思维能力。通过学生田某的事例，让学生学习如何实现自由的价值追求，最后升华对自由的认识，掌握自由与理想、与平等的关系。课堂教学在素材选取及问题设计上，都能以学生为中心，充分调动学生学习的积极性，其情境设计生活化，易于学生理解，能够体现问题的本质，提高学生思维的张力，拓展思维的深度。最后结合革命战士以及曼德拉的事例，进一步升华对自由的认识。教学环节紧紧相扣，既奠定学生思维的基础，又促进了学生的深度学习，实现学生的核心素养落地。

由于时间仓促，教学设计更应该体现出层次化，以应对不同的学生，增强问题的针对性。教学素材需要进行优化整合，目前稍显缺乏系统性，较为碎片化，需要在后续教学中进一步优化。

七、专家点评

本节课所讲解的是"崇尚法治精神"中的"自由"，"自由"是社会主义核心价值观的重要内容，处于"社会层面"的第一位，可见其重要性。本课打破人们对"自由"的"固有"认识，从现实生活案例入手，经过层层分析，得出"自由的真谛"。教育的一个重要目的是践行，学生学习完本课之后，能够在生活中珍惜自由，践行自由，并维护自身的正当权利。教学能够从"意识引导"延伸至"行为指引"，助力学生实现自由权利。最后，对自由的认识得以升华，我们不仅要在法律范围内实现个人权利，还要为人类的解放、自由、平等而努力，引导学生对"自由"的深度思考，扩宽学生思维，延展学生思维的长度，开阔其对"自由"的认识。

（撰文：张新雨）

"法律保障生活"教学设计

一、教学背景分析

1.教学内容分析。本课是七年级下册第四单元"走进法治天地"中第九课"法律在我们身边"的第二框题"法律保障生活"的相关内容。本单元引领七年级学生在其小学学习的基础上，进一步走近法律，学生在本课第一框题学习"生活需要法律"，能够阐释生活与法律紧密相连，对法律的产生和我国法治化进程有了一定的了解。本课承接以上内容，继续对法律的特征和作用进行探讨。

2.学情分析。初中学生的生活经验与社会见闻不断丰富，他们初步感受到法律与自己的生活息息相关，但由于思维水平和社会经验有限，对法律的理解仅限于威严、强制性，对于法律的特征了解并不全面，也很少能想到法律的保障作用。

二、教学设计理念

基于对教材和学情分析，并结合《义务教育道德与法治课程标准（2022年版）》，本节课的设计力求构建以培育学科核心素养为主导的活动型学科课程。在情境和问题的设计方面，秉持贴近学生生活和社会实践的基本原则，使学生在课堂上能够有话说、敢说话、想说话。通过对问题的讨论来培育学生的政治认同、道德修养、法治观念、健全人格、责任意识等学科核心素养。

197

三、教学目标

能够说明社会生活离不开规则，阐明社会生活离不开法律，法律是一种特殊的行为规范，增强法治观念，树立法治意识。

能够阐述法律的特征，说明法律是生活的保障，阐明公民既受法律约束，又受法律保护。

能够做知法、守法、护法的公民；逐步形成自觉按照社会要求规范自己行为的能力。

四、教学重难点

法律的作用、法律的特征。

五、教学过程

导入：我为英雄站岗

【教师活动】素材呈现：小附参加"少年先锋岗"活动。

提问：你在为谁站岗？站岗后想对英雄说些什么？

【学生活动】参与活动的学生分享活动经历与感受。

【教师活动】素材呈现：视频"四川凉山救火烈士最后的影像"。

【设计意图】以学生亲身经历的事情和近期热点事件导入，烘托学生对英烈的感激和崇敬之情，激发好奇心，为展开有关问题的探讨做准备。

环节一：法律的特征

【教师活动】素材呈现：小附看到网上抹黑侮辱救火英烈言论。

提问：要制止这种行为，你选择什么方式？为什么？（包括单位、学校说服教育，网民人肉搜索曝光其信息、媒体发文批评、公安机关依法刑事拘留等方式。）

素材呈现：《中华人民共和国英雄烈士保护法》出台。

教师：你知道这部法是如何诞生的吗？

观点呈现：关于此事，网上还有这样一种声音：他们是小人物才被刑拘。

教师：你怎么看？

【学生活动】参与讨论，阐述观点。

【设计意图】通过法律与道德的对比，明确法律的三个特征：法律是由国家制定和认可的；法律由国家强制力保证实施；法律对全体社会成员具有普遍约束力。

环节二：法律的作用

【教师活动】素材呈现：小附关注的救火英雄事件后续报道。

【新闻链接】救火英雄事件的后续报道

为表达凉山全州人民对救火牺牲烈士的深切哀悼之情，当地政府将4月4日定为全州哀悼日，同时停止一切公共娱乐活动。随后，政府组织了对牺牲烈士的悼念活动，在西昌市烈士陵园举行了烈士骨灰安葬仪式。

与此同时，某银行的一张宣传海报在社交媒体上广泛传播，内容为"免除某位烈士信用卡未还清款项"，银行的这一行为遭到网友举报。另外，针对警方刑事拘留那些在网上侮辱烈士的人这一情况，有人质疑称："他们的言论虽不当，但每个人都有言论自由。"这一质疑引起网友热议。

【法律链接】《中华人民共和国宪法》（节选）

第三十五条　中华人民共和国公民有言论、出版、集会、结社、游行、示威的自由。

第五十一条　中华人民共和国公民在行使自由和权利的时候，不得损害国家的、社会的、集体的利益和其他公民的合法的自由和权利。

《中华人民共和国英雄烈士保护法》（节选）

第三条　全社会都应当崇尚、学习、捍卫英雄烈士。

第四条　各级人民政府应当加强对英雄烈士的保护，将宣传、弘扬英雄烈士事迹和精神作为社会主义精神文明建设的重要内容。

第五条　县级以上地方人民政府、军队有关部门应当在烈士纪念日举行纪念活动。

举行英雄烈士纪念活动，邀请英雄烈士遗属代表参加。

第十一条　安葬英雄烈士时，县级以上人民政府、军队有关部门应当举行庄严、肃穆、文明、节俭的送迎、安葬仪式。

第二十二条　禁止歪曲、丑化、亵渎、否定英雄烈士事迹和精神。

英雄烈士的姓名、肖像、名誉、荣誉受法律保护。任何组织和个人不得在公共场所、互联网或者利用广播电视、电影、出版物等，以侮辱、诽谤或者其他方式侵害英雄烈士的姓名、肖像、名誉、荣誉。任何组织和个人不得将英雄烈士的姓名、肖像用于或者变相用于商标、商业广告，损害英雄烈士的名誉、荣誉。

第二十四条　任何组织和个人有权对侵害英雄烈士合法权益和其他违反本法规定的行为，向负责英雄烈士保护工作的部门、网信、公安等有关部门举报，接到举报的部门应当依法及时处理。

第二十六条　以侮辱、诽谤或者其他方式侵害英雄烈士的姓名、肖像、名誉、荣誉，损害社会公共利益的，依法承担民事责任；构成违反治安管理行为的，由公安机关依法给予治安管理处罚；构成犯罪的，依法追究刑事责任。

亵渎、否定英雄烈士事迹和精神，宣扬、美化侵略战争和侵略行为，寻衅滋事，扰乱公共秩序，构成违反治安管理行为的，由公安机关依法给予治安管理处罚；构成犯罪的，依法追究刑事责任。

教师：细读案例，结合学案法律条文，分小组讨论：说说你认可哪些行为？不认可哪些行为？为什么？

【学生活动】思考并回答问题。

【设计意图】通过活动探究发现法律规定人们可以做什么、不可以做什么，应该做什么、应该怎样做，即法律的规范作用。

【教师活动】提问：法律对我们是不是只有"规范"作用？

【设计意图】引导学生理解法律的保护作用。

环节三：英雄——"最闪亮的坐标"

【教师活动】素材呈现：漫画《牺牲英烈托起美好生活》。

教师：国家为什么要专门立法保护英烈？结合这幅漫画，谈谈你的想法。

素材呈现：习近平总书记曾指出，"祖国是人民最坚实的依靠，英雄是民族最闪亮的坐标"。

教师：习主席为什么把英雄比作"最闪亮的坐标"？

【学生活动】思考并回答问题。

【设计意图】引导学生深入思考保护英烈的社会意义，从而理解这部法律不仅保护英烈的合法权益，也是保护我们自己，更保护了民族发展历史、国家主流价值观。

环节四：写给法律的三行诗

【教师活动】素材呈现：我国法律体系之树、近三年新颁布的法律。

【学生活动】学习完这节课的内容，想必大家对法律有了更深刻的认识，请在座的各位小附同学从法律保障生活的角度，写下你给法律的三行诗。

【设计意图】引导学生感受法治中国的建设脚步在加快，通过写诗深化理解法律保障我们的生活。

课后作业：请在你的一日时间轴上至少选三个点，说说这些普通的事背后都有哪些法律依据？法律在你的生活中发挥什么作用？如果换成一生时间轴呢，又有什么变化？

六、教学反思

第一，在教学情境选取方面，立足于初中生学科核心素养中政治认同与法治观念的共同培养，从社会近期重点关注的立法保护英雄烈士这一问题入手，既贴近学生生活，又具备一定的理论和现实高度，从而引导学生站在全社会的高度认识法律，认识法律与生活的关系。

第二，在教学流程设计方面，以学生活动为载体，对活动内容予以课程化。通过设计"辨析观点""讨论立法价值""写三行诗"等活动，为学生提供动脑思考、动手参与的学习任务，将学科逻辑与生活逻辑加以融合。推动学生转变学习方式，在合作学习和探究学习的过程中，培养创新精神，提高实践能力。

第三，学生综合探究活动较少，可以再增添一些具有一定难度的综合探究，这有利于培养学生的综合素质。还可以设计学生课前分组查阅资料的任务，查找课堂讨论的案例，让学生通过自主探究，能更好地理解掌握法治知识，提升法治素养。

七、专家点评

这节课立足于学生核心素养的养成，强化了学生的法治意识，培养了学生的辩证思维，推进了学生的深度思考，彰显了学科特点。

第一，问题设置激发学生深度思考。问题是启发思维的关键，在一节课中，好的设问也是激发学生深度学习的前提。在本节课里，教师设置了一系列不错的问题。在第一模块"知识解读——法律的特征与作用"中，老师通过贴近学生的热点案例，巧妙地设置了问题串，通过"要制止这种行为，你选择什么方式？为什么？""关于此事，网上还有这样一种声音：他们是因为小人物才被刑拘。你对此怎么看？""说说你认可哪些行为？不认可哪些？为什么？""法律对我们是不是只有束缚？"等一连串层层递进的问题，激发了学生持续思考的热情，学生在思考中认识了法律的特征与作用，开启了学生思维，并引导学生辩证地看待问题、解决问题，进而让学生的深度思考在课堂中真发生。

第二，情境素材选择体现学科特点。道德与法治课是立德树人的关键课程，课堂情境素材的选择与运用更是体现育人育德学科的着陆点。以初中生逐步拓展的生活作为基础是该课程基本理念之一。老师在本节课选取了贴近学生生活与实际的素材，注重素材的实用价值与典型特点。通过"我为英雄站岗"和"网上抹黑英雄的言论"两个强烈对比情境引入课题，立足真实生活开展教学，激发了学生学习兴趣；通过探讨如何治理该类问题并辨析相关观点，引发了学生思考，培养了学生用全面发展的视角看问题。教学情境素材的选择螺旋式推进，让学生在有效的情境素材中触及心灵，推动学生情感的提升，促进学生行为的落实，进一步彰显道德与法治课的魅力。

（撰文：郑茜）

"夫妻地位平等——从《中华人民共和国民法典》中探寻婚姻幸福的秘诀"教学设计

一、教学背景分析

1.教学内容分析

本节课是选择性必修2《法律与生活》第六课"珍惜婚姻关系"的第二框题"夫妻地位平等"的内容。婚姻是家庭的基础,对家庭和睦与社会稳定起着至关重要的作用。《课程标准》对本节课的要求为:"理解婚姻法律关系,阐释正确的婚姻家庭观。"本课从形式和内容两个方面分析婚姻,重点阐述夫妻关系平等的内涵,明确夫妻人身关系和财产关系平等。

2.学情分析

从生活经验看,学生从家庭和社会生活中对婚姻有一定的了解,逐渐形成自己的婚姻家庭观。课前问卷调查显示,大部分学生有着积极的婚姻观,但存在片面的理解。因此,需要促成学生对婚姻有更深入、全面的认识,建立正确的婚姻家庭观。

从知识经验看,通过初中《道德与法治》学习,学生具备一定的法治思维,能够理解在婚姻中权利和义务是对立统一的,但缺乏以法律视角审视夫妻关系的核心和内容。特别是财产关系离学生比较远、内容较难,需要厘清夫妻财产区分,领会夫妻处理共同财产的权利是平等的。

二、教学设计思路分析

基于以上教材分析和学情分析,本课时采取课前预习和课堂重点突破的方式展开教学,提高学习积极性和课堂效率,推动深度学习进入课堂,助力学生核心素养养成。

三、教学目标

通过对《中华人民共和国民法典》婚姻家庭编的学习,引导学生认同我国民法典为婚姻关系提供法律支持，了解婚姻自由与限制并不矛盾，是公民权利义务的统一。

通过探究活动，引导学生对夫妻人身关系和财产关系的认知，认同夫妻关系平等的法治精神，依法处理好夫妻关系，用法治理念正确对待结婚和离婚。在生活中宣传夫妻关系平等的观念，并在未来践行夫妻关系平等。

四、教学重难点

教学重点：夫妻关系的核心是平等，包括平等的人身关系和平等的财产关系。

教学难点：夫妻个人财产和共同财产的范围、夫妻对共同财产具有平等处理权。

五、教学过程

（一）课前准备

1.自主预习

学生在预习教材并学习《民法典》婚姻家庭编中有关夫妻共同财产相关内容后，需完成预习作业。该预习作业由13个判断组成，涵盖了个人财产和共同财产、个人债务和共同债务区分的重点问题。具体预习作业如下。

（1）判断下列财产属于夫妻一方个人财产还是夫妻共同财产

1）甲在婚后的工资收入；

2）乙在婚前写的一本书，婚内所获版权收益；

3）丙在婚内写的书，离婚后所获版权收益；

4）丁在婚内因车祸获得的人身赔偿；

5）张三在婚前全款购置的一处房产；

6）李四在婚后投资股市的收入20万元；

7）婚内王五的父亲明确表示赠与王五的江诗丹顿名表一只；

8）张某在婚内的个人化妆品；

9）林某及妻子约定的归妻子所有的房租收入。

（2）判断下列债务属于个人债务还是夫妻共同债务

1）家庭拖欠的物业费6000元；

2）甲在澳门赌场赌博欠下的赌债10万元；

3）为购买心仪的NFT作品，钱某以个人名义向人借款70万元；

4）妻子王某为筹集8岁儿子的学琴费用，以个人名义向朋友所借的3万元。

设计意图：激发学生的学习兴趣，提高其运用知识解决生活实际问题的能力，使其自觉发现学习中的困惑点，增强学生学习的自主性，提高课堂效率。

2.课前调查

教师在课前设计了一份关于婚姻观的问卷，其中有两个小问题："关于结婚，你的态度是?"和"你对婚姻的态度是?"旨在初步了解学生的婚姻家庭观。调查结果显示，近一半的同学倾向于会结婚，三分之一的学生倾向于不结婚。对婚姻的态度，绝大部分同学赞同婚姻需要用心经营，要有责任感，也有部分同学认为婚姻是爱情的坟墓。

（二）课堂教学过程

【情境导入】每个人对婚姻都有自己的看法。无论如何，每个人都希望未来能在婚姻中找到幸福。今天的主人公是一位帅气的男青年严某，他是某企业总经理。一次偶然的机会，经同学介绍，严某与温某相识并一见钟情，后来步入了婚姻殿堂。

【设计意图】通过创设生活化的情境，让学生能够更快地融入课堂，引出本节课关于夫妻关系平等的话题。

环节一：辨析夫妻人身关系平等

【教师活动】设置情境：民事主体之间存在人身关系和财产关系，夫妻之间在法律上也形成相应的人身关系和财产关系。严某和温某两人结婚后工作都很忙。五年后，他们迎来了第一个孩子。那么，谁来更多承担孩子的抚育责任呢？严某认为，自己收入较高，温某应该辞职，在家当全职太太。

辨析：你如何评价严某的观点？

【学生活动】思考并回答。严某不应干涉温某的工作。他收入高，社会地位高，但剥夺温某参与社会活动的自由是不符合法律规定的。《民法典》明确指出，夫妻双方均享有参加生产、工作、学习和社会活动的自由，任何一方不得对另一方加以限制或干涉。

教师进一步追问，那么孩子的抚育问题如何解决？温某能否以自己享有参加生产的自由为理由，而不承担家务劳动吗？

【学生活动】思考并回答。双方平等协商，相互理解，共同做出决定。

【教师活动】严某和温某在生活中遇到了一些棘手问题。例如，家务活由谁来干？想要了解对方更多，是否可以查看对方手机呢？他们迎来了第一个孩子，孩子到底应该随谁的姓氏呢？结合身边人的经验，针对以上问题，具体应该如何解决呢？请学生们发挥聪明才智，帮助他们解决这些问题。

【学生活动】思考并回答。

【教师点拨】同学们是智慧的。我们看到夫妻家庭地位平等、人格独立，指向平等的人身关系。这种平等体现在日常生活的方方面面。

【设计意图】设置夫妻生活中经常遇到的工作、孩子抚养等问题，结合生活经验和法律规定，帮助严某和温某解决生活中面临的问题。引导学生用平等观念解决夫妻人身关系问题，认识夫妻具有平等的人身关系。

环节二：辨析夫妻财产关系平等

【教师活动】设置情境：结婚十几年，严某认为，房子应该属于夫妻的共同财产。

提问：你觉得房子是夫妻共同财产吗？

引入课本探究与分享：

1993年发布的《最高人民法院关于人民法院审理离婚案件处理财产分割问题的若干具体意见》规定："一方婚前个人所有的财产，婚后由双方共同使用、经营、管理的，房屋和其他价值较大的生产资料经过8年，贵重的生活资料经过4年，可视为夫妻共同财产。"

根据2001年修正的《中华人民共和国婚姻法》，婚前的个人财产不会随着婚姻关系时间的变化转化为夫妻共同财产。《民法典》沿用了这一规则。

小组探究：分析上述关于夫妻财产的规定变化的原因。

【学生活动】思考并回答。

【教师点拨】从经济社会角度来看：随着财产价值的增加，财产内容变得更为复杂，其存在形式也更加多样。从思想观念角度来看：平等观念的增强促使夫妻平等财产关系得以贯彻。从婚姻的角度来看：原有的法律规定导致离婚风险较大，婚姻目的不单纯，从而使财产纠纷案件增多。新修订的夫妻财产规定更加明确了个人财产和共同财产的范围，有助于减少纠纷，促进夫妻关系和谐。

【设计意图】引导学生多角度分析夫妻财产变化，认识到现行夫妻财产的规定是更好践行夫妻关系平等，促进夫妻关系和谐的。

提问：如何才能使这座房子成为共同财产呢？

【学生回答】书面约定，或者直接加上对方的名字。

【教师点拨】夫妻财产有两种划分方式：一种是约定财产，一种是法定财产。有约定财产，约定优先。

课前，我们进行了预习和前测，严某与温某对所有夫妻财产进行了梳理，判断哪些是个人财产，哪些是夫妻共同财产。如下。

1）婚前，严某全款购买了现在居住的房子，并登记在严某名下。

2）现在，严某和温某书面约定，房子由二人共同占有。

3）温某婚前的个人积蓄为20万元，婚后购买基金获利3万元。

4）温某在婚内写书并出版，获得稿费3万元。

5）温某为严某购买的一套高档西服，价格为2000元。

6）婚内，严某为温某购买了价值15万元的钻戒。

7）婚内，严某从自己父亲那里继承的，指定只给严某的价值几十万元的名表。

【学生活动】思考并回答问题。

【教师点拨】通过对情境的分析，我们可以更清楚地理解"所得"的内涵。"所得"是指对财产权利的获取，而不要求对财产实际占有。贵重物品、奢侈品等并非生活必需品，即使由一人使用，仍属于共同财产；遗嘱或者赠与合同中明确只归一方的财产，属于个人财产。

【教师提问】严某与温某梳理了所有债务，判断哪些是个人债务，哪些是夫妻共同债务。

1）婚内，严某购买了一辆车，目前还有贷款未还清。

2）婚内，严某以个人名义借款10万元，用于购买心仪的单反相机。

3）婚内，严某在澳门赌场赌博欠下的赌债10万元。

【学生活动】思考并回答。

【教师点拨】以个人名义，超出家庭日常生活需要所负的债务，不属于夫妻共同债务。

【教师提问】对于夫妻共同财产，夫妻有什么样的权利？

【学生活动】思考并回答问题：共同财产具有平等处理权。

【教师提问】平等处理权是指一人可处理一半的财产吗？

【学生活动】思考并回答：是对共同财产的全部具有处理权。

【教师点拨】平等处理权，包括平等占有、使用、收益和处分的权利。但需注意，在家庭日常生活中，无须另一方同意，即可对双方产生效力，但不得对抗善意相对人。然而，对于非因日常生活需要而对夫妻共同财产所作出的重要处理决定，应在平等协商的基础上，取得一致意见。

【设计意图】借助贴近生活的真实情境，帮助学生解决一些理解上的困惑，准确领会和区分夫妻共同财产与个人财产，以及理解夫妻在共同财产上的权利平等的内涵。

环节三：小试牛刀——撰写判决书

【教师活动】邻居之间发生了财产纠纷。现在请大家以小组为单位，运用所学知识，通过撰写判决书的方式来分析这起纠纷。各组进行3分钟的讨论，并请代表分享结果。

案件：孙某、小海及其父母之间存在财产纠纷。赵某与前妻育有两子，并有一孙子小海。赵某与孙某再婚后，双方婚前的子女都已成年，因此并未与对方的子女形成抚养关系。婚后不久，赵某将他们经营餐馆所得的10万元赠与了孙子小海。事后，孙某无意中才发现赵某这一行为。然而，小海的父母觉得不需要归还。孙某无奈之下，只能以小海及其父母为被告，向法院提起诉讼，要求判决该赠与行为无效。

孙某、小海及其父母财产纠纷民事判决书

本院认为，_____

_____

综上，依照《中华人民共和国民法典》第_____条规定，判决如下：

一、_____；

二、_____。

【学生活动】各组讨论3分钟，每组出一位代表分享讨论成果。

【教师活动】教师请学生互评，并最后总结，呈现示例。

孙某、小海及其父母财产纠纷民事判决书

本院认为，在婚姻关系存续期间，夫妻双方对共同财产具有平等的处理权。10万元为夫妻双方共同经营所得，属于共同财产，处分时应双方同意，赵某没有单独处分的权利。赵某未经孙某同意，擅自将钱款赠与小海，事后也没有得到孙某的认可或追认，因此赠与合同无效。

综上，依照《中华人民共和国民法典》第一千零六十二条规定，判决如下：

一、该赠与合同无效；

二、小海父母应将10万元返还给孙某和赵某。

设计意图：引导学生综合运用夫妻财产的区分以及夫妻对共同财产的处理权知识，解决问题。

【教师点拨】幸福的婚姻秘诀肯定不止一个，而《民法典》给出了一个秘诀，那就是夫妻关系的核心是平等。平等地行使权利、平等地履行义务。共同承担对家庭和社会的责任。案例中的温某和严某只是万千夫妻中的一对。面对生活中的一地鸡毛，是平等给夫妻双方自由呼吸的空间，是平等让夫妻独立灵魂彼此吸引，如此婚姻才能走向漫长岁月而历久弥新。

六、教学反思

本课以严某和温某的婚姻生活为线索，借助贴近生活的案例或情境，设

置了形式多样的任务，贯穿整个课堂。

本课重点探讨平等的夫妻关系，包括平等的人身关系和平等的财产关系。平等的人身关系，内容难度不大，但需要在真实的情境中，运用平等的观念来解决夫妻人身关系中的各种问题，真正在内心建立这种正确的婚姻家庭观。

教师为学生营造了良好的探讨氛围，让学生各抒己见，充分表达自己的观点，并通过教师的引导，帮助学生树立正确认识。平等的财产关系，是本课的难点和重点，与学生目前生活较远，且有多个细节知识需要掌握，因此需要设计预习案，了解学生的问题所在，并在课堂上进行有针对性的引导。同时，设计探究活动和小组活动，让学生综合运用所学，解决现实问题。

在教学过程中，强调学生主体地位，通过分享、探究、小组活动等方式，在处理现实的婚姻问题中，不断培养学生的高阶思维能力，引导学生形成正确的婚姻家庭观。

七、专家点评

本课采用主题式教学，围绕主题选取了贴近生活的情境，并设置了激发学生热情、形式多样的任务，从而落实了本课的教学目标。本课主要设计特点如下。

第一，围绕主题，巧妙设计生活化任务。本课主要讲解平等的夫妻关系，将主题设定为"夫妻地位平等——从《民法典》中探寻婚姻幸福的秘诀"，明确了探寻《民法典》如何为平等的夫妻关系保驾护航这一方向。单纯的法条较为生硬，因此以严某和温某夫妻生活为情境，设置了多种类型的任务，如对严某要温某当全职太太的观点进行评析，分辨哪些是个人财产，哪些是夫妻共同财产，这些任务都贴近生活实际，能够解决实际问题。学生在严某和温某的夫妻生活中体悟、辨析、认同夫妻关系平等。

第二，以学生为主体，推进高阶思维的养成。整个课堂主要让学生动起来。通过课前学案，激发学生自主学习的积极性。课堂上设置的辨析、判断、写判决书，都需要学生发挥个体或小组的智慧，解决不同思维力度的问题。教师关注学生的表现，给予适当的追问和点评，积极培养学生法治意识、公共参与等学科核心素养。

第三，融入情感，注重价值观的引领。对于新时代青年来说，在未来的学校、家庭、社会生活中形成良好的法治思维，树立正确的价值观至关重要。本课除了培养学生理性地辨析思考，还注重对学生的价值观的引导。例如，在讨论夫妻财产的规定变化，以及婚姻需要双方共同经营和付出等问题时，既让课堂有理论的深度，又充满情感温度。

（撰文：徐芬芳）

"凝聚法治共识"教学设计

一、教学背景分析

1.教学内容分析

"凝聚法治共识"是初中《道德与法治》九年级上册第二单元"民主与法治"第四课"建设法治中国"第二框题的相关内容。此框题既承接了第一框题"夯实法治基础"中依法治国的理念和走法治道路的要求，又同时聚焦在社会层面，要求政府依法行政，提升运用法治思维和法治方式化解矛盾、应对风险的能力；在全社会形成厉行法治的氛围；在全体公民中凝聚法治共识。本框题突出了法治与道德的关系，让学生清晰地意识到社会生活的复杂性，在认识问题、解决问题的过程中充分考虑道德与法律的关系。

本框题选取了政府带领毛乌素当地百姓治理沙漠的真实案例，借由沙漠重返绿洲之前后所存在的不同隐患中不同主体间的矛盾冲突，诱发学生对复杂情境中多主体行为的思考，考查学生是否能够结合实际，从多角度全面地认识问题，并做出正确的价值判断。

2.学情分析

九年级学生已学习了宪法及政府的相关知识，在之前的课堂和社会生活中，接触过复杂的社会情境，但多角度分析问题的能力还有待提高。学生对政府在社会生活中的角色与作用有一定的感性认识，但对政府如何依法行政了解得不全面、不准确。至于社会所提倡的法治精神以及个人应该形成怎样的法治意识等问题，比较模糊。

二、教学理念分析

本节课选取了九年级《道德与法治》中难度较大的"厉行法治"的相关内容，对学生从多角度看问题、多方位构建知识联系的能力要求较高，这是破除学生思维定式，培养其观察、思考、解决问题能力的一次良好契机。本节课教学旨在提升学生的创新思维能力。创新思维能力的培养应当伴随人的学习和认识贯穿其一生。而中学阶段对学生创新思维能力培养的重点应聚焦如何破除思维定式的束缚，开启学生解决问题的思路，深化学生的问题意识，培养学生的公共精神及解决实际问题的能力，进而形成对法治较为全面的认识。

三、教学目标

1.能够通过毛乌素沙漠变绿洲过程中不同主体的行为，理解政府依法行政的内涵，体会建设法治政府的意义，领会全面依法治国的要求，从而提升政治认同、法治观念与责任意识。

2.能够结合沙漠变迁中各主体的利益关系进行辨析，提升多角度分析问题的思维能力，能够全面看待问题，增强解决问题的实践能力，提高论证和分析能力。

四、教学重难点

理解法治政府，自觉厉行法治。

五、教学过程

环节一：政府连着你我他

【教师活动】以千年来毛乌素从绿洲变为沙漠，又重返绿洲为线索，引导学生探究重返绿洲的原因，体会当地百姓的感受。

【学生活动】思考并回答问题。

1.是什么原因让绿洲变为沙漠？

2.几十年时间里，可能是谁在治理这片沙漠？

3.请你为政府带领当地百姓治沙的行为打分。

【设计意图】本环节通过毛乌素的两次变迁，在调动学生感受和已有关于政府的知识储备中认识政府的作用、宗旨、工作原则，提升学生对政府公信力的感受。

环节二：法治政府　依法行政

【教师活动】以两种常用的治沙方式——植被治理和引水治理以及沙漠重返绿洲之后可能出现的隐患为背景。通过政府在植被治理中、重返绿洲后的行为，引导学生进行分析、论证、评价活动，从而理解政府依法行政的要求。

【学生活动】小组讨论并回答问题。

1.政府该怎样解决这个问题？

2.政府解决问题的程序背后有何依据？

【设计意图】本环节通过分析政府在植被治理、重返绿洲后的行为，引导学生认识政府如何依法行政。

环节三：厉行法治靠大家

【教师活动】以企业帮助政府引水治理的具体行为、当地百姓在生活中的用水习惯为情境，以不同主体背后的利益关系为矛盾，以道德和法律为评价维度，引导学生综合各主体行为进行辨析、评价，从而明晰如何厉行法治。以下是本环节教学情境流程图：

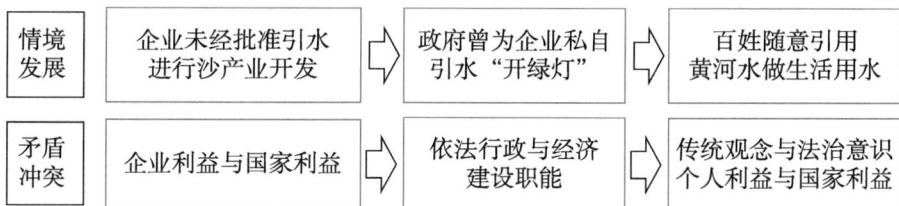

| 情境发展 | 企业未经批准引水进行沙产业开发 | ⇨ | 政府曾为企业私自引水"开绿灯" | ⇨ | 百姓随意引用黄河水做生活用水 |
| 矛盾冲突 | 企业利益与国家利益 | ⇨ | 依法行政与经济建设职能 | ⇨ | 传统观念与法治意识个人利益与国家利益 |

【学生活动】思考并回答问题。

1.当地企业对利益的渴望有错吗？

2.面对企业的违法经营，政府该不该管？

3.如何评价当地政府"开绿灯"的做法？

4.如何评价当地百姓的做法？

5.如何避免类似的隐患再次产生？

【设计意图】本环节通过对不同主体背后利益关系的辨析与评价，引导学生认识政府的三张权力清单，多角度分析解决问题，逐步明确厉行法治的要求。

六、教学反思

本节课的选材贴近学生实际生活，能够同时调动学生在政治、地理、历史学习中所积累的相关知识和经验，对问题进行综合分析。以处于变化中的毛乌素沙漠作为情境，逐层展开设问，从道德和法律两个维度出发，围绕政府、企业、当地百姓多个主体，引导学生进行课堂活动。通过设定绿洲存在隐患的冲突情境，引导学生领会本主题的核心观点——政府依法行政的要求和三张权力清单；从法律和道德两个维度思考并评价政府、企业和公民的行为，帮助学生形成看待问题较为全面的思维方式。

这样的选材和情境设置能充分调动学生的思维活动，课堂的组织方式以情境为依托，以问题为核心。整个主题以一个在不同时期会出现不同问题的主线为依托，在变与不变中逐步设置问题，将素材恰当地串联起来，构建出冲突或发展的情境。在考虑设问难度的同时，也兼顾到学生的思维特点，以及对其辩证思考能力的培养。

七、专家点评

本课程的设计突出了学生的思维活动，在复杂情境中铺设了问题链，层层深入，引导学生对法治问题形成更为全面的认识。

首先，情境的选取独具匠心。教师通过历史的、发展的视角还原了毛乌素沙漠的前世今生，学生能够更为直观、整体地把握问题。与此同时，教师还引导学生从地理学科视角思考毛乌素沙漠的治理方式，帮助学生拓宽思路，还原真实的多元的社会问题。其次，教师通过问题串将情境不断推向深入，关注不同的问题并兼顾了不同层次的学生需求，能够让学生在课堂中都学有所得。然后，这一系列问题背后呈现了多元主体和多元维度，能够更好地引导学生多角度思考问题。最后，在这一系列问题中，教师从法治的视角对一些理解难度较高的问题做了澄清，如政府与企业、市场的关系。将知识融会贯通，帮助学生更好地认识这些复杂问题。因而，本课在学生的层层思考、抽丝剥茧中突出了学生的主体地位，教师运用多种教授方式，灵活处理学生的回答，帮助学生梳理思考过程，引导学生从道德与法律两个主要维度去看待复杂的法治问题，并通过微观主体的行为，引导学生深入探究行为背后的依据与意义，自主发掘建设法治国家的要求，更为清晰地明确法治的价值，进而增强法治意识，提升责任意识，培养政治认同。

（撰文：张函）

"法治政府" 教学设计

一、教学背景分析

1.教学内容分析

"法治政府"是思想政治必修3《政治与法治》第八课"法治中国建设"的第二框题内容，与第一框题"法治中国"和第三框题"法治社会"一起构成了法治国家建设的重要部分。本框题主要阐述法治政府的内涵和特征，以及建设法治政府的基本要求和具体措施，从而明确建设法治政府的重大意义。

《普通高中思想政治课程标准（2017年版2020年修订）》在本课中要求"列举事例，阐明建设法治政府的意义"。学习本课内容，有助于学生全面理解法治政府建设及其在全面依法治国中的地位及重要意义。

2.学情分析

经过初中阶段的学习，学生对政府是我国行政机关，政府要依法行政并接受监督等内容有了初步了解，但对全面依法治国目标下的法治政府的目标和要求，还没有太深的理解，无法全面认识法治政府的内涵，也难以从国家建设角度理解法治政府的重大意义。

与初中学生相比，高中学生的视野更加开阔，对社会的了解和思考更广泛和深入，抽象概括和思辨能力也有所提升。然而，他们也容易有以偏概全的情况，不能理性评价事物，往往会因为政府工作人员的某些不足之处而否定政府整体工作。因此，需要特别培养学生的辩证思维和法治意识。

二、教学目标

围绕"如何增强政府的公信力"这一议题，对北京市政府法治化过程中的一些举措进行思考和剖析，厘清法治政府的内涵、要求和意义。

分析政府的积极举措和重要影响，认识政府依法行政的重要意义，加深对当地政府工作的理解和认识，提升对我国依法治国基本治国方略的政治认同。

关注和分析社会热点问题，探究政府在处理社会热点问题中的积极作为，提高科学精神和公共参与的能力和素养。

三、教学重难点

教学重点：法治政府的内涵。法治政府就是职能科学、权责法定、执法严明、公开公正、智能高效、廉洁诚信、人民满意的政府。

教学难点：区别法治政府内涵不同方面及相应要求。

四、教学过程

【课前热身】政府是与百姓生活密切相关的重要国家机关，在你的心目中，什么样的政府才是好政府？

【学生活动】集思广益，踊跃发言：为人民服务、廉洁、智能化、有效率、积极履职……

【教师活动】教师及时肯定学生的思考，并播放《法治政府建设实施纲要（2021—2025年）》相关视频。引领学生熟悉当前法治政府的丰富内涵和建设重点。

【教师点拨】法治政府建设是全面依法治国的重点任务和主体工程，是推进国家治理体系和治理能力现代化的重要支撑。法治政府是职能科学、权责法定、执法严明、公开公正、智能高效、廉洁诚信、人民满意的政府。

【设计意图】利用头脑风暴启发学生思维，激发学生兴趣，引导学生思考政府和日常生活的关联，并对心目中"好政府"的形象进行画像，引发学生对法治政府相关问题进行深入探究的热情。利用好视频资源，丰富学生对法治政府的认知，帮助学生把生活认知提升至学理认知。

镜头一：减税助企纾困，稳定经济大盘

截至7月20日，2022年北京市累计新增减税降费及退税缓税缓费近1400亿元，留抵退税是税费支持政策中的重中之重。为此，市税务局挂图作战、对表推进，利用"定制e服务"和"智能算税"，为纳税人提供专属化、定制化服务，通过大数据及时发现和主动对接困难突出的企业，借助申报表自动预填、减税数据自动计算、优惠政策自动享受，加速各项税费优惠政策落地。市水务局还加强部门协同，建立财税银直联快办工作机制，实现即来、即审、即办，确保资金第一时间足额直达企业。2022年1月至7月，全市共立案检查高风险留抵退税企业190户，查补并挽回税款损失2.72亿元，公开曝光22起骗取留抵退税典型案件，释放对骗取留抵退税严查重处、"违法必严惩"的强烈信号。

小规模纳税人"六税两费"减征政策进一步扩展至小型微利企业和个体工商户，北京市电子税务局已上线"在线导办"功能，为纳税人、缴费人提供集咨询、导税、预审于一体的导办服务，纳税人还可通过扫码随时查阅《2022年退税减税降费政策操作指南》，了解各项政策及操作流程。办税服务厅设有退税减税专窗、专区、绿色通道，并提供三方协议扣款、异地三方协议缴税、微信发送缴费二维码等多种缴税方式。

【学科任务一】结合法治政府的内涵，分组讨论北京市政府是如何"助企稳经"的。

【学生活动】分组讨论，积极发言。

【教师活动】及时肯定学生的有效回答，引导深入思考，在小组汇报基础上，对该问题进行总结提升。

【教师点拨】北京市政府设置了具有专业职能的各类政府机关。在"助企稳经"的过程中，充分发挥市税务局的专业职能，并与财政局等配合，加强部门协同，以提高行政效率和工作实效。制定并实施"减税降费"政策，是政府履行宏观调控职能的重要手段和表现。为了保障优惠政策发挥真正"助企纾困"的作用，政府还加大了市场监管力度，致力于建设职能科学的政府。此外，政府还加强了政务公开，为纳税人提供退税减税降费政策操作指南，并运用网络等现代媒体提高服务效率，更好地为企业等纳税人服务，努力建设公开公正、智能高效、人民满意的政府。

【设计意图】通过北京市政府2022年实际减税政策的利好，让学生真实感受法治政府积极履行"宏观调控"等职能的重要意义和价值；通过分析减税涉及的各政府部门的积极作为，帮助学生理解法治政府就在我们生活中发挥着积极作用。提升学生对法治政府和全面依法治国的认同。

镜头二：智能政府的"小细节，大作为"

在日常生活中，人们经常会发现居民楼楼道杂物堆积、小区或公共区域机动车乱停乱放、分类垃圾桶中垃圾不分类投放等现象，这确实是困扰我们生活的琐碎难题，很多小区也采取了社区加强宣传巡逻、与居民及物业合作等方式整治，投入很多物力人力，但效果不明显。

【思考问题】同学们结合生活经验和观察，思考有没有更好的方式解决这类问题。

学生积极思考，老师听取学生的"奇思妙想"，逐一点评，最后总结。

【镜头二接续】无论是一个小小的井盖，还是市容秩序，每一件事都关系城市文明和市民的生活。实现文明城区创建的常态化管理和全域化推进，面临着诸多挑战。为此，北京城市副中心（通州区）整合城市管理网格化资源，积极探索，为文明创建插上数字化的翅膀。该区开发的"文明数治"系统，将云计算、人工智能、大数据等新技术新手段应用到文明城区创建中，使创城有了无处不在的"眼"和"手"。通过构建"全域创城一张图"，为创城装上了"最强大脑"。区常态办信息采集员进行日常巡查，一旦发现不文明现象，如居民楼楼道里杂物堆积、主干道机动车乱停乱放，就会对点位情况进行拍照，并上传至"文明数治"平台。然后，平台会将信息传至责任单位，相关工作人员接到派单后，会迅速赶赴现场进行处理。全过程用时不到

10分钟，能够及时纠正和解决影响区容、市容的难题。

【学科任务二】结合法治政府的内涵，分组讨论通州区及时解决不文明现象的策略及意义。

【学生活动】分组讨论，积极发言。

【教师活动】及时肯定学生的有效回答，引导深入思考，在小组汇报基础上，对该问题进行总结提升。

【教师点拨】智能高效、人民满意是法治政府的内在要求。通州区借助云计算、人工智能、大数据等新技术新手段，打造智能高效的政府，优化并革新了政府治理流程和方式，及时制止和纠正影响区容市容的琐碎难题，提高了行政效率，提升了服务效能，更好地进行社会管理和公共服务，提高了人民生活的舒适度和满意度，助力实现百姓美好社区、美丽市区的生活需求。

【设计意图】针对生活中的"琐事"和困境，引出通州区在利用大数据等科技手段打造智能高效政府的实例，帮助学生体会政府为百姓生活更美好而付出的努力，通过其巧妙之处和显著成效，点燃学生"用科技改变生活"的热情。

镜头三："助企专员"真助企

企业是国民经济的细胞，是市场活力的重要推动者。企业的活力在某种程度上就是市场的活力，因此帮助企业就是帮助市场、帮助我们自己。为此，多地推出各类助企举措。"紫金助企专员"是北京市东城区首创的惠企服务制度，选派街道或是委办局的干部进入企业，协助企业解决问题。自2020年10月开始，北京市东城区持续选派多名优秀干部脱产到百家重点企业和成长性好的中小微企业报到，为企业提供更加精准、精心、精细的服务。

【思考问题】"紫金助企专员"是一项很好的制度，但企业担心这只是疫情防控期间的临时措施。如何将这项工作规范化、稳定化，请为政府部门出谋划策。

【学生活动】积极思考，分享智慧。

【教师活动】老师听取学生的建议策略，及时点评，最后总结。

【镜头三接续】2020年4月，《北京市优化营商环境条例》正式实施，标志着首都营商环境法治化建设进入了新阶段。作为首都功能核心区，东城区精心打造的"紫金服务"品牌，为企业发展营造出良好的法治化营商环境。面对疫情，"紫金服务"更是为属地企业纾困解难，为加快恢复市场活力起到关键作用，同时让企业在东城区发展有了更多的幸福感和获得感。"紫金服务"品牌也成为东城区法治政府建设的一张"金名片"。

【学科任务三】结合上述案例，分析法治政府建设的举措。

【学生活动】分组讨论，积极发言。

【教师活动】及时肯定学生的有益建议，并适时引导学生深入思考，在小组汇报基础上，对该问题进行总结提升。

【教师点拨】法治政府建设绝不是一朝一夕的事，要建成法治政府，必须把政府工作全面纳入法治轨道，让政府用法治思维和法治方式履行职责，确保行政权在法治框架内运行。

【设计意图】在营造亲清政商关系的过程中，政府发挥着重要作用。借助东城"紫金助企专员"这一首创助企服务制度，帮助学生从实际案例中体会政府在帮助企业更好发展过程中的积极助推作用，激发学生创新精神。

镜头四：北京市人民政府法治建设进行时

【教师活动】播放2023年北京市人民政府法治政府建设成就视频，让学生通过生动的方式感受法治政府建设的内容、所做的努力和取得的成效。

【学生活动】观看并感受法治政府的建设成就，体悟法治政府的内涵和意义。

【教师点拨】法治政府是全面依法治国主体建设工程，需要全面推进，逐步进行。政府及其工作人员应该坚持有法可依、有法必依、执法必严、违法必究，严格规范公正文明执法，规范执法自由裁量权，加大关系人民群众切身利益的重点领域的执法力度。督促政府更好行使行政权力，积极履行职责，提高行政服务水平，实现善政；能够更好地促进政府和公民、社会组织的沟通，形成互信互助的新型关系，提升政府公信力和为民服务的能力。

【设计意图】基于前面情境分析和思考，通过视频播放，帮助学生从整体上了解北京市人民政府在法治政府建设的各方面成就，既是对前面内容的总结和提升，又是对法治政府全面性的认知和理解，起到贯穿前后、总结提升的作用。

五、教学反思

本节课是全面依法治国单元中的重要内容。建设法治中国，必须坚持法治国家、法治政府、法治社会的一体建设，而法治政府是其中的主体，因此认同法治政府建设是认同全面依法治国的重要基础。为此，笔者做了以下尝试。

第一，一般性与特殊性的统一。法治政府建设是对所有政府的共同要求，其内涵丰富、要求完备。为了让学生理解其中的逻辑，笔者采用了"一般到个别，再从个别到一般"的逻辑和方法。首先让学生了解法治政府的内涵要求，再通过当地政府的积极作为细致分析法治建设的策略和成效，最后总结提升形成对法治政府建设要求举措和意义的一般认知，遵循了认识规律，有利于突破重点和难点问题。

第二，情境性与学理性的统一。理解法治政府如何建设及其意义，笔者选择了真实典型的情境，通过镜头回望，关注当前政府的作为和努力，既契合学科思想的要求，又具有时代性、时效性，有利于学生理解认同学科思想及其现实意义。

第三，个别性和团体性的统一。在本节课的设计中，考虑到情境和问题的复杂性，笔者安排了小组活动，方便小组内交流不同看法。同时，通过展示和小组代表发言，有利于组与组之间分享智慧，帮助同学们从多角度理解复杂问题。此外，在一些环节也设计了面向全体同学的思考问题，有效鼓励每位同学表达观点和看法。

六、专家点评

本节课"以议题为主线、以情境为舞台、以任务为抓手"进行设计，学生的思考和表达贯穿始终，帮助学生带着对现实问题的思考，逐步深入理解法治政府的内涵、要求和意义。收获真实的情感、态度，有利于实现高中思想政治核心素养的培养目标和立德树人的根本任务。

第一，以议题为主线。本课围绕"如何增强政府的公信力"这一议题，剖析法治政府的内涵。四个镜头各自反映不同侧面，强调内涵的不同角度，但都围绕增强政府公信力、增强为人民服务能力的中心展开。这一议题就是串起整个课程的线，使各项活动和整个课堂节奏不散不乱。

第二，以情境为舞台。法治政府的内涵、要求和意义都是高度抽象和概括的，本教学设计通过典型的、复杂的、真实的情境的呈现和设置，激发学生兴趣，有效引导学生积极探索、交流；通过对鲜活的、具有时代特色的情境的分析和理解，帮助学生深入理解法治政府的现实价值。

第三，以任务为抓手。与真实教学情境相配合的是学科任务的设置，情境不仅仅是学科思想的验证和说明，也是激励学生思考的载体。通过情境之后的学科任务设置，让情境的作用充分发挥，也让学生的思考继续推进，同时促进教学任务目标和学生思考形成良性过渡。任务的完成意味着学生思维的提升、认识的深化，也意味着教学目标一定程度的达成。

（撰文：胡莹）

"公正司法"教学设计

一、教学背景分析

1.教学内容分析

本节课选自高中思想政治必修3《政治与法治》第九课"全面推进依法治国的基本要求"第三框题"公正司法"。《普通高中思想政治课程标准（2017年版2020年修订）》对本课的要求是"搜集资料，阐述公正司法的基本要求"。

从课程结构来看，高中思想政治必修课程与选择性必修课程相互配合、互为补充。必修3第三单元"全面依法治国"的相关内容，在选择性必修2《法律与生活》中进一步展开。"公正司法"相关内容也会在"社会争议解决"这一单元中更为详细地展开。通过学习本课，学生能够理解公正司法的内涵，阐述公正司法的含义和意义，分析公正司法的表现。这些内容将为后续学习奠定基础。例如，推进公正司法必须坚持以事实为根据、以法律为准绳，学生在分析具体法律案件时将运用这一要求，通过法律依据、法律事实、法律意义全方位地分析案件的判决；又如，诉讼过程中当事人和其他诉讼代理人享有知情权、陈述权、辩论辩护权等基本权利，在学习"诉讼实现公平正义"时将在这一基础上补充当事人有委托诉讼代理人、申请回避、上诉等权利。同时，这部分内容的法律专业性强，需要老师通过具体案例的分析和引导，让学生在情境中深入理解法律概念和各项具体要求的含义。

2.学情分析

在知识方面，经过初中阶段的学习和第七、八课的学习，学生对公正司法已经有了一定的认知。第七课涉及了新中国法治建设的成就，其中提到公正司法水平不断提高，通过建立健全科学完备的司法体制，保证了司法机关按照法定权限行使权力、履行职责。然而，学生对于公正司法科学内涵还没有完整、准确和科学的理解。因此，本节课应当在学生已有认知的基础上建构情境素材和知识体系。在能力与方法方面，高一学生具备一定的学科核心素养和关键能力，知识积累量增多，社会接触面扩大，社会交往日益频繁，思想意识也日趋活跃。这两框题的知识体系非常明确，即按照是什么、为什么、怎么做的逻辑，因此，学生在建构知识体系上的难度相对较低。通过前期教学，教师发现学生在知识储备和知识理解上具备一定优势。但是，对于复杂问题的解决能力略有欠缺。因此，教学中应当设置一定数量的思辨性问题，以提升学生的思维能力，特别是针对教学内容，可以借助一些真实案件的审判和现实生活中的法律困境，帮助学生掌握学科的基本能力和关键品格。在态度与价值观方面，经过前期学习，学生明确了全面依法治国的必要性，认识到法治在治国理政过程中的重要地位。通过第八课"法治中国建设"的学习，学生基本明确了如何建设法治中国。因此，应当以此为基础，帮助学生树立"公正司法是社会公正的最后防线"等基本价值取向。

二、教学设计思路分析

通过孙小果案的审判过程，阐明推进公正司法必须确保审判权和检察权依法独立行使，必须坚持以事实为根据、以法律为准绳，必须坚持人民司法为人民，必须加强人权司法保障。让学生体会案件审理的公平正义，感受公正司法对促进社会进步的巨大作用。

三、教学目标

通过上海市闵行区颜某诈骗案的审判过程，明确国家机关在司法活动中发挥的作用，理解司法活动的主要进程。

通过孙小果案的审判过程，理解公正司法需要做到过程公正和结果公正，理解公正司法的内涵及具体举措。

四、教学重难点

教学重点：推进公正司法。

教学难点：公正司法的内涵，推进公正司法。

五、教学过程

环节一：理解审判

【教师活动】结合上海市闵行区颜某诈骗案的审判过程，明确公检法机关各自发挥的作用，促使学生明确司法的全过程。

提问：案件的审判中有哪些主体？这些主体各自发挥了怎样的职能？你们能说说什么是司法吗？

【学生活动】思考并回答问题。

【教师点拨】司法是司法机关依照法定职权和程序，认定事实、适用法律、处理纠纷、解决争议、惩罚犯罪的法律实施活动。其中，主要涉及公安机关、检察机关、审判机关。它们的主要职能分别是：公安机关侦查、搜集、固定证据；检察机关审查证据、确保证据充分，提起公诉；审判机关在双方充分举证、质证、辩论后，审判并作出公正裁决。

【设计意图】从典型案件的审判过程，激发学生了解我国司法过程的兴趣，明晰公安机关和司法机关在其中发挥的作用等基本问题，为后续学习做铺垫。

环节二：走进案件

【教师活动】孙小果案的审判过程：1998年一审判决孙小果犯强奸罪，判处死刑，剥夺政治权利终身；1998年二审判决维持原判，但死刑没被核准，遂改为死缓；2007年改判为有期徒刑20年；2010年减刑申请获得了法院的裁定核准后出狱。

提问：一方恶霸孙小果本已被判处死刑，为何能屡次采用各种非法手段逃避法律制裁？

【学生活动】学生结合上述材料和宪法对于独立行使审判权、检察权的规定，分析确保审判权和检察权依法独立行使的重要性。

【教师活动】孙小果案的再审过程：2019年7月云南省司法机关开展了紧张细致的调查核实工作，查阅了大量案件相关档案材料，调查走访了大量案件当事人、知情人，案件查办工作取得新的重要进展。云南省高级人民法院认为2007年的刑事判决认定事实及适用法律确有错误，应当予以再审。调查认为，二审与死刑复核本是两个程序，但司法实践中将两个程序合一；通过再审推翻死刑的判决，当时必须要走重新公开开庭的法律程序，不能搞不开庭的"书面审理"。2019年12月云南省高级人民法院维持昆明市中级人民法院1998年2月一审对孙小果判处死刑的判决，并与其出狱后犯组织、领导黑社会性质组织等罪被判处有期徒刑25年的终审判决合并，决定对孙小果执行死刑，剥夺政治权利终身，并处没收个人全部财产。对孙小果的死刑判决，将依法报请最高人民法院核准。

提问：为什么公正司法是维护社会公平正义的最后一道防线？

【学生活动】分析案件的审判必须以事实为依据、以法律为准绳。

【教师点拨】教师结合学生的回答，引导学生认识司法具有定纷止争的终局性作用；公正司法对人们的行为有预测作用，对社会公正具有重要引领作用。通过处理具体案件，告诉人们哪些行为是合法的，哪些行为是非法的，引领人们朝着合法的方向努力，引领全社会进入法治轨道；公正司法对国家生活和社会生活起着护航作用。

【设计意图】通过真实、复杂案件的审判与再审过程，感悟司法公正的内涵。通过思辨性问题的思考，提升学生对司法公正的价值认同。

环节三：反思司法过程

【教师活动】现代法治社会注重司法程序的民主参与，普通民众监督司法，被视为外部监督的有效方式之一。请学生分享公民参与司法的方式。

提问：人民可以通过什么途径行使对司法的监督权？公开裁判文书，推进阳光司法有何好处？

【学生活动】思考并回答问题。

【教师活动】在学生分享的基础上，教师进一步引导学生理解，推进阳光司法对司法本身而言，可以加强制约和监督，防止权力滥用，也可以改进工作，提升我国司法公信力；对公民来说，有助于保障公民的知情权、监督权，提高公民的法律素养，降低维权成本。

播放视频"铁窗内度过13年青春，再审已是物是人非"，提问：造成张志超案"物是人非"的原因是什么？这反映了司法过程出现了怎样的问题？

【学生活动】思考并回答问题。

【教师点拨】教师引导学生理解加强人权司法保障，强化诉讼过程中当事人和其他诉讼参与人的知情权、陈述权、辩护辩论权等的制度保障。健全落实罪刑法定、疑罪从无、非法证据排除等法律原则的法律制度。即，罪刑法定："法无明文规定不为罪""法无明文规定不处罚"；疑罪从无：对于证据不足的案件，司法机关应当不起诉或判处被告人无罪；非法证据排除：不得使用刑讯逼供和以威胁、引诱、欺骗以及其他非法收集证据。

【设计意图】学生通过查找资料和对真实案件的分析，进一步明确司法公正的重要意义。

六、教学反思

本节课借助具体情境和案例带领学生剖析议题，具有较强的可行性。通过具有思辨性的问题，引发学生的思考，提升其关键能力和必备品格。通过课程内容活动化，突出强调学生的体验性和感悟性，从而生成强烈的法治意识，最终落实课程立德树人的根本任务。

七、专家点评

本节课以"公正司法"作为主题，具体讲授公正司法的内涵和具体举措。教师在讲解这一主题时，充分考虑了学生的最近发展区，首先让学生明确了什么是司法，为学生理解本节课的教学内容做好铺垫。

本节课选取的情境是学生广为人知的案例，学生对于此类案件有一定关注度和兴趣度，为本节课的教学提供了一定的基础。在教学过程中，教师运用了真实案件和"一例到底"的方式推进，通过情境的不断展开，引导学生的思考不断深入，并通过解决出现的新问题，逐渐形成对公正司法的全面认识，让学生自然而然完成对该主题的学习。同时，本节课充分落实核心素养的导向，在充分落实法治意识素养培育的同时，也对科学精神、公共参与都有所观照。通过对于宪法相关内容的解读，可以更好地让学生理解我国的法治建设历程。在案例分析过程中，通过不断的追问提升了学生的高阶思维能力。

（撰文：王辰）

"坚持依宪治国"教学设计

一、教学背景分析

1.教学内容分析

"坚持依宪治国"是初中《道德与法治》八年级下册第一单元第二课"保证宪法实施"第一框题的相关内容。通过第一课的学习，学生已经知道宪法是公民权利的保障书，宪法规范国家权力的运行。但是，宪法的生命在于实施，宪法的权威也在于实施。本节课就为学生解答为什么要坚持依宪治国，引导学生领会宪法精神，认同宪法价值，维护宪法权威，树立宪法至上理念。

课标要求：了解宪法基本知识，明确宪法的地位与作用，树立宪法法律至上观念。明确宪法在我国法律体系中的地位，理解宪法的重要性。

2.学情分析：在情感层面，学生对宪法心有敬畏，但觉得宪法很遥远；知道宪法威严庄重，但心理距离疏离。在认知层面，学生对宪法认识模糊；认为宪法很抽象；知道宪法具有权威，但认知缺乏深度。

二、教学理念分析

本节课以宪法的内容和地位为线索，贯穿课堂教学的全过程。同时，综合运用探究式、活动式、案例教学等多种教学方法，为学生创设多样的教学情境。依托典型情境，设置有梯度的问题，组织学生围绕宪法问题进行观点辨析、问题讨论，让学生真正思考、探究。通过这些教学活动实现"政治认同""法治意识"等核心素养的落地。

三、教学目标

通过阅读宪法、小组讨论宪法的作用等活动，引导学生感受宪法在国家生活中的地位，知道宪法是国家根本法、社会主义制度是中华人民共和国的根本制度，树立宪法至上的理念。

通过比较法律内容、法律效力、制定修改程序，引导学生理解宪法是国家的根本法，具有最高的法律地位、法律效力和法律权威，是一切组织和个人的根本活动准则。引导学生自觉以宪法为根本活动准则参与社会生活，增强法治意识，尊崇宪法和法律。

四、教学重难点

宪法是国家的根本法。

五、教学过程

环节一：走近宪法　感受宪法

【教师活动】请同学拿出宪法，选择感兴趣的章节快速阅读，然后把自己的感受与同学分享。

【学生活动】展示自己感兴趣的话题，对这些话题做简单归纳分类。

学生感兴趣的话题主要集中在"国家主席、人民代表大会、国家的福利制度、国家的婚姻家庭制度、国家的武装力量"等内容。基于第一课的学习，学生能够从"公民基本权利"和"国家机构"两个方面进行归纳。

【设计意图】通过让学生翻阅宪法，选择感兴趣的内容，引导学生初步了解宪法，拉近与宪法的距离。展示学生感兴趣的话题，让学生对这些话题做简单归纳分类，从而体会"宪法是公民权利的保障书""宪法是治国安邦的总章程"，也为进一步深入了解宪法做好铺垫。

环节二：了解宪法发展　感悟宪法地位

【学生活动】阅读教材"探究与分享"关于"我国现行宪法即新中国第四部宪法的诞生过程"的材料，思考相应问题。

问题1：我国为什么要对宪法草案进行全民讨论？

资料呈现：宪法目录、宪法序言中对国家根本任务的规定宪法总纲中对国家制度的规定第四章有关国旗、国歌、国徽、首都等国家重要象征和标志的规定。

问题2：通过对宪法的进一步了解，可以看出宪法内容有哪些特点？

【设计意图】通过对宪法诞生过程的讨论，让学生认识到我国宪法是人民意志的集中表现。通过对宪法内容的展示，学生能够概括出宪法规定了我国的国家性质、根本制度、根本任务、公民的基本权利和义务、国家机构的组织及其职权等国家生活中的最根本、最重要的问题，涵盖了政治、经济、文化和社会生活等各个方面。因此，宪法是一切组织和个人的根本活动准则。

环节三：小组讨论，观点辨析，深入体悟宪法的权威

【学生活动】小组任务：围绕"如何理解宪法是我国的根本法"这一问题，存在不同观点，学生以小组为单位，共同讨论、合作探究，对观点进行辨析并找出理论依据。

观点1："我觉得是因为宪法的内容和普通法律规定的不同，宪法涉及的是重要领域，而其他法律涉及的是较小的方面。"

【教师活动】教师为学生的讨论提供以下素材。

我国宪法规定的公民基本权利	其他法律的相关规定
人身自由不受侵犯	《刑事诉讼法》规定了拘留、逮捕的条件 《刑法》规定了侵犯公民人身权利罪
合法的私有财产不受侵犯	《民法典》规定了物权、债权。《刑法》规定了侵犯财产罪
人格尊严不受侵犯	《民法典》第一百零九条规定，自然人的人身自由、人格尊严受法律保护 第一千一百八十三条规定，侵害自然人人身权益造成严重精神损害的，被侵权人有权请求精神损害赔偿 《刑法》第二百四十六条规定，以暴力或者其他方法公然侮辱他人或者捏造事实诽谤他人，情节严重的，处三年以下有期徒刑、拘役、管制或者剥夺政治权利

《中华人民共和国全国人民代表大会和地方各级人民代表大会选举法》

第一章 总则

第一条 根据中华人民共和国宪法，制定全国人民代表大会和地方各级人民代表大会选举法。

《中华人民共和国刑法》

第一章 刑法的任务、基本原则和适用范围

第一条 为了惩罚犯罪，保护人民，根据宪法，结合我国同犯罪作斗争的具体经验及实际情况，制定本法。

《中华人民共和国民法典》

第一章 基本规定

第一条 为了保护民事主体的合法权益，调整民事关系，维护社会和经济秩序，适应中国特色社会主义发展要求，弘扬社会主义核心价值观，根据宪法，制定本法。

《中华人民共和国义务教育法》

第一章 总则

第一条 为了保障适龄儿童、少年接受义务教育的权利，保证义务教育的实施，提高全民族素质，根据宪法和教育法，制定本法。

【学生活动】表达观点1：通过阅读，我感受到每一部具体的法律都是根据宪法所提出的原则具体展开的。

表达观点2：在每部法律中，我都看到了"根据宪法，制定本法"，我觉得这是宪法是根本法的一种体现。

表达观点3：我国宪法规定了公民基本权利，而我国的公民基本权利有哪些体现呢？我在《民法典》《刑法》等法律中找到了答案。

【教师点拨】同学们说得很对，宪法是国家的根本法，在国家法律体系中具有最高的法律地位、法律权威和法律效力。

观点2："宪法是立法的基础和制定其他法律依据，其他法律违背宪法原则就要修改宪法，以保持一致，所以我们国家修改了很多次宪法。"

【教师活动】为学生提供素材，以供学生讨论。

劳动教养制度是中华人民共和国从苏联引进的，但在中国形成了独特的制度。劳动教养并非依据法律条例，在法律形式上也不是《刑法》规定的刑罚，而是依据国务院劳动教养相关法规的一种行政处罚。公安机关无须经法庭审讯定罪，就可以将嫌疑人投入劳教场所，实行最高期限为四年的限制人身自由、强迫劳动、思想教育等措施。

废止劳动教养制度

2013年11月15日公布的《中共中央关于全面深化改革若干重大问题的决定》提出，废止劳动教养制度。

2013年12月28日全国人大常委会通过了关于废止有关劳动教养法律规定的决定，这意味着已实施50多年的劳教制度被依法废止。决定规定，劳教废止前依法作出的劳教决定有效；劳教废止后，对正在被依法执行劳动教养的人员，解除劳动教养，剩余期限不再执行。

2013年12月底，北京市所有劳教所均已摘牌，所有劳教人员也均已被释放。

【教师点拨】劳动教养是一种行政处罚，亦非《刑法》规定的刑罚，不符合相关的法律规定。同时，劳动教养存在一定限制人身自由、强迫劳动的性质，这没有体现对人权的尊重和保障。

观点3："宪法规定的是国家和社会的重要问题，因而宪法的制定、修改和普通法律有很大的不同。"

【教师活动】教师为学生的讨论提供以下素材。

	宪法	普通法律
提案主体	全国人大常委会委员或者五分之一以上的全国人民代表大会代表	全国人大主席团、全国人大常委会国务院、中央军委、最高人民法院最高人民检察院、全国人大各专门委员会、全国人大的一个代表团或者30人以上代表联名，都可以提出普通法律的修正案
通过人数	全国人民代表大会以全体代表的三分之二以上多数通过	由全国人大以全体代表的过半数通过

【学生活动】表达观点1：我觉得宪法的修改比普通法律的修改过程要更加严格。

表达观点2：从提案主体来看，宪法只有全国人大常委会才可以提出修改，地位更高。

表达观点3：从通过人数来看，宪法的修改需要更多的代表通过才可以。

【教师点拨】严格的制定和修改程序，可以让宪法内容有更广泛的民意基础，也可以保障宪法的长期稳定性。

【设计意图】为学生提供多角度的素材，设置不同观点辨析，从宪法与其他法律内容、法律效力、制定修改程序等方面，引导学生充分讨论，观点交锋，在这一过程中学生质疑思考能力、归纳总结能力、数据对比能力、联系实际能力等得到训练。

环节四：提炼观点，总结归纳

【教师活动】在前面教学环节的基础上，与学生共同总结归纳本节课的重要知识，梳理知识逻辑，厘清逻辑关系。

1.宪法是国家的根本法，宪法在国家法律体系中具有最高的法律地位、法律权威和法律效力。

2.从宪法与其他法律的区别上看：

内容	宪法规定的内容是国家生活中带有全局性、根本性的问题
法律效力	宪法具有最高法律效力
制定修改程序	比其他法律更加严格

【设计意图】本节课所讲内容很重要，在学生充分讨论、观点交锋的基础上，进行总结归纳，从而让学生对学科思想有一个清晰的认识，便于学生理解和把握，有利于提高学生政治认同、法治观念、责任意识等学科核心素养。

六、教学反思

第一，本节课的教学思路为"初步感受宪法—了解宪法的发展—深刻体悟宪法的效力—践行宪法精神"，线索清楚，层层推进，引领学生逐步深入认知宪法。

第二，本节课关注学科思想的生成，培养学生的科学探究精神。特别是在处理"宪法与普通法律的不同"这一教学重点问题时，设置了观点辨析，引导学生充分讨论、观点交锋。在这个过程中，学生是主角，教师提供相关素材并进行引导，使学生质疑思考能力、归纳总结能力等得到充分发挥。

第三，学生辩论的过程中，也有很多不可控的因素，这对教师也是很大的挑战。此外，一个好的设问能够激发学生的思考，问题的设置要有思考空间，本节课在设问上，还要再精练精准。

七、专家点评

本节课旨在借助典型素材，设置具有思维空间的设问，关注学生思维活动，培养思想政治学科的核心素养；针对"宪法与普通法律的不同"这一教学重点问题，引导学生从感性材料上升到理性认识，通过观点辨析、问题分析，让学生深入思考、小组探究，实现学生政治认同、法治观念等学科核心素养的落地。

（撰文：李方）

"法治国家"教学设计

一、教学背景分析

1.教学内容分析

本节课是统编版高中思想政治必修3《政治与法治》第八课"法治中国建设"第一框题"法治国家"的相关内容。课程标准对本框题的基本要求是，列举事例，阐明建设法治国家的意义。全面推进依法治国的总目标是建设中国特色社会主义法治体系、建设社会主义法治国家。本节课重点学习法治国家的内涵和建设的具体举措。理解法治国家的相关知识，可以更好地理解法治政府、法治社会，以及全面依法治国的具体要求。因此，本节课对于学生全面理解依法治国起到至关重要的作用。从教材的表述中可以看出，本框题内容统领着第八课和第九课的其他内容，因此本节课也起到了总述的作用。

2.学情分析

学生通过初中《道德与法治》和本册教材第七课"治国理政的基本方式"的学习，明确了我国全面推进依法治国的总目标是建设中国特色社会主义法治体系、建设社会主义法治国家，理解了宪法法律至上、坚持人民主体地位、坚持从中国实际出发等基本知识。这些知识对于学习和理解建设法治国家的具体举措和重要意义具有很重要的帮助作用。高一学生知识积累量增多，社会接触面扩大，社会交往更加频繁，思想意识日趋活跃，已经具备一定的学科核心素养和关键能力。然而，在面对较为复杂的法律案例和价值冲突时，他们解释、论证、评价相关问题的能力有待进一步提高，应对复杂情境的高阶思维能力相对较弱。因此，需要教师逐步引导他们科学、全面地认识问题。通过前期积累，高一学生具备一定的法治意识和素养，知道我国正在加快建设社会主义法治国家，懂得法律保障公民权利的作用不断增强。但学生尚未系统地感悟建设法治国家是一个系统性工程，还不能体会法律要随实践发展而发展的要求。因此，需要教师选取典型案例，引导学生全面认知建设法治国家的进程及重大意义。

二、教学设计思路分析

根据教学内容和新课标要求，本节课以"一封农民来信撬动的法治进程"这一真实问题为情境，引领学生分析、理解建设法治国家的重大意义。这一情境选取自2021年《全国人民代表大会常务委员会法制工作委员会关于2020年备案审查工作情况的报告》，是近年来我国推动建设法治国家的典型案例。本案例反映了公民行使参与权、表达权、监督权等民主权利推动法治进程的实际情况，能有效帮助学生理解宪法监督，中国共产党依法执政、各国家机关依法履职等学科思想，也彰显了我国法治建设要从我国基本国情出发，与新时代中国特色社会主义伟大进程相适应的原则。进而引导学生全面、立体地理解建设法治国家，能够有效保障公民合法权益，能够推动实现国家治理现代化。

三、教学目标

以一封寄给全国人大常委会的农民来信这一真实情境为切入点，引导学生理解建设法治国家需要尊重和保障公民的参与权、表达权和监督权等民主权利，同时需要加强宪法监督，推进宪法实施。

以我国城乡发展的变化情况为背景，探讨修改司法解释的合理性，帮助学生分析论证建设法治国家必须立足我国基本国情，与新时代中国特色社会主义伟大进程相适应。

结合我国统一城乡居民人身损害赔偿标准的法治进程，引导学生体悟我国法治建设的进步，理解建设法治国家的重大意义，提升学生对建设法治国家的政治认同，培养其法治意识、科学精神、公共参与等学科核心素养，增强学生投身法治国家建设的积极性，促进立德树人根本教育任务的落实。

四、教学重难点

教学重点：建设法治国家的内涵、具体举措和重大意义；公民监督宪法实施的原因；参与建设法治国家的政治主体及其关系。

教学难点：建设法治国家坚持从中国实际出发。

五、教学过程

导入新课：一封农民来信背后的故事

【教师活动】呈现学习情境。教师介绍方诗敏寄给全国人大常委会法工委的一封信，解读《最高人民法院关于审理人身损害赔偿案件适用法律若干问题的解释（2003年版）》相关规定。

材料一　《方诗敏来信》节选

尊敬的全国人民代表大会常委会法律工作委员会的工作同志：

您好！

……

近日，我的一位朋友开车撞伤了同村人，致其九级伤残。双方就赔偿产生了争议：我的朋友认为这位村民是农村户口，应该按照农村居民纯收入标准来赔偿。而被撞伤的人认为自己长期在城里工作，应该按照城镇居民可支配收入标准赔偿。

我查阅了有关法律规定，残疾赔偿金按照当地城镇居民人均可支配收入或者农村居民人均纯收入标准计算。然而，以安徽省近年来的数据为例，城镇居民人均可支配收入和农村居民人均纯收入数据相差40%左右。如果以此为标准，城镇居民和农村居民获得的人身损害赔偿相差非常大！我认为，人身损害赔偿的城乡差异与法律面前人人平等的精神相违背，建议对此进行修订。

......

方诗敏
2017年12月

材料二　残疾赔偿金根据受害人丧失劳动能力程度或者伤残等级，按照受诉法院所在地上一年度城镇居民人均可支配收入或者农村居民人均纯收入标准，自定残之日起按二十年计算。

——《最高人民法院关于审理人身损害赔偿案件适用法律若干问题的解释》（2003年版）

提问：在这封农民来信中，方诗敏认为城镇居民和农村居民获得的人身损害赔偿差异非常大，这与"法律面前人人平等"的宪法精神相违背。你同意这种观点吗？简单说说理由。

【学生活动】阅读材料并分析讨论，思考我国2003年版的司法解释中关于人身损害赔偿的城乡差异的历史原因。

【设计意图】本情境源自《全国人民代表大会常务委员会法制工作委员会关于2020年备案审查工作情况的报告》的相关内容，这个问题在社会上已经存在比较长时间，争议不断，需要推动相关司法解释的修订，以促进法治的进步，回应社会的期待。该情境涉及的主体之间的相互作用强烈，立场观点多样且冲突较大，属于真实、典型、复杂的情境。学生有较大的讨论和解释空间，能够激发学生的讨论兴趣，有利于引发学生的思考，并能够有效地引导学生分析其中的学科理论依据和法理逻辑。

环节一：建设法治国家，公民如何监督宪法实施？

【教师活动】呈现我国《宪法》和《立法法》相关法条，展示我国公民在全国人大网站在线提交审查建议的步骤。

材料一　《中华人民共和国宪法》第四十一条　中华人民共和国公民对

于任何国家机关和国家工作人员，有提出批评和建议的权利。

《中华人民共和国立法法》第九十九条　社会团体、企业事业组织以及公民可以向全国人民代表大会常务委员会书面提出进行审查的建议。

【学生活动】学生结合先前学习中所获得的认知，根据宪法和立法法的相关规定，思考、分析建设法治国家需要尊重和保障人民的知情权、参与权、表达权、监督权。

提问：在我国，除了像方诗敏这样给全国人大常委会法律工作委员会写信表达自己的想法，行使参与权、表达权和监督权之外，你是否还了解其他方式？

【教师活动】拓展备案审查的含义，展示公民在全国人大网站在线提交审查建议的步骤。

材料二　资料卡：备案审查是维护法治统一的重要手段。一切法律、行政法规和地方性法规不得同宪法相抵触，下位法不得同上位法相抵触，同阶位的法律规范应当保持协调。

材料三　全国人大网站审查建议受理平台的图片。

【学生活动】学生体会在线提交审查建议的步骤。

【设计意图】"一位普通公民能否推动国家的法治建设"需要学生运用高阶思维，综合初中学段和本册教材第七课所学的知识，经过一定的系统整理，才能较为完整地回答这一问题。学生可能会调动不同的知识回应这个问题。学生结合提交审查建议的步骤，可以解释和说明建设法治国家需要尊重和保障人民的知情权、参与权、表达权、监督权，并可以明确公民参与加强宪法监督、推进宪法实施的过程。这一过程，有助于地方性法规、行政法规、重要法律、相关司法解释等与宪法保持一致，维护法制统一、彰显宪法权威。公民加强宪法监督，也有利于推动公民对宪法法律的理解，形成合意，从而更好地推动宪法实施。提升学生的公共参与、法治意识等核心素养。

环节二：建设法治国家，如何做到从中国实际出发？

【教师活动】在收到方诗敏的来信后，全国人大常委会法工委与最高人民法院沟通，并对此作出回应。教师呈现最高法的回应，并展示《民法典》中的相关规定，对相关规定作解释。

材料一　最高人民法院的回应:"两金"并不是对死者生命价值或者身体残伤本身的赔偿,残疾赔偿金是对受害人未来的预期收入损失的赔偿,死亡赔偿金则是对死者亲属经济利益损失的赔偿。

材料二　《中华人民共和国民法典》第一千一百七十九条　侵害他人造成人身损害的,应当赔偿医疗费、护理费、交通费、营养费、住院伙食补助费等为治疗和康复支出的合理费用,以及因误工减少的收入。造成残疾的,还应当赔偿辅助器具费和残疾赔偿金;造成死亡的,还应当赔偿丧葬费和死亡赔偿金。

【学生活动】学生结合最高法的回应和我国民法典的规定,思考在当时的情况下,该司法解释中的规定是否具有合理性?

【教师活动】呈现我国人均可支配收入城乡对比表。

材料三　我国人均可支配收入城乡对比表。

	2003年	2004年	2005年	2006年	……	2017年	2018年	2019年	2020年
城镇(元)	8472	9422	10493	13786		36396	39251	43259	43834
农村(元)	2690	3026	3370	4327		13432	14617	16021	17131

【学生活动】分析解读数据,理解在经济社会发生巨大变化的背景下,法律也应当随着社会生活的变化而适时进行修改和调整。

【设计意图】学生结合最高法的回应和《民法典》的规定,明确无论是残疾赔偿金还是死亡赔偿金,都是对于公民未来预期收入的赔偿,属于一种经济赔偿。既然是经济赔偿,就需要有明确的经济标准。这本身就体现着法律的内在逻辑。通过分析,学生能够理解在2003年我国城乡发展差距较大的历史时期,这一规定具有合理性。随着社会发展进步,国家提出城乡融合发展、新型城镇化道路,尤其是党的十九大以来,我国将乡村振兴上升为国家战略。城乡发展差距和居民生活水平差距将逐步缩小,城乡居民人身损害赔偿计算标准的差异也应当随之取消。通过结合我国城乡发展的变化探讨该司法解释中规定的合理性,学生能够分析并论证建设法治国家必须从我国基本国情出发、同改革开放不断深化相适应。同时,学生也能够初步理解科学立法要顺应时代发展要求，与新时代中国特色社会主义伟大进程相适应。这部分内容既回顾了全面依法治国的原则，也为学生学习科学立法的内涵奠定基础。

环节三：建设法治国家的重大意义是什么？

【教师活动】教师介绍方诗敏收到回信后，我国开启统一城乡居民人身损害赔偿标准的法治进程，进而展示一封农民来信撬动法治进程的全过程。

材料一　我国统一城乡居民人身损害赔偿标准的法治进程如下。

·2017年：方诗敏在见证朋友的一次肇事赔偿后，致信全国人大常委会法工委，对规定城乡不同赔偿标准的司法解释提出疑问。

·2018年：全国人大法工委回函称，收到审查建议后函告最高人民法院要求反馈意见说明情况，并征求了全国人大常委会法工委民法室意见。

·2019年5月：中共中央　国务院发布《关于建立健全城乡融合发展体制机制和政策体系的意见》，明确提出改革人身损害制度，赔偿统一城乡居民赔偿标准。

·2019年9月：最高人民法院印发《关于授权开展人身损害赔偿标准城乡统一试点的通知》，上海、天津、江苏、安徽、北京等22省市相继试点。

·2021年1月：全国人大常委会法工委将与最高人民法院沟通，适时修改完善人身损害赔偿制度，统一城乡居民人身损害赔偿标准。

【学生活动】学生认识到我国法治进步的进程，以及建设法治国家是公民和多元政治主体共同参与的系统性工程。

【教师活动】以一封农民来信撬动的法治进程为课堂小结。同时，引导学生认识到成功的实践离不开科学理论的正确指引。在习近平法治思想引领下，我国法治建设积极回应人民群众新要求、新期待，用法治保障人民安居乐业。这也必将引领建设法治国家在新发展阶段不断迈向新的更高境界。

材料三　资料卡：习近平法治思想

实践是法律的基础，法律要随着实践发展而发展。——习近平在十八届中央政治局第四次集体学习时的讲话（2013年2月23日）

推进全面依法治国，根本目的是依法保障人民权益。——习近平在中央全面依法治国工作会议上发表的重要讲话（2020年11月18日）

【学生活动】学生全面且科学地认识一封农民来信撬动的法治进程及学

科依据，学生理解一封农民来信撬动的法治进程彰显了公民行使参与权、监督权的对法治建设推动。

【教师点拨】中共中央依法执政、国务院依法决策、全国人大依法审查、最高人民法院依法履职，这是一项党和国家统筹、规划与公民和全社会参与、推动的系统性工程。这一法治进程有效地推进了宪法实施，有助于建立完备的法律体系、完善法律实施机制，始终坚持了全面依法治国从我国基本国情出发、同改革开放不断深化相适应的原则。进而，可以规范国家权力运行，保障公民的合法权益；能够推动法治国家建设，推动实现国家治理现代化。

【设计意图】结合我国统一城乡居民人身损害赔偿标准的法治进程，学生感悟我国法治建设的进步。结合习近平法治思想，引导学生科学认识建设法治国家的重要性，进而引导学生思考新时代为什么要实行全面依法治国、怎样实行全面依法治国等重大问题。

六、教学反思

建设法治国家这一主题颇为宏大，与学生的现实生活存在一定距离，因此需选取典型案例，并对其进行深加工，通过对情境的处理和转化，设计合适的问题，引导学生从小切口认识大问题。在此框题的教学中，选取了典型法律案件，并将其转化为学生的学习情境，承载了相关的核心概念和方法，借其组织教学内容、贯穿逻辑线索。这既使得教师可操作、可把握，又使得学生能够有效整合知识，提升其理论联系实际、分析和解决问题的能力。

本课程坚持以习近平法治思想铸魂育人，坚持政治性和学理性相统一，坚持理论性和实践性相统一。致力打造活动型学科课程，让活动成为承载教学内容的重要形式。通过引导学生思考的情境、运用资料分析问题、合作探究等方式，给学生提供充分表达和阐释的机会，在思维碰撞过程中，提升学生的理论思维能力、政治认同度、法治素养和社会参与能力，有利于增强学生的道路自信，推动学生做社会主义法治的忠实崇尚者、自觉遵守者、坚定捍卫者。

七、专家点评

本节课以"法治国家"作为主题，并选取了全国人大所公布的典型案例作为素材。教师精心地对选取的素材进行了加工，依据课程内容和学生的认知水平，将其转化为能在课堂教学过程中使用的复杂情境。把宏大主题转化为学生的兴趣点，有效地帮助了学生提升法治意识等核心素养。

第一，本节课以"一封农民来信撬动的法治进程"为情境，教师将其运用于法治国家的教学时做了精细加工，在对材料深入挖掘的前提下进行了有机补充。这提示我们，社会热点中的很多问题都需要经过整理后进入课堂，只有这样才能更好地服务教学。

第二，教学对教材内容进行了一定程度的调整，贯彻了"用教材教"的理念，便于学生更好理解教学内容，使学生有兴趣对法治国家相关理论进行深入讨论、分析，且提供了可供学生阐释的空间，问题具有一定的思维力度，能够有效提升学生的高阶思维能力。

（撰文：王辰）

围绕"关注社会与世界"的教学设计

"让友谊之树常青"教学设计

一、教学背景分析

1.教学内容分析

本节课是七年级上册第二单元"友谊的天空"第五课"交友的智慧"第一框题，包含两项内容："建立友谊"和"呵护友谊"。其中"建立友谊"借助一些活动设计来推动学生总结结交朋友的经验和收获，引导学生主动思考如何建立友谊，并通过对自身经历的回忆和反思，明白建立友谊需要有主动、开放的心态，让学生明白只有自己敞开心扉，才有可能获得真正的友谊。本课引导学生树立正确的交友观，提出学生在建立友谊时要有持续的行动，帮助学生掌握具体的建立友谊的方法，提升交友的能力。

"呵护友谊"是本节课的重点。维护友谊要用心，要学会处理与朋友交往中遇到的一些问题。通过活动促使学生思考，让学生学会表达对朋友的关心，使双方都能够感受到友谊的温暖。教材通过"方法与技能"，辅助学生掌握处理冲突的基本策略，就友谊中如何把握好彼此的界限和分寸、做到亲密有间等进行具体方法和策略的指导，引导学生认识到友谊并不总是温暖、甜蜜的，也可能会因为自己的疏忽造成伤害。面对朋友的伤害，我们要有自己的判断和选择：要么选择宽容对方继续友谊，要么干脆就结束友谊，两种选择都是可以的。对于青少年而言，能够作出选择本身就并非易事，这既需要勇气，更需要智慧。

2.学情分析

初一的学生刚结束小学阶段的学习，逐渐开始减少对家长和老师的依赖，对同学之间的友谊的渴望更加强烈。同学之间的交往关系在青少年交往能力、人格的健全、学业的顺利完成以及社会技能发展等方面起着家长、老师无法替代的作用。"让友谊之树常青"教会学生解决两个重要问题：一是如何主动开放自己建立友谊；二是如何呵护友谊，恰当处理交友方面的冲突和伤害。每一位学生都希望获得真挚的、永远的友谊，但他们因为年龄小、经验不足，往往缺乏妥善处理与朋友交往中遇到的种种问题的能力。因此，老师可以设计一些具体的情境，带领学生们更好地融入情境中思考和学习。

二、教学设计理念

本节课采用了情境教学法。实践证明，在初中道德与法治教学中，情境教学法是一种行之有效的教学方法，它能够使原本枯燥的知识变得生动、形象、有趣，不仅可以加深对所学内容的理解，还可以在寓教于乐中完成对学生的品格塑造和思维能力的培养。

本节课是建立在第一单元帮助学生认识中学生活和认识自我的基础上，进一步指导学生正确认识友谊、把握友谊，为他们自身的健康成长营造良好的人际关系提供指导。在此之前，学生们已经学习了第二单元第四课，本节课是在承接前面友谊的重要性这部分内容的基础上，继续对如何建立和呵护友谊展开探讨，让友谊之树常青。本节课设计了两个情境：小刚和小华的系列故事、好朋友晓丽和小琴的系列故事。通过几个情境的递进发展，和老师所设计的提问，逐渐让学生融入情境中，替主人公想办法，从而思考如何解决交友和呵护友谊的难题，学会人与人交往中的理解、倾听、接纳和批评。在最后一个情境中，当晓丽得知小琴泄露自己的隐私时，上网寻求网友的帮助，学生们课上也想要谈谈自己的建议，最后达成一致看法：我们不可能和周围所有的人都成为朋友，但是我们要不断学习和不同的人和谐相处。如此一来，能够使学生将所学知识运用于生活实践，同时也推动了学生的身心健康发展。

三、教学目标

列举建立友谊的一些方法，分析如何呵护友谊，恰当解决自己在日常交友中出现的困惑与冲突；学会如何处理交友中受到的伤害。

阐释应该如何建立友谊，理解友谊需要精心呵护。

四、教学重难点

教学重点：学会呵护友谊，使友谊之树常青。

教学难点：选择正确的友谊，掌握正确处理友谊中的冲突和伤害的方法。

五、教学过程

环节一：建立友谊

【教师活动】设计同学小刚和小华的故事，来循序渐进说明建立友谊的方法。

同学小刚和小华的故事（一）

班里今天来了一位新同学，老师介绍新同学叫小华，让小刚帮助小华尽快熟悉适应班级生活。小华看上去很腼腆，小刚在想：可以怎么开口？你可以帮帮小刚吗？

【学生活动】思考并回答：微笑、打招呼问好、做自我介绍、加同学微信、真诚夸赞他、带新同学参观学校……做出总结。

1. 建立友谊，需要开放自己

同学们在建立友谊的过程中，可能会有惊喜，也可能会有意外，还可能会感到有点儿冒险。这时候要学会敞开心扉，主动表达，这样好朋友才不会彼此错过。

建立友谊，是需要学点儿具体的方法的：比如面带微笑、牢记对方的名字、真诚地赞许、努力做一个安静的倾听者、寻找彼此共同之处等。

【教师活动】同学小刚和小华的故事（二）

小刚热情地和小华打招呼，但是小华却显得很漠然，没有理睬小刚。小刚会不会有些尴尬？

【学生活动】思考并回答：在行动前要有所准备，这样即使遭到对方拒绝，也并不会觉得特别尴尬。假如一次尝试不成功，没关系，可以再次尝试沟通，只要自己真诚待人，一定会有机会找到好朋友的。

【教师活动】同学小刚和小华的故事（三）

小华刚来新的班级，对周边的环境还很陌生。他不是反感小刚的热情，而是还沉浸在对离开原来班级老师和同学的思念中。小刚主动提出陪他去学校各处走走，并提出给他补习功课，终于小刚和小华建立起初步的友谊，小华也渐渐向小刚敞开了心扉。

提问：小刚没有放弃和小华的接触，他做了什么？小刚的做法给我们什么启发？

【学生活动】讨论并做出总结：

2.建立友谊，需要持续的行动

同学们在生活中要建立友谊，需要持续的行动，只要能够真诚待人，我们就有机会找到好朋友。

环节二：呵护友谊

【教师活动】设计好朋友晓丽和小琴的故事，旨在告诉学生，友谊就像一株缓慢生长的植物，需要我们精心养护，还需要经受风雨的洗礼以及时间的磨砺。在活动中让学生逐渐学会呵护友谊的具体方法。

好朋友晓丽和小琴的故事（一）

晓丽发现小琴两天都没来上学了，后来从老师口中得知她生病住院了，起码得一个星期后才能出院。作为她的好朋友，晓丽很想帮小琴，可是不知道该怎么做。你们帮她想想办法好吗？

【学生活动】思考、讨论并回答：打电话给她、去医院看望、发微信问候、给好朋友讲学校的事、讲讲她落下的课……做出总结。

1.呵护友谊，需要我们用心去关怀对方，体会朋友的需要，当朋友需要的时候能够挺身而出，以实际行动向朋友表达关心和支持。

【教师活动】好朋友晓丽和小琴的故事（二）

晓丽发现好朋友小琴最近两天眉头紧锁，好像遇到了困难，她想问问小琴，小琴却不愿意说。晓丽想起小琴平时有什么心事都喜欢写进日记本里，也许她可以通过小琴的日记本了解一下？对，就这么干，反正我是想关心她，只有这样做，我才能知道该怎么帮助她！

讨论：你觉得晓丽的做法好吗？如果你觉得晓丽的做法不好，为什么不好？晓丽应该怎么做才好？

【学生活动】思考、讨论并总结：

2.呵护友谊，需要我们学会尊重对方，因为每个人都是独立的个体，要给好朋友一些私密的空间，生活中，要把握好彼此的界限和分寸。朋友之间是需要坦诚相待的，但这并不意味着相处毫无边界感。

【教师活动】好朋友晓丽和小琴的故事（三）

为了弄清楚小琴心情不好的原因，晓丽偷偷翻看了小琴的日记本，然而这件事被小琴察觉了，她责怪晓丽偷看了她的秘密，晓丽想解释但小琴根本不听晓丽解释，还说再也不理晓丽了。晓丽也很生气，明明是想帮助她啊，她怎么不理解我的好心呢？两个好朋友已经"冷战"两天了，晓丽很难过，她在想我该怎么办呢……

讨论：小琴为什么扬言再也不理晓丽了？好朋友之间发生冲突了，我们应该如何处理？

【学生活动】思考、讨论并总结：

3.呵护友谊，需要我们学会正确处理生活中发生的冲突，当冲突发生时，我们可以相互协商，探寻双方能够接受的解决方式。如果处理恰当，这场冲突或许可以把双方的距离拉得更近。

下面是处理冲突的基本策略：保持冷静、及时处理、换位思考、坦诚交流、勇担责任。

【教师活动】好朋友晓丽和小琴的故事（四）

上次发生冲突之后，晓丽和小琴已经有两天没说话了。今天课间聊天，晓丽听到小琴和其他同学描述晓丽喜欢隔壁班男生，晓丽很震惊，这可是她俩之间的秘密啊！面对这样的朋友，晓丽该怎么办啊？

晓丽在网上求助，以下是网友给出的建议：

①你之前也偷看了她的日记本，她这样做也是有原因的，你们应该好好谈谈，试着宽容对方，说不定还有挽回这段友谊的机会。

②秘密只给最好的朋友说呢，竟然出卖你，这样的朋友不要也罢。

③我觉得交朋友要互相理解，替对方着想。但是当朋友背叛自己，伤害友谊时，你要慎重决定是否继续这段友谊。

提问：你会选择哪种意见？你有没有更好的建议？

【学生活动】思考、讨论并总结：

4.呵护友谊，我们需要学会正确对待交友中受到的伤害。当你的朋友背叛了你，或者出现伤害友谊的举动，我们的选择有这样两种：要么选择宽容对方，要么选择结束这段友谊。

不过需要指出的是，朋友间相处伤害更多是无心的，日常接触中的帮助却是真心的，希望大家忘记那些无心的伤害。铭记曾经对你真诚的帮助，你会发现身边会涌现出很多真心的朋友。

六、教学反思

第一，本节课以教学目标为导向，从认知到素养，最后落实到行动阶段，符合初中学生的发展规律。通过从友谊开始寻找伙伴，到建立友谊这一系列的过程，学生能够体会到友谊是可以建立的，并且需要大家共同维护。本节课设计了两个情境故事，来源于学生实际生活中与朋友之间发生的小矛盾，通过课堂讨论，找出切实可行的解决方法，从而真正理解和学会交友。

第二，从课堂效率来看，仍有一些细节需要改进。初中学生热衷于参与课堂活动和讨论，但很难控制自己的情绪。学生讨论时过于热烈影响教学秩序，控制不及时影响课堂效果。

第三，情境的设计略显简单，情境冲突不足，这需要在设计的时候更加贴近学生的生活。

七、专家点评

这节课的教学设计颇具特色，条理清晰，为学生提供切实可行的交友和呵护友谊的方法。教师结合教材的特点以及学生的生活实际提出设问，有助于引导学生思考，激发学生参与学习探讨的积极性。例如，为配合教材建立友谊和呵护友谊所设计的两个情境，就很好地抓住了初一年级学生的年龄特点。刚升入中学的初一学生，身体形态发生变化，但在知识经验、心理品质等方面还保留着一些小学生的特点，他们看待问题直观感性，缺乏理性思考。一方面，他们渴望在新学校找到自己的好朋友，希望被别人理解；另一方面，现在的学生大多数是独生子女，他们渴望寻找友谊，想要交到好朋友，但缺乏经验，需要引导。在这节课上，学生们课堂很活跃，积极参与互动，教师也充分地调动了学生自主学习的积极性，突出了以学生为本的理念，让学生在学习探讨中感受到学习的乐趣。尤其是第二个情境，环环相扣，故事情境矛盾突出，引导学生思考并主动寻求别人的帮助。不足之处在于教师设计的提问环节要更精细一些，更好地展现出思维的递进梯度。

（撰文：马机麟）

"节奏与旋律"教学设计

一、教学背景分析

1.教学内容分析

本节课是人教版《道德与法治》七年级下册第七课"共奏和谐乐章"中的第二框题内容，其主要内容是个人节奏与集体旋律的关系，小群体的作用，还有在集体生活中如何解决矛盾和冲突。本节课以学生探究讨论为主要内容，承接第一框题"单音与和声"，引导学生知晓应如何遵守集体的规则以及处理集体中出现的矛盾与冲突。本节课需深入剖析在集体中学生需要面对的种种问题，让学生认识到在不同的集体中会有不同的责任。而当不同的集体之间发生矛盾时，应该从整体利益出发，局部利益服从整体利益，个人利益服从集体利益，坚定地秉持集体主义，反对极端个人主义，反对小团体主义。

2.学情分析

七年级的学生正处于青春期初期阶段，此阶段学生的生理与心理发育都比较快，身体的外形以及身体机能逐渐走向成熟。他们开始关注身边的其他人，希望能在校园生活中与他人建立良好联系，迫切渴望获得友情以及他人的认可与接纳，但这个阶段学生的心理发展相对滞后，身心处于一种不平衡的状态。诸多心理发展上的矛盾，使得他们在人际交往中出现新的特点，在交友方面也容易形成小群体。学生中既有积极作用的小群体，也会有消极作用的小群体。通过同龄人的情境案例，可以帮助学生增强辨别意识，学会如何处理不同集体之间的矛盾，从而更好地适应校园生活。面对班级中出现的各种问题，学生需要学习这方面的知识，比如如何正确认识不同群体的原则以及如何处理群体间的矛盾都是本课需要解决的问题。

二、教学设计理念

本课内容对学生的世界观、人生观、价值观的建立，以及人格完善和学生的行为规范都有积极意义。情境教学法通过情境探究，教师有目的地创设有一定情绪色彩的情境，推动学生在情境中获得一定的态度体验，从而理解教师所提出的知识和道理，并使学生在情境中充分发挥思维潜能，有效激发学生的学习兴趣和参与热情。

本节课所创设的情境是小华的集体生活，小华在不同集体中承担着多个角色，如何排解冲突带来的烦恼？又如何评价小华的同学们的做法等。学生在教师创设的情境中感同身受，结合自身的生活经验和情感意识对知识内容进行思考和探究，明白每个人在多个集体中会承担多重责任，要学会正确处理不同集体中的角色冲突，初步树立面对集体时的主人公意识与责任感。学起于思，思起于疑，学生围绕老师精心设计好的设问，积极发散思维，展开对知识的深入探究，学生在情境中思考、探究、反省。例如，对于这节课的重难点，学生通过在课堂上与老师积极互动强化了个人利益与集体利益的关系，能正确认识小群体的作用，能正确认识集体中的小群体与集体的关系，正确处理小团体主义与集体主义的冲突等，实现掌握知识的同时还提高了道德修养、健全人格、责任意识等学科核心素养。

三、教学目标

分析集体主义原则，了解同学们在不同集体中的角色。

学会处理个人与集体之间、集体中小群体与集体的关系，学会解决在集体生活中的人际交往问题，以及解决个人与集体、集体中的小群体关系等问题，在解决问题的过程中树立集体意识，树立责任意识。

四、教学重难点

教学重点：怎样处理个人在不同集体中的多重责任。

教学难点：如何认识集体中的小群体和集体的关系。

五、教学过程

环节一：我在多个集体中

导入新课

【教师活动】我们属于多个集体，在不同的集体中，我们扮演不同角色，承担不同责任。请说一说你在不同集体中的角色。

小华的烦恼

周四晚餐后，小华手机上收到了三条微信。

各位学员：原定周六下午三点的书法课因故改为周五下午4：00，请各位学员互相转告，克服困难上课	微信通知：周五下午放学后（3：40）班级合唱彩排，请收到微信的同学做好安排，不要迟到	校学生会各位部长：本周五下午进行换届改选，时间定在3：40，请各位部长务必准时出席

提问：你看出三条微信给小华带来了什么烦恼吗？

从三条微信的内容可以看出，小华属于多个集体，并扮演着不同的重要角色，有着不同的任务。

【学生活动】完成下面的表格。

班级合唱彩排和学生会召开会议与上书法课时间上均有冲突。那么，集体会因为小华的烦恼而调整时间吗？课堂小组讨论：小华该怎么选择？说一说理由。

我选择参加：＿＿＿＿＿＿＿＿＿＿＿＿＿＿＿＿＿＿＿＿＿＿＿＿＿＿＿，

我的理由是：＿＿＿＿＿＿＿＿＿＿＿＿＿＿＿＿＿＿＿＿＿＿＿＿＿＿＿。

【教师活动】提问：小华在进行选择时都考虑了哪些因素？在多重角色冲突带来烦恼时，我们通常会考虑哪些因素？我们会更关注哪个集体？会思考角色和责任的重要性吗？会想到兴趣爱好还是会思考任务的紧迫程度？

小华考虑后，做出了以下选择。

首先选择参加学生会会议；再选择班级合唱排练；最后选择参加书法课。

【学生活动】思考并总结：

1.如何解决角色之间的冲突？

①要考虑自己更关注哪个集体和责任的重要性，同时考虑自己的兴趣爱好以及任务的紧迫程度等。

②要从集体利益出发，做到局部利益服从整体利益，个人利益服从集体利益。

③要不断调整自己的节奏，努力解决不同集体的角色冲突，让自己更好地融入集体。

环节二：集体中的小群体

【教师活动】小华的集体生活（一）

小华所在的班级，班风正学风浓，绝大多数同学团结友爱积极进取。课间同学们就三五成群地聚在一起，欢声笑语：一些同学会聚在一起讨论学习问题；一些同学喜欢打篮球，在班里谈论喜爱的篮球明星；小华和其他几位同学是校学生会成员，经常聊学生会的一些活动；小华班级还有个别同学经常课上讲话，扰乱课堂纪律，课下打闹欺负弱小的同学……

讨论：小华的班级中是否存在"小群体"，他们是怎样形成的呢？

请你从小华的班级中选出1～2类小群体，分析一下：他们的行为会对班级同学、老师产生哪些影响？

【学生活动】思考并总结：

2.小群体的影响。

（1）积极影响：

①同学们在小群体中，彼此相互接纳和欣赏，体验在班级中的归属感和安全感。

②小群体成员之间要相互理解和沟通，才能在交往中增长才干。

（2）消极影响：

①与同学发生冲突，会影响友谊与人际交往。

②会缺乏是非观念，破坏班级风气，危害集体荣誉，并影响身心健康。

③违反班级和学校纪律进而违反国家法律法规。

【教师活动】小华的集体生活（二）

小华所在年级要评选先进班集体，小华和同学们都积极为班级出谋划策，并严格要求自己，为班级做贡献。小华的同班同学小艺负责检查各班的卫生，为了自己班级"荣誉"，不顾地面不干净而给自己班级打了高分。

讨论：请问小艺同学的行为，你赞成吗？你知道小艺同学的做法是什么行为？

【学生活动】思考并总结：

3."小群体"不等于"小团体"，小群体如果把自身利益置于集体利益之上，会沦为小团体主义。

4.区分小团体主义和集体主义的不同。

	出发点和落脚点	具体表现和实质
集体主义	集体利益	集体利益高于一切，不计较个人得失
小团体主义	小团体利益	不惜牺牲集体利益，实质是扩大的个人主义

【教师活动】提问：小华班级的小艺觉得自己给班级打高分是为了班级荣誉，你怎么看小艺的行为？你觉得我们应该怎么做？

【学生活动】思考并总结：

5.我们要正确对待小团体主义，明辨是非，坚持正确的行为，要坚持集体主义，反对小团体主义。还要牢记遵守法律和道德，提高自控力。

六、教学反思

这节课采用贴近学生生活的故事，创设三种不同情境，让学生犹如身临其境，融入具体情境之中，设身处地为他们想办法，知晓个人节奏与集体节奏是会有不一致的情况。当个人面对不同集体的多重责任时，要学会树立大局观，懂得如何在不同角色中进行取舍；理解集体中存在小群体现象具有其合理性，但如果放任扩大也可能发展成小团体主义。通过讨论以及教师的引导，让学生能够树立一定的是非观念，拥有自己独立的判断，不只是学生时代在班集体中如此，未来在社会中也能坚持自己独立判断和选择。借助情境故事，使学生真正感悟到小群体产生的原因、作用、与集体的关系及小团体的危害等。

反思这节课，教师对教学时间控制不够，学生讨论还不够充分，尤其是有些学生举手要发表意见，却没有给部分同学发言机会。今后在教学中要留给学生更多的时间进行思考、讨论和交流，同时做好设计和时间管控。

七、专家点评

本节课教学目标明确，重难点把握准确，结构合理，思路清晰，课堂结构清楚，教学内容安排得当。初一学生正值青春期，身体发育迅速，在心理上也产生了一定的独立意识。他们在学校和家庭生活中扮演多个角色，进而产生各种角色冲突，引发心理烦恼。由此可见，教师正是基于此精心设计了这节课，创设了教学情境，借助小华的烦恼和小华的集体生活，呈现出了学生日常生活中出现的各种矛盾，让学生通过这堂课转变对冲突的认识，领会到矛盾具有两面性：冲突既有不利的负面影响，也有它的积极影响。这种设计有利于学生个性的自由发展，培养学生的思维能力、语言表达等能力，引导学生认识到当碰到班级、年级、学校等不同集体的矛盾时，要学会个人利益服从集体利益、局部利益服从整体利益。通过教师设计的情境，引发学生的思考，处理好小群体和集体生活的关系，即使在小群体里也要有自己独特的思考和判断，坚持正确的行为。然而，从课堂的效果看，除第一个情境，另外两个情境稍显粗糙，希望打磨得更细致一些，矛盾冲突也更突出一些。整节课前半节紧凑，后半节展开得不多，没有留给学生足够的时间去独立思考、讨论、交流。

（撰文：马机麟）

"家的意味——我爱我家" 教学设计

一、教学背景分析

本课是人教版《道德与法治》七年级上册第七课"亲情之爱"第一框题内容。本框题对家庭功能进行了分析，让学生感受亲情情感体验，理解"家"的内涵和"家"的意义；介绍了中国特有的"春运"现象，以及我国传统文化中的家规、家训，引出了中华优秀传统文化中"孝"的精神内涵，掌握了孝亲敬长的重要意义，引导学生在日常生活中学会关爱、体谅、孝敬父母，提升道德修养、法治观念、责任意识等学科核心素养。

二、学情分析

家是学生最熟悉的话题，对学生成长起着至关重要的作用。七年级的学生逐渐进入青春期，他们渴望得到爱，希望得到家长的理解、信任和尊重。然而，其中的一些学生由于不能体会父母的养育之恩，家庭责任意识淡薄，不懂得关心父母，不善于和家长交流，甚至和家长发生冲突。因此，通过引导学生对家庭温暖和亲情的认识，分析孝亲敬长的传统美德，培养学生在实践中积极主动孝亲敬长就显得尤为重要。同时，学生不仅要热爱"个人小家庭"，还要热爱"祖国大家庭"，具备大局意识、责任意识，自觉履行爱家义务。

三、教学目标

理解"家"字的实质内涵，感受家庭的关爱之情，体验家人的温暖亲情，培养热爱家庭、关爱家人的意识，提升个人的道德修养和责任意识、法治观念，认同中华优秀传统文化中"孝"的价值观念。

了解孝亲敬长的中华民族传统美德，在日常生活中传承与发扬良好的家风和优良传统，以实际行动孝亲敬长。

知道"家"对个人成长的重要意义，从热爱"个人小家庭"升华到热爱

"祖国大家庭"，增强爱国意识、责任意识，能够自觉履行个人家庭义务。

四、教学重难点

教学重点：家的内涵和功能，对我们成长的意义。

教学难点：实际生活中我们如何做到孝亲敬长。

五、教学过程

（一）导入新课

【教师活动】结合个人生活体检，用一句话概括什么是"家"。

播放视频，观看央视公益广告《家》。

思考：视频中是如何解释"家"的？

【学生活动】观看视频，回答问题。

【教师点拨】在家中有爸爸妈妈、爷爷奶奶等人，从我们呱呱坠地到懂事成才，他们是我们的保护伞，为我们的一生操劳。家是我们一生的牵挂，是我们的避风港，是融入了浓浓亲情与关爱的地方。同时，家也是我们一生都读不完的书。今天我们就一起进入第七课亲情之爱，体会"家的意味"。

【设计意图】结合个人生活体验和视频感知，回味和感受家庭给我们的关爱，引起学生的情感共鸣，强化"家"的情感融入和亲情之爱，创造良好、和谐的课堂氛围，引出新课的学习活动。

（二）新课探究

环节一：什么是"家"？

【教师活动】出示资料：展示汉字"家"，会意字，带领学生分析它的结构和各部分代表的意思：外部像房子的形状，可以躲避风雨，中间的部分"豕"形，"豕"就是猪的意思。上古时代生产力低下，打猎捕食的偶然性很大，生活没有保障。因此，人们多在屋子里养猪备食，以防饥荒，用以充饥，可见古代人对家的理解就是满足了人衣食住行基本生活的地方，这就是古人造"家"这个字的现实依据。

提问：思考，从古至今，家的内涵是什么？有住所，有成员，这就是真正的"家"吗？

【学生活动】回答问题。

【教师点拨】表面看，"家"是我们的住所，是生活的地方，地域或住所虽然与家庭有关，但这只是家的某一个方面，而不是家的实质。真正的家有情，有爱，是我们心灵的港湾，是我们依靠的地方。

【设计意图】激发学生思维的碰撞："家"是不是就是简单地理解为住所，从而改变学生对"家"的片面认知，树立正确"家"的内涵观念，掌握透过现象看本质的思维方法。

【教师活动】播放视频《以家人的名义》片段：子秋因父母离异且消失，从小被李尖尖爸爸收养，凌霄是李尖尖的邻居，父母离异，爸爸工作忙，母亲出国，除了居住外，吃饭、学习都在李尖尖家中，三个孩子和李尖尖的爸爸、凌霄的爸爸组成了一个大家庭。

教师：思考这个家庭的构成。

凌霄和这个家没有血缘关系，你认为他是不是这个家的一员呢？

【教师点拨】李尖尖和爸爸是有血缘关系的；子秋是这个家庭法律上被收养的孩子；凌霄和这个家庭没有血缘关系，但长期生活在这个家庭，深爱且被这个家庭深爱着，他们是一个有亲情之爱的家庭。

一般来说，家庭是由婚姻关系、血缘关系或收养关系所组成的亲属生活组织。关于"凌霄是不是家庭成员"这一问题，严格意义上讲，凌霄不属于李尖尖家法律层面上的家庭成员，因为他不是被收养的子女，但在情感层面，他可以被视为家庭成员。另外，在再婚家庭中，只要继子女和继父母真诚相待，一样可以获得幸福的生活，也可以组成一个家庭。

【设计意图】由感兴趣的视频引入"什么是家？"的思考，结合现实生活中家庭构成的复杂性，区分法律意义上家庭和情感意义上家庭的区别，促进学生更理性地思考"家"的内涵。

环节二："家"的意味

【教师活动】展示春运时人们回家时的情境图片。

提问：从人们急匆匆回家的身影、神情中你感受到了什么？

【学生活动】讨论，分享。

【师生总结】体会到这些人对家的思念和牵挂。在中国文化中，家有着深厚的意味，丰富的内涵。在中国人的心目中，家是代代传承、血脉相连的生活共同体，是甜蜜、温暖、轻松的避风港。

【设计意图】通过感人的图片，感受春运的热烈和艰辛以及回家的渴望，通过探讨背后的原因揭示中国文化中家的意味。

过渡：国有国法，家有家规，家带给我们温暖和幸福的同时，也教会我们如何做人，一代代人传承下来的家风、家训，既是一个家庭的延续，又是促进我们社会发展的宝贵财富，一起探究"家风传承"。

【教师活动】同学分享各自的家规、家训或家风，谈谈它对自己的影响有哪些？

【师生总结】这些积极的家规、家训都是做人做事质朴的道理和基本要求，家是人们立身处世、世代传承的精神共同体，我们应该不断地继承和弘扬。

【设计意图】体会积极的家风、家训对当代学生树立良好的道德风尚具有非常重要的作用，中学生要继承和弘扬中华优秀传统文化。

【教师活动】展示关于"百善孝为先"的名言，学生阅读，二十四孝故事——百里负米。故事简介：子路，孔子的弟子。子路小的时候家里很穷，长年靠吃粗粮野菜等度日。一次，年老的父母想吃米饭，可是家里一点米也没有，怎么办？最后小小的子路翻山越岭走了百里路，从亲戚家背回了一小袋米，看到父母吃上了香喷喷的米饭，子路忘记了疲劳。邻居们都夸子路是一个勇敢孝顺的好孩子。

教师：思考这个故事说明什么？

【师生总结】学习子路孝亲敬长的美德。

【教师活动】教师介绍部分相关法律规定。

《中华人民共和国宪法》第四十九条：成年子女有赡养扶助父母的义务。

《中华人民共和国民法典》第一千零六十七条：成年子女对父母有赡养、扶助和保护的义务。成年子女不履行赡养义务时，缺乏劳动能力或者生活困难的父母，有要求子女给付赡养费的权利。

《中华人民共和国老年人权益保障法》第十四条：赡养人应当履行对老年人经济上供养、生活上照料和精神上慰藉的义务，照顾老年人的特殊需要。

教师：结合古代故事和法律规定，谈谈个人对孝亲敬长的认识。

【学生活动】学生讨论，分享。

【师生总结】在中国的家庭文化中，"孝"是重要的精神内涵，孝亲敬长是中华民族的传统美德，同时，它也是每个中国公民应尽的法律义务。

【设计意图】从名言到个人生活感悟，从古代感性故事到今天理性法律条文，明确"孝"是对所有家庭成员，尤其是晚辈的要求，其中也包括未成年人，未成年人也要树立尽孝意识，选择适合自己的尽孝方式。孝亲敬长不仅是道德要求，也是法定义务。

环节三：我爱我"家"

【教师活动】课前寻找班级中典型的"爱家"故事。

【学生活动】学生分享：疫情防控期间，小刚的妈妈作为社区的医护人员下沉一线，每天工作十几个小时，非常辛苦。小刚在家除了要完成网课学习任务，还要照顾不能上幼儿园的妹妹，每天帮家里做饭，打扫卫生，尽个人的力量照顾好这个家庭，不让妈妈担忧，妈妈可以安心地工作在抗"疫"一线。

【教师活动】思考小刚在特殊时期承担起照顾家庭的责任，这有着怎样重要的意义？

【师生总结】小刚主动承担责任，解决特殊时期困难，照顾好家人，既提高了个人的生活能力，传承了中华优秀家风的传统文化。同时，小刚解除了妈妈无法照顾家庭的后顾之忧，也为国家的抗"疫"做出了自己的贡献。

【教师活动】结合个人生活，谈谈我们可以通过哪些方式表达对父母等长辈的孝敬？

【学生分享】尊敬、倾听、感恩等。

【教师点拨】孝敬双亲长辈，关爱家人，不仅仅是长大成人以后的事，从现在开始，我们就应该用行动表达孝敬之心，尽孝在当下。

提问：小刚的妈妈作为一个家庭成员，特殊时期没能照顾好家庭，你是如何看待小刚妈妈的"失责"行为的？

【学生活动】学生思考，回答：有国才有家。个人的家是"小家"，国家才是"大家"，有了"大家"才能有"小家"，所以，我们爱家，不仅爱我们的"小家"，还要爱我们的"大家"。

【设计意图】寻找身边的"爱家"故事，发挥榜样的模范作用，对学生的引导教育更有说服力。最后的"爱家"升华到对国家的热爱，处理好个人和集体的关系、"小家"和"大家"的关系，生活中主动践行孝亲敬长，积极担责，做"爱家"达人。

【课堂小结】

这节课我们感受到了亲情的温暖与关爱，爱与责任。家是亲属生活组织，对我们个人而言，家是生命的居所，是有亲人有亲情的地方；对国家社会而言，家承载着教育、娱乐等功能，家是社会的细胞。让我们带着关爱与希望，孝亲敬长，做一个有孝心的孩子，承担起共创共享家庭美德的责任，共筑美德之家，为我们的家庭，为社会贡献一份自己的力量。

六、教学反思

本节课从学生易于感知的实际生活挖掘教学资源。通过正能量的公益广告，学生初步感知："什么是家？"接着，视频内容进一步回答了"什么是家"，使学生领会对家由感性到理性的思考，学生能透过现象看本质，在轻松和谐的氛围中感受家的内涵。在"家的意味"环节，从理性的名言警句到感性的故事材料，从古代事例再到今天的法律规定，每一个素材，每一个字眼都传递着一个信息——孝亲敬长是中华民族的传统美德，同时也是每个中国公民应尽的法律义务。课堂最后进行了升华，爱家不仅要爱我们的"小家"，还要爱我们的"大家"，有国才有家，要树立家国情怀，达到一定的思想教育高度，完成教学要求的素养内容。在课堂教学的形式上，主要采用了"情境引入—分享讨论—达成目标"的形式，学生合作探究，积极探讨，理性思考，分析问题，得出结论，教学注意知识、情感的自然生成，尊重学习规律，收到良好的课堂效果。

在课堂教学设计过程中，还需注意一堂课教学素材的整体性，要根据实际教授的内容，对教学素材进行适当整合，避免素材的碎片化。在教学过程中，要最大限度地发挥学生的主体性作用，当一些同学回答问题表达不准确时，或是答非所问时，应该给予学生充分的时间思考。

七、专家点评

本节课形式多样，内容丰富，注重教学目标的自然生成。教学从学生的实际出发，采用自主学习、合作探究、感悟体验等多种形式，以图片、音视频等多种手段，关注学生的心理特点、对"家"的观念认识，注重学生情感体验和榜样学习，提高了学生学习的积极性，让学生更加直观、清晰、深刻地感受家的温暖以及认识到优秀的家训、家风既是中华优秀传统文化，又是每个公民的法定义务，学生爱亲敬长，关爱家人的道德情感自然生成，通过学习身边的榜样，自觉提高生活中"爱家"的能力。

教学环节层层递进，注重培养学生多种思考问题的方式，提高学生思维能力。第一环节从"家"汉字结构代表的意思，分析在古代社会人们对家的认知，理解"家"的含义，再对比我们今天现实生活中的"家"，找到"家"的实质——有情感，有关爱，而不是简单地理解为寄居的场所，从而引导学生能更深刻地思考问题，透过现象看本质。第二环节体会"家"的意味，有感性的中国古代故事，也有理性的法律条文，学生能扩展思维张力，从感性上升到理性，理解孝亲敬长不仅属于道德层面，同时也属于法律层面的问题，促使学生增强法律意识，自觉守法。第三环节我爱我家，学生自觉践行"爱家"行动，不仅热爱我们的"小家"，还要热爱我们的"大家"，延伸了"家"的外延，帮助学生从更高角度思考"家"的问题。

课堂注重渗透中华优秀传统文化，落实社会主义核心价值观。古代社会"家"字的由来，古代故事子路百里负米，分析"孝"的精神内涵，理解"孝"是中华民族优秀传统美德等教学内容，使学生继承和弘扬中华优秀传统文化，树立爱国、爱家、友善、关爱等社会主义核心价值观，奏响社会主义文化教育的主旋律，以思想引导行动，学生自觉落实"爱家"行为。

在教学素材的选择以及课堂问题的设计上，要更多地发挥学生的主体地位，给学生创设更多的表达个人想法、意愿的机会，教与学真正融为一体，统一于课堂教学实践中。

（撰文：张新雨）

"高扬民族精神"教学设计

一、教学背景分析

1.教学内容分析

本节课为统编版《道德与法治》九年级上册第三单元"文明与家园"第五课"守望精神家园"第二框题"凝聚价值追求"第一目的内容。课标的要求是，践行中华民族自强不息、敬业乐群、脚踏实地、实事求是的思想，感悟天下兴亡、匹夫有责的担当意识，厚植爱国主义情怀。

通过本单元第一课时，学生了解了中华民族在5000多年的发展历程中形成的灿烂悠久的中华文化，体会了在中华文化中蕴含着的中华民族最深层的精神追求。中华文化蕴含着中华民族共同培育的民族精神，是中华文化的精髓。因此，本课时是对上一节内容的深化与延续，旨在引导学生高扬民族精神，生活中主动践行，提升民族认同感与自信心。

从历史学角度来看，民族精神是经过长久历史积淀，逐渐渗透到民族成员心理、观念之中的，并随着民族文化传统的形成和发展而得以形成和提升。因此，对民族精神的理解，需要放在特定的、具体的历史环境中去考察，并且通过不同历史时期民族精神的表现对比，感受其与时俱进的品质。这就需要教师在教学中通过对比、观察、体验等方法，引导学生感受民族精神的"变"与"不变"，用发展的观点引导学生思考不同历史时期的民族精神的当代价值。从国家治理角度来看，民族精神实质是"精神及制度理念层面上的国家能力"。对民族的认同感是国家制度和治理体系的优势，精神与文化认同对于一个国家形成紧密团结的状态具有至关重要的作用。

2.学情分析

学生从小接受爱国主义教育，对爱国有自己的理解。在历史课中，他们学到过长征、载人航天等历史事件，这为本节课的学习打下了良好的知识基础。通过参观学校的"钱学森纪念馆"和观看《感动中国》等活动，学生对榜样人物体现的民族精神有了一定的感悟和兴趣。同时，九年级的学生对民族精神的基本内涵存在片面的理解，将民族精神简单理解为爱国。他们不能用全面的眼光看待民族精神。此外，部分学生觉得弘扬民族精神一定体现在时代伟业中，生活中没有行动。

二、教学目标

感悟民族精神的作用，增强民族认同感与自信心；自觉弘扬民族精神，在日常生活中落小、落实。

能够在搜集资料与小组讨论中，提升获取与解读信息的能力；能够在思辨性问题中，提升分析、评价与迁移能力。

掌握民族精神的基本内涵；辨析爱国主义；归纳民族精神的"变"与"不变"。

三、教学重难点

教学重点：掌握民族精神的基本内涵；自觉弘扬民族精神。

教学难点：辨析爱国主义；归纳民族精神的"变"与"不变"。

四、教学过程

导入环节：阅读文章　引入主题

【教师活动】我国著名文学家鲁迅先生曾经说过："我们自古以来，就有埋头苦干的人，有拼命硬干的人，有为民请命的人，有舍身求法的人……这就是中国人的脊梁。"这些中国脊梁的身上彰显着鲜明的民族精神，成为几千年来激励中华儿女不断前行的精神动力。今天，就让我们一起来感悟中华民族精神。

【学生活动】阅读鲁迅的文章《中国人失掉自信力了吗？》。

【设计意图】运用教材中《探究与分享》的经典案例，开门见山直接引入主题。

环节一：小组探究——我心中的"中国脊梁"

【教师活动】老师课前给每个小组布置了任务，要求大家搜集"给你留下印象深刻、体现中国脊梁的人物或故事"。接下来的时间交给大家，请每个小组派一位同学上前来进行汇报。

【学生活动】学生分组汇报。

第一组：长征；第二组：雷锋；第三组：郎平；第四组：钱学森。

【教师活动】为了帮助大家更好地理解这些中国脊梁身上所体现的精神，教师为每一个小组都准备了丰富的扩展阅读资料，请大家结合组长的汇报，阅读本小组的资料，完成相关思考题。给大家4分钟的时间阅读和讨论（讨论过程中教师运用 iPad 智慧课堂将每个小组的实时讨论情况投到大屏幕上）。

【学生活动】学生自主阅读后进行讨论，运用 iPad 智慧课堂将每位同学的观点进行分享，讨论过后形成小组的结论。

【教师活动】你们从故事中感受到这些中国脊梁身上具有哪些可贵的精神品质？

【学生活动】学生进行汇报，每组2～3名同学发言，其他小组成员进行补充。

【教师活动】四组同学汇报的这些民族精神，它们产生于不同的时代，你能找出它们的"变"与"不变"吗？变化的是什么？不变的又是什么？

【学生活动】学生思考民族精神的变化，在教师的引导下总结"不变"的地方。

【教师活动】因此，我们的民族在5000多年的发展历程中，形成了以爱国主义为核心的团结统一、爱好和平、勤劳勇敢、自强不息的伟大民族精神。

【学生活动】学生总结、归纳民族精神的基本内涵。

【设计意图】采用"学生探究＋教师扩展"的方式，将主动性交还给学生。学生可以通过小组研讨的方式搜集自己感兴趣的"中国脊梁"的故事。首先通过组内汇总进行归纳梳理与分析，再通过班级汇总，形成思维的交流与碰撞。在此过程中，学生获取与解读信息的能力得到提升。通过分组汇报，总结不同时期民族精神的具体表现。教师板书记录学生观点，通过其他同学的补充不断完善，形成思维交流，增强课堂互动性，提升学生归纳与分析的能力。在比较与分析中突破知识目标。

环节二：深度辨析——民族精神的价值

【教师活动】说起爱国，大家可能会想到在2016年里约奥运会上，郎平那句非常经典的话："我们的目标是升国旗、奏国歌。"当时，中国女排突破"死亡之组"巴西的围困，一举拿下奥运金牌，使中国时隔11年重回世界之巅。老师给大家准备了一段视频，请大家观看视频思考，中国女排在2016年里约奥运会上逆袭成功，对你有怎样的思想触动？

【学生活动】学生思考并回答问题。

【教师活动】2021年东京奥运会，中国女排连遭惨败，无缘八强，诞生奥运会历史最差战绩。请大家接着思考："中国女排在2021年东京奥运会无缘八强，女排精神还在吗？"

【学生活动】进一步思考并回答问题，谈谈自己对爱国的理解。

【教师活动】一个人的爱国，表现在他对祖国的归属感与认同感，社会责任感与历史担当意识贯穿始终。无论输赢，她们都是为了中国奋勇拼搏的"最美姑娘"，她们爱国的精神品质始终都在。当代中国，爱国主义的本质就是坚持爱国和爱党、爱社会主义的高度统一。

【学生活动】辨析爱国主义，理解当今爱国主义的本质。

【教师活动】正因为对祖国的热爱，我们的民族涌现了越来越多的具有伟大创造精神、伟大奋斗精神、伟大团结精神、伟大梦想精神的中国人。

【学生活动】学生由中国脊梁的精神品质，迁移到中国人身上的精神品质。

【教师活动】这些民族精神产生于不同的时代背景下，从新民主主义革命时期延续到今天，不同的精神都具有属于那一个时代的历史价值。比如长征精神，它对于我们的革命走向胜利有什么样的作用？

【学生活动】学生思考并回答。

【教师活动】可是像长征精神和雷锋精神，它们距离我们生活的时代已经过去很久了，它们对当代中国还有价值吗？

【学生活动】学生思考并回答。

【教师活动】我们会发现，它们的精神价值不仅没有过时，而且它们还始终是支撑我们走过艰难历程的精神支柱，让我们紧紧凝聚在一起的精神纽带，是推动我们不断前行的精神动力。

民族精神除了内核不变，还有什么是不变的呢？

【学生活动】作用和价值不变。

【教师活动】从长征到雷锋再到今天的航天精神，民族精神是代代传承的，那现在接力棒交到了我们手中，我们应该怎么办呢？

【学生活动】在继承的基础上发展。

【设计意图】通过将女排2016年夺冠与2021年无缘奥运八强进行对比，设置思辨性问题"中国女排在2021年东京奥运会无缘八强，女排精神还在吗？"帮助学生深度辨析爱国主义的本质。连续设置两个追问性问题"不同时代下的民族精神对当代中国还有价值吗""民族精神除了内核不变，还有什么是不变的"，引出民族精神的作用，并对民族精神的"变"与"不变"进行总结。

环节三：我的行动

【教师活动】有些同学可能有这样一种困惑，你看我们今天学的这些民族精神，都体现在时代的伟业中。我是否必须成就一番伟业，才能弘扬民族精神？

【学生活动】深入思考，回答问题。

【教师活动】弘扬民族精神可以从小事做起，从现在做起，从自己做起。在日常学习工作中勤勤恳恳、敬业创优；在他人遇到危险时见义勇为、无私奉献；在国家危难的关头挺身而出、前赴后继。

【学生活动】思考可以做的事情。

【教师活动】其实在我们身边有很多这样的"无名英雄"。疫情防控期间，为了救治病人浑身湿透的医护工作人员，我不知道你是谁，但我知道你为了谁；河南暴雨中路人不顾自身危险、将被大水冲走的女子救回，没有从天而降的英雄，只有挺身而出的平凡人；为了我国的疫苗顺利投入使用，主动作为疫苗临床研究被试的志愿者，他们冒着生命的危险，我们却仅知道他们的特殊编号。他们都是在生活中用行动、用小事弘扬着中华民族精神，他们都是我们的榜样。

【学生活动】学生聆听老师述说的"无名英雄"事迹，深化对"弘扬民族精神可以从小事做起"的理解，主动向榜样学习。

【教师活动】如果信念有颜色，那一定是"中国红"。每一代人有每一代人的"长征路"，每一代人都要走好自己的"长征路"。弘扬民族精神，和钱老一样身为附中人的我们能做些什么？请认真思考后，完成下面的志愿书。请大家将自己的行动写在 iPad 讨论区。

我的行动

如果信念有颜色，那一定是"中国红"。

每一代人有每一代人的"长征路"，每一代人都要走好自己的"长征路"。

弘扬民族精神，和钱老一样身为附中人的我们能做些什么？

请认真思考后，完成下面的志愿书。

志愿书

故今日之中国，不在他人，而在少年。

我是附中人，我可以_____。

中国有我，续写更多的传说！

学生利用 iPad 智慧课堂完成全班讨论，填写志愿书。

【设计意图】设置冲突性问题"我是否必须成就一番伟业，才能弘扬民族精神"，启发学生将弘扬民族精神落小、落实。并通过生活中用平凡小事温暖社会的"无名英雄"的事迹，在情感上引发学生共鸣，最后落地到学生自己的行动上，通过思考"我是附中人，我可以做些什么"，激发学生的主人翁意识和社会责任感，在此过程中引发学生对"平凡与伟大"的思考，进行情感升华。

环节四：总结

【教师活动】可以看出，每位同学都想用我们自己平凡的行动为国家的发展贡献一份力量。但恰恰是这些平凡，才造就了伟大。平凡的中国人造就了伟大的民族，平凡的作为造就了伟大的事业。

【学生活动】学生跟随教师的思路，感受平凡与伟大的辩证关系。

【教师活动】我们以鲁迅先生开篇，仍以鲁迅先生作结。通过对中国脊梁的学习，我们感悟了他们的精神品质。希望同学们未来都能够成为鲁迅先生笔下这样的青年："愿中国青年都摆脱冷气，只是向上走，不必听自暴自弃者流的话。能做事的做事，能发声的发声，有一分热，发一分光，就像萤火虫，也可以在黑暗里发一点光，不必等候炬火。此后如今没有炬火，我便是唯一的光。"希望同学们在未来走向社会时，都能通过自己平凡的努力和付出，为这个社会带来一丝温暖。

【学生活动】阅读鲁迅先生《热风》中的经典语句，产生情感的升华与共鸣，主动为社会贡献力量，自觉高扬民族精神。

【设计意图】以鲁迅"中国人的脊梁"开篇，又以鲁迅"有一分热，发一分光"结束，旨在激发学生主动贡献社会、高扬民族精神、将民族精神落小、落实的热情，首尾呼应，升华主题。

五、教学反思

第一，教学评一体化。本节课的设计灵感来自2021年北京市丰台区一模考试第20题的第2问。该题的设问是"这些精神在不同的历史时期形成，有着不同的表现，但有些东西始终不变，请问不变的是什么？"从学情反馈来看，部分学生的作答情况不佳，不能运用学过的知识以历史发展的眼光归纳共性。因此，我们的教学应该有意识地关注教学评一体化，以考试评价助推我们课堂的改革，及时关注考试动向以及对学生能力培养的引领作用，以高阶思维能力的培养更好地助推学生的成长。

第二，主线索清晰、明确。本节课紧密围绕"一条路（长征路）、三个人（雷锋、郎平、钱学森）、一种精神（民族精神）、两个维度（平凡与伟大）"展开，主线索清晰明确，连贯性强。通过在平凡与伟大，微观与宏观视角之间的切换，让学生感受到个人行动与国家发展之间的联系，实现情感上的升华。导入与结课环节皆引用鲁迅先生的名言，首尾呼应，一气呵成。

第三，充分相信学生，放手让学生尝试。以往，为了在有限时间内高效完成教学，我们更愿意"给"学生设置各种各样的情境，如生活中的复杂情境、时政热点话题等。而在本节课中，从资料的搜集到汇报，再到不同小组之间的交流，都是学生自己完成的。在他们交流的过程中，总能产生一些新的观点，这是我在构思教学时想不到的。因此，充分相信学生，放手让学生尝试，是一种既能提高学生主动性，又能促进教学相长的方式。

六、专家点评

在以往的教学设计中，大多数老师倾向于按照民族精神"是什么—为什么—怎么办"的逻辑推理方式来授课。然而，这样的教学设计存在一个问题，学生会把"是什么—为什么—怎么办"固化为一种思维模式，把学科内容分成三块割裂来看，这样十分不利于学生高阶思维能力的发展和核心素养的培养。本节课在设计教学时，有意识地培养学生用辩证、发展的眼光看待民族精神。在知识的落实上，引导学生理解民族精神"变"与"不变"的辩证关系；在情感、态度、价值观的升华上，引导学生理解"平凡"与"伟大"的辩证关系。丰富教学维度的同时，使学生的认知更加充盈饱满，更具层次性，更加符合新课改的教学理念。

（撰文：姚岚）

（本文发表于《新课程教学》2022年第3期，有改动）

"世界是普遍联系的" 教学设计

一、教学内容分析

本节课为思想政治必修4《哲学与文化》第三课"把握世界的规律"第一框题第一目"联系的普遍性、客观性与多样性"的相关内容。教材通过三个"阅读与思考"设置了不断推进的问题情境，引导学生探究并理解整个世界是普遍联系的，具有普遍性、客观性和多样性，进而推动学生学会用联系的观点看问题。

从马克思主义哲学的学科体系看，联系的观点是辩证法的总特征之一，其哲学抽象性要低于矛盾观，与发展观、辩证否定观等理解难度相似。从马克思主义哲学观点的相互关联看，联系构成运动变化发展，联系观的内容与物质观、运动观、发展观紧密相连；矛盾是联系的基本内容，对联系观的理解关系着正确的矛盾观的建立。总之，联系观是勾连马克思主义哲学唯物论、辩证法的重要的哲学原理。

二、学情分析

高二学生已经具备了一定的具体学科知识积淀，拥有一定的归纳、演绎的思辨能力，同时也有一定的自主探究学习意识和能力。他们正处于从具体形象思维向抽象逻辑思维转变的关键阶段，在认知上更倾向于形象生动，喜欢自主学习，注重理解接受。学生刚刚接触哲学，对哲学充满了兴趣和好奇心。通过对第二课"探究世界的本质"的学习，学生对于哲学追根问底的反思性特征和思维模式有一定了解，但对如何将对生活现象、社会现象的具体认识上升到哲学层面，如何形成逻辑清晰的体系化认知，如何沉淀为方法论的思维工具，仍然比较陌生，哲学思维能力不高。

因此，教师需要坚持理论与实际相结合的原则，以学生为中心，以可亲可感的生活为基础，通过活泼有效的形式，通过对具体案例的剖析引导，致力于高屋建瓴，启迪学生对生活做深入的哲学思考，帮助其形成关于世界怎么样的哲学思维。

三、教学目标分析

通过分析探究牧民沙特尔两条不同的谋生和致富之路、牧民的经济行为与"毫不相干"的他人生活的关系，理解联系的含义；认识到世界是普遍联系的，领会联系的普遍性、客观性、多样性及其指导意义。

通过对比牧民沙特尔迥异的谋生和致富之路、对个人成长联系图谱的梳理和分析，学会用联系的观点分析问题、解决问题，学会积极调整和重塑个人成长中的种种联系，树立正确的人与自然的和谐观，增强绿色生活和生产的信念，增强积极参与环境保护公益事业的意识。

四、教学重难点

教学重点：联系的含义，联系的客观性。

教学难点：联系的客观性及其方法论要求。

五、教学过程

思路说明：本课基于创设了"我"和牧民沙特尔的故事，围绕两位主人公的生活经历，设置了7个学科任务，引导学生分析思考种种联系，课堂生成并构建世界是普遍联系的全景。最后，引导学生在活动中审视自我，用联系的观点分析"我"的联系，重塑有利于未来的"我"发展的具体的联系。

环节一：创设情境，激趣导入

【教师活动】出示中国地图，标出分别位于首都北京和内蒙古阿拉善的两个人：教师本人、阿拉善牧民沙特尔，提出问题："'我'和沙特尔之间有关系吗?"

【学生活动】表达观点1：没有。

表达观点2：也许有。

【设计意图】以悬疑的方式，激发学生探究兴趣，导入新课。本课将结合教师个人的生活经历（也是学生的生活经历）和阿拉善牧民真实的生产活动，创设我和素不相识沙特尔的故事，以此作为学生探究的情境载体。

环节二：寻找"可能"的联系，把握联系的普遍性

【教师活动】出示四个信息：

信息一：北京发生沙尘暴，"我"没有做好防护，咽喉疼痛，生病了。专家称，本次北京的沙尘暴源自阿拉善沙漠。

信息二：沙特尔的致富之路。"沙特尔说：'早上天一亮，我就扛上铁锹出发，满沙丘转悠，仔细查看梭梭周围有没有肉苁蓉。运气好，一天能挖上十五六个大肉苁蓉，就有100多公斤，挣个2000块到4000块钱。运气不好，一天只能挖20到30公斤，挣400多块钱。算下来，挖两个月肉苁蓉能挣三四万元钱。苦是苦，值得！不过，现在肉苁蓉越来越少了！还好，平时还可以砍点梭梭卖了补贴家用！'"

信息三："沙漠人参"肉苁蓉。一种寄生菌，寄生于梭梭根部可以帮助

梭梭消耗多余的营养；也是名贵药材，市场价格为40元/公斤～70元/公斤。

信息四：梭梭——固沙之王。拥有五大特点：耐旱固沙，优质燃料（"沙煤"），是烤羊肉串的好燃料，也是好建材，好饲料，是"沙漠人参"肉苁蓉的寄主。

引导学生，寻找和分析各种联系。

【教师活动】沙特尔和肉苁蓉之间有什么样的关系？

【学生活动】沙特尔采挖肉苁蓉出售挣钱。

【教师活动】沙特尔和梭梭之间有什么样的关系？

【学生活动】沙特尔通过砍伐梭梭挣钱生活。

【教师活动】你还能找到哪些联系？

【学生活动】表达观点1：梭梭和肉苁蓉相互联系，梭梭是肉苁蓉的寄主，为其生长提供营养，肉苁蓉帮助梭梭消化多余营养。梭梭被砍伐后，肉苁蓉相应减少。

表达观点2：梭梭和阿拉善地区的沙漠化有联系。梭梭生长旺盛，防风固沙的能力强，沙漠化趋势得到缓解。反之，加剧。

表达观点3：沙特尔砍伐梭梭挖肉苁蓉卖钱的行为与阿拉善地区的沙漠化也有联系。

【教师活动】这些联系也不是孤立的，它们相互影响和制约。

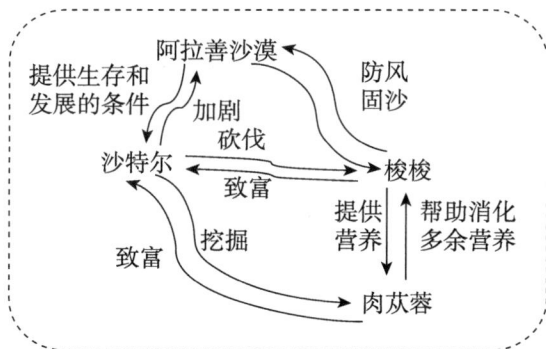

梭梭和肉苁蓉、肉苁蓉和沙特尔、梭梭和沙特尔、梭梭和阿拉善沙漠、沙特尔和阿拉善沙漠，它们之间相互影响、相互联系、相互制约。事物之间和事物内部之间相互影响、相互联系、相互制约的状态，就是哲学上所说的"联系"，包括内部联系、外部联系。内部联系和外部联系的区分，要看事物是什么。当我们分析的事物是阿拉善地区的时候，梭梭和肉苁蓉的联系，就是阿拉善地区内部的一种联系。

【教师活动】沙特尔的致富行动和我在北京沙尘暴中的遭遇有联系吗？如果有，是怎样联系的？

【学生活动】有。沙特尔等牧民砍伐梭梭、挖采肉苁蓉的致富行动，使得梭梭减少，不能更好地发挥防风固沙的功能，使得沙漠化加剧，对北京沙尘暴天气的出现有影响，进而影响到教师的身体健康。

【教师活动】从这个案例出发，我们忍不住要进行一下哲学思考：世界上有孤立存在的事物吗？这说明联系有什么特点？

【学生活动】这说明事物总是处于联系之中，联系具有普遍性。

【教师活动】任意两个事物之间一定存在联系吗？能举例说明吗？

【学生活动】不一定。如果不是沙尘暴，您和沙特尔应该没有什么联系。

【教师活动】对。事物处于联系之中，但不是任意两个事物之间一定存在相互影响、相互制约和相互联系的关系。因缘巧合，由于一些条件的出现，比如沙尘暴、沙特尔的致富行动，使得我们之间才发生了联系。

【设计意图】构建普遍联系的图景，使学生的认知从感性具体上升为思维抽象，理解哲学中的联系的含义及其普遍性。

环节三：探析"真实"的关系，把握联系的多样性

【教师活动】沙特尔的致富行动直接导致了我在北京沙尘暴中的遭遇吗？

【学生活动】不是的，是间接的，而且沙特尔的个人行动在这一具体联

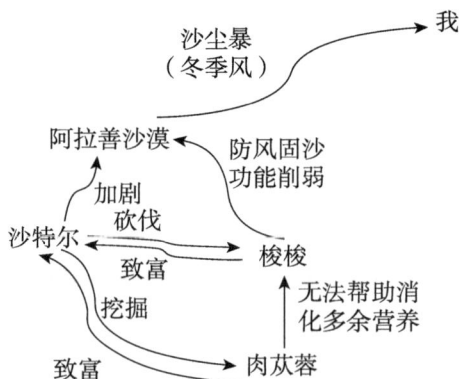

系中，影响是很小的。

【教师活动】对，特别好。只是当许多牧民不约而同地行动时，对当地生态环境的恶化的作用就大了。如图所示，我们可以看到许许多多的联系，有刚刚说到的间接的联系，也有梭梭和肉苁蓉间直接的联系；有砍伐梭梭让牧民短期获利的当前联系，也有砍伐梭梭让生态恶化的长远联系；这些我们看到的联系是现象的联系，背后有着本质的联系……这说明联系有什么特点？

【学生活动】联系是多种多样的，具有多样性。

【教师活动】整个世界统一于物质，同时，又具有多样性。世界的多样丰富，带来了联系的多样性。

【设计意图】锁定"我"和沙特尔的故事，追问普遍联系之下的具体联系，让学生感受并理解联系的多样性。

环节四：问辩"必然"的关系，领悟联系的客观性

【教师活动】呈现案例：发现特大多头肉苁蓉。株高1.4米，根部周长1米，净重25公斤，1米以上的头有9个！这一罕见肉苁蓉是在磴口乌兰布和沙漠西部游牧一族苁蓉繁殖基地发现的。当日，一场沙尘暴过后，这一特大肉苁蓉现身，基地3个工作人员花了2个多小时，才将这株"苁蓉王"挖出来。

请大家思考：当然，这株肉苁蓉所在的梭梭长得就特别好。梭梭长得好，就会长出肉苁蓉，长出好的肉苁蓉，梭梭也因此长得更好。这种关系不因人的意志发生变化。这说明联系有什么特点？

【学生活动】梭梭和肉苁蓉之间的联系，是事物本身固有的，不以人的意志为转移。

【教师活动】我们称为客观性。

【学生活动】有人参与建立的联系还是客观的吗？

【教师活动】好问题！回到这个案例里，我们想一想，"沙特尔们"大量挖掘肉苁蓉后，会对当地的环境产生什么影响？

【学生活动】生态环境遭到破坏，沙漠化加剧。

【教师活动】这种破坏性的影响不是"沙特尔们"希望发生的，对吧？但是它确定不移是会发生的，不以人们的意志为转移。这就是联系的客观性

的体现。

总结一下，按照联系与实践的关系，联系可以分为自在事物的联系和人为事物的联系。人为事物的联系是实践的产物，具有"人化"特点，但是它也具有客观性。

二十世纪五六十年代，阿拉善地区北部有一条东西800多公里、南北30公里的天然梭梭林带。目前这道原本1700万亩的天然生态屏障由于过度砍伐等只剩下580万亩。而且，目前正以每年35万亩的速度退化。这是历史的教训，是人们改造自然时，过度开发，违背客观规律导致的，充分体现了人为事物的联系也具有客观性。

【教师活动】是任其发展，还是行动起来？

展示案例：播放视频，介绍阿拉善SEE生态协会宣传环保、推广能源替代项目，推动梭梭种植和保护的工作。

联系具有客观性，但是并不意味着我们无能为力，而是可以发挥主观能动性，调整和建立新的具体的联系，促进事物的发展。同学们，我们可以为阿拉善的治沙行动做点什么？

【学生活动】到当地宣传环保、为梭梭保护捐款等。

【教师活动】讲述沙特尔的新型致富路。沙特尔卖掉自家的全部牲畜，在沙漠里种植经济作物梭梭，在梭梭根部再嫁接经济作物肉苁蓉，实现了治沙与致富双赢。这一年，沙特尔收入达到3万元。如今他的种植面积已达2000亩，去年收入超过24万元。在沙特尔的带动下，自发种植梭梭和肉苁蓉在村里悄然兴起。全村种植规模在100亩以上的已达十多户，年户均收入3万多元。

同学们，比较沙特尔前后的致富之路，运用本课所学，从哲学角度谈谈致富之路的变化的背后，人与自然的关系发生了怎样的变化？

【学生活动】砍树挖菌，人沙对峙，人与自然是处于对抗征服的状态；种树养菌，人进沙退，人与自然处于和谐共生的更好的状态了。

【教师活动】以沙特尔为代表的牧民们在生产实践中，其认识也发生了相应的改变，这是主观世界和客观世界的联系。联系构成了发展变化。正如恩格斯所说："当我们深思熟虑地考察自然界或人类历史或我们自己的精神活动的时候，首先映入眼帘的是一幅由种种联系和相互作用无穷无尽地交织起来的画面……"人的思维与客观世界相互影响、相互制约、相互作用；世界是普遍联系的；联系是辩证法的一个总特征。在实践中，当我们以庖丁解牛的方式，尊重联系的客观性、多样性、普遍性，就会更加有效地、和谐地推动客观事物、主观世界的发展。

【设计意图】结合沙特尔的致富之路，启发学生思考联系的客观性，反思联系的客观性和人的主观能动性之间的辩证关系，并落实到"行动起来"，实现从感性具体到思维抽象再到思维具体的认知过程。

环节五：观照人生，反思"我"的成长联系

【学生活动】换个角度看自己！

【教师活动】生活中的你处于什么样的具体联系中？为了发展，应如何调整这些联系？请大家反思自己的成长过程，剖析自己成长中所处的纵横联系。完成下表并进行分析。

【学生活动】分析"我"的联系，重塑"我"的联系。

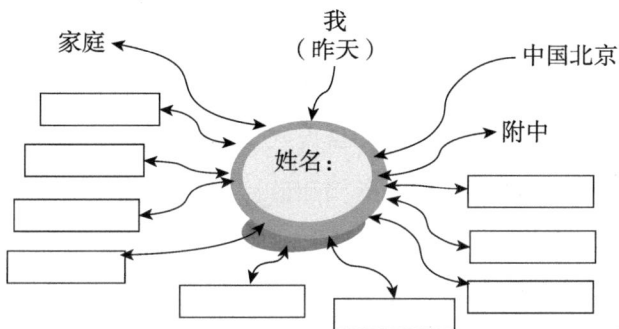

【教师引导】

第一步：完成"我"的联系表。

1.当前对我影响最大的3个人。

2.当前我花费精力最多的3件事。

第二步：分析并修改"我"的具体联系。

1.这些人对我的影响有利于我最大限度地自在生长吗？如果不是，加以修正，添加你需要寻找的合适的人。

2.这些事对我的影响有利于我最大限度地自在生长吗？如果不是，加以修正，确认你当前最应该做的事情。

【学生活动】分享（略）。

【教师活动】这节课，我们走进了沙特尔和我的看似荒诞实则真实的联系中，了解普遍联系的世界的种种特征。哲学是现世的智慧，可以观照我们的人生，指导我们生活得更美好。你，是纵向历史联系中的你，是横向现实联系中的你。期待诸位能从实际出发，具体分析成长中的多样的具体联系，调整、重构联系，推动成人达己的成长之路。

【设计意图】"用"哲学，用联系的观点反思自我的成长道路，客观理性地推动个人成长联系的重构。

六、教学反思

1.创设情境：贯穿始终，紧扣生活，立意高远。以北京的沙尘暴为切入点，将看似毫无关联的"我"和牧民沙特尔联系起来，通过悬疑设问的方式，层层深入，将"我"和牧民沙特尔置于一个普遍联系的网络深入剖析，进而协助学生生成思考问题的联系观。

沙尘暴、北京人、内蒙古牧民、沙漠、沙漠植物……这个北京学生可知可感的生活情境的背后，隐藏着人与自然、经济与社会、认识与实践、个人与社会的复杂而深刻的联系。它紧扣和谐社会、可持续发展的热点，切入点很小，但立意应该是高远的，是充满人文关怀的，有很好的实效性。

2.案例分析：具体到位，层层剖析，归纳生成，强调思维活动。通过7个紧密围绕案例中相互影响、相互制约、相互联系的事物，通过具体的设问，剖析其间的关系，依次归纳出联系的含义、特点，由世界观推导出方法论，立足于学生哲学知识的生成，侧重于思维的过程训练，也暗合了哲学源于生活、从具体学科知识中抽象概括的学科特点。

3.教学环节彰显哲学的人文关怀。案例的选择体现了对人和世界的关系的审视和思考；学生活动"换个角度看自己！——分析'我'的联系，——重塑'我'的联系"更是直接指向学生主体的自我人生反思，体现了哲学是人学，是黄昏中起飞的猫头鹰的反思特征。也因为对学生人生的启迪式关注，该课获得了学生的共鸣，触动了学生内心深处的情感，使政治课教学的德育功能有了好的落脚点。

从学生反馈看，他们认为本节课案例有趣、生动，问题好玩、要动脑筋，老师态度亲和，语言生动、活泼、有感染力，是一节受益良多的课。同行教师也认为，该课程较好地处理了教材的知识点，重难点突出，课堂设计有创意，案例选择精巧高质，彰显了哲学的人文关怀，体现了学科特点，教态语言自然流畅，教学效果相当不错。

4.不足之处。

（1）课堂实施过程中时间把握得不够好。在联系的客观性这个知识点上，花费的时间过多，导致最后的学生活动、课堂要点总结比较仓促，最后的升华部分的效果打了折扣。教学实施能否高质量地实现教学设计中的意图，需要教师的课堂教学管理等方方面面的基本功和经验，我还有很长的路要走。

（2）课堂上学生的外显活跃程度、主动参与程度有待进一步提高。由于是借班上课，与学生初次见面，对学生的了解程度不够，尽管课堂上学生的思维是活跃的，但外在的活跃程度不够。学生不能大胆踊跃地回答问题。在今后的教学中，要加强"备学生"这个环节，要在如何调整、调动学生的课堂状态上多下功夫。

此外，课堂的最后环节，背景音乐的声音太大却无法当场由教师手动调节，影响了教学。教育在于细节，课前的准备工作还不够细致。

七、专家点评

本课采用"一例到底"的情境设置，围绕"我"和牧民沙特尔的故事，搭建层层深入的问题设计，通过7个具体设问，分析其间的种种联系，构建世界是普遍联系的全景。最后，审视自我，用联系的观点分析"我"的联系，重塑有利于未来的"我"发展的具体的联系。在具体复杂的情境中，提出具体的学科任务，引导学生围绕核心概念展开探究，培养学生哲学的思辨能力、应对现实生活分析问题解决问题的能力，实现了活动型课程的有效落地。

（撰文：邰美秋）

"人的认识从何而来"教学设计

一、教学背景分析

1.内容分析

本节课是统编版高中思想政治必修4《哲学与文化》第四课第一框题"人的认识从何而来"相关内容。新课标对本节课的要求是：了解人的实践活动的特性和作用；阐明实践是认识的基础，是检验真理的唯一标准。本框题重点阐述马克思主义哲学认识论中认识的概念、分类及感性认识和理性认识的辩证关系，阐述实践的概念、基本形式和特点，进而阐明实践是认识的基础这一基本观点。"离开了实践，我们就不能科学完整地理解马克思主义哲学。"《哲学与文化》第四课分为两个框题，第一框题的核心观点是实践是认识的基础，第二框题提出在实践的基础上追求和发展真理。本框题的教学内容是第四课认识论的基础观点。同时，本框题内容是对第一课中"实践观点是马克思主义哲学的核心观点"的深化与完善，也为第五课阐明"社会生活在本质上是实践的"这一观点提供了基础，与这些相关知识构成实践的完整的知识体系。认识的两个阶段及其辩证关系是统编版教材的新内容，应给予重视。其中的理性认识知识将在选择性必修3《逻辑与思维》第二单元"遵循逻辑思维规则"中具体展开。综上，本框题的知识在马克思主义哲学认识论及思维方式中起到基础性作用，对这一部分的准确理解和全面掌握对知识体系的构建和思维方式的养成有重要意义。

2.学情分析

学生通过第二课唯物论的学习能够掌握意识的定义和特点，对"能动"的含义有一定的认知，但对认识和意识二者的关系尚不清晰；学生能够借助生活经验和已有知识对"实践"的含义有一定的理解，但不够全面和深入。学生通过第三课辩证法的学习能够具备一定的辩证思维能力，对理解实践和认识的辩证关系有较强帮助。高二选考班学生具备一定的学科核心素养和关键能力，知识积累量增多，思想意识日趋活跃。通过前期教学，教师发现学生在知识储备和知识理解上具备一定优势。但是，能从具体情境，特别是复杂情境中，识别、分析、运用所学知识的能力有待进一步提升。这说明，学生缺乏理解复杂情境的高阶思维能力、自身完全独立地形成自己思想观点的能力，以及形成思维逻辑链条的能力相对较弱。因此，应当选取学生熟悉的，同时又相对复杂的典型案例，并需要教师逐步引导他们科学、全面地认识问题。高二学生具备一定的实践能力，且参与过很多的实践活动。但主动、积极地参与实践的意识仍不足，从实践中提升理性认识的意识也相对薄弱。因此，需要教师通过引导使他们认同实践的价值，增强实践的意愿。

3.课程设计思路分析。本节课围绕"如何理解把论文'写'在大地上"这一议题，层层设问，逐步推进，运用情境化教学。通过袁隆平团队研究杂交水稻的历程和中国援助非洲国家解决粮食问题的过程，运用真实、复杂、典型情境，帮助学生树立正确学科认知和价值取向。

二、教学目标

结合袁隆平团队研究杂交水稻的成就，引导学生理解实践是人们改造客观世界的物质性活动，明确实践的特点。结合自身经历的实践活动，把握实践的基本形式。

结合袁隆平团队研究杂交水稻的历程，探究"实践—认识—再实践—再认识"的过程，理解从感性认识到理性认识的不同阶段，从而提升学生在实践中获得和深化认识、追求真理的意识。

结合中国为非洲国家提供粮食援助的过程，深入剖析实践与认识的关系，提高运用马克思主义哲学认识论分析和解决实际问题的能力。引导学生树立正确的实践观，激发学生参与实践、不断奋斗的热情，落实立德树人的根本任务。

三、教学重难点

教学重点：实践的定义和特点；认识的阶段；实践是认识的基础。

教学难点：实践是认识的基础。

四、教学过程

环节一　喜看稻菽千重浪——感悟成就　理解"实践"

【教师活动】粮食问题是一个始终困扰人类的问题。如今在中国，粮食问题似乎离我们有些遥远，但是在非洲却真实地存在着。而推动这一问题解决的，正是屏幕上所展示的杂交水稻和它的缔造者袁隆平。作为杂交水稻之父、"共和国勋章"获得者，袁隆平曾说，"要把论文写在大地上"。这里面有两个关键词——"论文""写在大地上"。如果从哲学思考，这两个词可以如何解读？

【学生活动】"论文"可以理解为"意识""认识""主观的内容"，"写在大地上"可以解读为"物质性的活动""实践""做"……

【教师活动】同学们刚刚提到了"实践"，这是一个我们之前没有接触过的哲学概念。请大家判断，以下的活动是实践活动吗？

【学生活动】三幅图片都是在"做"，都是实践活动。

【教师活动】我们一起通过了解实践这一概念的内涵再来做判断。实践是人们改造客观世界的物质性活动。这里阐明了实践的主体、实践的结果、实践的对象。结合唯物论的学习，我们能够知道实践是在意识的指导下进行的主观见之于客观的活动。据此，大家可以进一步判断。

【学生活动】织布鸟正在编制精美的鸟巢不是实践活动，因为实践是人类特有，而非动物本能；同学们学习解析几何知识、课后完成作业也都不是实践活动，因为实践改造客观世界，而非主观世界。

【教师活动】我们明确了实践的含义，自然能够理解水稻种植是一个实践活动。但这一定不是简单的实践活动。在研究杂交水稻的过程中，有12个专家团队和12个创新团队，有核心成员121人，后备力量500余人，全国13个省18个科研单位进行科研大协作……人员数量之庞大，足以见得水稻研究之复杂。正是在这样的协作努力下，我国水稻的种植技术、耕种方式和单位亩产才发生历史性的变化。通过我国水稻的研究历程和成果，我们一起概括一下实践活动的特征。

【学生活动】表达观点1：复杂的实践活动要靠多人完成，甚至要经过几代人的努力。实践是处于一定社会关系中的人的活动，是历史地发展着的。

表达观点2：袁隆平团队设立了目标，有了方向，实践活动便可以在意识的指导下对客观世界加以改造。

表达观点3：杂交水稻这一实践活动的成功，是因为遵循了大自然的客观规律，在这个基础上，袁隆平团队积极发挥了主观能动性……

【教师活动】不仅研究杂交水稻的过程是一个实践活动，我们每天也做着许许多多的实践活动，同学们可以列举一些身边的实践活动吗？

【学生活动】大扫除、做运动、种花植树、志愿服务、军训、去居委会劳动……

【教师活动】生活是丰富的，实践也是多样的。在多种多样的实践活动中，可以将实践活动分为三种基本形式。同学们观察这三种实践活动，简单说说它们属于哪个领域的实践活动。

【学生活动】秋粮种植属于大自然；《民法典》调整的是民事主体之间的民事关系，与我们的生活息息相关；"天问一号"的发射有利于人类进一步发现宇宙的奥秘和规律……

【教师活动】大家说得很好！还记得我们在唯物论中学习过世界分为客观世界和主观世界吗？大家可以就此对应吗？进一步整理答案吗？

【学生活动】秋粮种植属于改造自然界的实践，《民法典》通过是改造人类社会的实践，"天问一号"成功发射是在探索规律……

【教师活动】我们可以将实践的基本形式分为，改造自然的生产实践、变革社会的实践、探索世界规律的科学实验活动。

【设计意图】以真实情境作为导入，以议题作为引领，引发学生的思考和对现实问题的哲学理解。铺垫基础理论知识，帮助学生明晰概念；展示袁隆平团队科研成果的变化，感悟成就的同时，激发学生兴趣。

环节二　成就背后的努力——体味艰辛　理解"认识"

【教师活动】了解了袁隆平团队为杂交水稻事业带来的成就，我们必须要走进这个团队，四十多年如一日地付出，了解这篇"论文"写作的过程。接下来，我们一起走进这篇"论文"。同学们，如果从哲学角度破解"论文"，我们可以用哪个哲学概念？

【学生活动】意识？认识？想法？

【教师活动】在马克思主义认识论中，我们用"认识"一词表示主体对客体的能动反映。所谓"能动"就是一种自觉地、主动的反映。下面，我们了解袁隆平团队的认识历程。同学们在阅读材料的过程中，请圈画一些表示动作的词语，尝试判断这些词属于实践，还是属于认识。

【学生活动】学生阅读材料，探究袁隆平团队研究杂交水稻的历程。

材料：1961年7月的一天，袁隆平在试验田选种，意外发现一棵鹤立鸡群的稻株，观察到它株形优异、穗大粒多，足有十余穗，每穗有壮谷一百六七十粒。仔细一推算，用它做种子，水稻亩产会上千斤。而当时国际权威遗传学认为，水稻不具有杂交优势。这次意外发现，坚定了袁隆平培育杂交稻的信心。但是，袁隆平把它收集起来第二年播种下去，结果没有一株像它长得那么好，高的高，矮的矮。失望后突然来了灵感，他推断出这正是杂交稻才有的分离现象。1964年，袁隆平再次发现一株天然雄性不育株。科研团队在接下来六年的时间里，在试验田里用1000多个品种，做了3000多次杂交组合，详细记录了每组实验数据，认真进行比对。历经多次失败，袁隆平意识到应该在"远缘杂交"上寻找突破。1972年育成中国第一个大面积应用的水稻雄性不育系"二九南一号A"和相应的保持系"二九南一号B"。次年，袁隆平发表了题为"利用野败选育三系的进展"的论文，正式宣告我国籼型杂交水稻"三系配套"法成功。1986年，袁隆平提出，杂交水稻要从三系法过渡到两系法。他认为所谓两系法，就是建立在这种特殊的雄性不育水稻基础上的育种技术，其优越性是在夏季长日照下可用于制种，而在春、秋季可以自身繁殖。袁隆平团队经过9年的努力，两系法杂交水稻研究于1995年获得成功。

【学生活动】圈画出"选种、发现、观察、数据、播种、三系法、实验、育成、推算、推断"等关键词。

【教师活动】这些关键词哪些属于"做"？哪些属于"想"？

【学生活动】我认为，"选种、发现、观察、播种、实验、育成"是"实践"，"推算、推断、论文"属于认识。

【教师活动】从"做"和"想"的角度，大家很好地理解了这些关键词的哲学本义。这里面还有，例如"鹤立鸡群的稻株""株形优异""穗大粒多""足有十余穗"等词语，这些是袁隆平最初看到的结果，也属于"认识"，但这与"推断""论文"等有什么区别吗？

【学生活动】数量、样貌……这些通过感官可以直接感受，而论文要经过深入思考、反复调研后得到确证，显得更加"高级"……

【教师活动】大家从二者的区别出发，谈得非常好！请大家进一步思考，它们之间有什么联系呢？

【学生活动】如果没有最初的直观感受，没有喜出望外看到高穗的样子，就没有后来的深入研究。

【教师活动】不仅如此，只有积累了大量的感性材料作为基础，经过深入思考，才能够发现其中的本质和规律。由此，我们将认识活动分为两个不同阶段。大家觉得收集资料获得的认识与写论文获得的认识哪个价值更大？

【学生活动】表达观点1：如果不搜集资料，也就不会发现这个题目，也就写不出来论文。因此，前期搜集的工作更加重要。

表达观点2：本质和规律显得更加高级，可以供后来的学者参考，论文价值更大。

【教师活动】下面我们一起梳理感性认识和理性认识之间的关系。

【设计意图】通过分析袁隆平团队研究杂交水稻的历程，理解其认识发展的过程，懂得认识的深化要经历从感性认识到理性认识的过程。透视研究历程，学生初步理解认识的获得和深化离不开实践活动，为下一环节教学做铺垫。同时，感悟袁隆平团队研究过程的艰辛，理解实践的不易，形成情感认同。

环节三：授之以鱼，并授之以渔——了解中国贡献　明晰"知行合一"

【教师活动】中国的杂交水稻不仅解决了中国人的粮食问题，更为世界解决饥饿问题做出了重大贡献。非洲是中国最重要的粮食救援地区之一。图片中展示的是风景如画的国家，是非洲岛国马达加斯加。袁隆平所带领的杂交水稻团队初入这里时，却遭遇了重重障碍。

在当地，生产生活状况极端艰难。袁隆平所在的基地没有自来水，要到很远的地方用大水桶把水集中后，用明矾沉淀两天，烧开了才能用。在极端恶劣的环境下，大家浑身长满了小疙瘩。当地人对于杂交水稻的态度是"不相信、不理解、不了解"，称杂交水稻为"魔稻"。然而，袁隆平的团队克服一切困难，让当地水稻大幅增产。请大家带着三个问题阅读下面材料。

问题：

（1）非洲农民对杂交水稻的认识发生转变的根源是什么？

（2）袁隆平团队在非洲遇到什么新问题？是如何解决的？

（3）中国杂交水稻在非洲的种植方法正确吗？如何评价？

材料：援助马达加斯加团队聘用当地农民，从播种、插秧、除草、治虫到收割各个环节做好传、帮、带，手把手地把种植技术传授给当地农民，让他们学会了杂交水稻的栽培方法。团队还努力实现杂交水稻在马达加斯加的本土化研究和应用。为排除青蛙、变色龙等生物对杂交水稻的负面影响，一方面，他们专门开发了新型探测装置，搜集到相关数据，明晰了这些害虫的生活习性；另一方面，不断改进杂交稻的种植技术，将34个中国杂交水稻品种与马达加斯加的本土品种进行比较试验，选出了适合当地种植的M729等杂交品种。从2007年开始，团队用国际水稻所将中国的杂交水稻技术与马达加斯加丰富的水稻种质资源相结合，进行测交配组。经过四年的努力，测交配组育成了3个适合马达加斯加种植的中熟偏迟杂交水稻组合，弥补了团队对杂交水稻抗病抗虫性认识的不足，使水稻表现出强大的增产潜力。

【学生活动】表达观点1：非洲农民在实践过程中发现了杂交水稻的种植技术，着实为当地增产增收带来了切实的好处，从实践活动中可以看出中国技术真的强！

表达观点2：这个过程很艰辛！袁隆平团队遇到了好多问题，我尤为关注的是"当地生物侵扰水稻"问题。

表达观点3：尽管这些问题在中国未曾遇到，但是他们没有气馁！不断尝试新型探测装置，开展本土化研究。在此过程中，也丰富了团队对水稻抗虫性的认识。我觉得他们是在实践中发现新的问题，也是在实践中解决了这些问题！

【教师活动】大家说得很好！大家看我手中的这张货币，这是面值20000元的马达加斯加币，货币上的图案正是中国的杂交水稻。这正说明中国的杂交水稻获得了当地的认可。这种变化来源于原来水稻产量只有每公顷2.5吨，现在达到每公顷7吨。2017年当地的一场水灾中，只有中国的杂交水稻依然屹立。

【学生活动】前不久一则新闻引发了我们的关注，那就是袁爷爷的禾下乘凉梦。

【教师活动】确实，袁隆平将一生投入研究中，获得了水稻种植技术，而技术的研究是为了现实的应用。在这个过程中，我们看到了袁隆平团队几十年如一日地付出，看到了几代中国人的实践。

【设计意图】基于袁隆平团队杂交水稻的研究历程和到马达加斯加解决粮食问题遇到的困境的真实情境，学会辨别实践与认识，进而准确理解二者的关系；引导学生明确袁隆平团队的科学研究和援助都是基于实践，形成实践第一的价值观念；通过对情境的思考和判断，提升学生的高阶思维能力，尤其是提升抽象思维能力。

环节四：总结提升

【教师活动】正如陆游所写的"纸上得来终觉浅，绝知此事要躬行"。中国从中华人民共和国成立初期的粮食受助国，转变为如今粮食的援助国。这是几代中国人的实践，也是中国的担当。实践不仅推动了认识的发展，也让我们这个共同生活的世界家园更加美好。

【设计意图】教师结合本节课知识，回应议题"如何理解把论文'写'在祖国大地上"，以引导学生全面、准确把握实践与认识及其辩证关系。通过总结梳理，让学生完善对议题的认知与理解。学生结合情境完善对知识和议题的理解，能形成对实践重要意义的认同，进一步培育自己的实践热情。

五、教学反思

第一，关注学生认知。哲学知识具有高度的抽象性和概括性，尤其是对于高二的学生来说，即使是选考生，也会有一定的距离感。因为在此前任何学段的学习中都没有接触过此类知识，所以在初次学习的过程中，难免在理解上存在一定的思维障碍。因此，无论是教学设计，还是课堂讲授要充分考虑到学生认知上的最近发展区。高二选考班的学生具备一定的学科核心素养和关键能力，但是，能从具体情境，特别是复杂情境中，识别、分析、运用所学知识的能力有待进一步提升。教学中，能够感受到学生缺乏分析复杂情境的高阶思维能力、自身完全独立地形成自己思想观点的能力，以及形成思维逻辑链条的能力相对较弱等问题。因此，本节课所选取的情境是学生熟悉的，同时也是相对复杂的典型案例，在课堂教学中，教师逐步引导他们科学、全面地认识问题。在备课期间，我参考了学生同期的语文教材以及大量的资料，了解到袁隆平这一人物是学生非常熟悉的，所以我将此作为教学情境。通过海量阅读和筛选，我最终使用了袁隆平科研团队对杂交水稻的研究和非洲援助粮食问题的过程两个情境。

第二，注重情境化教学。在情境化教学的设计中，要在两点上下功夫。一方面，情境的选取要与学科核心知识、学科思想高度契合。情境作为课堂教学的载体，要做到形式服务于内容；另一方面，要通过搭好问题桥梁引导学生更为充分地思考，并在思考中提升思维能力。因此，问题的设计需要成串，即设计一系列的问题，每一个问题都要为后续的问题做好铺垫，问题的设计要有思维力度，让学生有所思考，能有较大的思维空间，能做到让学生在课堂中有所碰撞，在交锋中培养学生的思维能力。

六、专家点评

新教材的显著特点之一是课程内容多，一节课难以完成一框题全部教学内容。在本节课的教学中，教师认真梳理了知识之间的逻辑，呈现出了清晰的逻辑脉络，让学生能够更加清晰、准确、高效地理解问题，取得了良好的教学效果。教师应该在教学工作中不断扎实自身的理论功底，立足整体，把握全局，能够从更高位的角度看待教学内容。唯有如此，才能更好地把握教材的核心要义。同时，教学设计要处理好事实性知识、方法性知识、价值性知识的关系，从而使课堂能够产生更高的效益。

（撰文：王辰）

第二部分：
以"学科能力"为主题的学科选修课程群

构建学科选修课程群，助力核心素养提升

　　《普通高中思想政治课程标准（2017年版2020年修订）》明确指出，思想政治课程"力求构建学科逻辑与实践逻辑、理论知识与生活关切相结合的活动型学科课程。学科内容采取思维活动和社会实践活动等方式呈现，即通过一系列活动及其结构化设计，实现'课程内容活动化''活动内容课程化'"，凸显了"活动型学科课程"的特点和要求。在学习和实践核心素养的过程中，我们发现"活动型学科课程"不仅限于思想政治国家课程，思想政治课教师开设的各类选修课程也是培养学生核心素养的沃土。经过收集和整理，本部分内容以"构建学科选修课程群"为主题，通过"引进来"和"走出去"相结合的方式，展示我校政治组在选修课程中培养学生核心素养的经验和成果。

　　此处"引进来"是指教师根据学生的身心发展规律，将对培养学生核心素养有益的各类活动和资源引入学校选修课程当中。例如，马机麟老师的"拍案学法"选修课就是紧密联系初二学生正在学习法律知识的实际需要而开设的：马老师发现初二的学生"具备一定的法律常识""对具体法律案例很感兴趣"等特点，同时考虑到"课堂上没有时间充分讲授具体法律案例"等实际情况，在选修课中培养学生的"政治认同""科学精神""法治意识""公共参与"等政治学科核心素养。这是选修课程与必修课程内容互补共进、共同培养学生核心素养的典型经验和做法。与之相似的，还有李方老师为初中学生开设的"我是创业家"选修课和徐芬芳老师为高中学生开设的"学生公司"选修课。在这些选修课中，通过丰富有趣的学生活动培养学生的"经济头脑"，在不同学段培养学生学科核心素养。此外，还有田金苹老师开设的"非遗文化进校园"选修课，邀请非物质文化遗产传承人来讲解并传授非遗

"手艺"，让学生通过亲身实践，感受非遗魅力，主动传承中华优秀传统文化，提升对文化的认知和感悟。

"走出去"是指学生走出课堂，走出校门，走进社会大课堂，参与到选修课程的实践活动中，在体验践行中提升核心素养。例如，王亚辉老师在"走进老字号"选修课中，安排学生走进前门地区的各类"老字号"，让他们亲自观察和调研老字号的经营情况，学习和理解"老字号"背后的文化底蕴和精神内涵，并为"老字号"焕发新的活力提出建议。这是学生走出课堂，在社会实践中提升核心素养的典型案例。梅超老师在"模拟政协"选修课中，引导学生撰写能够投给北京市政协的提案，这样的活动形式在培养学生核心素养方面有其独特优势，寓教于乐，在活动中学习，在活动中收获，对学生的核心素养发展起到了非常突出的作用。

通过"引进来"和"走出去"相结合的方式，培养学生独立思考、理性参与的能力，提升学生科学精神和公共参与的意识，锻炼学生团结合作、不畏困难的重要品格，为培养新时代中国特色社会主义接班人贡献力量。

（撰文：王建业）

参政议政，我当小委员
——"模拟政协"选修课

一、课程简要介绍

"模拟政协"课程，是以中国人民政治协商会议为学习对象，让同学们模拟政协委员的角色，深入社会、关心生活，针对同学们所关心的问题，开展模拟提案、模拟议事的活动课程。本课程的核心是通过模拟人民政协的提案形成过程，以培养学生的实际调研能力和家国情怀。课程包括理论介绍和实践活动两大部分。在理论介绍部分，着重讲解政协的基本知识以及如何从事一般的社会调研。在实践活动部分，除了安排嘉宾访谈和参观政协等环节，还将针对具体社会民生问题，组织学生开展相关社会调研，引导学生分析数据、提炼问题、梳理已有经验并提出相关策略。通过走访调研分析论证，形成有针对性的解决方案，最终撰写专业的提案，并提交至有关部门。在上述一系列过程中，培养学生当家做主的主人翁意识，提升他们的科学精神和公共参与能力，坚定他们对中国共产党领导的多党合作和政治协商制度的自信。

二、课程开设背景

2019年3月18日，习近平总书记主持召开学校思想政治理论课教师座谈会并发表重要讲话，为新时代学校思想政治理论课建设指明了前进方向，充分肯定了学校开设思想政治理论课的重大意义。总书记指出"在大中小学循序渐进、螺旋上升地开设思想政治理论课非常必要，是培养一代又一代社会主义建设者和接班人的重要保障"。"思政课作用不可替代"，"要不断增强思政课的思想性、理论性和亲和力、针对性。"

2019年3月28日，国务院副总理孙春兰在北京师范大学调研时再次强调，要深入贯彻习近平总书记在学校思想政治理论课教师座谈会上的重要讲话精神，深化思政课教学改革，与学生思想实际相结合，与国家发展实践相结合，与学校专业课程相结合，回应思想困惑，引导健康成长。

时代呼唤创新，党和国家领导人高度重视思政课建设，如何丰富思政课的形式，让思政课更接地气、更具实践性，成为学生真正喜欢的学科，是广大思政教师需要重视的课题。创新思想政治课形式，大力推进"模拟政协"活动，正成为我校思想政治课教育的一张名片。

早在2017年1月，北京师范大学附属中学就被确定为北京市首批中小学模拟政协实践基地，学校领导高度重视，政治组教师专人指导。经过多年的发展，"模拟政协"课程形成了"选修课+社团"的双驱动模式，以及"理论学习—社会调研—汇报展示—观摩体验"的四级育人培养方案。教师与学生深度互动，课堂和社会广泛融合，学生在一次次学习的过程中不断提升自己，由"模拟政协"选修课引领的新的思政课学习形式，正在令学生们日益受益。

三、课程内容设计

课程目录	主要内容
1. 了解政协	（1）讲述人民政协的相关知识：人民政协的历史由来（从旧政协到新政协）、人民政协的作用、人民政协的组织架构和界别划分等 （2）据此概括出协商民主的概念，进而讲述中国特色的政党制度
2. 外出参观	带领学生外出参观全国政协礼堂（或北京市政协礼堂），通过实地参观来深化学生对于理论知识的学习
3. 走近政协委员	（1）以某个特定的政协委员（如刘翔）为例，讲解政协委员的产生、政协委员的权利与义务，政协委员先进事迹汇报等 （2）以优秀的政协提案为例，讲解如何选取议题，并带领学生思考选择当前社会发展中有意义的选题
4. 政协委员座谈会	邀请市优秀政协委员和学生们分享自己的经历，以榜样的力量感化学生
5. 北京市"模拟政协"活动概况介绍	（1）讲述"模拟政协"活动的由来及赛制要求 （2）模拟政协活动流程：学习知识—确定选题—调查研究—形成提案—集中展示—评选优秀提案 （3）学生分组，课下思考、商讨并确定小组选题

续表

课程目录	主要内容
6.社会调研（一）	（1）明确调研资料的分类 （2）二手资料的获取：如何利用专业书籍、网站、报纸杂志等途径获取信息 （3）一手资料的获取：个别访谈法、问卷调查法以及电话访谈法的优缺点及注意事项 （4）小组课下收集整理二手资料
7.社会调研（二）	（1）课堂展示：各小组分享自己整理所得的二手资料 （2）教师点评，在此基础上教师进一步讲解一手资料问卷调查法的开展，介绍问卷设计的一般原则、优秀问卷展示、如何抽样等 （3）小组课下设计自己研究议题的调查问卷
8.社会调研（三）	（1）课堂展示：各小组分享自己设计的问卷 （2）教师点评，学生修改问卷，在此基础上讲解问卷的发放与回收、实际调研注意事项、数据的统计整理等问题
9.提案撰写	（1）讲解人民政协提案的撰写要求，学生课下撰写提案 （2）观看往届模拟政协比赛视频，了解小组展示的过程
10.小组展示与模拟答辩	（1）各小组展示本组提案，小组互评，互相启发 （2）模拟答辩与教师点评
11.总结与展望	（1）回顾所学、巩固认知 （2）学生交流课程和活动感想 （3）教师与大家交流心得、反思课程并完善实施方案

四、课程实施效果

"模拟政协"经由模拟政协委员调研分析、提出议题、撰写提案等一系列活动，深化学生对我国政协委员职责的认知，增强学生对我国基本政治制度的认同。在给予学生宝贵知识和丰富实践的前提下，促使学生进一步确立坚定的理想信念，培养制度自信，缔结家国情怀。这既是爱国主义教育的创新，也是学生人生发展的宝贵机遇，正如习近平总书记在北京市政协十三届三次会议观摩师生座谈会中提到的："模拟政协无论对学生还是委员，都是一种提升，未来的模拟政协活动，也依然会有所创新。"

以下来自学生的活动感言：

政治协商看似离我们很远，实际上它致力于解决我们身边的问题。从刚开始的寻找问题、提出问题，到走访调查，再到最后的撰写提案，每一个环节都充满挑战。尤其是走访调查，第一次街头采访，紧张是不可避免的。尽管有时会被拒绝，但还是要鼓起勇气去寻找下一个采访对象。在一次次尝试中我收获了不一样的惊喜。在整个活动中，我在问题分析、团队协作、报告撰写等方面，都有所提高。我觉得模拟政协活动意义非凡！

——高二（7）班　张××

在同学们的介绍下，上学期我好奇地参加了模拟政协社团。通过一学期的学习，真心感觉到自己学到了不少东西。首先，了解到政协的开会方式、政协的作用、提案格式；其次，在参与活动的过程中提高了自己的团队协作能力和实践能力，大家分工明确，能够高效完成任务；最后，也锻炼了自己的写作能力。总之，参加模拟政协社团收获颇多啊！

——高二（4）班　邓××

我参与了有关"电子烟"的提案撰写。整个"问卷调查"的过程最使我受益的是，我从中学会了如何设计出有吸引力的问卷，并高效率地收集到最真实、最有价值、最充满说服力的一手数据。

——高二（11）班　陈××

非常幸运地来到了模拟政协社团，快一年了，以前以为政协离我们很远，高中生没有机会参加政治生活。但是在本次提案的撰写中，我们从发现问题、实地走访到提案完稿，全部由同学们自己完成，收获颇多。在提案中，我们提出了完善校园便民措施的建议，这不仅能深化对相关问题的认知，还让我们体会到切实参与到了政治生活中。

——高二（4）班　郭×

在高中生活刚开始的时候，我加入了模拟政协社团。在社团中，真切地感受到了公民在政治生活中的作用，原来我可以通过自己的努力让社会看到我所看到的问题并且共同去解决。我喜欢关注生活，发现问题后不能只会抱怨，而是想方设法去解决。我希望通过我们的努力，让每一分努力变成现实，助力祖国的发展建设！

——高二（10）班　胡××

（撰文：梅超　王辰）

指点世界，携手共进

——"模拟联合国"选修课

一、课程开设背景

当今世界正在经历百年未有之大变局。世界多极化、经济全球化、社会信息化、文化多样化持续深入发展，全球治理体系和国际秩序变革加速推进，新兴市场国家和发展中国家快速崛起，国际力量对比更趋均衡，世界各国人民命运紧密相连。与此同时，世界面临的不稳定性与不确定性突出。国家的发展离不开世界这一舞台，当代学子也必须具备世界眼光和国际情怀，而作为人生基石的中学阶段，乃是培养学生世界视野和人类情怀的重要时期。基于此，学校已连续近二十年开设"指点世界，携手共进——'模拟联合国'"选修课程和相关学生社团活动。

二、课程开设目标

本课程是以国际问题和国际视野为平台、以核心素养培养为载体、以立德树人为根本目标的一门跨学科、综合性、实践性的特色校本课程。该课程将德育与智育融为一体，理论与实践并重，为具备一定国际知识储备和对国际热点问题感兴趣的同学提供深化和提升的空间，为国际型预备英才和领袖式人物的培养奠定基础。本课程能够锻炼学生的多种能力和素养，主要包括：

1.推动学生加深对国际问题的研讨，唤起附中学子"为天地立心，为生民立命，为往圣继绝学，为万世开太平"的使命感，培养学生全球意识和责任意识，增强对世界的人文关怀。

2.体悟现实世界各种政治力量的博弈，感受民主化进程中的成果和困境，学会用理性的目光审视世界。

3.提升学生组织管理、沟通协调、文件写作等方面的能力，尤其是培养领导才能。

4.增加体验合作的能力，增强团队意识。

三、课程开设内容

本课程内容主要包括联合国相关历史简介、模拟规则讲解、当前国际热点介绍和各类会议模拟等实践活动。主要包括下列内容。

主题	内容简介
1.联合国的历史介绍	介绍联合国发展历史、宗旨和处理国际问题的原则
2.出色外交官的风采展示	介绍中外历史上出色的外交官外交原则、技巧，让学生感受外交的魅力
3."模拟联合国"活动规则介绍	介绍联合国开会的规则和要求，通过学生模拟活动，熟悉、熟记联合国模拟会议规则
4.模拟相关文件写作，介绍要求及注意事项	把握模拟联合国会议上所需的各种文件的区别和联系，以便正确、合理、充分地表达所代表国家的意愿
5.参与模拟活动的社交礼仪	熟悉所代表国家及相关国家的传统习俗、外交礼仪及相关文化
6.演讲与口才培训	介绍演讲的基本知识，熟悉作为一名外交官应该具备的表达语气、方式和技巧
7.当今国际政治热点问题梳理	介绍当今国际环境及发展趋势，了解一些对全球有重大影响的热点问题
8.专家专题讲座	针对我校抽到的议题，请相关老师或外校专家做相关问题的讲座，使学生了解议题的相关知识
9.模拟会议	按真实联合国会议的要求组织学生开模拟会议，增加实战经验

四、课程实施方式

"模拟联合国"（Model United Nations）活动是模仿联合国及相关的国际机构运作方式和议事原则，围绕国际上的热点问题，让学生扮演相关国家的参会工作人员，参加相关模拟会议。学生扮演不同国家的外交官，并代表所在国参与到"联合国会议"当中。代表们需遵循大会规则，在会议主席团主持下，通过演讲阐述"自己国家"的观点，并为"自己国家"的利益进行辩论、游说。他们与友好国家沟通协作，想办法解决冲突；他们讨论相关决议草案，积极促进国际合作；他们在模拟"联合国"的舞台上，充分施展自身才能，贡献自己的力量和智慧，积极促进国际问题达成一致意见并顺利解决。

本课程采用选修课和模联社团的组织模式。一方面，设置选修课，每周两课时，以此保障教师指导活动和学生模拟活动的常规和稳定；另一方面，成立校模联社团，实行教师指导下的学生自我管理，由通过民主选举方式产生的中英文组组长、学术总监、外联总监等组织机构负责模联的日常活动，主要任务是筹备和参加北京模联、北大模联、外交学院模联会议。

指导教师方面，我们已经打造出一支具有较高水平的多学科教师合作团队，同心协力，分类指导。英语教师（包括我校外教）主要进行英语语言和英文写作指导，政治教师主要就国际热点和政治博弈进行政治学、经济学等方面的指点，语文教师主要进行文件写作和演讲技巧的辅导。另外，邀请相关专家和学校优秀的往届模联成员作专题讲座也是指导内容中有吸引力、丰富多彩的部分。

本课程效果评价，主要聚焦于学生的学习过程，通过学生在学习和活动过程中表现出的积极性、认真程度、发言质量、与他人的合作意识、文件写作及对会议进程的把握和推进能力等，给予优、良、合格、不合格四个等级的评定。

五、课程实施效果

在每届的招生过程中，本课程选修学生都爆满，常常需要进行好几轮的面试来筛选人员。在学校受欢迎程度和收获程度等的学校选修课统计结果中，本课程的评价都名列前茅。尤其对于选课和参赛学生而言，其收获也十分实在。有同学在课程总结中写道："参加模联有助于帮助我们提升政治素养，培养创新思维，提升自主学习水平，训练查找资料和研究的能力，培养团队合作精神，提高沟通和表达能力，增强社会责任感，学会理解和包容，助我们广结良友，共同进步……"在模联中，同学们不仅收获了知识、能力，更收获了关爱和友谊，模联的学习已成为他们高中生活难忘的美好经历。模联激发了一届又一届附中学子自发的求知欲、广阔的视野和深沉的情怀。

自2004年北京大学启动了首届全国中学生模拟联合国大会活动，并于2005年组织首届会议以来，学校连续近二十年派队参加（2020年第十六届因新型冠状病毒感染疫情影响而取消），且取得优异的成绩。在参加北大全国中学生模联大会活动中，学校多次获得最佳组织奖、最佳地球村奖、杰出贡献奖、最佳代表、杰出代表、最佳立场文件、最受欢迎、最佳外交、最佳阐述、最佳报道、最佳专业媒体、最佳立场把握、最佳风采、最佳演说等各个奖项。在2013年外交学院全国模联大会（主要以大学生为主），我校同学获得最佳创新奖，并作为获奖代表在闭幕式上发言。我校模联还走出国门，到联合国总部参观学习，2009年作为唯一一支境外代表队参加了American University组织的全美中学生模联大会，并载誉而归。我校优秀的模联成员，进入大学以后，活跃在更大的舞台，其中有些同学曾担任北大模联协会的秘书长和技术总监，成为模联活动在中国地区推广的骨干分子。

经过近二十年的探索，学校已形成了具有附中特色的模联活动模式：多学科教师合作队伍、优秀学生遴选机制、学生社团自我管理、以模拟会议为中心的教学方式等，现已经开发了校本培训材料、协会杂志、招新试题，积累了一定数量的书籍、音像等教学资源，为进一步的完善和提高打下了坚实基础。

（撰文：胡莹　王斌）

学点法律知识，人生不走弯路

——"拍案学法"选修课

一、课程特色简介

青少年社会主义核心价值观的塑造以及核心素养的培育，均离不开法治教育。现代公民应具备基本的法律素养，普及法律知识不仅关乎青少年法律行为习惯的养成，也影响着其法律信仰、法治素养的形成。"拍案学法"是专门为初二学生量身打造的一门，旨在介绍我国相关法律知识的选修课。通过对社会上影响力比较大的一系列案件的分析解读，为学生传授一些法律知识，增强他们的法律意识和法制观念，并引导学生运用所学法律知识分析一般性法律问题，培养学生的法治素养和现代公民意识，与宪法必修课相配合，助力学生真正做到学法、知法、守法、用法、尊法、护法。

二、课程开发背景

青少年法律意识的强弱，对社会主义法治国家的建设进程有着重要影响。"拍案学法"选修课适合初中学生年龄特点和认知水平，通过这门课程，能够培养学生对法律的兴趣，加深他们对法律的理解。

中学扩招后，一些曾经比较好的学校也开始出现了不少违反校规校纪的学生，如无故旷课、迟到早退、干扰教师讲课、抄作业、考试作弊、校园欺凌等违规违纪情况层出不穷，甚至破坏社会公共秩序的现象也时有发生。这些情况表明，对初中学生法律知识普及已刻不容缓。初中生对法律很感兴趣，而初二新教材重点解读宪法内容，涉及普通法律的内容比较少，这门选修课正好是对学生学习宪法知识的有益补充。

三、课程内容设计

1.重要案例及相关法律知识讲解

马加爵案	故意杀人罪
复旦投毒案	故意杀人罪、投毒罪
药家鑫案	故意杀人罪、交通肇事罪
遗产继承	遗产继承顺序、法定继承、遗嘱继承、遗赠等
邓玉娇案	防卫过当、正当防卫、故意伤害
于欢案	防卫过当、正当防卫、故意伤害、人身自由
涞源反杀案	防卫过当、正当防卫、故意杀人、过失杀人等
赵宇案	故意伤害罪、见义勇为
昆山反杀案	防卫过当、正当防卫
校园欺凌案	欺凌的界定、预防校园欺凌、后果等

2.案件涉及的相关法律知识

（1）故意杀人罪（马加爵案、药家鑫案、复旦投毒案等）

故意杀人是指故意非法剥夺他人生命的行为。属于侵犯公民人身民主权利罪的一种。是中国刑法中少数性质最恶劣的犯罪行为之一。马加爵案、药家鑫案、复旦投毒案这三个案例都涉及故意杀人罪，当事人都因为故意杀人而被判处死刑。

（2）投毒罪与故意杀人罪（复旦投毒案）

投毒罪与故意杀人罪的最大区别是：投毒罪要侵害的人员是不特定的，它属于危害公共安全罪；而故意杀人罪的犯罪指向是特定的，是针对某一特定的人实施危害其生命的行为。复旦投毒案林森浩属于故意杀人罪而不是故意投毒罪，让学生了解两种罪名的不同。

（3）何为激情杀人？药家鑫是否属于激情杀人？（药家鑫案）

激情杀人，即本无任何杀人意图，但在被害人的刺激、挑逗下而失去理智，失控而将他人杀死。在药家鑫案中，被害人是无辜的，从被撞倒直至被杀害，没有任何的过错和不当的言行。因此，药家鑫案属于故意杀人罪，不属于激情杀人。

（4）什么是交通肇事罪？药家鑫是否属于交通肇事罪？为什么属于故意杀人罪？（药家鑫案）

药家鑫之所以构成故意杀人罪而非交通肇事罪，是因为他有杀人的意图，实施了持刀连捅数刀的行为，且导致了被害人死亡的后果，这符合故意杀人罪的法律构成要件，故不能属于交通肇事罪。

（5）故意伤害罪（于欢案）

于欢案从一审的故意伤害罪被判无期徒刑，二审改判为防卫过当有期徒刑五年，因改动如此之大引起社会广泛热议。在本案中，于欢的行为属于防卫过当，归案后他能够如实供述罪行，且被害方有侮辱他母亲的严重过错等情节，因而对于欢依法减轻处罚。

（6）正当防卫和防卫过当（邓玉娇案、涞源反杀案、昆山反杀案、赵宇案等）

邓玉娇案、涞源反杀案、昆山反杀案、赵宇案均涉及正当防卫或防卫过当。正当防卫是为了合法权益免受侵害，在紧急情况下制止不法侵害，赋予公民实施自力救济以便保护合法权益的一项措施。

（7）遗产继承相关知识

通过大量的案例，带领学生学习这部分知识。主要有以下内容。

根据《中华人民共和国继承法》的规定，遗赠与遗嘱继承有什么不同？

根据《中华人民共和国未成年人保护法》第四十五条规定，人民法院审理继承案件，应当依法保护未成年人的继承权。

根据《中华人民共和国继承法》第七条规定，继承人有下列行为之一的，丧失继承权：故意杀害被继承人的；继承人为争夺遗产而杀害其他继承人的；遗弃被继承人或者虐待被继承人情节严重的；伪造、篡改或者销毁遗嘱，情节严重的。

四、课程实施方式

1.在教学中，主要采取了以下三种方法

（1）谈话法。从介绍案情开始，引领学生率先知晓案情的经过，尤其重点在于法院的一审和二审。接着剖析法院如此量刑的缘由，找出依据。自主学习相应的法律知识。例如，第一堂课就是马加爵案例。这个案例当时很轰动，但是现在的学生们知之甚少。该案例重点是从反思马加爵的犯罪行为开始。为什么会发生这种极端杀害同宿舍多个同学的情形？从分析马加爵自身的状况，到周边同学的情形，并阅读了马加爵的遗书，深入剖析了马加爵的内心世界。现在关注了解这种故意杀人案，更多的还是从中汲取经验教训。同为故意杀人案，马加爵、药家鑫和林森浩又存在哪些差异？能给今天的人们带来何种启示？对此我们也进行了分析。

（2）讨论法。在讲课过程中，组织学生进行讨论，如怎么看待马加爵这个人？怎么看待马加爵身边的人？如果你身边遇到这种人你会怎么做？药家鑫为什么犯故意杀人罪？怎么看赵宇案中赵宇从故意伤害到见义勇为？我国的司法有哪些进步？在所有讲过的案例当中，校园欺凌案是学生们最关注的，或许学生认为这些案例离他们的生活更为接近。特别是对于王晶晶被欺凌的案例学生们感触很多。在讲解分析这一案例的基础上，对欺凌的后果和触及法律的行为进行了讨论，并引导学生们思考如何看待身边出现的欺凌现象。

（3）观看视频。在针对学生所做的课后调查中，显示学生们对观看案件的视频非常感兴趣。特别是在聆听老师讲解了一部分案情后，就更为迫切地想知道犯罪分子的模样，想听听犯罪分子的忏悔，也想知道媒体对这一案情做出怎样的评价。一般在学生们讨论完，再让学生们看媒体对案件的分析。

2.专业律师的座谈

在课程中，有时请专业的律师来讲解现实中的真实案例，和学生座谈，为学生答疑解惑，使学生们对尊法守法用法有更深入的了解。通过这样的安排，学生们对律师的工作也有了一定的认识，有学生甚至确定律师为自己的未来职业。

3.走出课堂，组织活动

（1）带学生参观西城区人民法院。此项活动得到了西城区人民法院和学校的大力支持，学校安排租车，西城区人民法院的几个法官带领学生们进行参观和讲解。学生们对此兴致颇高，现场频频向法官提问，特别是当学生们穿上法官袍拍照，尤为兴奋欣喜。学生们参观完法院回到学校，当学习到国家机构中法院那部分知识时就更为熟悉，这也是选修课对正常教学必修课的有益补充。

（2）排练法律短剧。短剧都是同学们分组后自己编写的，而后与教师一起进行修改。同学们编写的剧本涉及抢劫罪、故意伤害罪和故意杀人罪、模拟法庭等，在课时安排方面一共给了两节课进行小组排练。同学们排练得很认真，互相配合并尽量背下台词。在汇报展演时，有几组同学的表演极为精彩，他们在总结中也提到在排练短剧过程中收获很多。

道德与法治课在当下显得尤为重要，加强青少年的法律意识也迫在眉睫。青少年是祖国的未来、民族的希望，我们作为传道授业解惑的教帅，对加强道德和法律教育肩负着责无旁贷的责任和义务。

（撰文：马机麟）

解锁企业家成功的密码

——"我是创业家"选修课

一、课程开设背景

"我是创业家"是专门为初中（七、八年级）学生设计的创业体验课，该课程借助一系列有趣并且与生活联系紧密的活动，使学生了解如何创立一家企业，进而引出创业精神和创新意识。学生将会投身于各种体验、实践项目当中，运用身边及社区的资源，通过头脑风暴、小组讨论、公众演讲等方式，增强领导力、团队协作能力、发现与解决问题的能力，提升动手能力、社会技能及创新实践能力。这是国际青年成就组织中国部开展的体验式教育中最重要的一种培养领导力和创造力的方式之一。

二、课程特色简介

"我是创业家"选修课的最大特色在于，引入社会资源，拓展学生的视野，感悟志愿者文化。选修课不仅仅是传授知识，更是传播一种文化。"我是创业家"选修课的授课教师都是志愿者，他们多数拥有在知名企业工作的经历，这本身就是非常难得的教学资源，促使他们的课讲得更生动、更自如、更有说服力。授课的志愿者教师尽管没有报酬，但他们备课讲课非常认真，丝毫没有因为是公益活动而敷衍了事。始终能站在学生的角度，真诚地为学生答疑解惑。他们以自身的行动诠释了什么是志愿者精神，这本身对学生就有教育意义。这些志愿者教师也令我们这些职业教师肃然起敬。此外，推出这门选修课的JA中国，还会不定期推出"公司见习日活动"，在活动期间，志愿者和教师带领学生走进各个公司，这不仅开阔了学生的视野，也为学生今后走向社会以及职业选择搭建学习平台。

三、课程内容设计

课题	内容简介
第一课　创业家之路（1）	企业产品和服务的定义，创业家和创业的含义
第二课　创业家之路（2）	了解社会创业家的定义，归纳创业家及社会创业家的核心特质
第三课　满足一个市场的需求（1）	市场需求的含义，影响市场需求的主要因素
第四课　满足一个市场的需求（2）	市场需求分析，几种不同的市场需求状况
第五课　寻找供应商	供应商的含义以及分类，供应商对企业的影响，如何寻找供应商
第六课　制订资金计划	资金计划的含义，如何制订企业资金计划
第七课　市场营销	市场营销的定义，市场营销的特质，重视客户关系以及评估客户价值
第八课　企业社会责任	了解企业应当履行的经济责任、遵纪守法责任、伦理责任以及慈善责任
第九课　完成商业计划	商业计划的含义以及重要性，如何制订商业计划书
第十课　商业筹资	商业筹资的概念以及常见的商业筹资方式

四、教学设计示例

第一课：创业家之路

1.教学背景分析

企业与创业家离学生的生活比较远，但学生对企业、创业家的话题还是比较感兴趣的。学生通过了解一家企业创立的过程，了解创业家创业之路，深入思考创业家精神。

2.教学目标

通过探究名企业和它们的创始人创业经历，引导学生理解创业家和创业的定义，明确企业商品和服务的定位，通过创业家的故事了解创业家的核心特质。

3.教学重难点

定位企业商品和服务；理解创业家的核心特质。

4.教学过程

·课前准备：1张JA中国标志、20张前测问卷、20个姓名标牌、20张"创业家特质"作业单。

·填写问卷（5分钟）：填写关于企业的前测问卷。

·热身（5分钟）：告知学生本课程是由国际青年成就组织中国部（JA中国）开发并实施的，国际青年成就组织是一个非营利组织，其资金来源于企业基金会及个人捐赠。该组织于1919年在美国成立，目前在全球100多个国家设有分支机构。JA中国的宗旨是教育年轻人重视自由竞争，鼓励他们了解商业和经济知识，培养学生的品格、创造力和领导力，以使他们在全球经济中获得成功。

志愿者向学生介绍自己的姓名、工作和兴趣爱好，并表明自己是JA中国的志愿者。

给每位学生一张姓名牌，让他们在上面认真书写自己的姓名。完成后，将姓名标牌放在桌角，并告知学生以后上课时都要将姓名标牌放在桌角，与学生制定课堂规则。

向学生简单介绍"我是创业家"这门课程，告诉他们在接下来的10节课中，他们将了解什么是创业和创业家精神，通过活动体验创业过程，学习创业技能、锻炼创造力和领导力。

·讲授企业产品和服务的定义（10分钟）。

给学生播放一段视频，请学生在观看视频的同时思考以下问题："视频中的人是谁？""他做了什么样的事？"

向学生解释企业产品和服务的定义，让学生回答产品和服务的区别，告诉学生视频中的企业都是创业家通过创业建立起来的，创业是一种劳动方式，是创业家通过思考、推理和将资源进行优化整合，创造出更大经济或社会价值的过程。

·活动——抢答游戏（5分钟）。

活动步骤：

①临时将班级分成4个小组，投影屏幕上每一轮抢答前会出现三段提示，学生需根据描述回答三个问题"创业家的名字""他创建的企业的名称""这家企业是做什么的"。

②教师播放第一段提示，在宣布开始抢答后，准备好回答问题的小组举

手示意。

③获得回答资格的小组回答提示对应的三个问题，但如果回答错了，教师依次播放第二个和第三个提示，如果学生依然答不出或者答错，此时其他小组再次举手示意抢答。

④回答错误没有惩罚，仅根据提示1答对的得3分，根据提示1、2答对的得2分，根据提示1、2、3答对的得1分，游戏结束累计分数高的小组获胜。

·讲授创业家特质（10分钟）。

抢答游戏结束后，向学生提问：抢答游戏中的创业家们，他们都有哪些共同的特质？在黑板上记录学生的回答。

示例：

自信的：相信自己可以成功。

自我驱动的：主动采取行动。

团队合作者：与别人合作良好。

创新：发现做事的新方法。

坚持不懈：面对困难的时候可以坚持下去。

有说服力：吸引合作伙伴和客户。

热情：相信产品或服务能创造价值。

冒险：为了潜在的收益愿意承担挑战风险。

五、课程实施方式

"我是创业家"这门选修课为创业体验课，每周有两课时。由附中老师与JA中国志愿团队的老师共同授课。授课主要通过案例分析、小组合作探究等形式展开。经过一学期的学习，每个小组要设计出本小组的商业计划书，选定特色商品或服务，并推介他们的项目，竭尽所能地打动评委们（志愿者老师和附中老师联合组成评委），获胜的小组会获得荣誉证书和奖品。在学习过程中，学生的协作能力，公开演讲能力，发现问题、分析问题、解决问题的能力，创新能力等都会得到提升。

"公司见习日活动"则会带领学生走进各个公司，学生与企业员工直接对话，了解他们的工作日常，学生们也会询问他们感兴趣的问题。在交流中，激发学生对未来职业的憧憬。同时，企业员工高效的工作、诚恳的态度、得体的言谈举止等，都给学生留下深刻的印象，对他们未来的成长产生潜移默化的影响。

（撰文：李方）

体验创业过程，放飞创业梦想
——"学生公司"选修课

一、课程特色简介

"学生公司"是一门选修课程，旨在通过学习商业、经济学等学科知识和创业实践，帮助学生将商业理念从概念转变为现实。在学习过程中，学生要掌握创业中的基本概念，如市场调研、筹款、资产、资产负债表、负债、管理、市场营销等；需要运用所学组建一家公司并实际运营，亲身体验企业成功运作的要素，体验组建、运营和清算公司的全过程。在此过程中，学生的创新意识、分析思辨能力、决策能力、团队协作能力、演讲能力等将逐步得到提升。通过课程学习和具体的商业实践，有利于帮助学生树立全球化时代企业家的格局和视野，理解企业的社会责任，增强公平贸易、正当竞争、诚信经营等商业道德价值观和企业家精神。

二、课程内容设计

本课程分为上下两个学期，上学期主要是组建公司，下学期主要是产品的销售。主要内容包括组建公司、市场调研、原型制作、生产功能性和商业可能性、产品迭代、市场营销和最终的公司年报。

主题	内容简介
1. 开启创业之旅	破冰游戏，导师和学生相互认识；走进企业和走近企业家，初步组建公司，确定成员、公司名称、分工
2. 市场调研和会议管理	团队介绍，正式开启创业生涯。指导老师介绍如何进行市场调研，公司内部如何通过管理提高管理效率。课下学生按照自身情况展开市场调研

续表

主题	内容简介
3.原型制作	根据市场调研，确定最后的甜点，并开始尝试设计原型
4.生产可行性和商业可行性	寻找供应商，确定生产的可能性。确定商品的成本和价格
5.产品迭代	不断改进原型，同时继续寻找潜在的厂家
6.财务管理	继续改进原型，同时学习并做好本公司的财务报表，了解公司的财政状况
7.市场营销	了解市场营销的多种方式和渠道，并利用课下时间，一定范围内销售产品
8.公司年报	各公司制作年报，并在全班推销本公司产品。指导老师评选出最佳公司

三、教学设计示例

第一课：走进创业，走近企业家

1.教学背景分析

在"大众创业，万众创新"理念深入人心的大环境下，作为新时代的高中生，未来极有可能会投身到创新创业的浪潮当中。进入高中后，一方面，学生的课业压力增大，参与各种社会实践的时间相对减少。另一方面，新时代对人才的要求越来越高，不仅仅要学习课本知识，还需要培养和锻炼更多的综合能力。高中阶段的学生，其创新能力和创新意识不断增强，希望有一个平台可以将自己的创意想法付诸实践。与此同时，同学们觉得创业对高中生来说遥不可及，对创业有畏惧心理，认为只有有经验的成年人才可以。特此，想在开学第一课，带领同学们走进创业、走近企业家。

2.教学目标

老师与学生、学生与学生之间互相认识，理解学生与老师在课程中的角色。

通过观看视频Go Be An Entrepreneur激发对创业的兴趣，初步理解企业家精神及责任、创业对成长的意义。

通过教师介绍，了解创业模块与流程，以及"学生公司"项目式课程的总体内容设置以及项目成果展示的时间节点，思考与交流自己的学习期待。

通过教师讲授，了解创业的SOP模块，重点学习第一步：什么是BP和筹款，思考自己的创业点子、可以从哪里获取启动资金。

通过体验和练习，初步了解电梯演讲的技能。

3.教学重难点

理解企业家精神及创业对成长的意义。

4.教学过程

Part 1：10 mins　授课者与学生通过互动方式互相认识，设计破冰游戏，按生日排序。按照顺序，5人一个小组，小组成员一起玩找相同点的游戏，游戏经过三轮，最后所有同学分享自己对同学的认识。

Part 2：10 mins　观看视频 Go Be An Entrepreneur，小组讨论，分享企业家精神到底是什么？并请小组成员分享，教师做总结并提升引领。

Part 3：15 mins　讲解创业的流程，介绍"学生公司"课程模块以及关键任务节点，组织学生记录学习期待。

Part 4：15 mins　讲解什么是商业计划书（Business Plan）和募集资金，组织学生思考创业点子和获取创业资金的途径。

Part 5：10 mins　课堂讨论+练习的方式，体验电梯演讲技能。

假设1：你已经完成了课程，作为学姐学长，给学生公司招募新学员，以此主题让学生们练习电梯演讲的技能。

假设2：你现在是一名倡导责任创业的企业家联盟的成员，你正在一次论坛上做责任创业的宣传，以此为题，让学生们练习电梯演讲技能。

Part 6：5 mins　总结本次课程，预告下次课程。

5.相关学科概念

（1）责任创业（Principled Entrepreneurship）

JA学生公司项目旨在为学生们提供实践运营真实的学生公司的机会，让学生在团队合作里获得职业角色体验，锻炼和培养创新思维、团队合作精神、沟通能力、解决问题能力等。除此之外，学生公司项目更希望通过企业志愿者的言传身教，让学生们明白企业的生存发展依赖于社会提供的各种资源。因此，企业在创造价值、追求利润的过程中，必须承担起对利益相关方、对社会、对环境的责任。

（2）创业的模块与流程

让同学们了解学生公司学年计划，有助于他们对学生公司项目的适当期望，这是一个以学生实践为主导的项目，而非传统意义上的学生听讲、志愿者讲课的"课堂"。他们不仅是课堂的主人翁，也是自己公司的"老板"，并在探索和实践的过程中完成对个人职业生涯的思考。

（3）商业计划书（Business Plan）

初步了解BP的组成部分及其在创业过程中起到的作用。

（4）筹款（Fundraising）

筹款是创业过程中必不可少的环节之一，初步了解筹款的可能途径有哪些。

（5）电梯演讲（Elevator pitch）

了解电梯演讲的定义，通过小组练习初步掌握电梯演讲的关键点。

6.教学工具：公司桌牌、个人名牌

7.课后作业（下节课学生团队展示的内容）

·写下你期待中的公司，思考自己在公司里的角色。

·思考自己在学生公司这门课程项目的学习结束后，期待有什么收获。

·观察身边的人和事，思考创业的点子。

8.教学反思

本节课是一节导入课，旨在让学生对创业以及创业精神有初步的了解。课前的活动，让学生在轻松的氛围下相互认识，减少陌生感，逐渐进入课堂氛围。随后的视频、小组分享、展示活动，通过多种形式的活动让学生都动起来，让学生成为主体，主动参与并思考。然而，由于学生的社会经验不足，他们的认识可能相对较浅，这就需要教师进一步提升自己的专业素养，为学生生动而有趣地讲解课程内容和提升认知。

四、课程实施方式及效果

本课程的所有志愿者教师，都是来自名企的员工，拥有丰富的工作经验，并接受了JA的专业培训。每节课都是由学校负责教师和JA教师共同探讨完成。每节课基本都是围绕"明确知识、公司运作讨论、分享心得"等几个环节展开。教师大多通过分享和活动帮助学生理解相关学科概念和内容，然后学生公司成员基于对学科知识的理解，展开本公司运作中相关问题的讨论。志愿者教师会指导每个学生公司的讨论，并对遇到的个性化问题进行引导。在每节选修课结束前，各小组分享本节课的成果。

学生公司的运作是比较复杂的，很多环节需要课下继续开展，如市场调研、原材料的采购、产品的设计等。经过一学年的学习，绝大多数学生公司能够完整走完学生公司所有的流程，有的学生公司得到学校同学、老师的青睐，甚至有些学生公司参与了北京市产品展示会，与其他学校的学生公司相互学习。有几个学生公司团队还参加过全国的学生公司大赛，取得了不错的成绩。在此过程中，学生锻炼了与人沟通合作能力、反思创新能力、发现分析解决问题能力，提升了法治意识、科学精神、公共参与的学科核心素养。

（撰文：徐芬芳）

走进前门老字号，探寻老北京的文化符号

——"北京老字号文化之旅"选修课

一、课程背景及内容简介

2017年9月，教育部委托课题——"中国学生发展核心素养"正式对外公布，包括文化基础、自主发展和社会参与这三个主要方面。在社会参与方面，强调了应增进学生的国家认同和责任担当，提高劳动意识和问题解决能力，而增强认同的前提是了解，提高能力的基础是实践。因此，在这一背景下，拓展学生的社会实践形式、公共参与渠道成为思想品德课程追求的目标之一。

"走进前门老字号——探寻老北京的文化符号"是学校初一年级《道德与法治》课程开设的一门选修课，课程内容主要包括三部分：第一部分，身边部分著名老字号相关内容的学习和了解；第二部分，前门大栅栏实地考察；第三部分，成果展示。

在教师做了大量前期准备的基础上，通过与相关商家的密切沟通协调，计划推出总共为六课时的选修实践研讨课——探寻老北京的文化符号。主要通过讲解、回顾、感受身边著名老字号的前世今生、历史变迁与创新发展等；再通过调研、走访、体验、分享交流等方式，让学生理解和体验这些百年老字号企业的变迁、与时俱进，以及与自己生活乃至生命的密切关联，进而思考老字号背后带给后人丰富的精神财富和厚重的文化内涵，激发起主动承担传承发展历史文化的积极主动性。

二、教学背景分析

1.整体设计思路

伟大祖国的首都——北京，是一座拥有3000多年悠久历史的古城，这

里有美丽的北海、颐和园，雄伟壮丽的长城，还有充满动感的鸟巢、水立方……在北京城内，还有很多著名的"中华老字号"，它们犹如一颗颗璀璨的明珠，将这座城市点缀得绚烂夺目。如何挖掘、利用好这些国粹，使其发挥应有的作用？为此，学校初一年级《道德与法治》课程的选修课就在选题、实施过程中，充分结合了我校周围可以利用的丰富社会资源，开展了"走进前门老字号——探寻老北京的文化符号"教育教学实践活动。旨在引导学生了解身边熟悉的张一元、瑞蚨祥、便宜坊等老字号的历史及发展，品味"中华老字号"中孕育的京城文化。

2.教学背景分析

生活在日新月异、飞速发展的信息时代的中学生，每天都会被不断涌现出来的新奇事物吸引，激发起他们无限的好奇心，引领他们去尝试、探究、冲浪。随之而来的是"大栅栏里买卖全，绸缎烟铺和戏院，药铺针线鞋帽店，车马行人如水淹"。这与学生现在的生活现状犹如天壤，而且初一学生活泼好动，好奇心强，靠单一的课堂教学活动很难打动学生内心，引发共情。基于此，带着学生走出课堂、走向社会，去触碰家乡的历史文脉的一角，感受家乡翻天覆地的变化，体会古老文明带来的心灵震撼，可谓是一举多得。

三、教学目标

通过本门选修课的学习与实践，使学生了解一些关于京城老字号独特的经营理念、内在的品质质量、诚信的服务；理解京城优秀传统文化独特的魅力，继承和弘扬中华民族优良文化传统精髓；通过参与此次活动，能够培养学生主动参与社会生活的实践能力、正确做出价值判断和选择的能力，以及社会观察与分析问题的能力。

四、教学重难点

对身边老字号企业文化精髓的思考，是本次实践活动着力下功夫寻找的关注点和突破点。

五、教学过程

"头戴马聚源，脚蹬内联升，身穿瑞蚨祥，腰缠四大恒。"这句话道出了老字号在北京人心目中的尊贵地位。为了让学生们了解这笔丰厚的文化遗产，在备课开始前，相关教师首先在同学间询问了大家感兴趣的话题。可能由于年龄因素，大多数同学异口同声地表示他们对于"吃"的浓厚兴趣。于是，备课组教师便以"吃"为出发点，经过筛选、比较，确定了走访前门老字号的实践研讨活动，并将六课时的课程分为了前、中、后三个阶段。

第一阶段为前两个课时，课程内容主要是由教师向同学们介绍前门大栅栏、鲜鱼口等老北京美食步行街的发展历程，并通过"餐桌上的规矩""筷子背后的文化"等交流活动，与学生探讨在美食背后蕴含着的中华传统文化。之后，以东来顺、张一元、便宜坊为前门老字号代表，简要向同学们展示其背景知识，并将全班同学按照不同的老字号分为三组。由同学们自主选择两名小组长并完成组员信息表，之后向全班同学重点说明外出注意事项和小组任务。

第二阶段为外出实践阶段，三名教师将分别带领三个小组的同学们进入老字号进行参观交流。教师与同学共同完成之前布置的小组任务，并进行拍照、摄影、录音等形式的活动记录。同时，教师也鼓励同学们按照自己的兴趣进行自主性的探索研究，并引导同学们逐步掌握"采访互动""挖掘分析案例"等实践方法。

第三阶段为最后两个课时，亦即总结展示阶段。教师将课堂的主导权交给同学们，分别请三个小组的成员或者代表登台与其他小组的成员交流实践收获和活动感受，并引导同学们通过对比反思，归纳总结出美食背后文化传统、老字号经久不衰的秘诀，使得同学们在了解知识、拓宽眼界的同时，增强沟通交流、分析问题以及互动展示等实践能力。

随着活动的深入与展开，参与的师生们深切体会到，北京是古老的，传统依旧有着悠长的生命力，深沉而内敛。豆浆油条与咖啡面包，四合院与摩天大楼，传统与现代并行不悖。我们通过"老字号"实践、学习，窥见它的一角，因此，更要思考如何努力提升自己的人文素养与科学素养，感受厚重的中华文化魅力的背后所赋予我们的一份社会责任。

六、教学反思

在本次实践活动中，学生们不仅了解了百年老字号张一元、东来顺、便宜坊的创立和曲折发展历程，还领略到了它们能够紧跟时代步伐、不断锐意进取、改革创新的企业精神。作为西城的乃至中国的知名品牌，它们不仅是一种骄傲，更是一种责任和担当。同时，学生们也认识到，作为一名中学生，要从企业文化中汲取营养，努力学习，培养才干，将来才能支撑起建设美好家园的重担。通过这种实践活动方式来开展教学，能够体现知行合一、学思并重、问题教学、主体主动参与等特点。教师引导学生独立分析、理性思考，明确自己的态度和立场，充分把握社会现实，引发他们自觉关注社会问题，激发他们思考解决问题的欲望和要求。学生们学会了用理性的思维评判各种社会现象，这正是思想政治学科核心素养所在。

此次实践研讨的课程设计仅仅是一次尝试，在很多方面都不成熟，如准备得更加充分一些，问题的设置可以更贴近学生生活等。总之，今后我们将以此项活动为契机，大胆创新，走进社会大课堂，把学习活动的综合性、实践性和探究性真正落到实处。

附："走进前门老字号——探寻老北京的文化符号"活动主题设计。

1.通过你们的活动观察，这几家老字号有哪些方面的细节是你所喜欢的？

2.传统老字号为什么能够经久不衰？传统的基本价值是什么？

3.老字号又存在着哪些不足之处，你认为值得进一步改善的地方有哪些？

4.面对市场冲击，老字号应该如何进一步发展？（如产品质量、服务、创新等）

5.谈谈所观察到的老字号古色古香之处是如何体现传统文化的？

（撰文：王亚辉）

"非遗"里的中国

——"'非遗'文化进校园"选修课

一、课程特色简介

本选修课通过让学生与"非遗"("非物质文化遗产"的简称，以下同)文化项目的近距离接触，真切感受和体验中华优秀传统文化，领略中华文化的源远流长、博大精深及独特魅力，从而培养学生的爱国情怀，坚定文化自信，自觉地传承、弘扬和创新中华文化。

二、课程内容安排

本课程的内容基本上以"学期"为单位，每学期根据学生的兴趣需求和"非遗"传承人的师资状况等，安排2到3个不同的"非遗"学习内容，让学生比较深刻地学习了解和感受进而自觉传承、弘扬中华文化。

三、课程实施方式

本课程主要以"非遗进校园"项目为载体，由本校政治组教师和"非遗"传承人代表合作，采用"请进来"和"走出去"等方式，将一系列富有特色的"非遗"文化项目引入校园，并创造条件让学生到"非遗"传承基地去实际体验，让学生在潜移默化中学习认同、传承、弘扬中华文化，推动中华文化的发展和创新。

四、教学设计总述

（一）教学背景及理念

一个国家、一个民族的强盛，离不开文化的支撑。没有文明的继承和发展，没有文化的弘扬和繁荣，中国梦就无法实现。中华民族具有五千多年连绵不断的文明历史，创造了博大精深的中华文化，为人类文明进步做出了不可磨灭的贡献。要用中华民族创造的一切精神财富来以文化人、以文育人，决不可抛弃中华民族的优秀文化传统。习近平总书记指出："不忘本来才能开辟未来，善于继承才能更好创新。"如何充分挖掘身边的优秀传统文化资源，利用选修课和社会实践活动等多种方式，让"00后"的学生更多地了解和体验中华文化，让优秀传统文化滋养年轻的生命并得以传承和弘扬，是我们思考的时代命题，我们连续多年在初一、初二选修课中进行了一系列积极探索和实践活动。

（二）教学目标

本课程的教学目标主要是"体验式学习"，通过邀请"非遗"传承人亲自口传心授、本校政治组教师组织协调和辅助讲授的方式，让学生近距离感受中华文化的源远流长、博大精深及独特魅力，坚定文化自信，传承弘扬发展中华文化。

（三）教学重难点

教学的重点是如何将优秀的"非遗"文化引入课堂，在有限的时间和空间里以学生喜闻乐见的方式提高中华文化的影响力，让学生发自内心地愿意弘扬和传承中华文化。教学的难点则是"非遗"体验式课程往往借助一定的"非遗"学习教具，如团扇、彩塑、葫芦烙画等，有些教具还有一定的危险性，需要传承人和老师精心组织和配合，共同完成课堂学习任务。

（四）教学形式、内容及实施效果

传统文化传承和体验的活动主要包括"请进来"和"走出去"两部分。首先，"请进来"主要是在初一、初二专门开设中华优秀传统文化的选修课。因缘际会，我有幸结识到一些对中华传统文化颇有研究也更愿意让我们今天的孩子们更多地去了解和认识中华文化、增强文化自信的有识之士，也因此知道了原来西城区文委和教委还有一个"非遗进校园"项目，旨在以"非遗"体验的方式推动中华文化在校园中的传播。北京市西城区是北京城八个区县里具有非物质文化遗产最多的，现有国家级非遗保护项目36项，市级非遗保护项目67项，区级非遗保护项目208项，各级代表性传承人200余人。在友人帮助下我积极地与西城区文委和教委的相关项目负责人沟通协调，以"非遗进校园"项目为载体，邀请到一些优秀"非遗"传承人代表走进课堂，让学生们亲身体验"非遗"项目。"走出去"则是课堂文化体验活动的延伸，主要是利用校外的传统文化资源让学生走进真正"非遗"传承基地去参观体验。

在从事初中政治课教学的过程中，我几乎每年都在初一、初二年级开设传统文化选修课，每学期根据非遗传承人的师资力量和学生们的兴趣需求等安排2到3门体验课程。时至今日，我们已经陆续邀请了京绣、彩塑、团扇、古琴、木版年画、葫芦烙画、剪纸、书法等近十位非遗传承人和对京味文化颇有研究的青年文化学者来校进行教育教学实践活动，让众多学生喜闻乐见的一些"非遗"项目走进课堂，让学生们感受到中华传统文化的博大精深和深厚底蕴。通过与传承人的零距离接触，不仅能让学生们深深感受到这些平时可能已经渐渐淡出他们视野的传统文化的魅力，还能让他们学习到在文化之中渗透的手艺人的热爱、心血与执着，进而潜移默化地影响着孩子们对学习、生活、人生的感悟。例如，我们邀请的北京彩塑的第五代传承人张忠强，他的爷爷和父亲都是传统手艺人，他做"兔儿爷"已有近三十年了。孩子们在学习中了解到，在张老师家里放置着几口大缸，每一个缸里都是他的宝贝。为了做一尊兔儿爷，需要提前一年开始做准备。因为打坯、合模、起模、蘸水、刷边、修饰、压光、扎耳朵到晾晒十几道工序之后，一只可爱灵气的小兔儿爷才能呈现。同时，张忠强老师还是一位十分坚定的"创新派"，传统的兔儿爷大多表情严肃，而他做的兔儿爷，都是乐呵呵的，大多体态圆润，笑容可掬，看上去很萌。而这样的付出、坚守与创新在每一位传承人身上都是最自然不过的。这种观摩和体验对学生们来说是最好的教育。

在"走出去"的活动中，效果最好、对学生触动最大的是在丁香花开的季节带学生到法源寺的参观体验活动。"一座法源寺，半部中国史。"法源寺前身为唐代李世民为纪念和他一起征战辽东牺牲的将士们所建，因其特殊来历在后世历史中多次看到它的身影，清末民初"戊戌变法"很多维新志士常在这里活动，留下了无数仁人志士报国图强的足迹。带学生们来这里参观体验，首先，可以进行爱国情操的熏陶，培养学生们奋发图强的民族精神；其次，法源寺历史悠久，拥有众多文华物宝，学生们在这里可以充分感受中华传统文化的无穷魅力。法源寺尤以"丁香诗会"闻名，纪晓岚、龚自珍、林则徐等都在这里有过诗歌唱和。参观当天，这里正进行"丁香诗会"的准备工作，同学们可以在这里感受"丁香诗会"的韵味，并在参观后由老师引领学生进行诗歌创作，极大地丰富了学生的文化生活体验。同时，法源寺还是中国佛教研究的最高学府中国佛学院的所在地，建有中国佛教图书博物馆，是全国重点文物保护单位。特别幸运的是，我们邀请到了寺里"丁香诗会"非遗传承的代表人物曙祥法师给大家讲解并引导参观。法师从一块刻着元代一位学问不深厚的皇帝的圣旨的碑刻谈起，到因周总理授意从北海移到这里的一对铜狮子的若干细节，再到大殿里的每一尊佛像，法师的学识和谈吐一下子把学生们震撼到了，因为每一点都是法师自己的研究心得，学生们听得入了迷。当参观佛学院的学僧学习室和图书馆时，学生们又被大大震撼了，学僧们的书桌上堆满各种书籍，要学的内容也包罗万象；图书馆馆藏丰富，书目繁多深奥，学生们对学僧们的学习研究顿生钦佩，而顿觉自己日常感觉"苦不堪言"的学习生活和他们比起来也似乎成了"小菜一碟"。很多学生也是第一次对近在咫尺却未能见其真容的寺庙和僧人有了真正近距离的接触。学生们通过此次文化体验活动拓宽了视野，丰富了人生阅历，让学生们深感不虚此行。

另一次让学生们印象深刻的文化体验活动是带着传统文化选修课的三十多个"04后"娃来到京都北韵禅乐社，聆听三十多位平均年龄"70后"的爷爷奶奶演唱传承千年的佛乐古韵，空灵的梵音缭绕，涤荡着年轻人的心灵，也诉说着五千年华夏文化的源远流长和博大精深！

五、教学效果

通过丰富多彩的校内外文化资源和实践体验活动，学生们的文化视野得到了极大的开阔，文化素养也得到了进一步的提升。同时，这些活动也促进了学生的全面发展，让他们在中华优秀传统文化的探索和弘扬中发挥了积极的作用。每学期课程结束后，从学生们的总结反馈中，能感受到学生们满满的收获和成长。然而，课程的开展需要校外"非遗"传承人的积极参与和有关部门的大力支持，组织协调和保障实施中常有一些不可预知的困难，文化传承与发展创新之路道阻且长。

路漫漫其修远兮，守初心，担使命，我们已经信心满满地走在中华文化传承、探索与实践的路上，今后仍将义无反顾地走下去、走长远，走向中华文化之花烂漫盛开的美好明天。

（撰文：田金苹）

第三部分：
以"时政教育"为主题的
学科活动设计

开阔视野眼光，提升时政教育素养

《普通高中思想政治课程标准（2017年版2020年修订）》明确指出，高中思想政治课程具有学科内容的综合性、学校德育工作的引领性和课程实施的实践性等体征，需要与时事政治教育相互补充，同其他相关德育工作相互配合，共同承担思政教育立德树人的任务。时事政治资源具有时效性强、涉及面广、关注度高等显著特点，用好时政资源、开展时政教育已经成为帮助学生树立正确的政治方向、提高思政学科核心素养、增强社会理解与参与能力的重要抓手。本部分聚焦时政教育中的素养培养和提升，集中展示我校政治组教师围绕时政教育议题的活动方案与设计理念。

首先是对学校高中学生开展时政教育的整体情况的介绍。邰美秋老师在梳理学校学情与教情的基础上，概括性地提出高中时政教育活动设计的三项基本原则——"以学生为中心""注重可持续""坚持一盘棋"，并通过统合学校高中一、二年级时政教育活动方案，特别是对"注重可持续"原则中的"长短结合"进行了非常细致的阐述，而立足于全校横向和纵向资源的统筹，以及致力于学生成长的课程设计理念，体现在时政教育活动方案的全过程当中。

其次是针对高中一年级学生开展时政教育的案例展示。徐芬芳老师的《时政论坛观天下，学子情深系家国——"时政论坛活动"设计方案》完整呈现了"时政论坛活动"的整个流程，并附上了活动现场的优秀示例。该方案即上述邰老师所讲的"坚持走精品化路线"的"短期类时政教育活动"，为高中一年级学生提供分享思想的舞台，激发了学生关注时事的热情以及培养学习思政课的兴趣。王建业老师的《高中思政课课前展示优化措施初探》以某班学生第一和第二学期的课前展示活动为案例，运用过程追踪方法，按照发现问题、分析问题和解决问题的研究路径，得出"优化课前展示应聚焦选题辅导和展示安排两个方面"的结论，并提供了详尽细致的优化措施。该教学活动是上述邰老师所讲的"注重基础与培育能力"的"长期类时政教育活动"，对锻炼学生收集、整理、表达信息的能力，以及提升学生的学科素养效果显著。

最后是针对高中二年级学生开展时政教育的案例展示。在完成高中必修一、二、三的全部课程以及必修四的部分课程的学习后，高中二年级学生对于我国的政治、经济、哲学、文化生活有了更加全面和深刻的理解。基于此，与高一年级时政教育课相比，胡莹老师的《时政教育选修课程的开设——"时政热点解读"课程纲要及教学设计示例》体现了更明显的学科特点。该课程采用"时政+话题"的方式展开，围绕年度重大时政热点，从政治学、经济学、哲学、社会学、法律等视角进行更加专业的解读，以实现"让时政教育具备学科特点，让学科知识更具时代特色"的高阶目标。

与文学创作强调"从生活中来，到生活中去"相类似，思想政治学科的教与学同样需要融入"生活"，而思想政治教学语境内的"生活"就是"时事政治"。因此，将时事政治教育活动纳入思想政治学科的教学框架就成为题中应有之义。随着资源配置的不断优化和活动设计的持续改进，相信学生认识、分析与解决问题的现实能力，以及政治学科的核心素养将得到显著的提升。

（撰文：刘志）

时政论坛观天下，学子情深系家国

——"时政论坛活动"设计方案

一、活动背景

随着信息化的不断深入，以及新课改的全面推进，新时代的高中生需要做到"家事国事，事事关心"。他们不仅要了解社会发展和国际国内大事，还要对时政有理性的认知和深入的见解。思想政治学科以其独特的优势和教育使命，在学生时事关注上承担着极其重要的责任。特此，我校政治组依托学科活动，在高一年级举办时政论坛。

时政论坛旨在为学生提供一个分享思想的舞台，激发学生关注时政的热情，培养学生理性认识和分析问题能力，促进学生政治认同、科学精神、公共参与等学科素养落地，引领学生更加坚定"四个自信"。

二、活动流程

第一阶段：年级评选

第一步：海选。本年级所有同学提交一份时政点评的PPT和word文稿。

具体要求：

（1）选择一个时政热点，可以从政治、经济、文化、社会等任一方面感兴趣的角度。

（2）提交5分钟左右时政点评PPT和word文稿，包括时政介绍和点评。时政介绍要求：真实、准确、全面。点评要求：体现政治学科多角度、思辨性等。展现形式要多样，图文并茂。

（3）时政素材最好来源于权威网站（如人民网、新华网、凤凰网等），引用要注明出处。

第二步：教师评选。年级政治备课组老师共同评选出每班前5名的同学作品，之后各自任课教师指导这些同学优化作品呈现。

第三步：班级评选。5名同学在政治课上班级展示，并由任课教师和班内其他同学民主评选出一等奖1名，二等奖2名，三等奖2名，并颁发奖状。

第四步：年级评选。各班选出的一等奖同学再次在全年级PK，由年级政治备课组老师评选，最后我们选出10位同学参加全年级展示活动。各自任课老师需要对这10位同学进行更加细致的指导，包括时事的呈现、观点的梳理和提炼、PPT的美化等。

第二阶段：年级展示

第一步：彩排。年级展示的10位同学利用周末时间进行彩排，要求尽量脱稿演讲。政治组教师协调指导，给出进一步完善意见，学生做最后调整。

第二步：最终展示。10位同学在学校礼堂面向全年级同学进行展示，我们还邀请年级教师们莅临指导。最后活动圆满落幕，展示的同学均获得活动证书，并获赠时政类书籍。

三、活动展示

在同学们踊跃参与、老师们倾力指导、学校大力支持下，本届北京师范大学时政论坛获得圆满成功。最终，来自高一年级的10位同学给同学们带来精彩绝伦的时政盛宴。从社会问题高空抛物、垃圾分类到未成年人犯罪，从展现国家发展的中国桥、大国创新到新中国成立70周年阅兵游行盛典，也有对当前香港暴乱的深入分析，还有对中国第二届进口博览会的解读。台上的同学自信洋溢，台下同学们打开视野，见识得到扩展，思想获得碰撞。

四、活动现场示例

"降低刑责年龄"真的要来了（讲稿）

近日，刑法修正案（十一）草案二审稿提请全国人大常委会会议审议，拟在特定情形下，经特别程序，对法定最低刑事责任年龄作个别下调。草案规定，已满12周岁不满14周岁的人，犯故意杀人、故意伤害罪，致人死亡，情节恶劣的，经最高人民检察院核准，应当负刑事责任。目前看，舆论普遍持支持态度。

近些年，是否需要降低刑责年龄的讨论一直没有离开大众的视野。2019年10月20日，大连一男孩用残忍手段将10岁女孩杀害。依据《中华人民共和国刑法》，加害人未满14周岁，未达到法定刑事责任处罚年龄，依法不予追究刑事责任。这一结果引发网络激烈争论。

14岁是一个法律门槛，它本意是对未成年人的保护，但却成为一些未成年人恶性犯罪后逃避惩罚的依据。2019年10月26日，十三届全国人大常委会第十四次会议分组审议预防未成年人犯罪法修订草案时，多名委员建议应当对14岁以下未成年人犯罪作出法律规范，但也有专家认为，降低刑责年龄虽能起震慑作用，但如果罪犯更加低龄化怎么办？一味降低刑责年龄，也容易造成一刀切执法。所以，单纯降低未成年人刑事责任处罚年龄也不可行，有人建议，可以借鉴英国"恶意补足年龄"条款的规定。如能证明未成年有明确主观恶意，则可补足年龄差距，推定其为有刑责能力，从而给其定罪。

面对未成年人犯罪，刑法永远是最后法。相比较降低刑事责任年龄，预防未成年人犯罪更值得探讨。21世纪教育研究院发布的一份教育蓝皮书显示，"家庭教育不当""不良交友""法治观念淡薄""学校教育的缺陷"等是诱发未成年人违法犯罪的主要原因，其中家庭原因所占比例最高。所以，家庭、学校、社会需要形成青少年教育的合力。从家庭层面，需要强化亲子教育，使青少年形成是非善恶的基本判断。学校要强化规则和法治教育，注重个别学生的引导和关爱。社会层面应当营造法治氛围，让未成年人清楚行为的界限。

五、活动反思

本届时政论坛为高中生提供了一个全新的视角去观察世界，同学们都表示收获颇丰。参与展示的同学表示，时政论坛为他们提供一个宝贵的展示平台，锻炼了他们整理分析、理性表达等能力。对政治学科教学而言，教师们也感受到同学们更加热情、更加主动地在课堂上结合政治学科知识来分析时政观点。

当然，时政论坛还有很多可以反思和改进的地方。一是海选宣传可以在年级营造更加浓厚的氛围，以更好地激发同学们参与的热情、展现更高质量的作品；二是作为全年级范围、时间跨度较长活动的组织者，参与活动的政治教师需要兼顾日常教学和活动组织，尤其需要花大量时间对展示内容更细致地指导，以帮助学生在舞台上更好展示风采。

时政论坛活动是思政课的十分有益补充和延伸，通过创新的活动形式，有助于进一步推动学生学科核心素养的养成。学校政治组将继续举办这一特色活动，希望时政论坛能够成为刚进入高中的学生重视时政学习的助推器，帮助学生们在未来的学习生活工作中，做一个有家国情怀、有社会责任、有思想高度的社会主义时代青年。

（撰文：徐芬芳）

时政教育选修课程的开设
—— "时政热点解读" 课程纲要及教学设计示例

一、课程目标

"时政热点解读" 是学校新开设的一门政治学科特色选修课程，与原有的时政教育活动和选修课程相衔接，旨在引导同学们更细致地关注生活、关注社会、关注世界。通过对时政热点材料收集、分析和整合，培养学生认识、分析和解决实际问题的能力，提升时政素养，帮助学生对时政热点有更全面的认知和理解、更自觉的学科解读和思考、更扎实的探究和辨析，提高认识、思考和思辨能力，进而提升政治认同、科学精神、公共参与等政治学科核心素养。

二、课程内容

课程将围绕本年度重大时政热点，结合经济学、政治学、社会学、伦理学、法学等学科知识，进行分析与解读。课程以两周为一个基本单元，共八个基本单元。采用 "时政+话题" 的方式展开教学，使时政解读具有学科特点，让话题具有时代感和经典性。例如，2020—2021学年度我们选择了 "从疫情防控解读国家治理体系与治理能力" "全面小康之脱贫攻坚" "从中美关系解读新型大国外交" "从香港国安法解读一国两制" "从《民法典》颁布解读法治与民生" "从北斗三号天宫一号解读自主创新" "从大连儿童杀人案谈青少年法治引导和保护" "从敦煌女儿樊锦诗解读传统文化保护传承" 等时政热点和学科话题，围绕这些主题开展选修课程内容讲授和相关活动。时政和话题要根据本年度热点和重点进行动态调整。

三、课程评价（最终评价为：合格、不合格）

（一）过程性评价（60%）

1.考勤：（1）不迟到，不早退。

（2）凭班主任假条请假。

（3）若当天不在学校，请通过微信或电话联系任课教师，并下次课前将假条交给任课教师。

2.纪律：（1）根据需要主动参与课堂互动和交流。

（2）不得利用选修课做其他作业。

（3）未经老师允许，不得使用电子设备。

（4）其他。

3.参与度：积极参加小组活动，并发挥相应作用。

4.作业完成情况：按时保质完成教师布置的相关作业和要求。

（二）期末评价（40%）

1.方式：汇报或展示。

2.要求：以小组为单位，选择与本学期选修内容相关的展示内容，制作成课件，注意课件制作的原则性要求，并与全班同学交流。

3.评价：展示以自评（20%）、其他小组同学评价（40%）和教师评价（40%）为综合评价指标。

四、课程实施安排

授课对象：高二年级（限选考政治学生），约30人。

授课方式：课堂讨论、合作探究。

课时安排：每周两课时。

场地要求：机房（学生能上网）。

设备要求：学生能上网的电脑，可以小组为单位；老师使用的电脑和投屏。

五、课程设计示例

"全面小康之脱贫攻坚"教学设计

（一）教学背景分析

1.教学内容分析

本节课是学校特色选修课"时政热点解读"的其中一讲内容。"小康社会"这一概念是由邓小平在20世纪70年代末80年代初在规划中国经济社会发展蓝图时提出的战略构想。随着中国特色社会主义建设事业的深入，其内涵和意义不断地得到丰富和发展。党的十八大报告明确提出了"全面建成小康社会"。党的十九大报告指出"从现在到二〇二〇年，是全面建成小康社会的决胜期"。脱贫攻坚是全面建成小康社会的重要内容，如何在全面小康背景下推进精准扶贫，各地方有哪些有益的经验，都需要我们去认识和梳理。因此，本节课就从此背景出发，调动学生积极性，查找梳理认识脱贫攻坚典型经验。

2.学情分析

学生在思想政治必修课程中，学习过部分相关内容，但由于课时的局限，无法对全面小康和脱贫攻坚内容深入学习，对这一政策的理解仅限于理论的感受，无法结合多类典型的经验深入体会和理解相关内容。高二学生有比较强的资料查找和筛选的能力，因此我们通过分组查找脱贫攻坚典型的人物和地方，通过谁、怎样、如何、效果等方面，全面认知脱贫攻坚的典型，以帮助学生更好地理解我国脱贫攻坚政策和经验，增强学生政治认同、科学精神、公共参与等政治学科核心素养。

（二）教学目标

通过对全面小康的历史和探索过程的介绍，帮助学生更好理解全面小康的主要任务，从而理解脱贫攻坚在全面小康中的重要价值。

借由让学生查找、收集并分析典型的脱贫攻坚的案例，促使学生深刻认识党和国家政策的重要性和有效性，且以活动形式，培养学生认识、分析解决问题的能力与素养。

经由小组合作和展示活动，帮助学生增强体验，增进"课程内容活动化，活动内容课程化"的效果，培养学生在应对问题时坚持不懈、精益求精等的必备品格和关键能力。

（三）教学过程

环节一：认识"小康"

【回望历史】《诗经》上的《大雅·民劳》中有："民亦劳止，汔可小康"，这里小康指生活比较安定。《礼记·礼运》上说："今大道既隐，天下为家。各亲其亲，各子其子，货力为己。大人世及（贵族世袭）以为礼，城郭沟池以为固。礼义以为纪，以正君臣，以笃父子，以睦兄弟，以和夫妇，以设制度，以立（设置）田里……是谓小康。"这里的小康指在夏禹、商汤、周代的文王、武王、成王、周公治理下出现的盛世。宋人洪迈所著《夷坚志》卷一就有"（刘）瘅……久困于穷，冀以小康"，这里的小康主要指家庭经济比较宽裕。

【了解初梦】回顾小平同志的"小康梦"。想1978年党的十一届三中全会上，邓小平在会上向全世界明确地宣言：中国要在20世纪末初步实现现代化。1979年，日本首相大平正芳询问："小平先生，您能说说你们中国所说的要在本世纪建设成四个现代化，究竟是怎样的一种状况呢？""我们现在人均国内生产总值是250美元。我想，我们用20年的时间翻两番，到那个时候我们人均达到1000美元。那么，到那时我们的国民生活水平会达到什么样的程度呢？"邓小平像在自言自语道，"就是可以吃饱穿暖，我把这个叫小康。"

【小康指标】1991年，由国家统计与计划、财政、卫生、教育等12个部门的研究人员共同组成了课题组，按照中央、国务院提出的小康社会的内涵，确定了16个基本检测和监测值：（1）人均国内生产总值2500元人民币（按1980年的价格和汇率计算，2500元人民币相当于900美元）；（2）城镇人均可支配收入2400元人民币；（3）农民人均纯收入1200元人民币；（4）城镇人均住房面积12平方米；（5）农村钢木结构住房人均使用面积15平方米；（6）人均蛋白质摄入量75克；（7）城市每人拥有铺路面积8平方米；（8）农村通公路行政村比重85%；（9）恩格尔系数50%；（10）成人识字率85%；（11）人均预期寿命70岁；（12）婴儿死亡率3.1‰；（13）教育娱乐支出比重11%;（14）电视机普及率100%;（15）森林覆盖率15%;（16）农村初级卫生保健基本合格县比重100%。

【稳步向前】引导学生认识"三步走"战略的具体内容。新时代的两个阶段，即基本实现社会主义现代化和建成富强民主文明和谐美丽的社会主义现代化强国。明确当前全面小康的要求和目标。

环节二：小康社会与脱贫攻坚

【脱贫攻坚，一直在路上】通过数据和图示来展现近几年来中国人均GDP变化和贫困人口的减少情况。这背后有着我国扶贫政策和措施的重要推动，特别是"精准扶贫"思想的贯彻落实。

【精准扶贫的五种途径】"精准扶贫"这一重要思想最早是在2013年11月，习近平到湖南湘西考察时首次提出了"实事求是、因地制宜、分类指导、精准扶贫"的重要指示时提出的。后来，在贵州又提及了六个精准，"对象要精准、项目安排要精准、资金使用要精准、措施到位要精准、因村派人要精准、脱贫成效要精准"。

注重六个精准，坚持分类施策，因人因地施策，因贫困原因施策，因贫困类型施策，通过扶持生产和就业发展一批，通过易地搬迁安置一批，通过生态保护脱贫一批，通过教育扶贫脱贫一批，通过低保政策兜底一批等途径，广泛动员全社会力量参与扶贫。

环节三：分组活动

【活动说明】

1.全部同学分成5个小组，分别选择上面五种精准扶贫途径，尽量不重复。

2.查找扶贫成功案例，收集案例材料包括：

①谁？——扶贫对象（可以是一位贫苦户、一个贫困村、一个贫困县市省等）。

②怎样？——扶贫对象的贫困状况。

③如何？——帮扶政策和脱贫途径措施等。

④效果？——扶贫对象的脱贫成效。

⑤用简洁语言概括总结案例核心内容。

环节四：成果分享

【活动说明】

1.每组至少派一位代表汇报本组活动成果。

2.成果分享内容包括：

（1）扶贫典型案例介绍：主要包括扶贫对象、贫困状况、脱贫政策措施、脱贫成效。

【技术要求】讲述要生动具体，课件中要有图片，不用视频，把故事讲出来，课件上只出现关键词，不能用大段文字。

（2）总结一段概括上述案例的材料。

【设计意图】在知识爆炸时代，信息量会变得特别巨大，在有限的时间内筛选出核心内容，乃是时代所提出的关键命题。在本选修课过程中，借由学生对材料的收集、梳理和精简，能够切实培养学生在这方面的能力和素养，同时也为理解试题材料的编制提供了有效的还原和理解路径。在活动设计和开展前后，充分调动学生的主体意识和积极作用，让学生在体验中学习，在活动中思考，在活动后提升，锻炼了学生的学科认知力、活动组织力、实践操作力等能力，核心素养也在活动体验中得到有效提升。

（撰文：胡莹）

携手课内外　共论天下事
——基于核心素养的高中时政教育活动设计

高中思想政治课程是落实立德树人根本任务的关键课程，以培育社会主义核心价值观作为根本目标，属于帮助学生确立正确的政治方向、提高思想政治学科核心素养、增强社会理解和参与能力的综合性、活动型学科课程。将时政教育融入高中思想政治教育，是贯彻思想政治核心素养的有效体现，有利于实现学科逻辑与实践逻辑、理论知识与生活关切相统一，是提升思想政治教学效果的重要途径。

一、学校高中时政教育活动的实施背景

当今世界正处于百年未有之大变局，思想交锋激荡，高中阶段乃是学生世界观、人生观、价值观确立的关键时期。在新时代，如何在高中阶段帮助学生树立正确的价值观，关乎"为谁培养人？培养什么样的人？"的根本问题，紧急迫切且意义重大。

以赵世炎、钱学森为代表的附中学子，始终怀有关注时代的家国情怀，附中校园时事教育资源丰富，高中学生有情怀、有能力、公共参与和表达的热情高，使时政教育实践活动的开展具有很强的现实可能性。

高中思想政治课程包含必修和选修共7个模块，涉及中国特色社会主义理论、经济学、政治学、法学、哲学、文化、逻辑学等多个学科，学科内容的综合性强，其素养培养的要求与时政教育相契合。充分发掘有效的时政教育资源，创新时政教育的方式方法，是解决学科内容多与课堂时间少之间矛盾的有效途径之一，也是充分利用鲜活的时政资源，培养学生综合运用学科知识解决现实问题的实践策略之一。

二、学校高中时政教育活动设计的原则

1.以学生为中心。从学生政治学习需求、成长需求着眼，广泛激发学生理性认识社会的积极性，坚持在指导下进行学生创作、学生分享、学生评价，达成各美其美，美美与共，促使学生更好地认同社会主义核心价值观，全面地看待社会现象，提升政治认同、科学精神、法治意识和公共参与能力和素养。

2.注重可持续。立足于政治学科素养的培育，紧密围绕课程标准、学科主线展开，以此避免一届老师一届活动频繁更替难以继承发展的情况。活动开展坚持长短结合①，探索常规化的学科性实践活动。长期类时政教育活动要持续推进务求简单可操作，且与课程实施主线契合，尽量在课堂实施。短期类时政教育活动，务求聚焦培育综合性学科素养，打造精品活动。

3.坚持一盘棋。注重系统性，整合资源，发挥合力。以高中政治学科素养培育为统领，挖掘统摄校内外相关时政教育资源，以备课组为核心团队，综合学校、年级、教研组的师资力量，充分利用学校提供的板报、电子班牌、校园网、社团（如辩论社、模拟联合国社团、模拟政协社团）等，汇聚时政教育活动的合力。

三、我校高中时政教育活动方案

1.整体方案：瞄准素养，分清学段，内外联动，系统优化

学段	活动名称	参与对象	活动时间（课内/课外）	学科知识（相关模块）	核心素养培养目标
高一	"走近马克思"十月经典诵读活动	全体学生	课外（实践性作业，十一国庆献礼活动）	必修1《中国特色社会主义》	政治认同科学精神
	商业挑战赛	选考意向生	课外	必修2《经济与社会》	科学精神法治意识

---

① 长短结合，所谓长短，考虑的是活动持续的时间和开展的频率。长期类时政教育活动，指一个学期内持续开展的活动；短期类时政教育活动往往是一学期或一学年一次。

续表

学段	活动名称	参与对象	活动时间（课内/课外）	学科知识（相关模块）	核心素养培养目标
高一	学子时政论坛	全体学生	课内	必修1《中国特色社会主义》必修2《经济与社会》必修3《政治与法治》选必1《当代国际政治与经济》选必2《法律与生活》	政治认同科学精神法治意识公共参与
	"观天下"新闻播报活动	选考意向生	课外		
	经典悦读与时文分享		寒暑假作业+课内展示		
	课前演讲系列："红色故事""今日说法""新闻观察"	全体学生	课内		
高二	课前演讲系列：哲学名家、中华文化大观园、国际组织面面观	全体学生	课内	必修4《哲学与文化》选必1《当代国际政治与经济》	政治认同科学精神
	英才杯校园辩论赛	全体学生	课内+课外	必修模块	政治认同科学精神法治意识公共参与
	模拟法庭	选考生	课外	选必2《法律与生活》	法治意识公共参与
	"观天下"新闻播报活动		课外	所有模块	政治认同科学精神法治意识公共参与
	时文时评		寒暑假实践性作业		

2.具体活动设计：长短结合，基础与综合并举

长期类时政教育活动：着眼基础，广泛参与，简单易行。

该类活动的特点在于简洁明了，学科任务简单，可操作性强，学生需要付出的时间精力相对少，强调学生的参与面广，注重基础性的知识和能力的培育。

一部分活动坚持伴"课"而动，随"课"而行。例如，三分钟课前演讲系列，全体学生以学习小组的形式参与，演讲主题的设置与模块教学高度一致。例如，"红色故事"与必修3模块中的"党的领导"一致，"今日说法"则是对必修3模块中的"依法治国"和选必2《法律与生活》的延伸补充，"哲

学名家""中华文化大观园"与必修4《哲学与文化》有效对接，"国际组织面面观"属于选择性必修1《当代国际政治与经济》中的基础性事实性知识。

另一部分活动则是应"时"而动，随"时"而行。如"观天下"新闻播报活动、时文时评活动。以"观天下"新闻播报活动为例，以附中三个校区的电子班牌为播放平台，学生以小组为单位，每周由一个小组负责选取五条国内外重大时事，给出简短的学科视角的评论，制作成图文并茂的PPT，于周一定期播报。考虑到时事新闻的政治性、时效性和重大影响力，为确保新闻播报的质量，设立了任课教师—备课组长—教研组长—教学校长四级联动的审核机制，并协调信息服务中心协助信息发布。

寒暑假的时文时评活动，也是因时而评，因事而发。同学们假期里轮流在班级学科群中分享一则时文时评，保证政治学科群中，每日都有新鲜事和刚刚出炉的学科点评。同样，用教师的示范和每日实时反馈保障分享的质量。教师通过示范，展示新闻选取的要求、寓理于事学理化评论的方法、逻辑表达的技巧。

附：时文时评示例

新闻链接：8月13日四川彭州龙门山镇"龙漕沟"突发山洪，灾难已造成7名游客遇难8人轻伤。

评论如下。背景分析：当前正值夏季，夏季灾害频发。许多游客根据各社交平台上人气火爆的网红打卡地盲目地打卡出游，不顾防护网与警示牌的警告，忽略安全问题，更有甚者违反了法律，置自己与他人的安全于不顾，致使在山洪来临的时候逃跑不及，造成人员伤亡。

意义分析：这些游客没有用科学的辩证思维来看待问题。他们片面地认为自己不会赶上洪水或者是其他自然灾害暴发，为了满足一己私欲，带动身边的人一起前往这些地质灾害点位，使自己和他人的财产甚至生命健康权遭到威胁。

措施分析：政府如文旅部门应加强对此类地区的管控，加强警示标志牌与标语等；社交平台也要严格审核此类相关视频，防止错误引导游客，从而造成一系列不必要的人员伤亡等；游客们要树立自己的安全防范意识，从实际出发，不盲目听从别人的意见，把握客观发展规律，善于利用辩证思维，全面地看待和思考问题，学会甄别"攻略"，在对立统一中把握事物，这样才能有效地保证自己的生命健康权。

2023届高二（5）班　隋××　2022年8月17日

这是学生暑期在学科群分享的一则时文时评。选取的是当前的社会热点事件，时效性强，内容严肃认真。学生综合运用了经济、政治、哲学等模块的知识，分析了当前网红野生景点的打卡乱象，全面辩证，思路清晰。类似时文时评每日一则出现在我们的班级学科群中，成为师生观察社会、活用知识、互助共进的学习资源。

3.短期类时政教育活动：聚焦综合，以用为上，拓展延伸

"走近马克思"经典诵读、商业挑战赛、时政学子论坛、校园辩论赛等活动所呈现的问题情境是不良的、非结构化的，学科任务难度大，需要在更大纵横维度上调动和运用学科知识来解决问题。因此，往往需要一小时甚至几天才能完成一次学科活动，如一次商业挑战赛就需要1.5天，前期的准备课程需要2节课时。这就需要活动组织者和参与者投入较多的精力策划实施、参与展示，把握活动品质与效果。

因此，对于短期类时政教育活动，我们坚持走精品化路线。在活动开展前，我们会进行充分的调研，征求学生的意见和建议，以确保活动内容符合学生的兴趣和需求；我们会制订详细的实施计划，包括前期准备、赛前辅导和学生评价等环节，实现全程统筹；我们还会坚持班级赛到年级赛的晋级制度，以激发学生的参与热情和竞争意识；此外，我们还会充分挖掘校内外资源，实现时政教育资源的优化配置。

以2021年高二年级的英才杯校园辩论赛为例。在辩题的设置上，我们以学生为中心，坚持民主原则，通过匿名网络投票确认选题；通过学科群内限时接龙，确定正反方；辩手由正反双方民主推荐或自荐；非辩手的同学为亲友团，在辩论过程中进行奇袭；邀请语文、英语、历史、地理等学科教师、辩论社团成员和民主推选的学生构成评委团。通过赛制的细致规定和有效实施，调动了班级绝大多数学生的积极性，融汇了跨学科的教师资源，使得辩论会"硝烟"四起，亮点频出。

附：2023届高二英才杯校园辩论赛活动设计

2023届高二英才杯校园辩论赛辩题

序号	正	反
1	奥运期间运动员粉丝"饭圈化"利大于弊	奥运期间运动员粉丝"饭圈化"弊大于利
2	社交媒体正在加剧社会撕裂	社交媒体未在加剧社会撕裂
3	附中学子更应该学习如何"自夸"	附中学子更应该学习如何"自嘲"
4	孩子的作业太多总是写到半夜，我该跟老师理论	孩子的作业太多总是写到半夜，我不该跟老师理论
5	朋友明知我偶像是谁，还在朋友圈骂TA，我该掉他/她	朋友明知我偶像是谁，还在朋友圈骂TA，我不该掉他/她
6	对越亲近的人脾气越大，我错了	对越亲近的人脾气越大，我没错

2023届高二英才杯校园辩论赛讲评流程

序号	程序	时间	备注
1	发放选票，选出胜方与最佳辩手（各1）	2分钟	教师选票权重为5
2	计票	5分钟	当场公开进行
3	教师点评	5分钟	与计票同时进行
4	为胜方与最佳辩手颁奖	2分钟	奖状、奖品
累计14分钟			

综上所述，长期类和短期类的时政教育活动各有特点，我们立足教育实际，从学生需求点出发，坚持教师指导下的学生主体性，将基础性和综合性的学科时政教育活动较好地融合在学科教学中。

四、共谱活动新篇，共绘成长图景

实践证明，在新课改背景下这是与我校实际相符的时政教育活动。"问渠那得清如许，为有源头活水来。"我们通过多方合力，将新鲜生动的社会热点、重大时事引入学生世界，让抽象的政治学科理论在真实生活情境中活化。师生在共同探究、共同分享的活动中，共同成长。"观天下"校园新闻播报活动，成为附中人看世界的一个小小窗口。辩论赛激发了许多同学对社会和人生的深入思考。在时政论坛、课前演讲、经典悦读、商业挑战赛等活动中，涌现出了许多领域的小专家、小能手。

在瞬息万变的数字化时代，丰富多彩的时政教育活动为附中学子的自主思考留出了空间，增强了高中思想政治课堂的可探究性、互动性。基于时政案例的学科任务引导，学生将时政与理论相结合，理性观察社会万象，充分运用解读学科方法、学科思想，提出问题、解决问题，提升了主动表达自身观点的能力，体会思想政治学习的乐趣，更有效地锻炼了其思维能力，为自身综合素质的提升奠定了基础。

（撰文：邰美秋）

高中思政课课前展示优化措施初探

　　课前展示是高中思想政治课的教学活动之一，旨在培养学生关注时事的意识，锻炼学生收集、整理、表达信息的能力，全面提升学生的核心素养。然而，在实际应用中，这一活动存在诸多需要优化的问题。通过对本校高一某班学生课前展示进行分析研究，我们发现课前展示的优化应聚焦选题辅导和展示安排两个方面。基于此，我们在新学期对课前展示进行有针对性的调整，在实践中不断探索和落实优化高中思政课课前展示活动的具体措施。

一、发现问题：第一学期课前展示活动中出现的现象

　　在2015—2016学年第一学期《经济与社会》的教学中，我们在本校高一某班①开展了课前展示，具体要求如下：两人一组，自由组队，共同准备，共同展示，时间为5～8分钟；使用多媒体设备辅助展示，在展示结束后说明二人分工情况；选题须与《经济与社会》内容相关。选题可以是介绍经济概念、解释经济现象或是分析经济问题，结合时事会有加分。

　　一周之后，本班学生选取的课前展示题目及展示基本情况（见表1②）：

表1

组别	题目	所属分类	评价	预先辅导	学生兴趣
第一组	"九三"阅兵	时事政治	差	否	中

---

　　① 本班第一学期共26人，共13组。第二学期共24人，共12组。
　　② 表1中，"评价"一项分为"优""良""中""差"四个等级；"预先辅导"一项分为"是""否"两种情况；"学生兴趣"一项分为"高""中""低"三个等级。

续表

组别	题目	所属分类	评价	预先辅导	学生兴趣
第二组	布雷顿森林体系	经济概念	优	是	高
第三组	运动员收入分析	经济现象	优	否	高
第四组	亚投行的建立	经济概念	良	否	中
第五组	"TPP"①	经济概念、时事	优	是	高
第六组	郁金香泡沫	经济概念	良	否	高
第七组	"一带一路"	经济概念	良	否	低
第八组	股票K线图	经济概念	优	否	中
第九组	帕累托最优	经济概念	良	否	中
第十组	上海合作组织	经济概念	中	否	低
第十一组	占领华尔街运动	经济概念	中	否	中
第十二组	比特币	经济概念	良	否	高
第十三组	世界贸易组织	经济概念	中	否	低

结合观看课前展示的实际感受，我们将此班第一学期课前展示的基本现象总结如下。

（一）学生偏好选择"介绍概念"作为展示主题

通过表1可以看到第一组选择的是时事政治方面的题目，不符合要求。但经教师提醒后，余下各组选题均选择与《经济与社会》相关的主题，符合选题基本要求。在这些选题中，绝大部分组（共11组）选择介绍经济概念，个别组（1组）选择分析经济现象，没有小组选择解决经济问题。在结合时事方面，第三组和第五组的选题能紧密结合时事，其余各组选题与时事的结合并不紧密。

（二）"新鲜名词"和"有逻辑的设问"能够取得更好的听讲效果

"新鲜名词"能够在展示一开始便吸引学生的兴趣。听讲的学生对于新鲜的名词有很强的求知欲，当听到"TPP""比特币""郁金香泡沫"这些名词时，他们都会注视着展示者，期待着展示者对于名词的解释。然而，当

---

① TPP为"跨太平洋伙伴关系协定"英文简称。

听讲学生认为自己听懂了这些概念之后，则出现了低头、走神等注意力不集中的现象。

"有逻辑的设问"可以始终吸引学生的注意力。例如，在第三组"运动员收入分析"的展示中，展示者从"猜猜网球明星德约科维奇一年挣多少钱？"这个有趣的设问作为切入点，在一开始便吸引了同学们的兴趣。进而以"猜猜德约科维奇的收入在男运动员中排第几名？""排在他前面都有谁？""他们都是从事什么运动的运动员？""为什么会出现这样的状况？"等一系列环环相扣的设问使听讲同学始终保持注意力集中，取得了很好的展示效果。

（三）教师辅导可以帮助展示者提升展示效果

对比结果显示，经过教师辅导的小组（第二组和第五组）展示效果显著，展示者表达更为清晰，听讲者注意力更为集中。第二组和第五组的表现分别体现了教师辅导在"优化选题"和"梳理逻辑"两个方面的作用。

第二组选择"布雷顿森林体系"作为展示主题。通过与教师的沟通交流，他们将展示的重点放到布雷顿森林体系的运行机制和布雷顿森林体系解体后对世界经济的影响上。这是对《经济与社会》内容（特别是金本位）非常好的补充，与教学进度安排高度一致。通过对这组学生课前展示的点评讲解，我们在授课时顺理成章地过渡到了"纸币"的授课内容当中，取得了较好的结合效果。

第五组通过与教师的讨论，将展示梳理为三个核心问题："什么是TPP？""TPP和WTO的异同在哪里？""TPP会对中国产生哪些影响？"通过这三个环环相扣的问题，第五组非常有条理地将TPP的鲜明特点介绍给同学们。听讲同学始终被提出的问题吸引，不断进行思考，取得了非常好的展示效果。

（四）组与组之间的展示水平有很大差异

自由分组不可避免地会出现关系要好的朋友组成一个展示小组的情况。这样导致的后果是，组与组之间的完成水平差异很大。"强强组合"的小组完成的水平较高，而表达能力较差、重视程度不够的二人组展示效果则明显较差。

女生组成的小组展示效果明显优于男生组。这主要体现在女生较为用心，内容比较丰富，保证了展示的基本水平。相比之下，男生的展示则比较僵化。在准备过程中，他们在网上拼凑收集一些基本信息（有些并不准确）；在展示时，"念稿子"的现象比较严重，PPT上罗列的信息很多，却未能进行有效的提炼。

（五）组内成员参与程度差异很大，有"搭顺风车"的现象

这一现象在某些小组中极为明显，如第八组介绍股票K线图，一名成员只是简单地介绍了K线的基本概念，而另一名成员则是大包大揽地介绍所有关于K线的相关知识。从小组完成的角度看，第八组完成得很好。但是从组内成员参与程度看，两人的努力程度和获得的锻炼差距很大。这样的现象在其他组中也是存在的，只是程度有所不同。

通过和学生的交谈发现这背后的深层原因在于组内成员关系要好，在选题时一方主导而另一方跟从。主导者因为关系要好，不好意思指责同伴，只得自己多做。跟从者则是"搭顺风车"，自己可以获得与同伴相同的分数，缺少参与的动力。

二、分析问题：对第一学期课前展示的思考

通过对第一学期课前展示出现的种种现象进行梳理，可将其归纳为两个方面的问题，即选题问题和展示安排问题。我们认为，这是课前展示最为重要的两个核心问题，因此对其进行深入的总结和反思。

（一）对于课前展示选题问题的思考

1.从选题标准的角度看，要选择一个适合放到课前讨论的"真正"的问题

选到一个好的题目是学生较好地完成课前展示的重要前提。好的选题应是能够通过这个课前展示让展示者得到有效的锻炼，让听讲学生"听有所得"的。在第一学期的课前展示中，过多的展示者选择"是什么"层面的问题（解释经济概念）。这类问题在高中思政课上有两个严重的缺点。

一是，对于展示者来讲，介绍"是什么"层面的问题很难真正加深学生对于一个问题的思考。在高中阶段，课前展示的目的绝不仅仅在于让学生简

单地关注时事、复述信息，而是要培养学生运用学科知识和学科逻辑分析、解决身边实际问题的能力。讨论"是什么"的话题，学生会将这个问题"延展"和"拉伸"得很宽很长，却难以将问题深入其中。因为在这个"互联网+"和"知识碎片化"的时代，学生获取知识的渠道很多，获取的速度很快，知识的内容很杂。恰恰是这种"多""快""杂"，让学生难以对一个"是什么"层面的问题进行深度的思考。在这样的情况下，学生无法深入探究问题，无法有效组织表达信息的逻辑，自然而然地会堆砌出"大而空"的课前展示。如果选题能聚焦到"为什么"和"怎么样"这个层面，学生就无法通过简单的检索来获得答案，他们将"不得不"更费力地用自己的知识去思考问题，用自己的逻辑去组织答案，用自己的表达技巧去取得更好的展示成果。这些思考、组织、表达恰恰是课前展示的真正价值所在。

二是，对于听讲学生来说，"是什么"层面的问题只能短暂吸引注意力。在了解所介绍概念"是什么"之后，如果没有值得进一步思考的问题，就会出现思维上的放松，就会出现走神和注意力不集中的现象，就是浪费了宝贵的课堂时间。反之，如果能够像第三组和第五组那样，有一系列的逻辑设问帮助听讲学生进行层层递进的思考，那么听讲的效果会有明显提升。

可见，在高中思政课中，"为什么"和"怎么样"层面的问题更适合作为课前展示的选题。

2.从帮助学生准备选题的角度看，教师更重要的是提供展示思路的辅导

学生自主选题在质量上难以得到保证，主要表现在以下两个方面。

一是学生的"问题意识"非常薄弱。学生最初选择的往往并非真正的研究问题，而是一个自己感兴趣的名词或是一个较为模糊的思考方向。他们对于自己"想要分析什么问题""表达什么观点""以什么样的方式进行表达"这些展示的核心环节缺乏真正的思考。因此，最终很多小组的选题并没有聚焦到问题上来，而是泛泛而谈地堆砌某个方向的内容，导致展示效果欠佳。

二是学生对"展示"的认知不足。展示者将展示视为一个必须完成的任务，而非研究成果的展示。这就造成了"寻找问题""探究问题"两个重要环节的缺失。部分学生甚至是在展示前两天才着手准备。学生没有找到想研究

的问题，没有思考的过程，缺乏必要的准备，造成展示环节中缺乏实际的内容和展示逻辑的混乱。

在表1中，"评价"和"学生兴趣"两项得分较低的组均陷入了这样的状况：他们因无法聚焦问题，而选择东拼西凑的收集信息方式；因对展示认知不足，而忽视表达的逻辑性；因缺少充足的准备，而选择用念稿子的展示方式，造成展示结果不尽如人意。

然而，第二组和第五组在教师辅导之后的变化给了我很大的启示：教师辅导可以帮助学生梳理思路，真正做好一个选题。

通过师生间的交流，教师可以帮助学生提炼出适合在课上展示的真正问题，并指导学生理顺表达的思路，通过环环相扣的问题进行串联，以确保展示的效果。教师可以通过提前观看学生的PPT来提出修改意见，帮助学生完善不足。教师也可以做到对展示内容心中有数，提前做好点评和引导的准备工作。此外，教师可以在学期之初进行集中选题辅导，对一个学期的课前展示进行整体规划，让课前展示和教师授课结合得更加紧密、更加科学，提升整体教学质量。

因此，教师辅导对于帮助学生"选一个好题目，做一个好展示"以及"做好一个班一个学期的课前展示"都是十分必要的。

（二）关于课前展示安排问题的思考

1.指定分组能够更好地锻炼学生全方位的素质

可将男生与女生分为一组，将表达能力强和表达能力弱的同学分为一组，将性格、兴趣不同的同学分为一组。这样的分配可以平衡组间的能力、性别差异，让学生脱离自己的心理舒适区，与不同性别、志趣的同学进行交流和合作，以期保证展示的水平，让学生在新的合作中碰撞出更多的火花。

2.综合提升学生的"听"课前展示的质量

学生的听讲质量取决于展示学生的展示水平。因此，首先要做好展示组的辅导工作，保证展示组的课前展示"值得一听"。在此基础上，教师在展示过程中提问、点评、引导都能够提升学生的听讲质量。提问和反问是帮助学生提升注意力和厘清逻辑思路的有效方法。其中，提问的问题可以是教师提前准备的核心问题，也可以是现场生成的学生感兴趣的问题；提问对象既可以是台上的展示者，也可以是台下的听讲同学。点评和引导是教师完成画龙点睛的最重要环节，内容贵精而不贵多，要让学生在听的基础上有所延伸，有所体会。好的点评和引导应能让展示者明白展示中的优与劣；让听讲者反思自己听后的得与失；让课堂简洁而自然地过渡到授课内容部分。

3.有效整合课前展示与授课内容

整体规划是完成整合的第一步。教师通过选题辅导对一个学期的课前展示选题有所了解，在此基础上与授课内容进行整体规划和初步整合。另外，教师对于课前展示与授课内容衔接段的"备课"也非常必要。对于学生展示的提问、点评、引导都应是教师常规备课的内容。这样课前展示与课程内容就不是割裂的两部分，而是环环相扣的教学环节。

三、解决探索：第二学期课前展示活动的调整与进步

（一）结合上学期的反思成果与《政治与法治》教学安排的需要，我们在新学期中对课前展示做出以下调整

选题要求改为：针对某一政治相关问题提出自己的观点，并给出相应论据。教师对选题进行审核和打分，通过多轮次的筛选确保题目符合选题要求，不符合要求的小组在教师的指导下继续完成选题工作。

分组要求改为：指定分组，每组一男一女两名成员根据学号对应生成，共同完成课前展示。在展示前，说明分工情况。在展示中，对二人进行有针对性的提问，确保学生共同准备。在展示后，对小组成员的表现分别进行点评和打分。

展示的整体顺序改为教师进行安排，具体展示时长和形式可以与教师协商。展示前一周，展示组要将PPT发至教师邮箱，并按照教师要求进行修改。对于修改效果较好的组，有酌情的加分。

展示过程中，PPT要求简明扼要，尽可能做到脱稿展示。

经过学生一次自主选题和两次辅导修改后，学生的选题产生了以下变化（见表2）。

表2

	自主选题	第一次修改后的选题	第二次修改后的选题
第一组	房价上涨的原因分析	政府政策对于房价的影响作用	2016年"减契税政策"对于房价的影响分析
第二组	政治人物介绍——林肯	林肯在南北战争中的表现是绝对正义的吗	林肯在美国内战中表现之再评议——维护宪法，还是追求正义
第三组	国际石油价格变化	国际石油价格变化的长期因素和短期因素分析	2015年油价变化为何如此"疯狂"
第四组	朝鲜的人权问题	少数人权利的保障问题	美国同性恋平权问题带来的启示
第五组	"十三五"计划对于中国经济的影响	北京公交系统如何优化	北京绿色公交系统建设前景之我见
第六组	北京汽车单双号摇号政策	政策对于新能源车的影响分析	"前景堪忧"的新能源汽车
第七组	（未选出题目）	社会主义核心价值观分析	美国校园枪击案的介绍及"持枪＆禁枪问题的辩论"
第八组	朝鲜半岛问题	（未选出题目）	
第九组	（未选出题目）	《纸牌屋》中的政治常识	美国游说制度的介绍及评价
第十组	习近平与普京的外交会晤一览	近年中俄关系为什么"一家亲"	近年中俄外交关系大事记及中俄外交关系展望
第十一组	联合国	联合国安理会的执行力问题	就叙利亚难民问题看联合国安理会的执行力
第十二组	（未选出题目）	纳税人的权利问题	纳税人和政府之间的关系

（二）课前展示优化成果分析

截至定稿前，前六组已经完成了课前展示。通过在选题和安排方面的优化措施，明显感觉到学生课前展示质量和听讲质量均有明显提升。特别是在选题方面，经过多次修改，可以看到学生将模糊的方向转化成了比较值得讨论的问题的全过程。在这一过程中，学生培养了初步的问题意识，选题也发生了以下五个方面的变化。

1.学生将身边的现象引进课堂展示

第一、第五、第六小组的选题属于这一方向的优化。他们关注生活中的政治经济现象，并在课堂上展示自己的研究成果。这样的展示十分符合课前展示的活动目标。学生运用学科逻辑和学科知识对身边发生的现象开始思考，获得成果，进行展示，得到了全方位的锻炼。

2.学生学会深入挖掘现象背后的原因

如第三、第十组的选题就是从广为人知的政治现象开始思考，深入挖掘现象背后隐藏的真正原因，是典型的探究式的课前展示。这样的思考实际上是对展示者和听讲者浅层思考结果的"颠覆"，具有冲击力，是非常好的选题方向。

3.学生关注对已有认识的再反思

第二组对林肯这样伟大的历史人物的再评议就是有思考的课前展示。这一组的选题优化过程也充分体现了学生在教师辅导下思考维度提升和思考能力增长的过程。

4.学生选择有鲜明班级特色的题目

本班为国际班，学生毕业后将赴美留学。如第二、第四、第七、第八、第九组均选择了美国相关的政治问题。这样的课前展示与我校全人格发展教育理念和学生职业规划活动相辅相成，体现了学生对自己未来关注程度和规划能力的提升。

5.学生采用多样化的展示方式

第二组设计了分组讨论；第七、第八两组选择了辩论的形式。这种形式上的创新体现出学生逐步脱离"课前展示等于课前演讲"的思维定式，让课前展示更加丰富多彩。

显然，这一学期的课前展示的质量提升明显，学生在课前展示中体现出的进步加深了我们对课前展示活动的理解，也让我们看到了课前展示优化措施立竿见影的效果。课前展示归根到底是一项课上安排的教学活动，需要教师更多地思考、设计、参与和监督。教师每多优化一点，学生在课前展示中的收获就会增加一些。

（三）关于可继续深入研究问题的分析

当然，在之后的课前展示中也发现了一些新的问题。主要体现在课堂时间占用量增多，一些小组超时的现象比较严重；教师对于课前展示的点评、总结、阐释不够简明扼要，缺少点睛之笔等。

　　我们认为，课前展示所出现的新的现象和问题正是继续优化课前展示的重要方向，特别是"如何保证学生选题自主性?""如何丰富课前展示的表现形式?""如何更好地处理教师点评与学生感悟之间的关系?"这些问题都是非常值得继续深入研究和思考的，我们希望能不断总结经验，优化课前展示的成果。

（撰文：王建业）

第三篇
研究篇

研究教学实际问题，促进教学质量提升

推动核心素养理论落地的主题式教学模式，不仅需要学习和实践，还需要教师们结合教学实践从多个角度进行研究。

在实际教育教学过程中，每位教师都会遇到不同的教学疑难问题。教师在理论指导下，对自己的教学疑难问题进行有效的突破，不仅关系到自身教学水平的进步，也影响着学生核心素养的提升效果。在核心素养理论的引导下，我们以主题式教学模式作为突破口，对一些曾经困扰我们的教学疑难问题进行再思考、再探索，取得了一系列的研究成果。这些研究成果可以划分为两种类型。

第一类是赵敏、胡莹、姚岚、张函等老师以某一堂课例或某一具体教学问题作为研究对象，以核心素养理论为指导形成的极富个人特色的研究成果。如赵敏老师在《基于大概念的思想政治课教学》中介绍了她对于"大概念"的理解，并展示了一堂以"大概念"作为出发点，以培养学生核心素养作为目标的思想政治课应该如何设计和实施的全过程。此类研究还有胡莹老师的《运用设问艺术，提升课堂实效》；张函老师的《基于问题思辨的深度学习——以〈公平的价值与坚守〉为例》；姚岚老师的《高考政治图表类主观题备考策略》。此类研究成果"以点破面"，从某一个点对教学中的疑难问题进行有效突破，对于提升实际教学效果有很强的指导意义。

第二类是胡莹、赵敏、王建业等老师以核心素养理论作为依托，对教学模式和教学方法等问题的反思和研究。不同于第一种解决"具体教学问题"的思路，此类研究更加关注在核心素养理论的指导下，我们对于"某一类问题"的认知转变。如胡莹老师在《核心价值观教育的有效路径：主题式教学模式》《在理性思考中立德——基于中学伦理学课程开发与实施的研究》《在高中思政课的议题研讨中促进深度学习》等三篇文章中关注了在议题研讨中落实思想政治课"立德树人"的根本任务和培养学生"社会主义核心价值观"等关键问题；赵敏老师在《知识层级的教学思考》中对于学科知识进行深入解读；王建业老师在《在校本选修课程中培养学生核心素养的探索》和《疫情防控期间线上"翻转课堂"教学探究》两篇文章中对"校本选修课程"和"翻转课堂"模式下的核心素养培养问题进行分析。此类文章关注核心素养理论指导下，教师对于教学思路、教学模式、教学方式方法等问题的再思考和再探索，具有较高的理论价值和对于教学的较高的指导意义。

政治组教师们在将核心素养理论内化于心的同时，紧密结合自身的教育实践，形成了一系列言之有物的研究成果。

（撰文：王建业）

核心价值观教育的有效路径：主题式教学模式

　　社会主义核心价值观是一个国家和民族价值体系中最本质、最核心、最具方向性和指导性的部分，因此社会主义核心价值观教育作为培育公民素养的重要构成部分，在家庭和学校教育体系中占据特别重要的地位，国家和社会都应该给予特别的重视。作为核心价值观教育的显性课程，思想政治课应该将核心价值观教育作为重要的教育教学内容，而探索有效的教育教学方法就成为提高思想政治课核心价值观教育实效性的必然命题。笔者结合自身和所在学校教学实践的探索和思考，总结出主题式教学模式。实践证明，这种教学模式的探索和运用，对于核心价值观教育具有重要意义和价值。

一、思想政治课中核心价值观教育教学存在的主要问题

　　价值观教育一直是思想政治课教学的重要使命，尤其社会主义核心价值观成为国家的价值目标、社会的价值取向和个人的价值准则之后，思想政治教师对价值观教育给予了更多的关注和探讨。然而，目前在思想政治课教学中，核心价值观教育存在内容单一、缺乏系统、方式单一等局限。明确和分析这些局限和不足，对于更好地开展核心价值观教育具有重要的意义。

　　（一）知识为主要教学目标，忽视价值观教育

　　价值观是人们对事物价值的看法和观点，与初中思想品德课程内容直接涉及价值观教育的直观性不同，高中思想政治课程更侧重学科内容和知识。在现有课程体系中，高中思想政治必修本包括四门课程，分别是《经济生活》《政治生活》《文化生活》《生活与哲学》，价值观教育更多地渗透在学科教育中，具有非直观性、非系统性的特点，因而很多老师在教学中更多关注学科知识和学科思想的教育，而忽略价值观教育。

（二）教学内容不够系统，逻辑破碎化

一线教师大多将教材作为最重要甚至是唯一的教学依据，而教材限于篇幅和重点内容的论述，在编写和编排上往往只突出一些学科要点，对问题和思想本身的外延和内涵不能进行系统的阐述。因此，在教学安排上，如果教师只从教材设计出发，更容易条块化地讲解教材相关内容，从而导致教学内容不够系统，不能对问题和学科思想进行系统的阐释，逻辑破碎化、断章化。

（三）教学方式单一，重理论轻实践

经过学习和探索，现在一线思想政治教师能用更多样的教学方式开展教学，如案例教学、情境教学、问题教学、翻转课堂、小组合作等，相较于传统的灌输式教学方式，这些都是进步，都发挥着重要作用。然而，这些教学方式更注重课堂问题的解决、理论的推导、思想的阐述，更容易解决学科知识问题，不能充分培养学生人格素养、办事能力和价值观倾向等问题。当前教学改革的方向是越来越重视实践教育和素养培养，各学科要能从学科角度提升学生核心素养，而核心素养的培养更重视在实践中让学生体验、感悟和提升。从哲学角度看，马克思主义认识论认为实践是认识的目的，也是认识发展的动力，通过实践可以更有效地加深认识、应用认识，发挥认识的真正作用。因此，在教学中增加实践活动，能更好地加深对知识的理解和深化，在实践中锻炼发现问题、分析问题和解决问题的能力，在实践中培养团队合作、坚韧性格、创新理念和精神追求等素养。

二、思想政治课核心价值观教育的有效路径

笔者所在学校政治教研组在教学实践的长期摸索中，借鉴其他学校一些有益经验，形成主题式教学的方式方法，更加重视教学目标的多元化、教学内容的系统性和教学方式的实践性。实践证明，这种方式更利于学生的全面发展，包括价值观素养的提升。

（一）主题式教学模式的概念阐释

所谓"主题式教学模式"，是指以某一学科核心概念、时政热点问题或者学生核心能力等为主题，构建教学设计框架，并采用有效教育教学方式，

帮助学生提升学科认知、提高认识分析解决问题能力、培养学生情感态度价值观等素养的教学模式。

基于此，主题式教学模式要考虑好三方面问题，即确定主题、探索实现方式、完善教学评价。

1. 确定主题

主题式教学的首要任务是确定教育教学主题。基于全面培养学生素养的教育教学目标，我们将主题分为学科核心概念、时政热点问题和学生核心能力三大类。

一是以学科核心概念为主题。例如，在高一必修1《经济生活》课程实施中，我们选定了货币、价格、消费、生产与基本经济制度、企业、劳动者、投资理财、个人收入分配、财政与税收、市场配置资源、宏观调控与社会主义市场经济、小康社会的经济建设、经济全球化与对外开放等主题；在必修2《政治生活》课程实施中，我们选定了我国的国家性质、我国公民的政治参与、我国政府的性质与职能、我国政府的责任、我国政府的权力及行使、权力需要监督、我国的人民代表大会制度、我国的政党制度、我国的民族区域自治制度和宗教政策、国际社会成员及国际关系、世界形势及我国外交政策等主题。在其他必修和选修主题选择时，也可以参照这种方式和方法，整合和选择学科核心概念作为教育教学的主题。这样既有利于充分运用教材资源，也可以根据教育教学状况进行补充和拓展，这种方式主要用在高一、高二课程新授阶段。在高三综合复习阶段，可以选择更综合的主题，如市场调节和宏观调控、社会主义市场经济条件下的生产分配交换消费、社会主义民主政治、国际经济和国际政治、文化力量和文化发展、中华文化发展、马克思主义哲学等，以便更好地构建学科知识框架。

二是以时政热点问题为主题。思想政治课应该成为帮助学生了解世界和社会的重要窗口，因此在课堂教学中应该渗透时政教育。在主题式教学模式下，我们会专门安排一些课时，结合时政热点问题的出现和发展，引导学生关注和分析，培养他们的社会参与度和社会责任感。例如，在美国大选期间，我们专门讲授了《美国的总统选举》，介绍了美国选举制度的历史，选举人团制度的内容，以及美国选举制度的现实状况包括反常现象。通过分析

2016年大选候选人的演讲，我们透视了不同候选人所表达的国家政策、美国历史和文化基因以及美国多元的价值观念，并以美国选举制度为例，透视平等、民主等普适的价值观念和思想。这种授课方式能根据社会时政热点的进展，帮助解答学生的疑惑，澄清学生的认知，并引导相关的价值判断和价值选择。

三是以学生核心能力为主题。学生的能力和素养是一个综合概念，其的培养不是单个学科能解决的问题，但每个学科都应该为学生的综合素养和能力贡献力量。针对学生阅读和论述等与思想政治学科相关又关乎其综合素养的能力，我们会进行专门的培养。例如，在阅读能力培养中，我们探索了"分清层次，除去修饰，圈出主体主旨"的有效方法，帮助学生解决把握材料不清、主旨不明、想偏想歪的情形；在理论联系实际等论述能力的培养中，我们采用了"明确范围，找准起点，建好桥梁，立足终点"的方式方法，引导学生形成较完整的论述问题的逻辑思路。实践证明，这些方式方法能有效帮助学生提高阅读和论述的相关能力和素养。

2.探索实现方式

培育社会主义核心价值观，"内在地包含着培育和践行两个过程，两者是统一的"。"培育的过程，在某种意义上说，本身也是一个践行的过程，两者内在地统一于社会实践。"这意味着培育社会主义核心价值观的有效途径和真正目的是社会实践。因此，在通过主题式教学模式培育社会主义核心价值观的过程中，我们更强调让学生从实践中感悟，并将所感所悟应用于实践中。为此，我们搭建了"把握学生先前的认知和经验——通过实践活动等方式方法——提升学生学科认知、能力和价值观——在实践中践行收获"的实施方式和方法。适合课堂和学校教育教学的实践可以是问题调查、街头或单位采访、实地观摩参观、实际参与各种实践活动等方式，简而言之，就是把课堂延伸到社会，把社会带回课堂。

3.完善教学评价

主题式教学模式的教育教学目标是提升学生的学科认知、提高其认识分析解决问题的能力、培养学生情感态度价值观等素养，这与当前教育教学改革的方向——提升核心素养是一致的。"核心素养是学生在接受相应学段的教育过程中，逐步形成的适应个人终身发展和社会发展需要的必备品格与关键能力。它是关于学生知识、技能、情感、态度、价值观等多方面要求的结合体……"在实施培养核心素养方面，也有相关要求："在评估上，核心素养需结合定性与定量的测评指标进行综合评价。核心素养具有可教、可学的外显部分，同时也存在无声、无形但可感、可知的内隐部分。前者能够在特定的情境下通过一定的方式表现出来，因此能够有效地对其进行定量的测评；而后者则偏向于一种潜移默化的隐性渗透过程，需以定性、形成性评价的方式进行评估……"测试是我们常用的定量评价方式，是我们教育教学不可或缺的形式，但在社会主义核心价值观培养上，我们可以更多选择价值判断、价值选择和价值论述的相关题型，并提高相关比例。对于定性评价，我们可以采用及时奖惩的过程性评价，利用时政小论文、小品表演、书画作品等多种活动和形式，帮助学生梳理自己情感、端正自己态度和提升自我价值观要求和境界。

（二）主题式教学模式的特点分析

主题式教学模式以主题为核心进行教学设计，更强调综合地看待事物、处理问题，因而凸显出系统性、整合性等特征。

1.系统性

采取主题式教学模式时，需要注重对主题相关内容设计的逻辑性和系统性。例如，在设计高一《经济生活》中"消费"这一主题时，我们可以从消费水平和影响消费选择的因素两个问题进行设计。第一个问题，从暑假中的消费列举，引导学生认知消费的不同类型，再到如何评价这些消费的水平，引出消费水平的主要衡量指标——恩格尔系数，再用读图和曲线的方式描述我国城乡恩格尔系数的变化及背后表明的经济问题，最后从联合国关于恩格尔系数水平的区分，引出影响消费水平的因素；第二个问题，从上述影响消费水平的客观因素和消费心理、消费观等主观因素，来认识影响消费选择的因素。这种设计和架构并非简单地重复教材内容，而是根据新课标的要求，按照问题本身的逻辑，灵活地运用教材资源，系统地整合和补充教学内容，设计教学流程，这样更有利于在对消费的系统理解基础上，帮助同学们树立正确的消费观和价值观。

2.整合性

为了更好地理解和把握主题所涉及的学科概念、时政热点问题、学生核心能力等，我们需要整合学科概念之间的关联，需要从多角度认识热点问题，需要从多方面训练学生某种核心能力，这都需要对教学内容进行整合，或者整合教学资源，或者整合看问题的角度，或者整合涉及某种核心能力的各种素材和方法。例如，爱国主义，可以从《文化生活》的文化现象、文化发展、民族精神、中华民族精神和文化强国等角度进行整合，从理论把握到实践体验再到理性剖析等环节进行推演，帮助学生构建起有关爱国主义的较完备的学习和思考框架，系统性地、直观地推进有关爱国的核心价值观教育。

三、主题式教学模式的实施探索

笔者所在学校政治教研组将主题式教学模式运用到必修和选修课程中。教师觉得运用这种模式能更好地整合教学内容，更有效地组织教学活动；学生认为这种模式能更全面地掌握学科内容，更好地训练多角度思考问题的能力，能更有效地提升自我世界观、人生观和价值观。

（一）主题式教学成为必修课的有效模式

再好的教学设计，若要取得良好的教学效果，都离不开有效的教学实施，以及学生的感悟和提升。在主题式教学模式的实施过程中，确定好主题及内容后，我们应秉持从学生先前认知和经验出发的原则，通过小组合作、课堂探讨、主题辩论、社会调查等有效方式方法进行活动设计，给学生以学科理念、思想和价值观的引导，最终达到帮助学生扩展和提升学科认知，锻炼和提高学科能力，端正情感态度价值观和推进情感态度价值观进步的综合目的。

例如，在《经济生活》的"企业"专题中，该专题涵盖两个框题、两课时的内容。我们注重系统性，对内容做了整合，以企业"成立—取经—运营"为线，和学生一起探讨公司成立的条件，公司运行的策略。具体方法如下：第一课时上课前，让学生切实成立一家公司，真正去当地工商局申请注册，在申请注册的过程中，会有很多注意事项，会遇到许多不解问题，教师在课堂上与同学探讨、阐释、澄清，共同帮助学生公司成功注册；第二课时，学生公司成立后，针对公司在实际运营中会遇到的问题，采用头脑风暴、集思广益的方法，帮助公司出谋划策，并通过学习成功企业的有效做法，总结企业最重要的经营之道。本设计凸显以学生为本的理念，运用实践法、小组合作法等有效教育教学方式，引导学生积极参与实践，明确遇到的现实问题和困惑，在实践和思考的基础上澄清问题、主动探究、深刻感悟，有效地进行了自由、法治、平等、诚信等核心价值观教育。

（二）主题式教学助力开拓选修课的新领域

相较于必修课，选修课具有很大的自主性和开放性，这为选修课教师提供了更大的空间，但也带来了诸多困惑，如内容选择、教学开展等，这些都是开设和完善选修课必须思考的问题。主题式教学模式为教师们提供了较明确的思路和方法。

在这种模式的助力和推动下，笔者所在学校政治教研组的教师们新开设了一门选修课"国际社会——'旗'妙世界"。这门课程从国旗的渊源和人文历史特点出发，以各国为主题，引导学生挖掘国旗背后的传统、文化、宗教、地理等多方面内容，帮助学生了解各国的不同，同时又贯穿相似或相关的线索和历史积淀，目的是增进学生对他国的"国际理解"，并通过对他国历史兴衰的总结与反思，增强对我国及社会主义道路的"国家认同"，树立起民族自豪感，增强民族自信和自觉……开创了别开生面的选修课新天地。

主题式教学模式不仅助力开拓选修课的新领域，还引导笔者所在学校政治教研组在选修课的实施过程中更重视实践性。"核心价值观教育要积极开展校内外的社会实践活动，通过社会实践活动提高学生价值判断、价值理解、价值选择和价值行为的能力。"例如，在初二选修课上，我们充分利用学校周围可以利用的社会资源，在教师做了大量前期准备的基础上，开创了选修实践研讨课——寻找老北京味道，每个主题都经历了相关内容辅导、实地参观调查和总结交流三个阶段，让学生在实践中体验文化，在感受中提升认知、能力和价值观。

核心价值观教育不是一朝一夕能完成的任务，但价值观教育可以在日常教学中经常渗透。一线教师都有为核心价值观教育的深度和实效贡献力量的责任，笔者所在学校主题式教学模式为核心价值观教育尽了绵薄之力。随着实践的发展，我们会逐步完善这种教学模式，以更好地推动教育一线的核心价值观教育。

（撰文：胡莹）

（本论文是北京市市级课题"社会主义核心价值观教育与中学政治课结合的途径与方法研究"研究成果，并发表于《思想政治课教学》2017年第3期）

在校本选修课程中培养学生核心素养的探索

【摘要】核心素养理论是课程建设的顶层设计，可以指导教师建设独具特色的校本选修课程。笔者以在北京师范大学附属中学开设的"国际社会——'旗'妙世界"校本选修课程中培养学生"国际理解"素养为例，与各位同人探讨在校本选修课程中培养学生核心素养的探索经验与心得体会。

【关键字】核心素养　国际理解　校本选修课程　课程建设　课程育人

随着以培养学生核心素养为核心的新一轮教育教学改革逐步展开，核心素养理论指导课程建设日益成为学界关注的热点问题。毫无疑问，培养学生核心素养的理念要贯穿校本必修课程和校本选修课程。学生核心素养理论为教师建设独具特色的校本选修课程指明了出发点和落脚点。实际上，校本选修课程也为全面深入培养学生的核心素养提供了独具优势的平台。那么校本选修课程培养学生的优势又体现在哪里呢？

一、校本选修课程的优势分析

（一）校本选修课程更加贴近学生的实际情况

每个学校都有特色鲜明的教育理念、校园文化和学生特点。在同一校园环境下成长的学生们在核心素养发展上具有明显的共同特征。学校教师在日常教育教学工作中与学生接触十分频繁，贴近学生的学习和生活，对于本校学生核心素养发展需要和实际发展水平有最为深入全面的理解。教师若能发挥这一优势，就能为学校学生提供最适合他们核心素养发展的校本选修课程。

（二）校本选修课程更能满足学生个性化的核心素养发展需要

学生的核心素养发展存在明显的个体差异和不平衡性，即"不同学生在同一素养上的发展水平不一致"和"一个学生在不同方面的核心素养发展水平不一致"。虽然学生的核心素养需要全面培养，但也需要在学生有兴趣、有潜力的方面追求卓越。那么，二者的培养该如何权衡取舍呢？

笔者认为，在必修课程中应侧重使更多的学生实现核心素养的基础性发展，为学生的核心素养发展水平设定"达标线"，教育教学的目标是使更多的学生达到既定标准。而在选修课程中，应更加关注学生某些特长方面的、个性化的发展需求，即着重帮助学生在某些方面的核心素养上尽可能取得进步。

在校本选修课程"师择徒，徒亦择师"的双向选择中，师生更容易找到共同的兴趣方向，更有利于满足学生个性化的发展需要，丰富学校核心素养的培养方式，促进学生核心素养深入发展。

（三）校本选修课程更能促进学生核心素养的综合发展

林崇德教授指出，"核心素养不是某一学科下属的具体知识或技能，而是知识、技能、态度情感的集合，具有整体性，不能孤立地分开进行单独培养或发展，尤其是当素养作为课程目标时，需更加强调其综合性和整体性"。

核心素养在知识、能力、态度上的培养往往是通过"问题解决"来实现的。"问题解决"需要教师创设复杂的教学情境，调动学生各学科的知识，让学生面对和解决实际问题，从而促进学生核心素养的发展。然而，由于学科教学方式的限制，教师在必修课程中往往不得不"削足适履"，将复杂情境削减为"简单情境"，将真实问题转化为"学科问题"，将解决方法限定为"学科方法"。这既是教师教学中的遗憾，也使得核心素养的培养方式缺乏综合性。

在校本选修课程中，教师可以摆脱学科教学的"桎梏"，以跨学科的广阔视野，综合运用各种方式培养学生的核心素养。这是校本选修课程培养学生核心素养的突出优势。

由此可见，在校本选修课程与培养学生核心素养之间存在巨大的研究空间。在培养学生核心素养的根本目标下，教师如何发现学生的核心素养发展需要，如何自主设定校本选修课程目标，如何安排和适时调整课程实施，又该如何考查在本课程中学生核心素养的发展情况都是值得深入研究的问题。

二、在校本选修课程中培养学生核心素养的实践探索

带着这些思考，笔者2016—2017学年度在北京师范大学附属中学开设"国际社会——'旗'妙世界"校本选修课程。笔者将结合这一案例，通过课程建设的三个主要环节介绍在校本选修课程中培养学生核心素养的探索过程。

（一）确定课程目标

笔者在北京师范大学附属中学任教，同时担任模拟联合国社团指导教师。在此期间，笔者发现一部分高一学生非常关注并热衷讨论国际时事热点话题，但缺少分享交流的平台。他们对各国政治、历史、军事、文化等方面具有很强的求知欲，却缺少系统学习的机会。显然，这些学生在"国际理解"素养上有比较一致的发展需要。

笔者将这些学生的发展需要与《21世纪学生发展核心素养研究》中"核心素养具体内涵及各教育阶段重点"进行对比，如表1所示。学生在15～18岁需要形成"主动关心全球议题和国际形势"的国际化视野，需要养成"尊重""理解""欣赏"的多元文化素养。在这一整体培养目标下，从"关心"到"主动关心"是态度上的培养方向，从"国际事务"到"全球议题和国际形势"是知识、技能方面的培养要求，从"尊重"到"理解"再到"欣赏"多元文化则是学生"国际理解"素养的集中体现。对于这些学生来说，必修课程中关于"国际理解"素养的内容显然无法满足他们个性化的发展需要。因此，笔者决定开设一门旨在培养学生"国际理解"素养的校本选修课程。

表1

核心素养内涵	18岁	15岁	12岁	6岁
国际理解与多元化	具备多元文化的素养与国际化视野，并能主动关心全球议题或国际形势	具备洞察和包容多元文化的涵养，关心本土与国际事务，并能尊重与欣赏差异	具备关心本土与国际事务的能力，并能认识与尊重文化的多元性	具备理解与欣赏人己之间差异的能力，并能接纳多元文化的态度

　　笔者依据学校开设校本选修课程的相关要求确定本课程的基本形式，如表2所示。

表2

	内容介绍
课程名称	国际社会——"旗"妙世界
课程性质	校本选修课程
选课人群	高一全体学生
班级人数	拟招收30人，实际招收35人
课时安排	课程开设2学期，每学期20课时，每周二下午授课
核心素养发展方向	主要方向：国际理解 相关素养：国家认同、信息意识、人文底蕴、审美情趣等
课程目标	增进对于世界各国的了解，具备尊重、理解和欣赏多元文化的能力 形成理性分析国际问题和国际形势的思维能力 养成主动关心全球热点议题的学习生活习惯
课程考核方式	制作"时事评议新闻"

（二）选择课程内容

　　依据课程目标，笔者共安排两类课程内容。

　　一类是"纵览世界"，这是选修课程的主要内容，共计30课时。本类课程分为"欧洲""美洲""非洲及中东""东亚"四个模块。通过师生共同学习一些代表性国家的历史、地理、政治、文化内容，帮助学生增进对于世界各国的理解、尊重和欣赏。

　　另一类是"热点评议"，这是选修课程的重要内容，共计10课时。本类课程通过对近期发生的国际热点问题进行分析和评议，帮助学生养成主动关心全球热点议题的学习生活习惯，逐步培养学生理性看待国际问题，全面分析国际形势的思维能力。

　　课程密切结合国际形势变化选择教学内容，以"纵览世界"为主线，穿插国际时事的"热点评议"。2016—2017学年度，教学内容如表3所示。

表3

课程类型	课程模块	课时安排	课程内容
纵览世界类	欧洲模块	11	徽章旗之"大航海的先行者"——西班牙与葡萄牙 十字旗之"宗教的光辉"——英国与北欧五国 三色旗之"理想的力量"——荷兰、法国、俄罗斯
	美洲模块	7	星条旗之"先贤的梦想"——美国、古巴 奇葩旗之"资源传奇"——巴西、阿根廷
	非洲及中东模块	4	星月旗之"信仰与和平"——土耳其 五色旗之"黑色大陆"——南非
	东亚模块	8	"亚洲经济奇迹"——新加坡、韩国 "我们并不熟悉的邻居"——日本
热点评议类	热点问题	4	乌克兰问题、英国脱欧、朝鲜半岛核危机、化武危机等国际政治事件；诺贝尔奖、奥斯卡奖、卡斯特罗去世等其他国际热点事件
	专题讲解	6	美国大选系列："选举人团制度"；"党内争锋"；"价值观的博弈"

（三）完成课程实施

笔者在2016—2017学年度完成教学计划，基本实现课程目标。课程的实施方式、调整方法和考核方法如下。

1. 课程实施方式

课程实施的主要方式是在主题式教学的框架下，综合运用讲授法和探究活动。在面对两类课程内容时，实施方法有所不同。

针对"纵览世界"类内容，主要采取以讲授法为主，探究活动为辅的方式。笔者以各国国旗作为课程推进线索，结合时事发展选择讨论主题，在学生已有的观感、知识、能力的基础上，对这些国家的历史、文化、政治、军事等方面进行综合介绍。学生能够在有限的时间内快速描绘一个国家的基本形象，对相似的国家和地区具备整体印象，达到增进国际理解的教学目标。对于一些与时事紧密结合的具体问题则开展小规模的探究活动。例如，在欧洲模块介绍西班牙的历史与现状之后，对"南欧国家的高福利政策为何难以为继"这一话题进行探究。这样的方式可以有效地帮助学生学以致用，联系已学内容。

针对"热点评议"类内容，主要采取探究活动为主，讲授为辅的方式。笔者在课前布置学生了解时事热点的预习任务，在课上与学生共同分析事件的经过和影响，穿插讲授学生不了解的背景知识。在全面掌握背景知识的基础上，布置合作探究任务，让学生充分参与时事热点的分析和评议。如在"美国大选——价值观的博弈"一课中，笔者在特朗普当选美国总统后，第一时间通过微信群与学生交流感受，分享各位国际问题专家的分析观点，布置预习任务。在课上与同学一起分析美国各州的投票结果和特朗普当选的原因。在此基础上布置合作探究任务，分组讨论特朗普当选美国总统对于"民主党"、"共和党"、"'铁锈州'选民"、"'海岸州'选民"、"日本"等盟友、"中国"以及对于"世界格局"等各方面的影响，取得了良好的教学效果。

2.调整课程实施

在课程教学的不断推进过程中，笔者通过建立微信群、观察学生课堂表现、发放调查问卷等多种方式，加强与学生的沟通，增进对于学生的学习兴趣和核心素养发展水平的认识，并据此不断调整课程实施。

一方面，根据学生兴趣调整教学内容。例如，笔者发现学生对于军事、体育、音乐、名人逸事等内容兴趣浓厚，而对政治制度、绘画等内容缺乏兴趣和了解。于是，笔者相应地增加了学生感兴趣的内容，并将这些内容调整为课程的导入环节。

另一方面，根据学生核心素养发展情况调整教学方法。例如，笔者发现学生对于欧洲封建国家之间分离聚合的复杂关系缺乏理解，便参考模拟联合国的活动形式设计活动帮助学生换位思考，体验国家利益对于国家间关系的决定性影响。再如，笔者发现学生缺乏深入挖掘视频材料信息的能力，便结合著名电影《阿甘正传》来介绍"二战"之后的国际局势与美国社会，通过课程中的演示和指导，帮助学生提升获取视频材料中关键信息的能力。

3.课程考核方式

课程考核方式是制作"时事评议新闻"。学生两人一组，完成收集信息、整理信息、制作新闻稿件等工作，评议一件国际热点时事。学生的作品通过学校新闻平台展示给全校师生。学生们非常重视这种在全校师生面前表达自己观点的机会，用心制作了许多有见地的时事评议，对于国际问题的理解取得明显进步。

笔者根据新闻的"时效性""重要性""美观程度""观点态度"四个标准进行综合打分。在评价过程中充分考虑到学生素养水平的差异，对于认真修改且进步明显的同学酌情加分。评分标准如表4所示。

表4

评价标准	时效性	重要性	美观程度	观点态度
评分比例	20%	30%	20%	30%

三、在校本选修课程中培养学生核心素养的建议

在上述的探索过程中，笔者获得了在校本选修课程中培养学生核心素养的宝贵经验教训。笔者结合这些经验教训，从"课程目标""课程实施与调整""课程考核"三个方面为各位同人提供一些建议。

（一）确定课程目标的建议

1.发现"一部分学生"的共同发展需要

校本选修课程在培养学生个性化的核心素养方面具有独特的优势，而发挥这一优势的前提就是发现一部分学生在个性化发展中的共同方向。教师找到并分析这些学生在核心素养发展上的共同需要，就找到了课程建设的出发点和落脚点。

2.学习核心素养理论

核心素养理论不仅可以帮助教师明确核心素养发展要求，还可以帮助教师将核心素养的发展方向转化为可以具体落实的课程目标。例如，林崇德教授主编的《21世纪学生发展核心素养研究》对各学段中学生核心素养发展水平的明确要求，就可以为教师确定课程目标提供重要理论基础。

3.跨越学科教学的界限

在校本选修课程中，教师应在主观上摆脱学科教学思维方式的束缚，从课程育人的角度审视课程目标。跨学科的课程目标有助于发挥校本选修课程的突出优势，通过问题解决型的课程设计，综合培养学生核心素养。

（二）课程实施与调整的建议

1.计划需留余地，务必按时推进

校本选修课程于建设初期往往容易呈现出课程计划与课程实施相互脱节的状况。追根溯源，既有课程计划制订方面的问题，也存在课程实施过程中的欠缺。故而在制订课程计划时，需预留出充足的调整空间，以利于应对可能涌现的各类问题。在教学实施进程中，出现一些瑕疵和失误实属正常，教师在积极进行调整时更应立足全局，依照整体计划来推进课程实施。

2.把握由"兴趣"到"素养"的转化过程

"主张进步教育的教育者认为，如果将学生的兴趣及需求融合在课程设置中，学生就会自发地学习，学习也就更成功。"校本选修课程的"选"体现了学生的兴趣，但将学生的兴趣转化为核心素养才是课程实施的关键。笔者认为学生由兴趣到素养的转化过程中有三个值得注意的关键环节：一是在学生的兴趣方向中发现学生的"兴趣点"，这可以帮助教师更好地完成课程导入和选择课程主题。二是"以点破面"，从学生的兴趣点出发引导学生对于相关问题的思考和交流，挖掘与兴趣相关的核心素养发展机会。三是"养成习惯"，通过教育教学帮助学生在自己的兴趣方向上养成良好的学习生活习惯，逐步形成学生自主学习、终身学习的能力。

3.关注学生核心素养的实际发展情况

学生核心素养的实际发展情况是对课程实施进行调整的重要依据。教师首先要通过各种方式增加对于班级整体核心素养发展情况的了解，对于课程实施效果做到心中有数。在此基础上，关注学生在核心素养发展的个体差异性和个体发展不平衡性，适当地调整课程实施。

（三）课程考核的建议

1.注重考察核心素养发展的"增量"

北京师范大学的辛涛教授指出："学业质量标准必须是根据核心素养所提出的品格和能力要求，与课程领域所提供的知识内容相结合而制定。"校本选修课程的考核必须关注学生在课程中获得的核心素养发展的"增量"，也就是要切实地评价学生在校本选修课程中的进步情况。因此，校本选修课程考核方式要结合课程目标、课程实施过程中所重点培养的核心素养而定，着重考查学生这些核心素养的进步幅度。

2.为学生搭建"平台"，更要为学生搭建"舞台"

学生核心素养的提升离不开"学以致用的平台"和"展现自我的舞台"，前者可以有效地帮助学生实践应用所学内容，后者可以帮助学生获得更多的信心和学习动力。教师可以依据校园文化和课程内容为学生搭建这样的"平台"和"舞台"，使考核不仅限于考核，更成为学生核心素养全面发展的助力。

四、结语

以培养学生核心素养为目标的校本选修课程建设是核心素养理论"落地"的重要组成部分，势必会成为下一阶段教育教学改革的重要环节。教师在校本选修课程中依据核心素养的理论要求，针对学生某一核心素养进行课程建设是一项复杂艰巨的工作。这就更需要教师们积极探索，不断为建设更好的校本选修课程提供丰富的案例。笔者将第一轮校本选修课程建设的经验教训与各位同人分享，希望能为各位老师的校本选修课程建设贡献绵薄之力。

（撰文：王建业）

（本文发表于《思想政治课教学》）

在理性思考中立德

——基于中学伦理学课程开发与实施的研究

中学伦理课程作为本校自主开发的人格培养特色课程之一，是我校校本课程的重要组成部分。本课程将以立德树人为根本目标，以切实贯彻落实思想政治学科"政治认同、科学精神、法治意识、公共参与"等核心素养为落脚点，并以本校"全人格　高素质"的办学目标为指导，力求在中学教育中，把伦理学的道德准则、道德意识、道德情感、道德修养等，借助有效的教育教学行为和活动进行渗透，以推动中学生道德认知水平、道德判断能力、道德选择境界等的提高，进而促进学生人格的发展完善。

一、课程缘起

1.一个案例引发的思考

我们学校开设中学伦理学课程，需从一个案例引发的思考说起。2011年10月13日，2岁的小悦悦在广东省佛山市相继被两车碾轧，7分钟内，18名路人路过但都视而不见，漠然而去，最终是一名拾荒阿姨上前伸出援手，而后虽经医院全力抢救但仍不幸离世。这又是一起让人为之心惊肉跳的车祸，冷血的司机和漠然的路人，给幼小的生命和无辜的家人带来这突如其来的横祸、难忍的噩梦……我们不由得惊呼：中国怎么了？中国人怎么了？我们能做些什么？我们的教育能做些什么？我们组的老师萌生了开设道德伦理选修课的念头，跟学校领导沟通，学校领导也特别支持，认为这是对我们历史传统的继承和开拓。

2.契合我校育人目标和伦理教育传统

20世纪20年代，林砺儒先生担任我校校长期间，确定了"全人格 高素质"的育人目标，积极推进中学教育改革，在高中增设了第二外国语、解析几何、电磁学、分析化学、伦理学等课程。世界著名科学家钱学森先生曾在我校学习6年，在这期间曾经学习过伦理学，并由林砺儒先生亲自教授，为其终身发展打下了坚实的人生基石。

3.高中生人格发展的迫切需要

英国诗人爱德华·杨格曾说："丧失良知的才智比没有才智更糟糕。"青少年阶段是人生的"拔节孕穗期"，最需要精心引导和栽培。处于这一时期的青年人，其世界观、人生观、价值观正在奠定基础，只有充分汲养、科学滋养，人生才能节节壮、步步高。这一时期也是人格教育的重要阶段。与初中学生相比，高中学生身心发展趋于成熟，知识积累量增多，社会接触面扩大，社会交往更加频繁，思想意识日趋活跃，思维能力明显提高。思想活动和品德形成具有独立性、选择性、可塑性的特点：一方面，他们不愿意被动地接受他人或既定的观点；另一方面，他们自身又难以完全独立地、全面地形成自己的思想观点。这就要求在教育教学中既要给予学生思维的自由，又要引导他们科学、理性、全面地认识问题，伦理学就是一门促使他们深入思考"做一个什么样的人"的学问，是一门修德的学问。"德"有很多方面，社会责任感是"大德"的体现。社会责任感要培养学生为社会的美好、为世界的和谐、为人类的幸福而不懈努力！

二、课程开发与实施

1.从无到有的开拓过程

伦理学作为哲学的一个分支，是大学的一门重要课程，但在中学阶段的开展还处于起步阶段，可资借鉴的经验寥寥无几。因此，在这门课程开设的初期，我们付出了艰苦的努力！

书籍是人类进步的阶梯，于是最初，我们购入了一批伦理学相关书籍，其中既有较为专业的研究专著，也有与生活和人生相结合的通俗读物，这为我们后续工作的开展奠定了较为坚实的学理基础；我们还前往北京师范大学聆听廖申白教授的伦理学课程，并邀请中央民族大学王文东教授为教师讲授伦理学基本理论。

在这些努力和基础之上，我们先做了一个总体的课程纲要，包括课程目的——培养"全人格　高素质"的附中学子，课程内容——涵盖人的可能的善、责任、仁爱、诚实、良心与良知、正义与正直、智慧等八个专题，课程实施——以道德伦理问题和经典案例为依托，以案例分析、小组讨论推进教学，课程评价——重在引导学生思考，提高个人修养和道德水平，以出勤（30%）、课堂参与程度（20%）、小论文写作水平（50%）为标准进行综合评价。

2.在行动中研究

行动研究是一种在真实的教育环境中，按照特定的操作程序，综合运用多种研究方法，旨在以解决教育实际问题为目标的研究模式。我们的研究就是在"教学准备—教学实践—反思研究"的循环中不断总结提升的。

在教学准备阶段：我们根据伦理学命题、社会伦理热点问题和学生的特点及发展需要，确定授课专题。在课堂上，我们以这些热点问题、伦理学经典案例和道德悖论等为情境载体，与学生一起争论和辩解相关伦理问题和伦理认识，在思维碰撞中，启迪学生思维，促进学生思考，考问学生道德理解，最后达成一些道德共识，引导学生道德实践，让伦理的课堂变成做人的学堂，让多方的争辩变成对社会深入思考的论坛。经过一轮教学实践之后，我们会通过调查问卷和访谈方法，调研课程开发相关情况，根据客观的情况做有益的课程调整，同时进行研究成果的梳理和完善，并以研究促实践，力图打造附中精品课程。

三、课程收获

在实践与认识的相互作用中，我们不断完善课程，也在梳理总结研究成果，从粗浅的感性认识，到较深刻、可操作的理性思考，这是自我完善的过程，也是自我净化、自我革新、自我提高。我们的思考主要有以下几点。

1.促进学生发展是课程的初衷和归宿

中学伦理学课程开发和实施，一个重要考量就是附中学子"全人格　高素质"的发展。尽管这是一门新开的课程，可能还存在一些不足之处，但无疑是一次具有深远意义的尝试。在学校进行的全校选修课调查中，学生对我们的整体评价很高，对伦理学课老师的授课要求、授课风采、专业精神等都十分认同，对授课内容、授课方式等都乐于接受。

我们的课程对学生认知社会、个人成长和道德选择也产生了积极的影响。例如，刘雨宁同学说："伦理学课程引导我思考社会问题。看到小悦悦事件时，我们也不知道，有什么力量能约束道德。幸好有伦理课。我们一次次发言，一次次讨论，即使有时提出的是稚嫩而不可行的方法，即使有时发表的只是一个愤青的满腹牢骚，但至少我们明确了这样的方向。"李鑫同学则说："八节伦理课，留给我们的印象都很深，有老师的讲法、传授的知识、交流的情节等。老师们介绍了伦理课的术语，让我们获得了新的认识。老师们的不同讲课风格，带给我不同的体验。讲道德课的老师，喜欢举实例让我们讨论，总结规律；讲仁爱课的老师以让我们先看视频而后从中总结道理的方式，透彻地向我们分析了爱的真谛；讲智慧一课的老师缜密、条理性的思维令人佩服，用层层递进，由浅入深的方法，向我们剖析了'智慧'的方方面面……上伦理课让我更加关注社会，拓宽了我的视野，使我能深入思考社会问题。"学生的发展和肯定给予了我们继续前行的动力，成为课程发展和科学研究的最终生命力。

2.适宜的方式是课程开设和实施的动力和桥梁

美国哲学家布洛克曾这样描述伦理学，他说："伦理学旨在探寻能够确证人类所有行为，并最终阐明使行为正当或不正当的最高层次、最普遍原因。"而这最高层次、最普遍的原因，便是更为抽象、深刻的理解。因此，我们必须采取学生能接受、容易懂的方式，我们开设这门课大多采用"案例分析、热点追踪、理性追问"的方式。例如，有的老师引入案例："有5个分别患有心脏病、肾病、肺病、肝病、胃病的人和1个健康人。这5个病人如果不进行器官移植，就必死无疑；如果牺牲那个健康人，把他的器官分别移植给这5个病人，这5个病人就一定能活命，而且会非常健康。医生该怎么办才符合道德？"通过案例分析，让学生明确道德总原则。电影有一种力量，有的老师会将《肖申克的救赎》的片段引入课堂，让学生体会"正义永远为我们所追求。尽管现实与理想之间往往有着不可逾越的鸿沟……"让学生讨论程序正义与实质正义背道而驰的困境。这些鲜活的教学资源，可以有效调动学生的学习热情，有效引领学生"卷入"课堂讨论，有效"引导"学生获得道德认知。

3. 老师的风采是课程开设和实施的旗帜和火炬

教师的风格和魅力能够有效引领学生发展。学校伦理学课程共有八位授课教师，他们分别讲授八个伦理专题，展现出八种风采与魅力。有的教师幽默开朗，课堂上充满欢声笑语；有的教师心思细腻，教学设计精心；有的教师博学多才，见解深刻，能引发学生深入思考；还有的教师善于思辨，推理严密……各位教师在发挥个性、凸显特长的同时，又通过团队合作，共同引领学生在道德的海洋中扬帆起航。

我们的付出是艰辛的，但收获是甜蜜的。在多方支持下，我们的"中学伦理学校本课程的开发与建设"成功申请为区课题，并顺利结题，研究成果还荣获西城区"十二五"教育教学研究成果一等奖、北京市基础教育教学成果奖二等奖。中央政治局原委员刘延东来我校视察期间，亲自指导了我们的伦理学课程。

四、课程推进与展望

1. 中学伦理教育新的启航

中学伦理教育是一个系统工程，除了政治组，学校还继续探索融入更多学科的伦理教育。自本学期起，我们又开设一门新的伦理学课程"伦理问题的争论与辩解——跨学科视角"，选择了跨学科的主题，由政治、历史、生物、信息、语文等五个学科老师担纲授课，更多地选择复杂开放的伦理案例或伦理问题，让学生各抒己见，思维碰撞，争论辩解，在质疑与建构中提升道德认知，提高道德境界。

2. 广阔的未来

展望未来，我们致力构建一个涵盖初高中学段、全学科参与的中学伦理规划，以增进全员德育的深度为靶向，以各年级相互衔接、各学科积极参与为特性，以全校较为系统的伦理教育课程为依托，将人格培育深入至专业伦理教育当中，达成育人于无声无息的成效，为提升学生人格素养找寻更有力有效的路径和方式，为更好地培养德才兼备的"全人格 高素质"建设者开拓更广阔的天地。

五、结语

德国著名哲学家雅斯贝斯曾说过："真正的教育，是一棵树撼动另一棵树，一片云推动另一片云，一个灵魂唤醒另一个灵魂。"我们这些与学生发展关系最密切的一线教师，需凭借我们的信仰、我们的情怀、我们的底蕴、我们的创新，"给学生心灵埋下真善美的种子"，更好地实现中学教育的使命！我们一直在路上……

（撰文：胡莹）

（本文发表于《西城教育》2020年1月刊）

基于问题思辨的深度学习
——以《公平的价值与坚守》为例

近些年来，教育界开始越来越多地关注和践行"深度学习"这一全新概念。在教育教学领域中的"深度学习"，其主体乃是人自身，其内涵为在教师的引领之下，学生围绕具有挑战性的学习主题，借助切实有效的"脚手架"，全身心地积极投入、体验成功并获得发展的富有意义的学习过程。

在当前课程改革的背景下，深度学习理应在每一个学科的教学实践中愈发频繁地出现。初中的政治教学，需要利用大量的社会情境，但有情境不一定会引发深度学习，如何利用社会素材引发课堂中的深度学习，从而实现学科素养培养，使学生真正获益，是我从事政治教学工作以来，一直在思考的问题。想要实现深度学习，一定要有思辨性的问题贯穿课堂。需要教师给出能够培养学生思维张力的问题、设置有利于提升学生主体性的活动，最终使知识走进学生的心灵，以塑造人的精神境界、指导人的实践活动。

一、深度学习的基础：可思辨的问题

首先，具有思辨性的问题能够培育学生的思维张力，这类问题乃是学生经验与学科知识之间的桥梁，能够促使学生从经验向知识进行迁移。在"公平的价值与坚守"这节研究课中，教师用一张在本年级学生群体中所做的关于"公平"的调查问卷，引入学生对公平问题的经验性认识，进而提出一系列疑问：公平到底是不是无差别的一刀切？是不是绝对的？由此开启学生对公平问题的反思。在这一过程中，学生需要开始解构自身的经验性认知，在之后的一系列体验中建构起学科知识，从而在解构和建构的循环中，获得真知。

其次，具有思辨性的问题通常具有两面性。因此，这样的问题会引发学生的讨论甚至是争执。人类认识的推进，一定是基于可思辨的问题。正如人类思想开始繁盛的摇篮之一——古希腊，在其最繁华的广场、市场，人们不是都在挑选琳琅满目的商品，而是还会相互交谈，自由地发表自己的看法。我觉得真实的课堂，也应当如此。而要让这 40 分钟变得充分且高效，就更需要教师提前设置可供讨论、具有思辨性的问题。并且我们所期望带给学生的深度学习会在问题思辨中悄然出现。

二、深度学习的载体：以学生为主体的活动

学生的学习，并非被动地接纳外在知识的强行灌输，也并非直接从实践起始的盲目尝试与错误，而是经由主动的、带有目的的活动，展开有情感参与的学习与体验，这需要学生全身心地进行投入，切实成为教学活动的主体。倘若思辨性的问题能够牵引学生悄然开启深度学习，那么为学生提供一个建立在思辨问题基础之上的、以学生为主体的课堂活动，便是开启深度学习的有效载体。

在《道德与法治》的课堂中，最为常见的情境教学、启发式教学都可能会借助活动的形式。要让学生主动地进行有情感参与的学习和体验，就需要在师生间达成积极的互动，而互动的核心则是双方基于可思辨的问题产生的思想碰撞。对于问题的不断深入探究的欲望是活动体验延续的重要内驱力。

如何才能使学生在活动中产生对问题不断深入探究的欲望呢？首先，学生应当成为课堂活动的主体；其次，围绕学生的经验与认知，活动情境需要一定程度的冲突与矛盾。活动想要达到的成果不应是学生唾手可得的，也不应是学生稍微踮起脚尖就能摘取的，而是需要在教师的逐步引导下，逐渐使学生走向离他现有水平最近的发展区域。

在"公平的价值与坚守"这节研究课中，有一条利于学生在活动中逐步探究的问题链。为了使学生逐步走向高于其现有水平的发展区域，本节课选取了与学生相关，但又不是其最熟悉最了解的社会问题为活动的素材。本节课的活动围绕高考中的公平问题展开，教师通过有张力的问题设置冲突情境，引导学生发表见解，在意见出现分歧的时候，展开小型辩论。例如，在明晰公平的环节中，教师先是从正面易感知的活动出发，以"盲人高考"为

例，引导学生去体验盲人参加高考的心理感受和切身需求，并通过盲人考生、盲童家长、普通人等角色进一步提升情感体验的共识。在这样的体验中，学生成了活动的主体，成了一个有情感参与的具体而丰富的人。我们的课堂也不再仅是冰冷的颈部以上的理性活动，还是有温度的思想活动。

与此同时，当学生们感悟到高考对特殊人群的照顾会让我们产生更加公平的感受时，教师又给出了高考发人深省的另一面——违法的"高考移民"。"高考移民"在我国社会中具有长期性和复杂性，用这样的案例来解读公平问题，对于师生来说，都是一项挑战。在对"深圳高考移民"案例进行剖析时，教师没有独自抛出一系列问题，而是继续让学生以角色体验的方式去分析移民背后的原因及其影响。当学生变成"移民考生"，他们所表达出的观点不再是应和书本上的结论，而是指向一个对学生来说更具学习价值的过程。知识也在这个过程中自然地生成了。

经由正反两个活动的角色体验和观点交锋，在明晰公平的最后，教师尝试引导学生归纳出更易于接受的公平的含义。为什么我们认为盲人高考公平，而高考移民不公平？在学生分析背后缘由时，会基于之前的体验归纳出涉及公平的一些情况：同等情况同等对待，不同情况差别对待。而我们处理这些情况时所持有的态度和所运用的方式就是在把握公平。在整个课堂活动中，学生带着自身的经验，身临其境地提前感受了他们迟早都要经历的社会情境和迟早都要面对的人生选择。在整个活动中，学生们体验情境中的角色、分析矛盾背后的原因、尝试给出解决方案，他们的经验得以逐步抽象归纳为知识。这一过程正是深度学习发生的过程，也是学生们在课堂中逐步走向其"最近发展区"的过程。

三、深度学习的价值：由问题思辨生成情感价值

萨特在其《情感》一书中指出，情感是"对世界魔术般的转变"，他赋予情感重要的地位和目的性，认为情感是有意图地应付"艰难"处境的策略方式。在我们开展教学之前，教师首先要明确教学目标，其中有一项评价标准是"情感态度价值观目标"。我认为设立此评价的目的正如萨特所言，我们希望学生在学习知识的过程中也能够生成情感，提高能力，形成正确的价

值观，由此掌握应对"复杂"情境和现实社会的策略方式。然而在一些课堂中，情感的生成往往与知识的形成相割裂。这就导致学生在面对其他复杂情境或是课堂以外的情境时，不能够完成有效的知识迁移，换言之，学生并没有在知识中生成情感价值。

基于深度学习的要求，书本上的概念通过学生的情感参与、有效思考，转化为与生活、社会相联系的知识。这种能够把握本质与变式的知识是对学习对象的深度把握。而这种把握是机械地识记无法达到的，它更需要情感的参与。因为学生在调动其情感时，是在完成一种主动性的学习，学生真正成了学习的主体，通过自身情感的内驱力完成知识的联结。

在"公平的价值与坚守"课堂的最后，教师首先为学生展示了两幅关于公平的图片，并引导学生选择符合我们现阶段社会公平的一幅图简要阐述。课堂到这里，已经可以通过学生的回答有效地检测其关于公平知识的掌握度，但深度学习不应止步于此。因此，教师又给出了第三幅图片。基于整堂课创设的高考公平的情境以及学生已掌握的关于公平的认识，第三幅图的出现会使学生在短暂的思考后很快体会到现实公平更深层的意味。我们发现，公平在现实中是一个复杂的概念，也是一个不完美的概念。因此我们所追求的公平是在不断进步的，通过最后一幅图，学生们看到了更加理想的公平状态，开始相信我们现在努力的意义。这份他们亲眼看到、亲身感受到的相信不再是从书本上复制到大脑中的相信，而是由他们主动生成的知识所转化的情感与价值上的相信。这样的深度学习使学生成为一个活生生的、有思想的、有相信力的人。

附图：

（第一幅图） （第二幅图） （第三幅图）

四、结语

政治认同、科学精神、法治意识、公共参与是政治学科核心素养，其核心是培养一个会思考、有情怀的丰富的人。一个会用科学方法、法治思想去解决实际问题的人，也是一个在遭遇困境，依然有相信力的人。因此，在政治教学中使学生实现深度学习，是实现政治学科核心素养的必要途径。

因此，结合政治学科的特色，政治教学中的深度学习应在教师的引领下，展现出具有思辨性的课堂主题，围绕可思辨的问题，设置以学生为主体的活动。让学生成为课堂的主体，让师生互动推进知识的生成，让政治课堂成为知识向情感价值升华的阵地。在这样的课堂中，教师的作用无可替代，学生也不再是局外人，我们所强调的学科核心素养会在学生主动参与的学习中逐步落地。

参考文献：

［1］（日）佐藤学.学习的快乐——走向对话［M］.钟启泉，译，教育科学出版社，2004.

［2］（美）罗伯特·所罗门.哲学的快乐［M］.陈高华，译，广西师范大学出版社，2015.

［3］（苏）B.A.苏霍姆林斯基.把整个心灵献给孩子［M］.唐其慈，等译，天津人民出版社，1981.

［4］郭华.深度学习及其意义［J］.课程·教材·教法，2016（11）.

（撰文：张函）

在高中思政课的议题研讨中促进深度学习

《普通高中思想政治课程标准（2017年版2020年修订）》明确指出："通过议题的引入、引导和讨论，推动教师转变教学方式，使教学在师生互动、开放民主的氛围中进行；要通过问题情境的创设和社会实践活动的参与，促进学生转变学习方式，在合作学习和探究学习的过程中，培养创新精神，提高实践能力。"议题式教学是高中思想政治学科深度学习和学科核心素养培育的有效方式。

一、议题的引领性与思辨性

高中思想政治学科的议题应具备以下两个特征。第一，引领性，即议题应成为教学设计和实施过程的"灵魂"。议题要能够凸显教学内容，应能够整合教学方法、教学资源、教学任务及教学进程等教学要素和环节，引领教学情境设置、子议题或序列化问题的优化，以及活动方案的设计和实施等。第二，思辨性。高中思想政治课中的议题，应是具有"辨析性""两难性"的问题。议题的阐释不能只是简单的知识罗列和观点表达，而要引导学生从多角度阐释和破解问题，从多层次剖析和分析问题。

"中国为什么能""怎样保持经济平稳运行""为什么中国共产党是历史和人民的选择""人的正确思想是从哪里来的"等，都是课标提供的重要议题。对这些议题，教师可以直接引用，也可以让学生在充分讨论的基础上得出结论。例如，在讲授高中思想政治必修2《经济与社会》第二课"我国的社会主义市场经济体制"时，笔者曾和学生一起通过"头脑风暴—互相质证—理性选择"的过程，选定议题，效果良好。课前，教师要求学生在预习相关学习内容的基础上，提出一个能涵盖这一课核心内容的问题。学生积极参与，提出了"社会主义市场经济是如何配置资源的""社会主义市场经济体制为何优于资本主义市场经济体制""社会主义市场经济体制为什么必须让市场发挥决定性作用，为什么要更好地发挥政府作用""社会主义市场经济体制如何处理好政府与市场的关系"等问题。从中可以看出，学生对社会主义市场经济有一定的认识，对资源配置的手段、机制、优缺点给予了比较多的关注。在相互质证和教师引导下，最后师生一致同意将"为什么'两只手'优于'一只手'"作为本课的大议题。这一议题比较形象地表述了市场和政府两种手段的关系，关注了市场经济的核心问题，同时也观照了人类在这一问题上探索的历程，有利于引领第二课的所有内容，也有利于培养学生对市场和政府关系和作用的思辨能力。与直接给出相关议题相比，这种议题选择的方式有利于激发学生的挑战欲和参与度，有利于培养学生的发散思维和聚合思维，有利于学生在批判中构建，在创新中聚焦，从而达成深度学习的目的。

二、情境的复杂性与不良性

在确定议题之后，教师需设置恰当的情境，将抽象的议题还原到生活场景中，以便学生通过分析具体问题阐述观点，在特定情境中提出见解，同时经由"感性具体"到"思维抽象"再获得"思维具体"的认知过程，形成对事物本质的整体把握，培养学生举一反三解决问题的能力。"情境是若干条件综合在一起构成的一个世界，即情境就是若干条件的综合"，"情境即人们身处的、真实的、有情节的境地或境遇"，由此可见，情境要真实，要具有复杂性和结构不良性的特点。

议题的复杂性与思辨性，要求情境应尽可能选取涉及多元主体，事件原因过程结果复杂，存在多种冲突和困境的生活场景、时政热点和复杂案例。情境的不良性是指情境的结构不良，即要求情境具有适度的开放性、条件的隐含性、环节的省略性、结果的延展性等特点。这一方面能够帮助学生适应社会的开放性和未来的不确定性，另一方面有利于培养学生高中思想政治学科核心素养。

例如，在讲授《经济与社会》第一课"我国的所有制结构"时，为了让学生更好地理解"如何毫不动摇鼓励、支持、引导非公有制经济发展"这一议题，笔者设置了一下西樵纺织业的"华丽转身"的具体情境。西樵纺织业在创造传统发展模式的辉煌之后，面临国内外市场萎缩以及我国经济向高质量转型发展的新阶段：企业成本增加，融资困难，创新动力不足，同质化现象凸显，污染问题突出……政府积极采取行动，为相关企业提供税收优惠和增值税贴息奖励，鼓励其购置先进高端设备，并搭建产业创新平台，与科研院所合作，引导金融机构投入更多资金……提供以上具体情境后，教师要求学生结合情境和相关知识，分析西樵纺织业如何实现"华丽转身"？它的转型发展对非公有制经济的发展有什么启示？基于这一真实情境的分析和学习任务的完成，启发学生思考企业的困境和努力、政府的作为和帮助，理解非公有制企业发展与政府职能、国家政策、市场作用等之间的重要关联，使学生从感性认识上升到理性认识，总结出非公有制经济发展的"秘诀"。同时，让学生在应对类似的情境和问题时，能举一反三，全面考虑到环境的影响、企业或产业自身的应对以及国家或政府的政策和环境的支持。

三、问题的序列化与阶梯性

如前所述，议题具有引领性与思辨性。议题并非简单的是与否的设问，亦非纯粹的知识探讨，更非只是充当引子的话题，而是可供研讨、思辨的真实问题、重大问题。因此，议题需要被拆解为小议题或序列化、阶梯性的问题，为学生厘清其中的复杂关系搭建桥梁，为学生思维的逐步深化提供逐步进阶的"脚手架"。

问题的序列化与阶梯性，是指针对复杂的、能多角度思辨的议题，结合相关情境，设置具有内在关联性、难易递进性的系列子议题或问题串，使学生从简单到复杂、从直接到间接、从现象到本质，逐步形成对议题的渐进性、多角度的认知和思考。通过问题的形式推进思考符合人类探究的特点，"学贵有疑，小疑则小进，大疑则大进"。越是在探究中推进思考，越能启迪智慧，越能深入认识问题。当然，"满堂灌"的教学已经落伍，"满堂问"的课堂也不适当，子议题或问题串除了注重序列化、递进性，还要注意适度。一般来说，一堂课围绕五至七个问题探讨比较合适。

在讲授第二课"我国的社会主义市场经济体制"时，为了更好地引导学生思考"如何通过图像理解价格和供给、需求的关系"这一议题，教师可以将其拆解成以下序列化的问题：一是如何用曲线表示价格与需求的关系？需求曲线的自变量是指谁？因变量是指谁？二是在需求曲线中，当价格降低时，需求量如何变化？三是当商品价格从低到高变化时，企业会如何安排自己的生产？为什么？四是如何用曲线表示供求平衡？当价格在均衡价格之上时，供求关系是怎样的？当价格处在均衡价格之下时，应如何促进供求平衡？通过以上序列化和递进性的问题串，有助于学生思考和理解价格与需求、供给、供求关系的关系。

四、活动的内容化与综合性

《普通高中思想政治课程标准（2017年版2020年修订）》明确强调：高中思想政治课要"构建学科逻辑与实践逻辑、理论知识与生活关切相结合的活动型学科课程"。深度学习素养的基本框架包括掌握核心学术内容、批判性思考并解决复杂问题、协同工作、有效沟通、学会学习、发展学术思维等能力。可见，实践性和活动型是高中思想政治课程改革的应有之义，也是深度学习的必然要求。

苏霍姆林斯基曾说："学习如果具有思想、感情、创造、美和游戏的鲜艳色彩，那它就能成为孩子们深感兴趣和富有吸引力的事情。"活动就是具有这种魅力的课堂教学方式。融汇于课堂教学的活动，既可以是社会实践活动，又可以是课堂思维活动。在议题式教学过程中，无论是哪种活动，都要以议题为引领、以情境为载体、以问题串为依托，在学生体验、实践、思考中，培养对问题的多角度辨析，以及对正确价值观的尊崇。

例如，在讲授《经济与社会》第二课"我国的社会主义市场经济体制"时，为了引导学生更好地思考和理解"市场是如何配置资源的"这一议题，笔者设计了"小组合作，体验探究"的活动环节，在课堂上组织学生模拟市场交易活动。笔者将全班学生分为不同小组，每个小组都是某种商品的生产商，都要出售小组拥有的物质并购进小组生产某种商品所需的生产要素，每次交易后都要在表格上记录清楚获得的资源、出让方及交易价格，最后将几轮交易数据进行统计。在体验活动中，小组成员积极推销本小组拥有的物质，并想办法"讨价还价"，买回小组所需的物质。这一体验活动，让学生感受市场激烈竞争和挖掘自身潜力的机会，激发了学生学习的内在动力。尤其在分析物质价格涨落和供给、需求变化的内在制约因素时，学生表现积极、发言踊跃，很好地实现了学科知识的理解与应用、思维能力的锻炼和培养、价值判断和价值选择的澄清和引导、团队合作精神的提升等多方面的育人目标。

议题式教学已成为推动高中思想政治深度学习的一种重要教学方式。一线教师应该在议题选取、情境设置、问题优化、活动巧设等方面深入研究，在把握一般性要求的基础上，寻求适合本校学生发展的教学策略，为培养新时代的学习者和建设者而不懈努力。

参考文献：

［1］中华人民共和国教育部.普遍高中思想政治课程标准（2017年版2020年修订）［S］.北京：人民教育出版社，2020.

［2］韩震，朱明光.《普遍高中思想政治课程标准（2017年版2020年修订）解读》［M］.北京：高等教育出版社，2020：161，38.

［3］陈友芳.情境设计能力与学科核心素养的养成［J］.思想政治课教学，2016（9）：4.

［4］高东辉，于洪波.美国"深度学习"研究40年：回顾与镜鉴［J］.外国教育研究，2019（1）：19.

［5］苏霍姆林斯基.把整个心灵献给孩子［M］.唐其慈，毕淑芝，赵玮，译.天津：天津人民出版社，1981：154.

（撰文：胡莹）

（本文发表于《中小学教材教学》2022年第4期）

基于大概念的思想政治课教学

2018年1月，我国教育部发布的《普通高中课程方案（2017年版）》对学科课程标准修订在学科内容方面，"重视以学科大概念为核心，使课程内容结构化，以主题为引领，使课程内容情境化，促进学科核心素养的落实"。该课程文件首次使用"大概念"统整学科课程内容的思想，如何适应这一变化，是一线教师面临新课标、新教材需要深入思考的问题。

一、怎样理解"大概念"

"大概念（big ideas）"是当前教学研究的热词。学科大概念并不一定仅指概念，也有学者认为是学科大观念。观念和概念的表达方式不同，概念一般用一个词语表示，如"科学"。观念的表达一般使用的是陈述句，是对某种事物的见解、观点。比如温·哈伦（W.Harlen）等编著的《科学教育的原则和大概念》中，科学中的14大概念之一"宇宙中所有的物质都是由很小的微粒构成的"。中国的学者赵康认为"'大概念'是一种高度形式化、兼具认识论与方法论意义、普适性极强的概念；'大概念'已经不仅仅是一个简单词汇，它背后潜藏着一个意义的世界，它超出了一个普通概念的应有内涵和外延，作为一种深刻思想、学说的负载体，已成为'思想之网'的联结枢纽"。王喜斌认为"学科大概念可理解为指向学科核心内容和教学核心任务、反映学科本质的，能将学科关键思想和相关内容联系起来的关键的、特殊的概念"。余文森称大概念是"一种学科思维方式、学科思想方法；是最有价值的知识，是最能转化为素养的知识"。从这些描述中可以看出，"大概念"之所以大，意味着它从学科意义上来说，具有抽象程度高、融通性强的特点，既包括知识内容，又包含学科的思维方式和思想方法。严格地说，它与我们所说的学科核心概念略有差别。学科核心概念居于学科中心的关键性概念、原理，是学科知识的主干部分，更强调在学科概念体系中的地位，以及与其他具体概念的联系，形成知识框架，才有利于进一步形成大概念（见图1）。

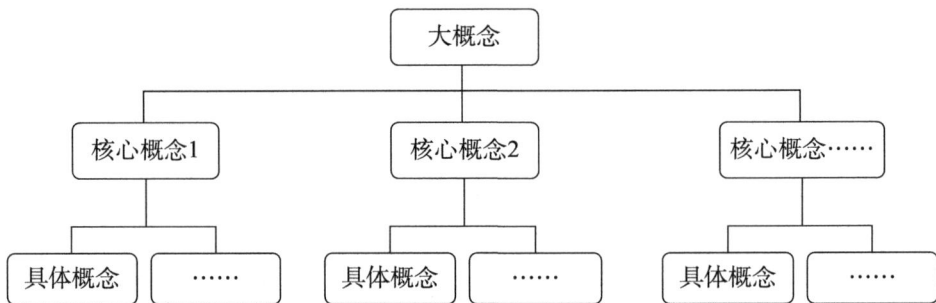

图1　大概念、学科核心概念、学科具体概念的关系

由此可以看出，大概念属于上位知识，具有以下特点。

1.大概念具有抽象性和概括性，它是对具体的学科现象的抽象、概括。通过对不同类事物之间的关系进行归纳，既可以从每个类事物中归纳各类群的特征，又能明确不同类群之间的关系，最终归纳出大概念。

2.大概念具有包容性，其外延更加宽泛。它可以是知识本身，还可以是学科内或者是学科之间的知识，还包括学科的思想、方法，甚至还有学科教学和学科学习的核心任务等，可以"上挂下联"，是联系者、组织者、搭建者，形成以大概念为统领的链接。这种链接可以是纵向的，不断向知识的纵深发展，也可以是横向的，不断向知识的周边延展；这种链接可以是直接的，也可以是间接的；可以是显性的，也可以是隐性的。

3.大概念具有解释力。大概念聚焦的是学科本质的核心观点、学科的思想观点和思维方法，它超越了具体情境、超越了一般概念。它可以帮助学生以此为依据认识相关现象、解释相关的问题、学习相关的知识，并且具有可迁移性和解释力，有助于对新学习的影响，能够形成知识的迁移。

就大概念的作用来说，一般认为一是以大概念为中心点，聚焦核心内容，可以避免知识的碎片化，促进学生对知识的深刻理解。大概念是学科知识的精华所在，是最有价值的知识，是最能转化为素养的知识（最有素养含金量的知识）。学科大概念是教学内容选择的优先对象和主体对象，凸显学科大概念，实现学科教学内容的"少而精"，从而有助于实现学生的"精细化"学习。学生在学习中寻找大概念的过程，其实就是寻找知识本质的过程，就是聚焦知识核心内容的过程。二是以大概念为支撑点，通过自我进化，落实核心素养。学生围绕大概念展开的学习，不仅可以超越生活和知识表象，获得对知识意义的建构，还可以建立学科思维，领会学科思想和精神，最终上升到如何面对自我、社会与自然的哲学观念，更加贴近教育的本质。

二、怎样确立学科"大概念"

大概念在学习中的作用越来越重要，如何确立学科大概念成为随之而来的问题。笔者以"推进国家治理体系和治理能力现代化"为例，尝试探寻确立学科大概念的途径。

第一，思想政治课的大概念可以从国家意志中去寻找。

十八届三中全会《中共中央关于全面深化改革若干重大问题的决定》（以下简称《决定》）把"完善和发展中国特色社会主义制度，推进国家治理体系和治理能力现代化"作为全面深化改革的总体目标与内容。思想政治课程的基本理念是"坚持正确的思想政治方向"，基于国家治理现代化的战略目标，是教学中必须要涉及的内容。

第二，从思想政治课程标准中寻找能够用于解释众多的事件和现象的标准。

《普通高中思想政治课程标准（2017年版）》（以下简称《课程标准》）结合高中《思想政治》必修3《政治与法治》的"学业要求"要求学生通过学习，能够结合社会实践，"阐释中国特色社会主义政治制度的基本内容、鲜明特点和主要优势"，"懂得走中国特色社会主义政治发展道路，必须坚持党的领导、人民当家做主、依法治国有机统一，理解推进国家治理体系和治理能力现代化的重要性"，"国家治理"能够解释众多的政治现象，揭示各种治理主体间的关系，是思政课程以及教材新的内容，也是当前政治生活的热点。

第三，大概念是学生在学校学习和毕业以后的生活中会遇到的。

思想政治课程是立德树人的关键课程，确立正确的政治方向、提高思想政治学科核心素养，毕业后走向社会，理解并参与社会生活，成为社会主义的建设者和接班人的前提是认同我国的社会主义制度，具备有序参与国家政治生活和社会公共生活的能力。所以，"国家治理"对学生当下和以后的社会生活都产生着重大影响，关乎学生如何参与政治生活，当家做主。

以"国家治理"为大概念，符合国家意志、符合课程要求、符合学生的生活实际，教学必须要落实。

三、怎样实施大概念教学

《课程标准》基本理念强调"要通过议题的引入、引导和讨论，推动教师转变教学方式"，"要通过问题情境的创设和社会实践活动的参与，促进学生转变学习方式"，同时强调"准确把握思想政治学科核心素养与任务、情境、学科内容之间的关系，是依据学业质量标准测试学科核心素养发展水平的前提"。由此我们可以归纳出，思想政治学科核心素养培育的教学要素：议题、学习任务、情境、学科内容间的有机统一。四者之间的关系为以"为什么要推进国家治理体系和治理能力现代化"为议题，以"如何评价我国抗疫过程中的国家治理体系和治理能力"为学习任务，以"当下学生亲身经历的抗疫过程中的国家治理"为情境，以"国家治理"为内容，展开教学。

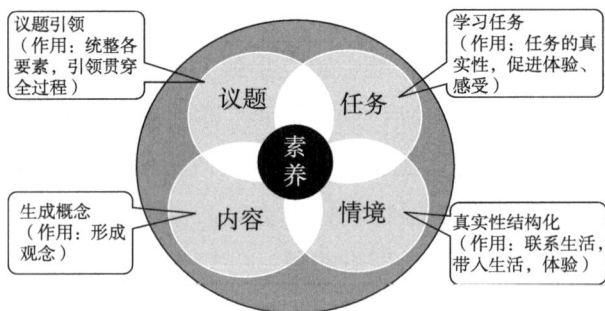

图2　思想政治学科核心素养培育的教学要素及其关系

围绕议题统领整个教学

"议题是以活动形式呈现的、承载学科内容的问题。"《课程标准》指出"议题，既包含学科课程的具体内容，又展示价值判断的基本观点；既具有开放性、引领性，又体现教学重点、针对学习难点"。突出"以议为形式，以育为内容"，既要有讨论的空间，又要有正确的价值导向，既要让学生开阔思路，又不背离教学要求。

根据《课程标准》的要求，围绕"国家治理"这个大概念，议题设计为"如何评价我国的国家治理体系和治理能力"。

依据SWOT分析法，通过与研究对象密切相关的各种主要内部优势、劣势和外部的机会和威胁等，依照矩阵形式排列，将议题具体分解为：

①抗"疫"战中，我国治理体系和治理能力体现了哪些优势？

②抗"疫"战中，对我国治理体系和治理能力提出了哪些挑战？

③抗"疫"战中，如何发挥我国治理体系和治理能力的优势，避免风险？

④抗"疫"战中，如何加强我国治理体系和治理能力建设，回避风险？

此设置意在鼓励学生作为抗疫的亲历者思考反思抗疫全过程，"基于不同经验、运用不同视角、利用不同素材，表达不同见解、提出不同问题解决方案"，在此基础上梳理与议题相关的学科知识，并进行序列化处理。并通过这个梳理过程认同我国的国家治理体系和治理能力，形成价值观念的引领。

1.情境选择，创设的综合性教学形式

大概念的生成需要真实的情境，在这里选择"抗'疫'战"作为情境有以下四个原因。

第一，选择"抗'疫'战"为情境，是因为"其内在意涵具有丰富的、现实的、可扩展的解释空间"。疫情的暴发和蔓延使人们关注能不能控制住？怎么才能控制住？能不能尽快控制住？这种现实的疑问不仅仅考问的是人心，还在考验国家的治理体系和治理能力。打赢"抗'疫'战"是在党的领导下，国家顶层设计、政府工作、社区管理、舆论引导、经济发展、人民生活、法治建设等多主体、多方面协同的复杂而系统的工程，每个方面、每个环节、每个工作都牵动"抗疫"整体效果。学生亲身经历这个过程，感触良多。

第二，选择"抗'疫'战"为情境，可以围绕议题，指导、组织富有成效的活动，可操作、可把握。学生切身体会到"抗疫"过程中国家治理体系呈现出来的优势和挑战，可以在这个基础上引导学生思考如何继续发挥优势，采取哪些措施，提升我国的国家治理能力规避风险，这个问题是开放式的有助于深入思考。

第三，选择"抗'疫'战"为情境，可以充当组织教学内容、贯穿逻辑线索的必要环节，有助于呈现并运用相关学科的核心概念和方法。以"推进国家治理体系和治理能力现代化"为大概念的学习，是建立在"抗'疫'战"这一情境下的，是学生关于"抗疫"的一系列问题的思考，为什么要采取封城的方式"抗疫"？"抗疫"的主体有哪些？他们各自的职责、相互关系是什么？这类问题属于对表层的思考，在此基础上还要引导学生进一步追问，这里呈现的我国国家制度是什么？取得效果说明了什么？如何认识我国的治理体系和治理能力？怎样理解"国家治理"的成效？由此，通过一系列亲历的抗疫过程的问题，学生对"抗疫"问题的思考由现象到本质，对"国家治理"这一大概念有了深度的理解。

第四，选择"抗'疫'战"为情境，能够有效支持、服务于学科核心素养的培育。学生对我国国家治理体系和治理能力在"抗'疫'战"中的具体体现进行思考和研究，有助于他们认识到在这些方面我国的优势和面临的挑战，明确"国家治理体系和治理能力现代化"的现实意义。同时，通过这个学习环节，帮助学生认同我国的国家制度，认同中国特色社会主义的优越性。通过辩证地看待其优势和挑战，既不简单肯定又不简单否定，用科学的态度认识我国的国家治理体系和治理能力问题，理解其"现代化"的意义所在；"抗'疫'战"中如何处理好权力与权利的关系的思考，不仅帮助学生理解政治学的基本问题，认识到我国治理体系和治理能力的价值宗旨，还能帮助学生进一步理解依法治国的现实含义；为提升我国的国家治理能力献计献策，实际是让学生积极参与到社会生活中，提升其公共参与能力，体验这种责任担当。

2.知识建构，以大概念为核心的知识架构

此教学设计的目的在于学生通过对抗"疫"问题的相关思考，综合相关的学科知识，建立起关于"国家治理体系和治理能力现代化"知识体系，从而站在理性的角度全面、深入地认识抗"疫"战以及相关的社会现实问题，同时反思我国的治理体系和治理能力，理解其现代化的现实意义。

首先，我们要明确关于国家治理体系和治理能力。国家治理体系是指在党领导下管理国家的制度体系，包括国家的根本政治制度、基本的政治制度、重要制度、其他制度，以及经济、政治、文化、社会、生态文明和党的建设等各领域体制机制、法律法规安排，也就是一整套紧密相连、相互协调的国家制度。国家治理能力，即制度执行力，是指运用国家制度管理社会各方面事务的能力，包括党的科学执政、民主执政、依法执政水平；国家机构履职能力、人民群众依法管理国家事务、经济社会文化事务、自身事务的能力。

其次，我们要明确与我们中学思想政治学习相关的，以治理体系和治理能力为大概念建立的知识结构，也就是学生要学习的知识内容。

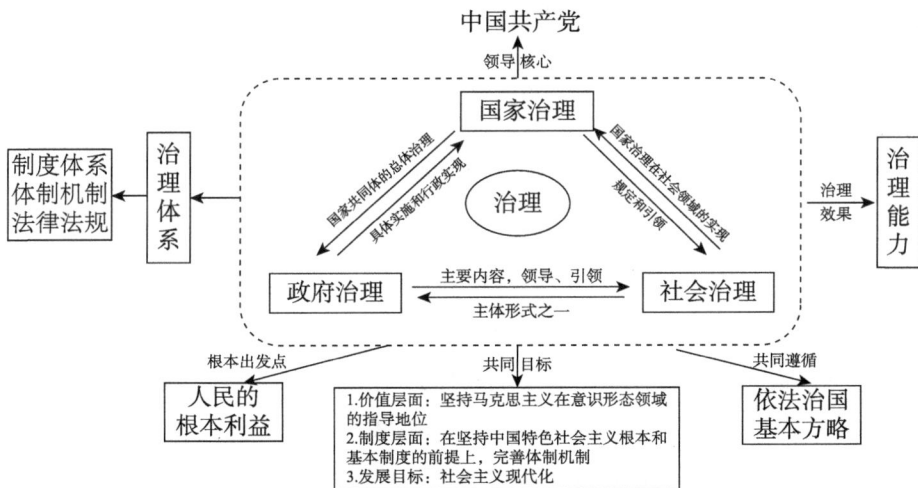

图3　以"国家治理"为大概念的"国家治理体系与治理能力现代化"的知识结构

教师梳理的以"国家治理"为大概念知识结构，并非教学的目的，而是以此为依据，帮助学生通过自己的探究和学习建构知识意义，从而综合理解"为什么要推进国家治理体系和治理能力现代化"，认同《决定》把"推进国家治理体系和治理能力现代化"作为全面深化改革的总体目标，并能够运用所学的知识对在抗疫过程中体现的"国家治理体系和治理能力"进行评述。而这个过程并非一两节课就能解决的，需要通过三个单元的整体设计，帮助学生完成这个学习过程。

3.强化辨析，提供"论证"工具。

科学论证能力是影响公民理性参与公共事件决策的核心能力之一。思想政治学科界定学科任务的边界及影响任务难度的因素中，论证是对学生学业质量水平的要求，即所有高中思想政治课程学习要达到的水平。如何论证比较科学？教师还需要提供论证的工具。我们试图用图尔敏论证模型，帮助学生从感性出发，通过资料、主张、限定、反驳、支援、根据这六个成分共同完成论证过程。在进行科学论证的基础上，进而评价我国的国家治理体系和治理能力。

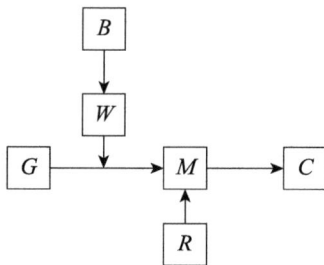

图4　图尔敏模型

图尔敏模型中的主张是指为普遍接受而公开提出的断言；根据（G）是指支撑主张的理由；保证（W）是从根据到主张推演的规律、规则、法则等；支援（B）是用以核定保证的可靠性；有一些可能的例外或特殊情况，或许推翻这个论证，它们是该论证的反驳或反证（R）。

这个模式就是给定根据G，我们可以诉求保证W（它依赖支援B），在某种特殊的反证（R）缺失时，来证明主张C或者至少假设C（M）。

以学生自主学习为主，要求学生拿到议题后，进行相关问题的独立思考、搜集资料、论证、辩驳，最后独立反思。

学生通过自主学习，在了解、认识、理解我国国家治理体系和治理能力的基础上，认同我国的国家治理体系的优越性。学生在自主学习过程可能出现的难题，如从哪里入手，提出什么问题，以及最后的反思能不能提升到对我国国家治理体系优越性的认同，还有能否通过这节课的学习，学会这种思考模式。

教师要关注学生的整个学习过程，通过关注、对话、引导等手段帮助学生提出有效问题，使论证充分，结论客观全面。但需要注意的是，关注的过程不是包办的过程，不能用教师的思维限制学生的思维，也不能用教师的结论取代学生的结论。帮助学生形成关注现实生活，激发他们以现实生活为兴趣点不断思考、不断质疑的学习兴趣，尝试提升学习科学分析问题的能力，借助学科知识对现实生活形成深刻的理解。

例如，"以抗'疫'战中'封城'这一关键事件为例，评述我国的国家治理体系和能力现代化的必要性"，是通过两个学习任务完成的。一是对"封城"措施的系统分析、论证；二是对关于"封城"的各种言论的分析和反驳。

按照图尔敏论证模型，通过主张、资料、根据、支援、限定、反驳等学习环节，完成对"封城"措施的思考，论证我国的国家治理体系和治理能力现代化的必要性，分析其制度在公共危机处理时的优势，也能够看到其面临的挑战。

第一个学习环节：学生针对议题进行资料搜集，了解国家治理体系和国家治理能力的含义，了解封城的基本情况，思考以下问题：谁能封城？为什么能封城？有哪些部门参与了封城工作？它们之间的关系是什么？从封城工作了解国家治理体系的构成。通过对封城效果的分析和论证，了解我国国家治理能力。

第二个学习环节：形成论证观点，进行相关论述，并寻找学科知识支撑。

第三个学习环节：收集中外对我国封城的不同观点，进行分析、论证。

第四个学习环节：通过封城措施反思我国的国家治理体系和治理能力（优越性的分析），为下一节课的学习进行铺垫。

学生通过抗疫这个现实情境，进行自主、合作、探究，以问题为引导，不断自己设问、反思、追问，最终形成对"国家治理"这个大概念的全面理解。

这里的全面理解包括对这个概念本身的理解，也就是说，学生在这个学习过程中要明确什么是国家治理体系、什么是国家治理能力、什么是国家治理体系和治理能力的现代化；在了解一般意义的治理体系和治理能力问题基础上，学生要以"抗疫"为背景，认识到我国的国家治理体系是什么，我国的国家治理能力的具体表现；全面理解还包括对概念的追问：为什么我国的国家治理体系是这样的，如何评价我国的国家治理能力？为什么要提出现代化的问题？什么是治理体系治理能力现代化？我国的治理体系和治理能力哪里还不够现代化？如何实现我国治理体系和治理能力的现代化？全面理解也要求学生在学习、明确了国家治理体系和治理能力的概念后还能进行有效的运用。

总之，确立了这个单元学习的学习目标后，就要设计议题，让学生通过"议"，实现学科内容的学习与落实，获得相关的学科思维方法，并在此基础上完成价值层面的提升，形成学科素养。在这个过程中，教师始终是一位引导者，而不是参与者，更不能是实施者，教师在这个过程中关注的是学生的成长，而不是达标。

参考文献：

［1］中华人民共和国教育部制定.普通高中课程方案（2017年版）［S］.北京：人民教育出版社，2018（1）：4.

［2］温·哈伦编著.科学教育的原则和大概念［M］.韦钰译，北京：科学普及出版社，2011：31.

［3］赵康.大概念的引入与教育学变革［J］.教育研究，2015（2）.

［4］王喜斌.学科"大概念"的内涵、意义及获取途径［J］.教学与管理，2018（24）.

［5］余文森.论学科核心素养形成的机制［J］.课程·教材·教法，2018（1）.

［6］李晓东.议题式教学设计与实施中的几个关键问题［J］.教学月刊·中学版（政治教学），2019（Z）.

［7］陈红.基于项目化学习的"抗疫"课程设计——以思想政治学科"国家治理体系和治理能力现代化"为例［J］.中小学教师培训，2020（6）.

［8］杨宁芳.图尔敏论证模式［J］.重庆理工大学学报（社会科学版），2012（7）.

（撰文：赵敏）

知识层级的教学思考

一、问题的提出

课堂观察：这么讲课能符合高考的要求吗？

每次听课、评课的活动中，听到这样一种疑问：这么讲课能符合高考的要求吗？话音刚落，老师们一片应和：就是，行不行呀？有的甚至直接不客气地评价这节课：这么上课不行，不符合高考的要求。对于一种新的课型，也有老师这样评价：常态课用这种方法讲虽然好，但是不符合高考要求，不行。

如果这种质疑的声音出现在高三还好理解，但是这种质疑的声音经常出现在高一或者高二的课堂教学中，甚至出现在高一刚开学不久的"经济生活"课堂上，这些质疑的声音就"别扭"了。

二、源于"质疑"的质疑

"别扭"之一：课堂教学质量评价标准到底是什么？这种质疑涉及的是一个教学质量评价标准的问题。"标准"在现代汉语中有两种意思：一是指衡量事物的准则；二是指事物本身合于准则，可供同类事物比较核对的，它是价值的陈述或断语。

课堂教学质量评价标准是根据一定的教学工作评价目的，运用相关的评价方法对课堂教学工作具体内容所做的规定。在实际操作中，人们倾向于将评价标准具体化为具有可操作性特征的各级评价指标体系，即人们常称的评价指标体系。

现行的课堂教学质量评价标准在指标设置上，通常是按照要素分解法对构成课堂教学的因素进行分解形成的，即对教学目标、教学过程、教学方法、教学效果、教学特色等方面进行评价。

从这个角度来看，评价标准中应该没有"符合高考要求"这一指标。那么，为什么"符合高考标准"就成了一个课堂教学的评价标准了呢？

按照惯常的思路，学生最后都要参加高考，今天所讲的内容如果不能和高考衔接，势必影响到学生的高考成绩。从这个角度分析，这种质疑的声音考虑的不是课堂教学评价标准问题，考虑的是教学对象——学生的阶段学习成果问题。

"别扭"之二：高考能不能成为一个评价标准？高考必然是、必须是一个评价标准，但一定不是唯一的评价标准。学生的成长也是思维的发展过程，学习是帮助其思维发展的一个过程，既然是一个过程就必须是循序渐进的，高考标准仅仅是思维发展过程的一个阶段的一种评价标准，因此不能成为唯一标准，而不管三七二十一就以高考作为评价任何一节课的标准，以致成为教师所有教学设计的评价标准显然是不合适的，最起码不是实事求是的。

"别扭"之三：这节课的教学对象到底是谁？貌似这个"别扭"太可笑了，教学对象还能有谁，不就是学生吗？但是学生是几年级的，这个问题很重要！

如果是高三的学生，这个问题还可以。

如果是高一的学生，问题就来了，离高考还有至少两年的时间，需要这么早就针对高考进行教学吗？知识量多，难度大，对于初次接触这些新知识的学生能消化、理解吗？再有就是我们在高一的教学对象是高一全体学生，而这些学生中将来在高二有多少人选择学习文科呢？现在对他们进行针对高考的"经济生活"教学是不是为时过早了呢？

如果是高二的学生，也存在问题。通常情况下，高二会分文理科。如果是在文科班，这个问题好像有一点儿道理，但是也就是好像，并非真的如此，因为学生还没有进入高三的复习阶段，这只是高二阶段的文科基础教学吧；如果是在理科班教学，学生只要掌握会考水平的知识就行了，为什么要和高考挂钩呢？

此外，如果是高三的学生，真的就没有问题了吗？

"别扭"之四：这节课的教学阶段到底是哪个阶段？任何学习都需要一个过程，不可能一蹴而就。知识需要在反复的学习和复习中才能被学生理解和掌握，学生接受知识的过程是不能忽略的或者说任意跳过的。否则，可能会出现以下两种情况：一是学生突然接受大量知识，由于无法应对而放弃学习；二是学生觉得这些知识跨度较大，掌握起来难度过高，也会选择放弃。

事实上，学生掌握知识的过程应该是由浅入深、由慢到快、由简单到复杂。我们都知道不能让没有学会走的孩子先学跑，不能让不识字的孩子写作文，可是为什么要让刚开始学习知识的学生用高考的标准评价自己的学习呢？

因此，教师备课也好、评价课也好，是不是应该明确学生在哪个阶段，是入门阶段、是熟知阶段还是熟练应用阶段？只有分析清楚学生所处的阶段，才能进行有针对性的教学，而且教学评价也不能脱离这个轨道。

三、给"别扭"找到的合理解释

首先，概念是有体系的。"螺旋式课程"是美国著名教育家、心理学家布鲁纳（J.S.Bruner）在20世纪60年代提出的，是指根据某一学科知识的"概念结构"，以促进学生认知能力发展为目的的一种课程设计。其基本假设是，任何教材都可以用某种合理的形式来教给任何发展阶段的儿童。"螺旋式课程"提供了一套具有逻辑先后顺序的概念组合，让学生在一定的时间内学习、探索一套逐渐加深、拓宽的复杂概念体系。

在这一基本假设中，教师应该关注的是让学生在一定的时间内学习、探索一套逐渐加深、拓宽的复杂概念体系。这意味着学习是一个渐进的过程，最终形成的是复杂的概念体系。而构建这样的体系绝非朝夕之功，必定是日积月累的结果。

此外，认知是分阶段的。布鲁纳认为，儿童认知发展是由结构上迥异的三个阶段组成的过程：动作式再现表象阶段—肖像式再现表象阶段—符号式再现表象阶段，也就是说认知发展是一个不断地由具象走向抽象的过程。

在不同阶段，"儿童都有了自己的观察世界和解释世界的独特方式"。螺旋式课程的排列应采取螺旋式的形态，即小学低年级到中学阶段的教学，对于同一种基本概念，采用螺旋式数次反复上升排列。所谓螺旋式课程就是以与儿童思维方式相符的形式将学科结构置于课程的中心地位，随着年级的提升，不断拓宽加深学科的基本结构，使之在课程中呈螺旋式上升的态势。这就意味着这些知识是重复的，因为它是螺旋式的。但这种重复并非简单地回到原点，而是每次重复都对学生提出了更高的标准和要求，使学生在这个知识点上的认知水平不断得到提升。于是我进一步想到，高三的复习可以是这样的，为什么我们平时的教学就必须一步到位呢？显然，在这一点上我们无法自圆其说，我们违背了认识规律，在认知领域搞起了"大跃进"。

事实上，在不同学习阶段重复出现特定的学科内容，是利用学生日益增长的心理成熟性，把重要的基础知识，转化或改写成不同年龄阶段的学生所能理解和接受的形式，去教给那些具有不同认知水平的不同年龄阶段的学生，使学科内容不断拓展与加深，使学生的认识不断深化，认识能力不断提高，思维不断发展。

教学过程基本"质"的单位中以学生认知、情感等发展的基本单位为基础的，从课程设计的角度来看，也是课程螺旋式上升的基本单位。一节课的教学只是教学过程的"量"的基本单位，不是教学过程的"质"的基本单位。这就要求教师在进行教学设计时要根据学生的认知水平、情感水平和学生的未来发展通盘考虑，而不是简单地评价任何一节课都用高考作为标准。

四、为解释寻找事实的论据

一份寻找证据的测试卷。"新事物"是高中思想政治课"生活与哲学"中第四单元第八课的教学内容，是该单元关于发展相关问题的核心概念，学生对新事物这个概念有了准确的认识才能真正理解什么是哲学意义的发展；为什么发展是一种变化，而变化不是发展；为什么发展是前进性和曲折性的统一；如何用发展的观点看问题等。

为了了解学生关于新事物的学前概念情况，在测试卷中设计对"什么是新事物"的概念判断和分析，要求学生判断测试卷给出的事例是不是新事物，然后说明理由，这个设计的目的就是了解学生的认知和情感发展的起点和学生的思维轨迹。

测试题如下。

下列事物中属于新事物的是：

选项	判断对错	理由
①我国50年代末出现的"大跃进"		
②克隆技术和纳米技术		
③我国成功发射"神舟四号"无人飞船		
④计算机算命		
⑤计算机网络技术		
⑥企业维持再生产		

在这个测试中，"③我国成功发射'神舟四号'无人飞船"是一道开放性试题，无人飞船是不是新事物要看从什么角度分析，这道题的设置是为了观察学生认知发展处于哪个阶段；"④计算机算命"是一道具有迷惑性的试题，对于没有学习过哲学关于"新事物"明确定义的学生容易选错，这道题的设置有利于观察学生的学习发展情况。

测试完成后，对测试结果进行对比分组，一是同一个教学班的前、后测对比分析；二是进行了同一年级的文科、理科班的对比分析；三是对不同年级文科班的对比分析。这样做的目的就是分析学生的认知水平和认知阶段，从知识实际、学生认识实际、教学实际出发，分别制定不同班级、不同年级学生学习目标，通过不同的课堂教学内容，帮助学生对知识进行层级式学习，提高学习的针对性和有效性。

在测试中寻找证据。同一个教学班进行了关于"新事物"的前测、后测，统计后出现了这样的结果。

表1　前后测对比统计

观点 测试	属于新事物		不属于新事物		部分正确	
	前测	后测	前测	后测	前测	后测
③我国成功发射"神舟四号"无人飞船	8	9	18	16	3	1
④计算机算命	19	12	9	13	3	1

从这个表格看，前后测的变化不是十分明显，这种情况提示我们的教学可能存在问题：可能是讲解枯燥乏味，没有激发学生的求知欲；可能是讲解不清楚，学生学了和没学一样；可能是讲解过于烦琐，理科班的学生无法掌握。这个调查结果告诉我们，教学要简化教学目标，减少教学内容，减轻学生的学习负担，这样才能突出重点，直奔主题，让学生明确、了解、理解、掌握。

为了进一步明确各种差异，还需要从知识层级角度进行分析，以"彼格斯"的SOLO分类理论为依据，根据学生认知发展的五个阶段，对高二理科班、高二文科班、高三文科班的学生进行了统计分析，得出的结论如下。

高二理科班学生答题的特点有两种：一是同义反复，简单地将问题重复一遍（有部分正确解答）或者是转换，即瞎说瞎撞，未能在逻辑的基础上进行解答，而是依据感觉或感情来进行判断；二是，能够清晰说明选择的原因，但是归因仅一点，不难看出学生的认知发展水平基本处于"前结构"和单点结构阶段。

处于"前结构"和单点结构阶段学生的概念学习是建立在他们已有经验的基础上，从现象入手，找出事物的特征，由"前结构"向单点结构转化，通过比较、辨识，厘清概念及原理，形成简单的学科思维，这就需要注意领会、巩固、运用三个基本环节。

领会——学习的首要阶段，通过直观和概括实现。直观是学习的开端环节，是对事例的具体分析和准确的感性认识；概括是在直观的基础上，揭示事物的一般的、本质的、深层的特征与联系。

领会对知识的学习具有决定性意义，缺乏领会，只能导致学生死记硬背，即使是记住了，背下来了，也不能称为掌握了知识。

巩固——对所学知识的持久记忆，是累积知识和应用知识的前提条件，主要包括识记、保持、再认和重现。

应用——在领会有关知识的基础上，依据这些知识去解决同类问题的过程，是通过具体化实现的。

高二文科班的答题特点是这样的：大多数学生能够指出相关原因，但是没有把它们联系起来或者属于单点结构的认知发展水平；也有一些学生能够罗列相关原因，这部分学生处于"多点结构"认知发展水平。

对于同样的知识内容，如果高二理科班学生的学习目标是"精准"，那么高二文科班学生的学习目标就是"深刻"。这意味着学生在准确掌握"新事物是什么"的基础上，还要深入理解"为什么""怎么办"，不仅要知其然，还要知其所以然。要求学生有一定的理解力、解释力，当学生的知识转化为这些能力时，学生学到的知识才"活"起来并实现知识的功能。

要想让学生实现知识的活化，以"新事物"的学习为例要从事实性知识、概念性知识、方法性知识和价值性知识这四个层面进行系统学习。知识的四个层面决定着一个知识点的完整性，而知识的四个水平可以揭示或者可以评价一个人对知识的理解程度。对于高二文科班的学生来说，学习的目的不是记住这些知识，而是获得比较深刻的理解力和解释力。

同样的内容，再看看高三文科班，已经有不少学生认知发展水平处于关联结构，也就是能够用学习过的内容——概念、原理解释，但比较遗憾的是各个点是孤立的。

为此，高三文科班学生在复习基础知识的基础上，需要向抽象扩展结构的认知水平发展，对所学的知识进行整合，建立起知识之间的联系，更全面地分析和认识问题。"全面"是高三文科学生区别于高二文科学生的学习目标。

所谓全面的学习目标，就是要求学生首先对知识点有一个全面的把握，同时还要对这个知识点与其他知识点之间的联系有清晰的认识。这种清晰的认识，不仅要知道该知识和哪些知识是有联系的，还要知道它们之间是什么样的联系，使学生对所学习的知识有系统的把握，而知识系统的建立才有助于学生更全面、更客观地认识和解决问题。

根据上面的分析，把学生的总体认知情况统计如下：

表2

SOLO分类理论	高二理科班（人次）	高二文科班（人次）	高三文科班（人次）
前结构	9	1	1
单点结构	20	20	15
多点结构		11	1
关联结构			7

这个表格十分直观地告诉我们，同一年级不同类型（文理科）的学生其认知水平是不同的，不同年级的学生认知水平也是有差异的。理论上和实际上都告诉我们有必要实施层级式学习，即同样的教学内容，可以讲得不一样；讲得可以一样，但是要求可以不一样；要求可以一样，但是评价的标准可以不一样。只有这样才能真正实现因材施教，有效地完成教学任务，这真的不是一句套话。

五、用行动来解疑

"新事物"是高中思想政治课"生活与哲学"中第四单元第八课的教学内容，它是本单元关于发展相关问题的核心概念，学生对新事物这个概念有了准确的认识才能真正理解什么是哲学意义的发展；为什么发展是一种变化，而变化不是发展；为什么发展是前进性和曲折性的统一；如何用发展的观点看问题等。根据关于"新事物"的这些内容对不同的班级、不同的年级进行教学设计。

（一）针对高二理科班的教学设计

高二理科班学生的认知发展水平仅是指他们在哲学知识方面的认知水平，通过上面的分析我们了解到他们基本处于"前结构"和单点结构阶段，需要学生通过学习能够准确地在逻辑的基础上进行判断、同时能够清晰地说明原因，甚至能够多角度地说明原因，实现"前结构"向单点结构、单点结构向"多点结构"的提升。这个提升过程需要教师创设相关条件帮助学生实现学习目标。

1.形成概念

为了让学生更好地领会什么是新事物，在学习这个概念前我从直观入手，使用"照明的革命"这个事例，让学生对白炽灯、节能灯和LED灯进行分析。

为了让学生更好地从事例中概括出新事物的含义，我用了一系列的追问，引发学生思考，从事例中和讨论中揭示新事物的一般的、本质的、深层的特征与联系。

为了帮助学生对关于新事物的知识保持持久的记忆，更好地巩固与新事物相关的知识，我通过图示的方式，让学生了解新旧事物之间的关系，在知识的比较中记忆。

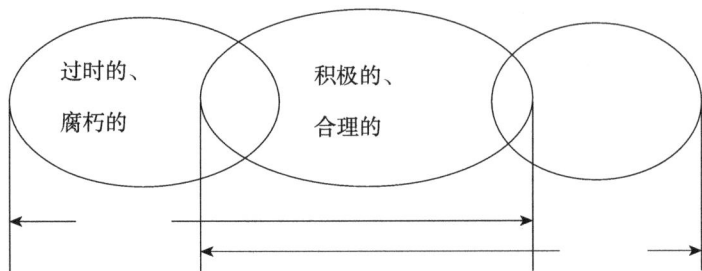

图1

为了帮助学生巩固和应用所学知识，我让学生运用新事物的有关知识再分析一个新的事例："现代社会中时尚文化的流行都意味着发展。"

通过上述环节实现了"在他们已有经验的基础上，从现象入手，找出事物的特征"的教学目标，提升"通过学习能够准确地在逻辑的基础上进行判断，同时能够清晰地说明原因"的"前结构"和单点结构的认知水平。

高二理科学生学习这些知识是不参加高考的，因此学生在学习过程中对自己的学习标准要求很低，其实这也是同样的学习内容他们只掌握到前结构和单点结构的认知水平的另一个原因。鉴于这种现实，为了有利于学生更好地习得概念，教学中给学生提供适量的、具有代表性的、新颖有趣的实例，然后通过实例引导学生从中发现它们的共同本质属性，并将共同的本质属性结合起来，形成概念的定义或用自己的语言来表述概念的本质属性。

2.精准概念

习得概念可能意味着学生只是通过实例了解了相关概念，从感性上对这个概念有了一定的认识。从这个意义上说，仅仅习得概念还是不够的，即便是达到会考水平的要求，也需要学生对学科概念有一个准确的把握。在教学中，就需要"从现象入手，找出事物的特征"，也就是说，概念学习过程要求"精准"。

"精准"的实质是对概念的内涵与外延进行尽量详细的"深加工"，追求对概念的主动习得和整体把握。为了让学生达到对新事物这个核心概念的"精准"把握，我就从这几个方面对这个概念进行了"深加工"。

一是对"概念要素"进行具体界定，以使学生建立更清晰的概念表象，获得更多的概念例证。

例如：提示学生思考白炽灯、节能灯和LED灯哪个是新事物。

二是更加把握准确概念的细节，理解概念的各个方面，获得概念的某些限制条件。

例如：通过对正在举行的美国大选、包装美观的商品、核发电、人人大跳的"骑马舞"，提示学生思考判断新旧事物的标准是什么？

三是对各种可能的特例进行剖析，分析可能发生的概念理解错误。

例如：通过对我国20世纪50年代末出现的"大跃进"、计算机算命、企业维持再生产等事例的再分析，让学生明确什么是对新事物的错误理解，巩固新事物的含义。

四是理解概念的各种变式。

例如在课堂上学生分析：旧事物与生俱来就是旧事物吗？——白炽灯是怎么发展而来的？新事物永远是新事物吗？——灯将来会怎样发展？

通过这一系列的讨论、分析，使学生逐步地理解哪些是概念的本质属性，哪些是概念的非本质属性，这样建立起来的关于新事物的概念是立体的、全方位的，对这个概念的理解和把握才能够更准确，使"精准"落到实处。

（二）针对高二文科班的教学设计

同样的教学内容，高二文科班学生就不能这么简明扼要了。由于高二文科班学生处于"多点结构"认知发展水平，所以他们关于概念的学习要以"深刻"为目标，因此在设计层级式学习中注意了以下三个问题。

1. 厘清新事物知识的四个层面，确定教学重点

为了使学生对新事物的有关知识有深刻的理解，需要教师在备课时首先厘清知识的四个层面，事实性知识是所有新事物战胜旧事物的实例；概念性知识是新事物和旧事物的含义，新事物必然战胜旧事物；方法性知识是哲学思维的抽象性、批判性和反思性；价值性知识是我怎么看待我自己、我的现在与未来，怎样给自己定位。

鉴于高二文科学生处于单点或多点结构的认知发展水平，需要向关联结构认知水平发展，并为提升到抽象扩展结构做准备。在教学过程中，教师不仅要帮助学生了解事实性知识，掌握概念性知识，更要掌握方法性知识和价

值性知识，后者由于知识本身的性质将有助于学生"建立起的抽象原则并证实在特定情况下的适用性"。

2.在不断的追问中，学习哲学的思维方法

哲学思维具有抽象性、批判性，这既表现在哲学上观察对象的视角和层次之中，也表现在哲学思考所使用的概念形式、哲学推理所追求的逻辑中。为此在有关"新事物"的教学中，需要教师设计一系列的追问，设计目的是试图让文科学生理解哲学的思维特点，体验和尝试哲学思维的方法。

什么是新事物？"新"和"旧"一定有区别，区别是什么？

评价新旧的标准是什么？

为什么不能以形式、时间、力量、主观判断为标准？

新事物一定能取代旧事物吗？新事物取代旧事物会很顺利吗？为什么？

当新事物取代旧事物时意味着什么？为什么？

新事物代替旧事物具有普遍性吗？为什么？

新事物代替旧事物是永恒的吗？为什么？

其中"为什么不能以形式、时间、力量、主观判断为标准？新事物代替旧事物具有普遍性吗？为什么？"的设问要求学生理解这是以最抽象的形式表达最现实的人类状况，这种抽象是超越经验层次的，从中感悟"抽象性"是哲学的特征之一；"什么是新事物？'新'和'旧'一定有区别，区别是什么？"的设问要求学生理解哲学的抽象是一种通过概念之间横向的逻辑关系来自我限定的抽象；"新事物代替旧事物是永恒的吗？为什么？"的设问要求学生理解批判性是哲学思维的本性和精神标志，哲学批判永远不满足于既有结果，而是对它保持一种怀疑和审视的态度。

这些问题的设计对于文科生而言在高二不仅要学会相关的哲学知识，更要培养哲学的思维，而后者会使他们走得更远更长；在教学过程中还力图追求如何将学生从"被追问"过渡到"自己不断地追问"。

3.在反思中，学会价值提升

每个人都需要实现自我，但实现自我的方式取决于各种主客观条件的制约。外在条件要求的价值追求和主体内在的价值追求因差异而产生冲突，这就要求学生学会在冲突面前正确认识主客体之间矛盾，认识自我，正确看待自己未来发展，形成正确的价值观。

为此，教师可以在教学中呈现类似《假如生活欺骗了你》这首诗，要求学生根据这节课学习的知识思考、分析如何理解诗中"不要悲伤，不要心急"，怎样做到"相信吧！快乐的日子将会来临。心儿永远向往着未来"。

一个正常的、有理性的人，都会随时对自己的言行进行必要的审视和整理，具有一定的反思意识。哲学另一个特征就是"反思性"，它是以最为自觉的理性形式，承担着人类的自我意识和自我批判的功能。中学生还无法做到反思哲学理论本身，通过教师的教学设计，让学生在学习的过程中初步具有反思意识，学习不断地运用所学的知识反思自己，不断修正自己的价值取向，提升自己的价值观。

（三）针对高三文科生的教学设计

同样是文科，高二的学生和高三的学生学习任务差异很大。高三的学习是建立在高二学习的基础上，紧紧围绕高考展开的，对学生的要求标准比较高。因此，在教学内容的安排上就需要与高二有所不同。

表3

	高二文科班	高三文科班
发展和发展的观点	什么是发展 什么是发展的观点	质量变关系和发展 体现了联系的观点
发展的道路： 前进性和曲折性的统一	为什么会发展？ 发展的道路是一帆风顺的吗？	世界是运动的 矛盾是对立统一的 实践的作用 辩证否定观
发展的观点看问题	怎样用发展的观点看问题	一切从实际出发、实事求是 具体问题具体分析
	用发展的观点看待自己	用发展的观点看待世界 （各种具体问题）

根据这个教学内容表的安排，高三文科班的教学教师可以从这样两个方面入手。

1.问题引导，扩展思路

对于新事物相关知识的教学最后要落到用发展的观点看问题，在高二学习的基础上，对即将参加高考的高三学生，要求他们进一步思考以下内容。

发展和发展的观点在唯物论、辩证法中是如何体现的；发展的道理是前进性和曲折性的统一，怎样从唯物论、辩证法的角度分析其原因；用发展的观点看问题体现了哪些唯物论和辩证法的思想；用发展观点看问题都可以看待哪些问题。

这种思考的方法可以从高三开始复习就投入训练，在第一、二单元的教学中不断渗透，帮助学生注意知识之间的联想。可能一开始学生是想不到，或者是想不全，教师可以通过提问的方式，引导学生去思考；同时，也通过这种方式指导学生了解思考的路径，使他们知道怎么思考。

在训练过程中，教师还要注意让学生对自己的思考进行反思，一起研究思考的路径是什么。让学生在教师的启发下能够总结出思考的路径是横向和纵向的结合，所谓纵向是这个知识点本身的知识体系（是什么、为什么、怎么办），所谓横向是这个知识点与哪些知识点有关系、是什么样的关系。反思路径后再思考时就要求学生按照这个路径进行知识的总结和复习。在第一轮复习时，可能侧重于知识体系本身的梳理；到了第二轮复习时，可能侧重于知识之间联系的梳理；到了第三轮复习时，可能侧重于运用这个横向、纵向结合的知识结构，不断地和现实问题相结合。

经过反复的思维训练，学生在思考和解决问题时就会自然地拎起一个点，连成一条线，形成一个网，把相关知识联系在一起构成一个概念体系，同时还可以进行相关的推理，这样高三学习结束就会使学生的认知水平提高到关联结构和抽象扩展结构，从而真正提高学生对知识的理解水平，提升了学生的理解能力。

2.图示实践，提高能力

这种知识结构的建构不能仅仅停留在口头上，也不能总是停留在知识点的整理上。教师应注重让学生把知识结构画成图示，用简单的文字和相关的符号连接成一张结构图。而且这张结构图一定是学生自己制作。在课堂上，可以安排学生介绍自己为什么这么连接，其意图是什么。使不同学生用制作的结构图进行交流，思想产生碰撞。还有一个潜在的作用是，在交流的过程中，学生实际上已经多次重复这部分知识内容，也有利于学生对该知识的掌握。

如果在哲学第一、二单元的知识学习中学生的这个思维得到了有效的引导和训练，那么在新事物有关知识的学习时还可以通过让学生画知识结构图的方式进行相关的思考。

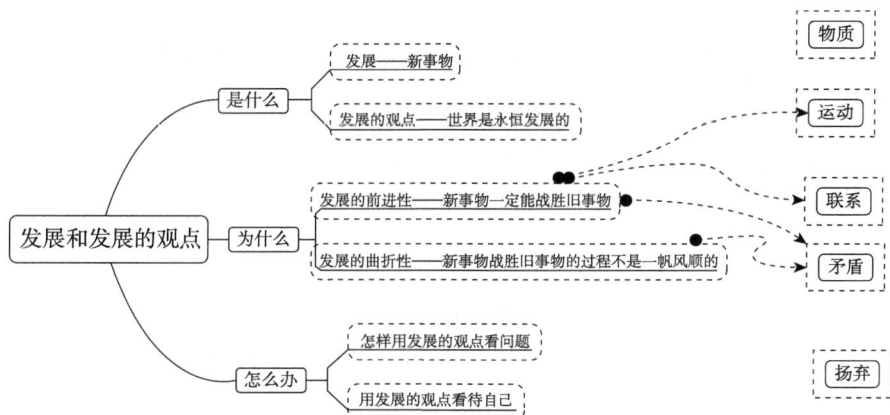

图6

例如：

这种知识结构的设计由学生自己想、自己做，教师任务就是观察学生是否有这种思维意识、判断这种思维是否正确，学生对知识的理解还有什么欠缺，有什么问题等。

六、用反思来释疑

经过学生测试及分析，我们可以看到同一年级不同类型（文理科）的学生其认知水平是不同的，不同年级的学生认知水平也是有差异的。理论上和实际上都告诉我们有必要实施层级式学习，即同样的教学内容，可以讲得不一样；讲得可以一样，但是要求可以不一样；要求可以一样，但是评价的标准可以不一样。只有这样才能真正实现因材施教，有效地完成教学任务。

实施这种层级式学习需要教师对自己的教学进一步思考。

第一，实施层级式学习首先应该认清教学对象，在这个基础上确定不同的教学策略。层级式学习的实质就是不要用同样的标准衡量同一个教学内容的学习，教师作为主导应该清醒地认清学生所处的学习阶段，了解学生的认知水平，以及在这种认知水平下应该实现什么样的学习目标。

　　高二理科班的学生对政治学科内容的学习要求就是完成高中阶段该学科的学习，达到高中课程毕业水平即可。如果我们把学科内容讲得过难、过深，是没有必要的。同时，学生也会因此放弃这门课的学习，把其主要精力投入其他学科的学习中。如果是这样，教师的教学就背离了这门课程在中学教学中的意义，不能完成教学任务，没有胜任好自己的工作，这种适得其反的效果是我们所不愿看到的。高二文科班的学生在这个阶段的学习是为升入大学深造做准备，但由于他们毕竟刚接触这些学科知识，且其本身的心智年龄和认知发展水平也还有待于提高，上述事实也证明大多数学生甚至不能达到关联结构层次，只能达到多点结构层次，指望他们直接达到抽象扩展结构层次是不现实的，也是不可能完成的教学任务。

　　我们的教学只有实事求是地从学生实际出发，不盲目、不功利，才能赢得学生的共识，才能达到事半而功倍的效果。

　　第二，实施层级式学习还应该在教学中循序渐进，克服急躁情绪。对于这个问题的认识，教师的思想观念可能需要一个转变过程。最开始，可能由于自己设计的问题不够清晰、明确使得学生无所适从，学生默默无语，教师就会自说自话，直接替学生回答了；随着教学研究的深入，教师对设问这一方面可以驾轻就熟了，可是发现学生还会默不作声，就怕自己答错了没有面子，教师会迫不及待地自己抢答了，结果是教师学会了抢答，学生失去了思考的机会。

　　教师在教学中切忌急躁冒进，这种情况往往是教师自己着急，还盲目指责学生"不努力""太笨了"，学生也会因不得要领而茫然不知所措，甚至产生厌弃本学科学习的情绪，而事倍功半。为此，我们应该根据学生的层次，制订教学计划，这个教学计划应该是学期、学年、高中不同阶段相结合的整体教学计划，应该是包括不同时期学生达到的知识不同层次的计划。

　　总之，学生对教学内容认识不是一次完成的，层级式学习可以通过一层一层的深入，也可以通过不同阶段的充实，不断丰富学生对知识的认识。

（撰文：赵敏）

（本文发表于《思想政治课教学》2014年第5期）

运用设问艺术，提升课堂实效

课堂设问是推进课堂进程的核心，是教师主导课堂的关键点，也是学生学习的重要关键思考点。正如美国教育家尼尔·波斯特曼（Neil Postman）指出的，"我们所有的知识都是始于问题，也就是说提问题是我们最重要的智力工具"。为更好地发挥课堂设问的作用，需要不断地对课堂设问进行揣摩和研究。笔者在教学实践和理论学习的基础上，对课堂设问的要素、特点和价值做了一些思考，试图通过设问艺术的运用提升课堂教学的实效。

一、设问的要素分解

在一节高三综合复习课"国家权力及其运行"的设计中，笔者引用了"个税起征点提高"的案例，在给定相关材料的基础上，提出了一系列问题。材料一，温总理与网民交流，承诺为民办实事，提高个税起征点是其中之一，国务院通过的相关草案提请人大常委会审议。基于此设计了问题："政府的工作原则是什么？政府讨论通过的草案提交人大常委会，体现了两者之间什么关系？"材料二，人大常委会审议后向社会公开征求意见，听取专家和公众意见。基于此设计了问题："作为普通公民，如何参与政治生活、影响决策？"材料三，人大常委会通过个税起征点提高至3500元的决定。基于此设计了问题："人大提高个税起征点行使了什么权力？显示了人大什么地位？"材料四，决定颁布后，财政部、国家税务总局分析税务变化情况和执行说明。基于此设计了问题："上述材料是谁在履行人大的相关决定？如何服务于人民？"材料五，对个税执行过程中可能出现的违法行为，法院、检察院的职责要求维护法律尊严，保障人民权益。基于此设计了问题："针对政府违法失职行为，法院、检察院如何发挥作用？"材料六，在个税起征点调整之前，说明党所发挥的政治领导作用。基于此设计了问题："中国共产党在国家政治生活中处于什么地位？是如何影响个税法修正的？"

回顾教学设计过程中对设问的选择和斟酌，笔者认为作为课堂设问，应该具备情境、关系、指向等要素，这些要素越明确，对学生的引导越有效。

（一）情境

所谓设问的情境，指的是设问提出的背景。没有情境的设问会成为无源之水、无本之木。上述六个设问均是在给定相应材料的基础上提出的，这既是对感性材料的理性思考，又是对知识的回顾和整合，对能力的培养和提升。当然，情境也可以是学生的先前经验和知识储备。例如，"请同学回顾一下上节课所学知识"，这样的问题正是基于学生对"旧知识"的储备提出的，"请同学们说说你生活中的消费"，这类问题则是基于学生的生活经验提出的。在设问的引导下，学生将对生活的体会、感悟和感觉进行描述，老师再深入引导，帮助学生梳理、提升自己的生活经验。相对于基于材料和生活经验的设问，基于知识的设问要适度使用，否则设问的引导又会成为知识巩固的"工具"，与新课程要求的三维目标相脱离。总之，设问要"有备无患"，才能更好地发挥其对学生思维的引导作用。

（二）关系

设问是通过问题来引导学生思考，思考的着力点可以放在对材料的理解上，可以放在知识的关联上，还可以放在情感态度价值观的培养和提升上。这就要求引导学生关注材料和知识的关系、知识之间的关系、材料和知识与能力态度价值观的关系等，如在笔者的"国家权力及其运行"这节课的设问中，涉及了这些关系。基于材料情境的知识认知，需要明确所选材料和涉及知识的关联，基于知识之间联系的设问，需要引导学生思考知识之间的内在联系，如在国家权力运行中，涉及的主体之间的关系，包括政府和人民的关系，人民和人民代表大会的关系，人民和法院检察院的关系，人民代表大会和法院检察院的关系，人民政府和法院检察院的关系，人民和中国共产党的关系，中国共产党和人民代表大会的关系，等等。除了主体间关系，关系还可以是人民与法、政府与法、人大与法、法院检察院与法、党与法等主体与法治的关系，还可以是人民、政府、人大、法院检察院、党等与人民民主这一国家制度的关系。至于材料、知识与情感态度价值观的关系，在有的设问中是显性的，有的设问中是隐性的，在本节课的设问中，多是隐性，即暗含情感态度价值观的培养和提升。总之，设问的着力点要放在关系的把握上。

（三）指向

设问的目的指向性越明确，目的达成的程度就越高。在本节课最初的设计中，笔者想让老百姓的诉求成为国家决策的首要驱动，但在查阅了大量资料之后，笔者意识到在思考国家权力运行时，不能仅仅考虑公民意见和意愿的推动，国家权力运行也要凸显国家机构的主动实施和参与，从而体现双向互动的良性运动和循环，实现公民与国家、公民与国家机关，国家机关与国家权力的和谐统一的关系，因而在设问时也更明确指向这种互动。如，问题2表明公民在国家权力运行中的参与和影响，问题1、3、4、5、6则表明国家权力机关和领导力量在国家权力运行中的地位和职责，其背后表明的是国家权力机关和领导力量是如何实现以人为本，保障人民当家做主。因此，设问的指向性越明确，设问对达成学习目标的引导越有效，教学效果也越良好。

二、设问的特点分析

美国教育专家沃尔什博士和萨特斯在《优质提问教学法》一书中，提到优质问题应具有四大特征：第一，能够实现一个或更多教学目标；第二，关注重要的课程内容；第三，能够促进在规定的认知水平上思考问题；第四，清晰地阐明所要问的内容。这表明，优质的设问要关注教学目标，要针对重点内容，要使学生学有所获，要使设问明确。笔者认为，要想发挥设问对学生思维的引领、启发、培养作用，达成教学目标，从设问本身而言，还必须加强趣味性、针对性、限定性、相关性等。

1.趣味性，忌"硬"。兴趣是最好的老师，选择学生感兴趣的设问点，往往是成功的良好开端。例如，在讲授《文化生活》中"文化创新的途径"一框题时，笔者在设问前先卖了个"小关子"：今天老师给同学们推荐一首非同凡响的乐曲，它是1958年，为向新中国国庆10周年献礼，由上海音乐学院大一学生创作完成的；它自1959年5月27日在上海兰心大戏院被首演以来，已在国内外被演奏几万场；它曾在悉尼歌剧院、维也纳金色大厅等世界顶级音乐厅被演奏多场；它是中国第一颗探月卫星嫦娥一号首次太空播放曲目之一；它被称为世界上最长寿的蝴蝶……在这种充满吸引力和诱惑力的引导下，学生们的积极性一下子被调动起来。笔者趁机提出了这样的设问："同学们知道这首乐曲是什么吗？""它是如何被创作出来的？"同学们你一言我一语地饶有兴趣地探讨起来，在学生思考、回答、探讨和老师补充材料的基础上，自然而然地总结出文化创新的途径，学生对此也能更好地理解。可见，趣味性是学生积极参与的"兴奋剂"。当然，设问趣味性的背后包含着老师对学生的喜爱，表明老师对材料的兴趣，也表达着老师饱满的情感。

2.针对性，忌"泛"。设问要"有的放矢"，就要增强针对性。这里的针对性主要包括以下几个方面：一是针对教学目标，包括知识目标、能力目标和情感态度价值观目标；二是针对教学重难点、教学方式方法等；三是针对学生的实际情况，包括知识储备情况，生活经验情况，参与意识和深度情况，思维能力情况，等等。当然，针对三维目标的设问，可以有所侧重，有的设计重点针对知识的理解和巩固，有的则重点针对能力锻炼和情感态度价值观的提升；针对教学内容重难点的设问，可以从遵循学生思维逻辑的角度出发，采用贯穿始终的系统性设问，如笔者在"国家权力及其运行"的设计中，采用逐步深入和层层推进的设问，引导学生思考国家权力有哪些、谁行使、如何行使、行使的原则等方面，从点到线到面，由浅入深，逐步深化和展示国家权力运行的复杂状况；针对学生实际情况的设问，要求了解每个任教年级、班级，每位学生的特点，并根据这些特点设置问题，最终的目的让不同学生在其原有基础上有所提升。

要增强设问的针对性，必然要求设问详细具体。如果设问设计不够具体，往往会陷入泛泛的范围。例如，在课堂结束前，教师们希望学生学以致用，有所感悟，往往以这样的设问引导学生说出自己的想法和收获："通过学习这节课，你认为作为青年学生应该如何做？"学生的回答无非是好好学习，将来报效祖国等套话。而如果老师加强设问的针对性，如问"通过学习亲情的宝贵，你今天回家后最想做的一件事是什么？"这样就能给学生有针对性的指导和引导，也体现这节课带给学生的思考和收获。

3.限定性，忌"宽"。某位老师在讲授《文化生活》第六课"我们的中华文化"时，为了引出中华文化的发展经历了衰微的过程，设置了这样的问题："中国近代史是怎样的?"这个问题太大了，如果学生对历史知识很熟，可能会长篇大论，并且很可能脱离老师"需要"的方向。而为了引出要讲授的内容，老师只能费力地不断引导，不断启发，既费时费力，又感觉不畅，所以设问一定不要太"宽"，要增强限定性，例如，老师可以这样问："相对于中国古代文化的辉煌历程，中国近代文化状况呈现出什么样的特点?"因为限定明确，同学们不会单纯从历史学科角度考虑问题，由于有古代辉煌特点的对比，同学们也可以很快地总结出中国近代文化衰落的状况。当然，因为这个观点不是本节课的重点和难点内容，用简洁和限定性的设问可以很快引导学生的思考，对重难点的教学内容，需要充分思考和讨论，但设问的限定性是提高效率和优化效果的必然要求。

4.相关性，忌"生"。优质的课堂设问，应该是所有学生都能有的说且又能说出不同的问题。让学生无话可说的"难题""生题"，不是课堂设问应有的特点。由于目的性不同，课堂设问的相关性也应有所区别。问题可以与知识相关，可以与学生的生活经验相关，可以与思维能力和品质的培养相关，可以与情感体验相关，可以与价值观提升相关，等等。总之，要让学生有话可说，有话能说。

著名心理学家维果茨基认为，学生的发展水平可以分为以下两种：一是学生已经达到的发展水平，即学生的"现有发展区"；二是正在形成的发展水平，即学生的"最近发展区"。已知与未知的矛盾是推动学生思考的动力，因而将设问设在学生的最近发展区，增加设问的相关性，学生可以获得"已知"的激励，又能形成探索"未知"的兴趣和动力，有利于活跃其思维，引发其兴趣，培养其能力。

除此之外，设问还应注重以下几点。层次性，要面向所有学生，而不只是"优等"学生。提问应该让所有学生能答，并能很好区分出层次和梯度。科学性，即要根据教学内容的难易，学生的认知特点和认知现状，教学目标的预设，教学重难点的把握等设置问题，设问的表达还应规范，没有歧义，没有语法错误。

其他性质，如适时性，孔子说过："不愤不启，不悱不发。"学生处于"愤悱"状态时教师可以灵活设问、适时点拨，带领学生投入积极的思考中。适度性，即设问数量应适度，不能"满堂问"，要提高设问的质量，只有那种高于学生原有心理、智力、能力水平，经过他们主观努力后能够达到的要求，才是最适当的要求。简洁性，即设问语言要简洁明确，指向明了。总之，优质的课堂设问要多方面考虑，多角度思考。

三、课堂设问的价值考量

课堂设问作为一线教师经常采用的教学策略和方法，有其必要性，在提出设问时考量其价值，有其必然性。设问的价值考量认知越清，越能提升设问的有效性，越能发挥设问对提升课堂教学实效性的作用。笔者在设置问题时，主要考量以下四种价值。

1.知识的巩固与理解

思想政治课教学目标是"三维一体"，即知识目标、能力目标、情感态度价值观目标的统一。其中，知识是能力、情感态度价值观的重要载体，也是授课过程中能够把握的显性目标。因此，对知识的识记、理解和应用就成为课堂教学的重要目标和目的。"回顾一下上节课我们学习的重要内容"的设问，经常被用作复习知识和导入新课的常用技巧。"用某某知识，分析上述材料或某某问题"，则是设问常用的风格。

2.经验的梳理与提升

思想政治新课改强调"以生活为基础，以学科知识为支撑"，要求立足于学生现实的生活经验，形成学科知识与生活现象，理论逻辑与生活逻辑的有机结合。在课堂设问的设计中也应体现这种要求，通过设问帮助学生梳理其生活经验，获得新知，并在此基础上，使学生朴素、散乱的生活经验得到深化和提升。例如，在学习"经济生活"模块"外币和外汇的相关知识"时，可以结合学生出国旅游的切身经历，设置一系列问题："2011年1月10日美元兑人民币汇率是6.6349，2013年8月1日美元兑人民币汇率是6.1275，假如不考虑其他因素，旅游支出一定的情况下，什么时间去美国旅游更合算？美元贬值对中国老百姓的生活还有什么影响？美元一直贬值会有什么不良影响?"等，通过层层设问，既能让学生对汇率变动产生直观的感受，又能结合生活经验认识汇率变动的影响和币值稳定的重要意义，从而更主动、有效地应对汇率的变动。

3.思维的引导与拓展

古人云："学起于思，思源于疑"，"小疑则小进，大疑则大进"。可见设疑导思是古已有之的有效方法。但是，有的老师在课堂提问时常常会随口问："行不行?""是不是?""好不好?"细分析起来，这种设问其实算不得真正的设问。真正的设问要能正面引导学生积极思考，更高要求的设问则能通过设疑导思，不断强化和训练学生的思维能力和品质，能使学生产生一种怀疑、困惑、交流和探索的心理状态，驱使学生积极思维，寻求思考问题的角度，提出解决问题的方法，甚至产生提出新问题的冲动。

当然，要想发挥设问对思维的引导和拓展的功效和作用，就需要在设问之后给学生留下思维的空间，或称留白，要给学生真正有所思有所想的时空，给学生思维锻炼的机会，不能让设问形同摆设，不能貌似引导学生思考实则"生搬硬套"。例如，在学习"文化生活"模块"文化创新的途径"时，有老师这样设问："从材料中，你能看出莫言文学创作的基础是什么？说一说你身边立足社会实践进行文化创新的事例。"笔者认为这种设问仅仅是为了推出"立足社会实践是文化创新的根本途径"这一知识性结论，从材料到学生回答，再到老师的总结，都没有解释清楚社会实践是什么，没有深入思考为什么它是根本途径，所以感觉对学生思维的引导不够，对思维的拓展也没有体现出来。如果从材料的选择，到设问的提出都渗透着实践的要求、实践的推动，既能加强学生对文化创新途径的深入认识和理解，又能从文化创新的角度理解"实践的观点是马克思主义的首要的、基本的观点"这一重要哲学思想，不仅能帮助学生理解知识是什么，还能培养学生不断追问为什么的思维习惯和品质。

4.发展的品质与品格

当今时代的飞速发展，需要人们终身学习。不断思索，深入思维逐渐成为时代要求。强化思维的作用和意义，变被动思考为主动探究，使思维内化为一种品质，形成爱思考的品格，是人们的一种内在素养要求，更是人生获得良好发展的重要基础。

　　苏联教育界泰斗苏霍姆林斯基说："在人的心灵深处，都有一种根深蒂固的需要，这就是希望自己是一个发现者、研究者、探索者……"课堂设问正是点燃人类心灵深处这种需求的突破点，作为一线教师，承担着点燃、引导、助推学生激情的使命，如何使我们的课堂设问更优质、更有效，是提高教学实效性的一种思考，也是回归教育本原的一种有益探索，我们行进在路上！

（撰文：胡莹）

（本文发表于《思想政治课教学》2013年第9期）

高考政治图表类主观题备考策略

随着核心素养时代的到来，政治高考早已打破了"背得多就能得高分"的局面，转而注重对学生关键能力的考查，呈现出议题引领、情境搭台、任务导向的命题趋势。思想政治课程可以用描述与分类、解释与论证、预测与选择、辨析与评价四大基本任务的完成质量来评价学生思想政治学科核心素养的发展水平，构建区分任务完成质量的评分标准。图表类主观题以其直观、清晰、简洁、明了的特点，能够有效考查学生在复杂的结构化情境中，对事物与现象进行描述、比较和分类，运用政治学科知识，探究不同变量之间的关系，并对问题与现象进行分析。

一、图表类主观题特点

图表类试题是由图或数据表格构成的试题，一般由题目、图表、注释等内容组成。从思想政治课程的四大基本任务上来看，图表类主观题更多属于描述阐释类，即要求学生能够从现象（生活）到本质（理论）。一般情况下，图表类主观题有如下特点。

（一）形式丰富

图表题可分图示和表格式两种，图示有柱状图、折线图、曲线图、饼状图、扇形图等；表格式的有横向排列和纵向排列等形式。不同形式的图表题在解题时关注的焦点有所不同，如折线图与曲线图的主要关注点在于总趋势的变化；饼状图与扇形图的主要关注点在于比重或比例；表格式图表的主要关注点在于数值。不同图表的不同特点都是学生在备考时需要关注的。

（二）内容新颖

图表类主观题在"经济生活"模块考查频率较高，通常是结合当年的时政热点进行考查，时代感较强，旨在引导学生关心国家大政方针、关注经济走向，感悟社会主义社会的发展与变迁。以2019年北京卷第38题（2）为例，以"壮丽70年，奋斗新时代"为主题指导语，运用4幅图表，反映了改革开放40年，中国经济建设和城镇化的快速发展，让学生深刻解读历史性变革中所蕴含的内在逻辑，理解历史性成就背后的中国特色社会主义道路，增强学生的道路自信、理论自信、制度自信、文化自信，学会用中国理论解读中国实践，激发学生跟党走进新时代、奔向新愿景、实现伟大梦想的强大精神动力。因此，学生在复习图表类试题时，应密切关注身边的时政热点，留心身边发生的经济现象，做一个有心人。

（三）有理论支撑、核心概念

图表类试题不单单是考查学生读图的能力，其背后蕴含着学生对该题核心概念的把握。核心概念，即该题所要着重考查学生的关键知识和必备能力。以2019年北京卷第39题为例，图表中只呈现出专利数量与行业竞争程度之间的关系，大多数学生可以写出"高度垄断与过度竞争都是不利的"，很显然，这并不是这幅图表所要考查的核心。仔细思考我们会发现，专利保护发展的过程，专利法修正案不断完善的过程，其实就是社会主义市场经济体制不断完善的过程，因此本题的核心概念是考查"政府与市场的关系"。一方面，从企业（市场）角度看，专利保护制度可以保护知识产权，使得专利所有者可以通过专利授权获得收益，激励创新，增加侵权成本，抑制假冒商品生产，维护市场秩序，创造良好营商环境；另一方面，从政府角度看，设置保护期限，可以避免技术的过度垄断，鼓励适度竞争，在专利的社会效

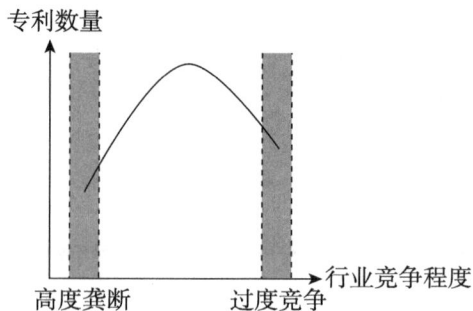

图7

益和发明者的创新激励之间达到平衡。如果学生在备考时没有掌握图表背后本身蕴含的核心概念的话，势必会出现失分的情况。因此，只有抓住核心，才能更好地把握试题。

二、学生答题时的主要问题

从高三学生的几次模拟考试成绩以及平时训练上来看，学生在作答图表类主观题时主要存在着以下几点问题，我们以2018年北京卷38题（2）为例。

例题：2018年北京卷38题（2）中国特色社会主义进入新时代，中国经济出现了一系列不一样的速度。

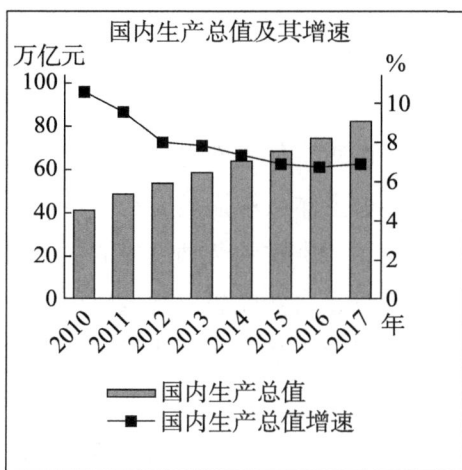

国内生产总值及其增速

国内生产总值
国内生产总值增速

（1）

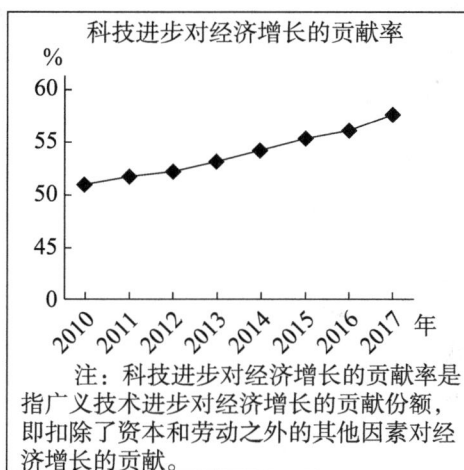

科技进步对经济增长的贡献率

注：科技进步对经济增长的贡献率是指广义技术进步对经济增长的贡献份额，即扣除了资本和劳动之外的其他因素对经济增长的贡献。

（2）

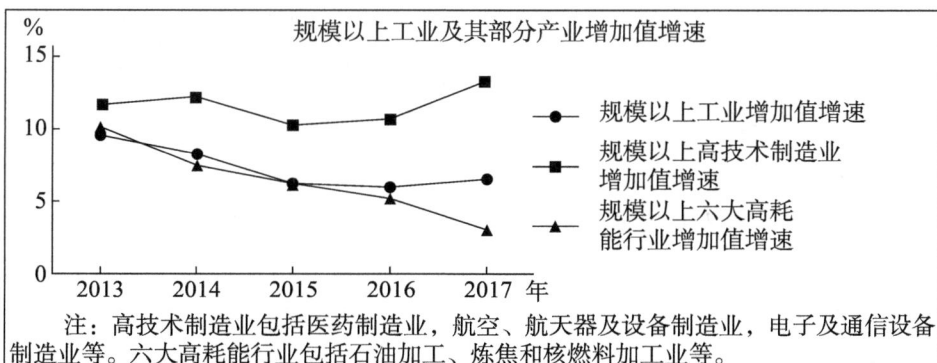

规模以上工业及其部分产业增加值增速

规模以上工业增加值增速
规模以上高技术制造业增加值增速
规模以上六大高耗能行业增加值增速

注：高技术制造业包括医药制造业，航空、航天器及设备制造业，电子及通信设备制造业等。六大高耗能行业包括石油加工、炼焦和核燃料加工业等。

（3）

图8

读图8，运用"经济生活"知识，分析这些"不一样的速度"与高质量发展的关系。（12分）

问题1：忽视本质。很多学生在作答图表类主观题时，仅能简单描述图表现象，而忽视了现象背后揭示的本质。如在本题中，大多数学生可以写出"国内生产总值呈上升趋势，国内生产总值增速呈下降趋势""科技进步对经济增长的贡献率提高""规模以上高技术制造业增加值增速呈上升趋势，规模以上六大高耗能行业增加值增速呈下降趋势"。但却写不出图（1）现象背后揭示的本质是"发展观念的转变"，图（2）是由于"经济增长动力的转变"，图（3）是因为"经济结构的优化升级"。即学生的思维仅仅停留在"是什么"层面，而没有去深究现象背后的本质，即"为什么""怎么办"。透过现象看本质是图表类试题显著的一个特点，因此在练习时，教师要注意指导学生由感性认识上升到理性认识。

问题2：丢点。很多学生在读图时只关注图表主体，而忽视注释部分的文字，造成失分。如在本题中，图（2）的图表主体虽然描述的是"科技进步对经济增长的贡献率"，但注释部分还提到了"资本和劳动之外的其他因素对经济增长的贡献"，如果学生忽视注释部分，自然就想不到该图揭示的实际上是"新旧动能转化的问题"。因此在复习时，教师要强化学生认真对待注释部分的观念。

问题3：关注具体数字。正如笔者上文所言，不同形式的图表考查的侧重点不同，折线图与曲线图考查的是总体趋势；饼状图与扇形图考查的是比例或比重等。而不少同学在读曲线图时，过多关注于细节（具体数字），恨不得将每一段图表上反映的数值全部写下，其实这是完全没必要的。学生只需描述出图表总体的趋势，不必出现具体数字。另外需要关注一下转折点、关键节点即可。

问题4：缺少对比意识。图表类主观题近年来通常以多图的形式呈现，即使是单图，图内也一定会出现2条以上的曲线，这就需要学生有较强烈的对比意识。纵向上注意同一图表内不同曲线的对比，横向上注意多图之间图与图的关系。如在本题中，正是因为图（1）发展观念发生了变化，才带来了图（2）新旧动能的转化；因为图（2）的创新驱动发展，才带来了图（3）经济结构的优化升级、供给侧结构性改革，进而更好地推动了我国经济的高质量发展。由此可见，在复习图表类主观题时，学生应该用联系的、全面的观点看问题，切忌将图表孤立化，只有深刻把握图与图之间的关系，才能更好地理解题意。

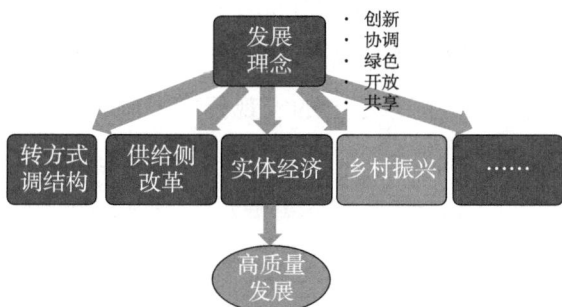

图9

问题5：不能把握核心概念。正如笔者上文所提及的那样，图表仅仅是试题的一个载体，每一道高考题背后都一定有一个核心概念，即想要考查学生的关键知识和必备能力。而本题的核心概念即"高质量发展"。那么问题又来了，很多学生在面对这个核心概念时，并不知道它想考查什么，无法联想到即核心概念背后的相关概念，对关键词没有敏感度。其实，在"高质量发展"这个核心概念背后，蕴含着许多的相关概念，如为什么中国经济会实现高质量发展？这是由于发展理念的转变。发展理念包括哪些？在理念指导下中国经济又进行了哪些具体改革？所以，学生不仅仅要把握住教师命题的核心，也要对核心概念背后的相关概念足够熟悉，即将知识体系化去复习。

三、复习建议

针对学生在作答图表类主观题时出现的问题，为了提高学生的作答能力，笔者认为可以从"方向—问题—核心—反思"四环来进行备考。

1.方向。国内很多政治教师提出了图表类试题的"三审法""三读法"等，即读表头、读图表、读注释，笔者不以为然。固然图表是主体解读部分，如果未明确命题者立意，上来直接看图表的话，不利于学生对试题的整体把握、对真实情境进行建模，也不利于增强学生提取、整合和理解情境信息方面的表现，不利于提升学生的学科核心素养。因此，笔者认为，图表类试题解题的第一步应该是明确方向，即明确命题者立意和导向。如2019年北京卷第39题，以专利保护作为材料，为学生创设了一个生活化的真实情境，但材料仅为切入点，本题实则是想让学生理解我国社会主义社会取得的成就，从政府与企业等不同角度了解社会主义市场经济体制的完善过程：充分激发市场主体活力，同时配以必要的宏观调控。倘若学生从图表本身切入，必然只可以读取出专利数量与行业竞争程度之间的关系，只看到表象而非本质。因此，慢审设问，充分了解命题者通过试题想要考查的方向，才是学生做图表类试题的第一步，这也有助于帮助学生透过现象看本质。

2.问题。正如上文所言，图表类主观题更多反映的是当年的时政热点话题，通过一系列图表与数据，使学生直观地感受生活的变迁，增强文化自信、认同感与归属感。但在备考时，学生更多应该关注的是长效热点，多年的热点才是热点，才能更好地与学科知识有所契合。当然，热点也是命题者为学生创设的结构化情境，情境终究是为问题服务的。情境很重要，但更重要的是要在情境中挖掘答案，即明确命题者想要考查的问题。我们以2019年北京卷第38题（2）为例。

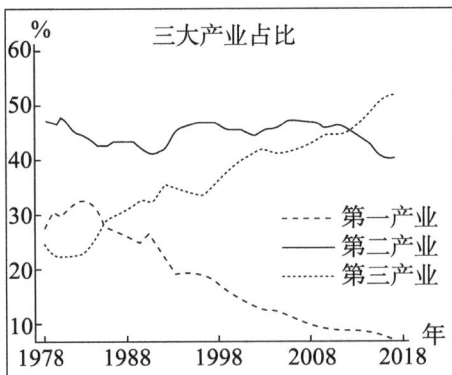

图10

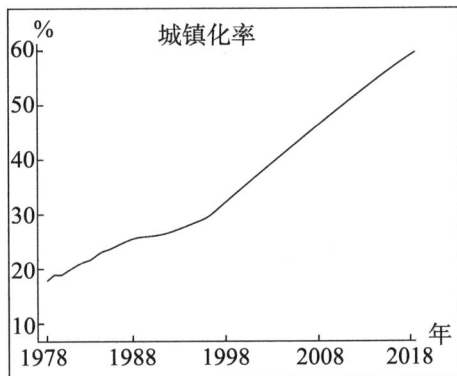

图11

改革开放以来，城镇化发展逐渐赶上了工业化进程（如图10和图11所示），这是中国经济发生的一项历史性变化。

（2）从图12和图13中任选一幅，借助所选的图，运用经济知识，说明上述历史性变化是如何发生的。（8分）

图12

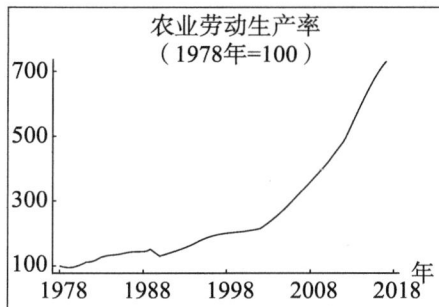

图13

命题者以改革开放40年作为热点话题，通过问题：上述历史性变化是如何发生的？旨在引导学生进行归因，是一道原因类的主观题。因此学生在作答时，要时刻从问题入手，思考图表上传递出来的信息，同时又要紧紧扣住改革开放这个情境，解决问题。

首先，对图表进行逐一解读。通过读图10，我们可以看出改革开放取得的历史性变化之一，是产业结构发生了变化（第一产业比重下降、第二产业发展平稳、第三产业显著上升）。通过图11，我们可以看出40年来城镇化率稳步提升。这是两幅图表向我们传递出来的改革开放的结果，而本题的问题是让学生分析这一变化的原因，因此，学生要有一种追因意识：为什么发生了上述变化？即考查学生的长思维链条。这也是近几年高考试题的一个突出特点，即归纳型试题越来越少，演绎类试题越来越多。明确问题后，我们再来读取图12与图13向我们传递出的信息：图12从人民生活角度，反映出恩格尔系数逐年降低，即居民消费结构不断升级、生活水平不断改善。图13从国家经济发展角度，反映出农业劳动生产率不断提升。

在逐一解读图表后，我们就要根据问题，建构起图与图之间的联系。上文已提及，学生在作答图表类主观题时一个明显的缺点，就是缺乏对比意识，忽视图表之间的关联。本题的问题是让我们找原因，那么图10、图11（改革开放取得的两项成果）之间有没有什么因果关系？图12、图13与上述两图之间的关系又是什么？这时就需要我们从横向、纵向共同思考图表之间的内在关系。通过图10与图11建立横向关联，我们可以发现，正是由于一产下降、三产上升，产业结构升级，因此农村富余劳动力逐渐转移，促进了城镇化与工业化发展。再从纵向上看，图12我们解读出的关键概念是"消费"，图13我们得到的关键概念是"生产"，所以接下来就要将四幅图由因到果建立新的思维链条。图12向我们传递出的逻辑是：恩格尔系数不断下降—消费结构发生变化，消费不断升级—消费影响生产，食品主要来自农业—工业化进程伴随着农业占比的下降和服务业占比的上升—农村富余劳动力逐渐转移，城镇化发展赶上了工业化进程。图13向我们传递的逻辑是：农业劳动生产率提高—农业生产需要的劳动力数量相对减少，农村富余劳动力逐渐转移到工业和服务业集中的城镇—工业化进程伴随着农业占比的下降和服务业占比的上升，城镇化发展赶上了工业化进程。

由此我们可以看出，热点与图表都是为问题服务的。我们在备考时应该关注长效热点，从问题入手，以问题为切入点，掌握解决问题的关键能力，不断追问，不断思索，延伸自己的思维链条，突破所谓的答题套路。

3.核心。每一道高考题都有自己的理论支撑、核心概念，尤其是随着素养时代的到来，高考越来越考查的是学生的结构化知识与迁移能力，每一道试题都试图帮助学生将零散的知识整合起来。因此，明确考题的核心概念，并能在有效时间内迅速将相关概念予以整合则显得尤为重要。我们以2019年西城期末考试第26题为例。

一个经济体的R&D（研究与开发）经费投入情况是测度经济体研发活动规模、评价经济体科技实力和创新能力的指标。

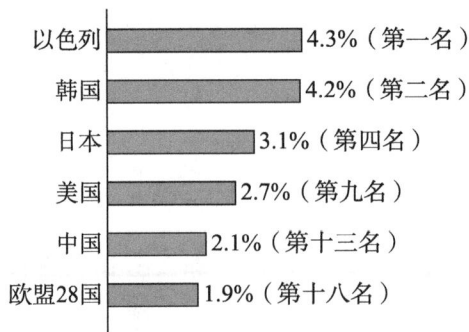

图14　2016年部分国家R&D经费强度　　图15　2015年中国R&D经费来源情况

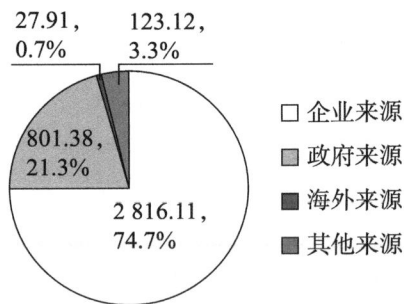

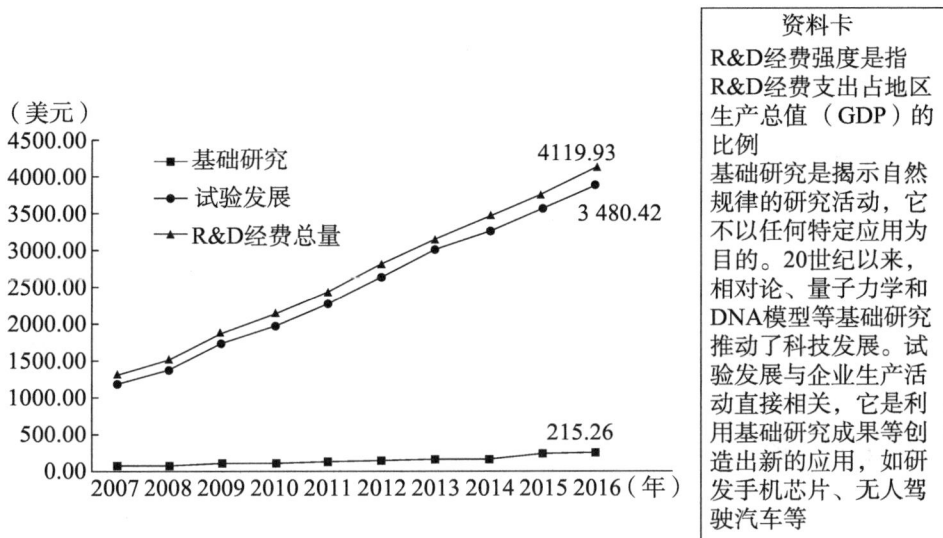

（美元）

- 基础研究
- 试验发展
- R&D经费总量

4119.93
3 480.42
215.26

2007 2008 2009 2010 2011 2012 2013 2014 2015 2016（年）

资料卡
R&D经费强度是指R&D经费支出占地区生产总值（GDP）的比例
基础研究是揭示自然规律的研究活动，它不以任何特定应用为目的。20世纪以来，相对论、量子力学和DNA模型等基础研究推动了科技发展。试验发展与企业生产活动直接相关，它是利用基础研究成果等创造出新的应用，如研发手机芯片、无人驾驶汽车等

图16　2007—2016年中国基础研究和试验发展的R&D经费投入

结合材料，从经济角度说明我国经济转向高质量发展阶段应采取的政策取向。（6分）

本题的核心概念是"高质量发展"，但学生乍一读题，并不能迅速反应这个核心概念背后有哪些相关概念，知识依然处于一种零散的状态。从图表中，学生或许能读出中国的创新经费投入、经费来源情况、基础研究与试验发展经费投入等信息，但依然是就图论图，散点状作答。如果学生在平时的训练中，有意识地以核心概念为依托，整合起相关概念，使知识体系结构化，本题的逻辑结构则会显得非常清晰。本题的逻辑结构为：我国经济高质量发展实则是在创新发展理念引领下取得的，而这种成就从国内角度来说，既离不开政府的宏观调控，同时也离不开市场发挥决定性作用。而提到市场，自然离不开市场的主体：企业，而企业的主体则是劳动者。从国际角度来说，国际市场也是中国实现经济高质量发展应该关注的。所以本题的逻辑架构可以用下面的示意图表示。

从本题中我们可以看出，"高质量发展"这个词是在教材第四单元出现的，但本题同时融合了第二单元、第三单元、第四单元的内容，如果复习时只是就知识复习知识，那么学生的知识体系永远是零散的。抓住核心概念，

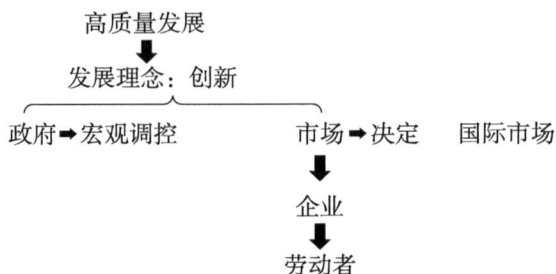

高质量发展
↓
发展理念：创新

政府➡宏观调控　　　　市场➡决定　　国际市场
↓
企业
⬇
劳动者

图17

以核心概念为依托，将相关概念结构化，将知识迁移放在教学的优先位置，使学生在面对复杂的社会现实问题时激活、迁移并理解学科核心概念，引领学生持续不断地思考，才是我们素养教学的应有之义。纵观2009—2019年十余年的北京卷图表类主观题，其背后均有核心概念的考查。因此，我们在复习中应该关注核心概念、大概念（如全球化、逆全球化、共同体等），进行知识的结构化复习，切勿将知识以点状化复习，不断提高学生的迁移发散能力。

附：2009—2019年北京卷图表类主观题考查情况

试题	设问	考查模块	考查内容/核心概念	分值
2009年38题（1）	请你告诉他们图中反映了什么经济现象，并结合社会建设支出的具体内容说明这些支出是如何对经济建设起到促进作用的	经济生活	国家财政支出	11分
2011年38题（1）	运用"经济生活"中的相关知识，说明图11中所列生产要素和市场需求为什么对产业发展十分重要	经济生活	经济循环流向图	13分
2012年38题（1）	读图12，描述外商直接投资和对外直接投资在各阶段变化的基本特点，并说明加快对外直接投资对我国经济发展的战略意义	经济生活	对外开放	12分
2013年38题（1）	描述图13所反映的我国用水总量、工业废水排放总量和生活污水排放总量的变化趋势	经济生活	可持续发展	3分
2016年38题（1）	阅读上述材料，阐述科学技术的进步怎样影响了个人的经济生活	经济生活	科技与人（个人在经济生活中的不同角色）	13分

试题	设问	考查模块	考查内容/核心概念	分值
2017年38题（2）	中心城市的人才、产业的技术等优势和周边辐射和输出，能够带动周边区域经济发展，产生"外溢效应"。在"破解非首都功能、推动京津冀协同发展"的背景下，结合材料，运用"经济生活"相关知识，谈谈如何理解北京的"外溢效应"	经济生活	京津冀一体化（区域协调发展）	10分
2017年39题（2）	分析图16的调查结果，据此你认为该青年在开办餐厅时应该注意哪些问题	经济生活	企业的经营与发展	2分
2018年38题（2）	读图17，运用"经济生活"知识，分析这些"不一样的速度"与高质量发展的关系	经济生活	高质量发展	12分
2019年38题（2）	从图17和图18中任选一幅，借助所选的图，运用经济知识，说明上述历史性变化是如何发生的	经济生活	改革开放40年	8分
2019年39题	参考材料包括的内容，针对这位同学的疑问，从经济角度谈谈你的认识	经济生活	专利保护（政府与市场）	11分

4.反思。政治试卷的一大特点就是文字量多、阅读材料多，很多学生都存在答不完试题的情况。反思可以帮助学生不断提高解题能力，教师应帮助学生不断提高反思的意识，每次做题后善于总结和反思自己的失分的原因。是基础知识不熟？答题语言不规范？思路有问题？关键词不敏感？方向找错了？还是时间分配不合理？等等。多练习、多反思、多总结，才能使学生应对高考试题，从容不迫。

政治图表类主观题的解读与训练可以在一定程度上考查出学生的描述、解释、论证、发散等能力，但核心素养的提升是一个长期的过程，因此在高考备考中，教师可以通过经典例题训练的方式，以真实情境为依托，不断激活学生的素养和能力，使学生无论是面临结构化情境还是生活现实，都能将所学知识予以整合，充分发挥好高考指挥棒的作用。

参考文献：

［1］张翰."大概念"：一个不容忽视的课程新理念［J］.思想政治课教学，

2019（6）：31–33.

[2] 李荣英.高中政治图表题解题技巧［J］.中学政史地（高中文综），2016（12）：17–19.

[3] 袁子娟，齐艳山.解析高中政治图表型主观题解题技巧［J］.吉林教育，2012（4）：35.

（撰文：姚岚）

（本文发表于《思想政治课教学》2019年第10期）

疫情防控期间线上"翻转课堂"教学探究

2020年初暴发的新型冠状病毒感染疫情给社会方方面面带来了巨大影响，各学校都开始探索以网络课堂的形式展开日常教学。

与其他学科一样，思政课线上教学同样也面临"教学质量"与"教学进度"的双重压力。"精简教学内容"与"提升教学效率"一时间成为各学科面临的共性课题。

与其他学科不同的是，思政课更加强调在议题讨论中形成学科观点，非常重视师生之间的交流和互动。在精简教学内容时，如果对讨论探究环节进行大量压缩，难免会使课堂沦为师生都不喜欢的"满堂灌"，对学生核心素养的提升产生消极影响。那么，思政课教师如何在尽可能保留必要讨论探究环节的前提下，"节约"出宝贵的课堂教学时间呢？

一、"翻转课堂"：关注学习全过程

反思线上教学全过程，解决"节约"教学时间问题的关键在于如何处理"不敢不讲的简单学科知识"。这一类知识通常与学生的生活经验区别不大，难度较低，一般不需要围绕其设计复杂的学科任务，因此是"简单学科知识"。但是，这些知识与后续教学内容有较强的关联性，如果直接跳过会造成学生的困扰，因此又"不敢不讲"。以《道德与法治》七年级下册第三单元为例，"集体"是本单元的核心概念，学生不难理解，但教师不敢不讲；"归属感""安全感""集体荣誉感"等概念也并不难，但为了"以防万一"教师往往会选择举例说明，占用大量教学时间。就这样，大量"不敢不讲的简单学科知识"使每节课堂内容体量庞大，教学任务的设计也会相应变得"多"且"碎"，但实际效果却不尽如人意。显然，讲授"简单知识"应该成为教学中"被精简掉的部分",但如何破解"不敢不讲"的困境仍然需要在教学理论中寻求指导。

"翻转课堂"的教学理念重在将学生的学习行为以时间维度进行划分,如图18所示,学生的学习过程包括"课前预习""课堂学习""课后复习"三个部分。"课前预习"强调学生在课前通过自主学习初步了解本课的内容。"课堂学习"强调师生在课上针对核心问题进行讨论与探究,运用学科知识解决实际问题。"课后复习"既包括对已学内容的复习与检测,也包括学生自主拓展性学习,还包括对新内容的课前预习。三个阶段的学习前后相继,形成学生完整的学习过程。

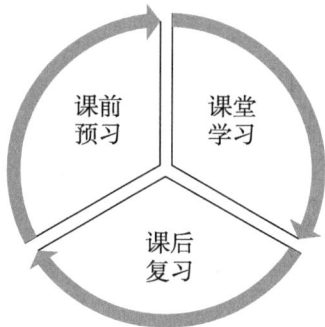

图18

因此,当我们考虑如何提升课堂教学效率时,从学习的全过程进行思考可能会比仅从"课堂学习"去思考更有效果。课上"不敢不讲"简单学科知识的困境可以通过课前预习和课后复习的辅助进行破解,也就是说,我们可以通过优化分配"课前""课堂""课后"的教学任务,在不给学生增加更多学习压力的前提下,提升学生的整体学习效率。

带着这样的理解,笔者在本学期疫情防控期间网络教学的条件下,对《道德与法治》七年级下册教学内容进行"翻转课堂"形式的教学实践。三个学习阶段的学习任务调整如下表所示。

	目标	任务
课前预习阶段	初步了解本课的内容	1.课前预习,完成思考题 2.课上完成预习检测
课堂学习阶段	1.明确本课的核心概念 2.对关键问题能够形成正确的学科观点	1.识记和理解本课重要的学科知识 2.运用学科知识讨论和探究本课关键问题
课后复习阶段	1.能在一般情境中应用本课所学 2.有兴趣的学生可进行探究性学习 3.对新学习内容具备初步了解	1.课后完成必做的作业 2.课后选做拓展性任务 3.课后完成下一课预习任务

二、有效学习："翻转课堂"的实施关键

通过教学实践可以发现，预习任务是线上"翻转课堂"得以有效实施的前提和关键步骤，其完成质量对"翻转课堂"教学的后续环节有决定性影响。那么，"应该布置什么样的预习任务""如何检测学生的预习效果""如何认识和使用预习带来的红利"，就成为线上"翻转课堂"教学实践过程中应重点关注的问题。

第一，课前预习阶段应该布置什么样的预习任务？

布置预习任务的关键在于培养学生的预习习惯和反馈学生预习之后的"课前水平"。在本学期教学的前半段，培养学生的预习习惯是重中之重。因此，每节课前布置的预习内容较为简单：基本内容是学生在15分钟之内快速阅读教材，写出本课的关键词。在学生初步养成预习习惯后，开始对预习任务进行调整。调整后的预习任务聚焦思政课学科任务中的"描述与分类"，要求学生在快速阅读的基础上完成如"举例子""说特征""说表现""进行分类"等思考题。这样的设计是因为在预习阶段，学生尚不具备对学科知识的准确理解，学科任务不宜过于困难，应更多关注学科知识与学生生活经验之间的联系。在思政课学科任务中，"描述与分类"任务相对简单，学生可以根据生活经验和预习之后的理解完成任务，既能起到锻炼学生学科思维的效果，又能根据学生的完成情况反馈学生预习之后的真实"课前水平"。

第二，如何检测学生的预习效果？

在每节课前，通过完成"预习检测题"的方式，既能有效督促学生，又能较为准确地检测学生的预习效果。在题目设置上，可以根据教材内容设置5道有难度差异的检测题：前两题要求学生摘录关键信息，考查学生是否完成预习基本要求；中间两题要求学生完成"举例""分类"等学科任务，测试学生对学科概念的理解程度；最后一题为观点阐述，考查学生对于实际问题的真实观点。学生在规定时间内完成题目并按要求上传，教师在课上及时进行分析和简评。

不过，这种形式比较费时，可能会挤占本就紧张的课堂教学时间。如何解决这一问题？笔者在实践中摸索出网络课堂条件下"抽查"和"微课"两

种方法。"抽查"是指预习检测任务全体完成，但每次只抽查5位同学。在不同学业水平的学生中，有选择性地抽取5位同学的预习检测题进行分析和简评，能够做到及时反馈的同时节约大量的时间。"微课"是指通过提前录制好微课的方式填补教学中的"空白时间"，提升教学效率。例如，在教师忙于检查和分析学生上传的预习检测题时，可以给网络课堂中的其他学生播放提前录制好的微课。微课的内容包括预习检测题的讲解或是课程的导入内容，可以与教师的后续教学进行有效衔接。通过这些方式可以有效缓解预习检测环节带来的时间压力，在课堂教学中充分发掘预习带来的诸多红利。

第三，如何认识和使用预习带来的"红利"？

通过"翻转课堂"的调整，我们可以明显观察到思政课在"教"与"学"两方面的显著变化。学生通过预习，基本可以掌握简单的学科知识，教师只需要有选择地强化和检测，就可以完成以往需要大量时间才能解决的任务；节约出来的时间可以更多地交给学生进行更充分的讨论和探究，课堂氛围也有所改善；学生的学习热情提高，逐步养成预习和复习的习惯……这些变化的背后，是预习给师生带来的更深层次的"红利"。从学生的角度看，预习之后，学生是带着"拼图"进入课堂的。这些"拼图"可能是预习时"半懂不懂"的知识，也可能是对教材逻辑的全面或不全面的理解，还可能是对于本课内容或多或少的疑惑或是期待。从教师的角度看，教师是带着对学生的"认识"进入课堂的。这种"认识"是对学生课前实际水平的认识，是对学生"已知"和"未知"的认识，是对学生在不同难度任务中表现出的个体差异的认识。

与学生没有预习就进入课堂的情况相比，我们可以更好地理解预习带来的红利——学生的"拼图"和教师的"认识"——对教学更深层次的影响。首先，预习使学习行为更加符合学生的学习规律。建构主义学习理论认为，学生的学习过程是从原有经验（包括生活经验和学习经验）建构出新的经验，这一过程像是"搭积木"或是"拼拼图"，需要认知和试错的过程。学生经过预习后，会带着"预习的学习经验"和自身具备的"生活经验"两块"拼图"进入课堂，这对于学生准确认识学科概念以及后续的知识应用都有重要作用。其次，预习可以增进教师对学生的了解，引导教师调整教学活动。在学生"空着手"进入课堂的情况下，教师首先需要帮助学生认识每一块"拼图"是什么，然后再教学生如何"拼拼图"。如果学生拿着两块"拼图"进入课堂，教师的任务也会发生相应的转变：首先，教师要做的是"识别"，需要观察和分析每个学生所带"拼图"的相同点与差异性；其次，要做的是"引导"，通过各种形式的教学活动引导学生自己把"拼图"拼起来，即形成学科观点；最后，是"检测"，设置各种情境，观察和检测学生在不同情景下应用学科观点的表现。显然，这样的转变更加符合当下思政课变革的需要，对于培养学生的核心素养也能起到更好的效果。这一系列转变的起点是预习，那么我们应该投入更多精力深入思考预习对于思政课的积极意义。

三、优化预习增强引导：思政教学新常态

丘吉尔曾经说过，"不要浪费一场危机，每一次危机中都隐藏着机会"。在突如其来的疫情下，网络课堂的授课形式让思政课教师被迫走出了自己教学的"舒适区域"，面临时间与质量的双重挑战。但同时，我们也因为危机有机会去思考一些原来没有特别关注或是认为理所应当的问题，去突破一些此前限制我们的有形或无形的束缚。当回到熟悉的常态教学之后，对于线上"翻转课堂"的探索经验还有哪些方向可以深入研究呢？

首先，我们要关注的是教学环境与条件的变化，思考"预习能不能对日常思政课起到积极作用"这一问题。在日常思政课的教学中，"教学质量"与"教学进度"的双重压力必然长期存在，思政课重视讨论探究的特征也必然不会改变，那么"在尽可能保留必要的讨论探究环节的前提下，思政课教师如何才能节约宝贵的课堂教学时间"这一问题就会是我们需要长期面临的问题。只要这一问题仍在，那么我们疫情防控期间翻转课堂的研究成果就仍有"用武之地"，学生的预习对思政课教学产生积极影响的路径就依然有效。

其次，我们需要持续关注"更好地挖掘预习带来的红利"的问题。仍以拼图来比喻学生的生活经验和学生预习所获得的经验。学生完成预习只是保证他带着"拼图"进入课堂，而他的"拼图"能不能严丝合缝地对接上其他"拼图"，形成理想的效果取决于两个关键问题。第一，学生的拼图质量高不高；第二，拼得好不好。因此，针对这两个关键问题我们需要在"优化预习

任务"和"增强教师引导能力"上下足功夫。

优化预习任务的目的是提升"拼图"的质量。我们很难改变学生的生活经验，但预习的效果与预习任务的设置密切相关。如果通过对预习任务的不断优化，能让学生预习之后对"半懂不懂"的知识更懂一些，让"不全面的理解"更全面一些，让学生对本课的"期待"更多一些，我们的思政课堂必将发生令人欣喜的变化。因此，不断找寻预习任务和思政课学科任务在培养学生核心素养方向上的一致性，是我们持续进行研究的重要方向，借助预习任务为载体，探索"什么样的学科任务适合培养什么样的核心素养"这一问题。

增强教师的"引导"能力是学生真正把"拼图"拼好的关键。如果将教学比喻成做饭，那么预习就像是厨师在炒菜前的"备料"，课堂教学则像是厨师将备好的材料进行"烹饪"的过程。材料固然非常重要，但想做成美味的大餐还要靠厨师精湛的厨艺。因此，如何在学生充分预习的条件下，真正实现教师"引导"学生自己去拼拼图，而不是我们"教"学生如何拼拼图也是我们进一步研究的重要方向。当思政课教师能够更好地引导学生自己形成学科观点的时候，学生的预习会变得更具价值，"翻转课堂"的思政课也将更具魅力。

（撰文：王建业）

（本文发表于《思想政治课教学》2021年第1期）

基于在线智能学习平台的道德与法治课堂教学实践

——以"根本政治制度"为例

随着人类进入信息时代，以计算机和互联网技术为核心的现代科技推动着教育不断变革和发展。如何更好地利用现代科技助力学科教学质量提升，也日益成为各省市、各区县关注的问题。精准教学是一种高效的知识与技能的学习方法，主要是"通过采用适当的技术，生成个性化的精准教学目标，开发适切的教学材料，设计适宜教学活动进行教学，并且频繁地测量与记录学习者的学习表现，以精确判定学习者存在的当前问题及潜在问题，针对判定的问题，采用适当的数据决策技术以及对教学策略进行精准的优化和干预"。[①]本文以改进课"根本政治制度"为例，尝试探索在数字化教学背景下，如何利用"智慧学伴"在线智能学习平台实现道德与法治课程精准教学。

一、学科能力表现指标与第一次授课

（一）学科能力表现指标

"智慧学伴"是由北京师范大学未来教育高精尖创新中心研发的在线智能学习平台。它基于大数据和人工智能技术，面向北京市中小学生，提供在线测评、智能作业、个性化报告与学习资源等教育服务。其核心理念是通过全学习过程数据采集，构建知识与能力结构，发现并增强学科优势，诊断并分析学习中的问题，进而实现教师的精准教学。

道德与法治的学科能力是指学生顺利进行学科认识活动和问题解决活动

---

① 参考彭红超，祝智庭.面向智慧学习的精准教学活动生成性设计［J］.电化教育研究，2016（8）：53-62.

所必需的、稳定的心理调节机制。其内涵是系统化、结构化的学科知识技能及核心学科活动经验图式（稳定的学科经验结构）对活动的定向调节和执行调节机制。道德与法治学科的认识活动和问题解决活动分为三种：学习理解活动、实践应用活动和创新迁移活动，以此为依据，我们构建了基于能力要素的道德与法治学科能力表现指标体系，如图19所示。

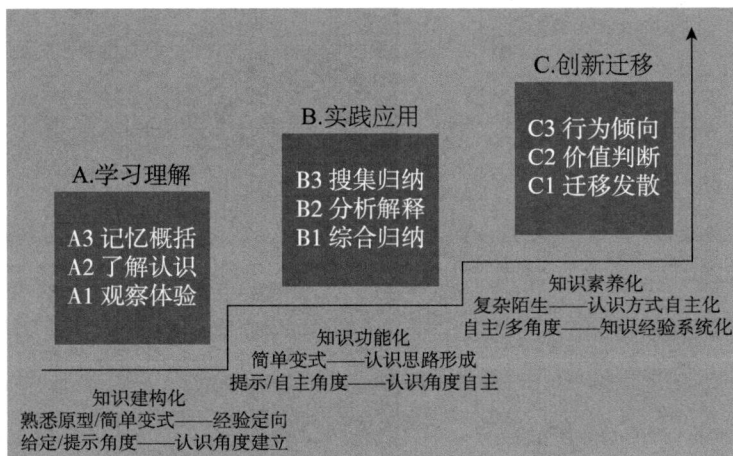

图19　道德与法治学科能力表现指标体系

（二）第一次课出现的问题

2019年4月，基于"根本政治制度"内容进行了第一次试讲。由于时间所限，并未依托在线智能学习平台对学生进行前测，仅仅依靠教师用书和已有经验制定教学目标，确定学习重难点和教学法。课程结束后，听课教师普遍反映存在以下问题：教学目标不明确，教学重难点不准确，教学法不确切。具体来说，就是教师无法确定学生在各主要学科能力上的表现，很难精准确定教学目标，无法准确判定教学重难点，教师的"教"与学生的"学"不确切，课程结束后，学生依旧对本课主题"根本政治制度"的理解存在模棱两可的情况。

基于本次课出现的问题，在改进课中做了如下工作，即充分运用在线智能学习平台进行前测，精准诊断问题，制定教学目标，开展教学活动。

二、如何开展改进课的精准教学

（一）精准诊断问题

精准诊断问题是实现精准教学的前提。本次改进课的实施班级为初二年级（2）班全体同学。在进行改进课之前，教师在智能学习平台上提前发布前测题，以便深入了解学情。学生总人数为32人，参与人数为24人，参与率为75%。前测各题对应的学习指标及平时得分率如表1所示。

表1　前测学习指标及平均得分率

学习目标	能力要素	学习指标	题目	平均得分率
了解人民代表大会制度的基本内容	A2	A2-2	2、3、4	72
了解人大代表的各项职权和义务	A3	A3-1	1、5、6	42
结合实例，分析人民代表大会制度是我国的根本政治制度	B2	B2-1	7	79
收集资料，论证必须要坚持和完善人民代表大会制度	B3	B3-1	8、9	57

此外，我们还通过问卷星对学情进行了调查。针对本课的教学重难点，设置了两个关键问题：①你知道为什么我们选择人民代表大会制度作为我国的根本政治制度吗？②你知道人民代表大会制度是如何保障人民当家做主的吗？此次前测全员参与。结果显示，学生对根本政治制度——人民代表大会制度有一定的了解，但对"为什么选择人民代表大会制度""人民代表大会制度如何保证人民当家做主"等问题尚存较大的疑惑。

因此，我们将本课的学习难点确定为：为什么选择人民代表大会制度作为我国的根本政治制度、人民代表大会制度如何保障人民当家做主以及人大代表的权利和义务等。

通过数据了解、学情分析，实现精准诊断问题，这就为教师精准教学奠定了基础。

（二）精准制定教学目标

实现精准诊断问题之后，需要根据这些问题制定精准的教学目标，这是实现精准教学的前提。"根本政治制度"为初中《道德与法治》教材八年级下册内容，其所在知识图谱位置如图20所示。与该核心概念相对应的知识细目如图21所示。

一级主题	能力要素	学习指标
我与国家和社会	积极适应社会的发展	亲近社会、责任担当、善用网络、奉献社会
	认识国情与爱我中华	国家利益、时事政治、国家安全、国家发展
	法律与秩序	公民权利的保障书、治国安邦的总章程、公民权利、公民义务、基本经济制度、根本政治制度、基本政治制度、国家机构、自由平等、公平正义

图20　本课内容所在知识图谱位置

学习概念	能力要素	学习指标	具体描述
根本政治制度	A2	A2-2	了解人民代表大会制度的基本内容
根本政治制度	A3	A3-1	了解人大代表的各项职权和义务
根本政治制度	B2	B2-1	结合实例，分析人民代表大会制度是我国的根本政治制度
根本政治制度	B3	B3-1	收集资料，论证必须要坚持和完善人民代表大会制度
根本政治制度	C1	C1-2	能够对所学知识进行迁移发散，支持人大代表的工作，推动人民代表大会制度的完善
根本政治制度	C3	C3-1	能够积极主动寻找身边的人大代表，参与政治生活

图21　本课内容知识细目

根据前测结果和对应的知识细目，制定本节课的教学目标。

1.知识与技能目标：在阅读材料、小组合作、教师讲解的基础上，了解人民代表大会制度的内容以及人大代表的权利和义务。

2.过程与方法目标：通过本课学习，能够结合实例分析人民代表大会制度是我国的根本政治制度，从具体的政治现象中抽象概括出人民代表大会制度对保证人民当家做主的作用，运用所学知识和已收集的材料，分析论证坚持和完善人民代表大会制度。

3.情感态度与价值观目标：通过事例分析、课堂讨论、小组活动等方式切实感受人民代表大会制度在维护人民当家做主中的作用，认同中国特色社会主义制度是适应中国发展的好制度。在今后的学习、工作与生活中，能够积极主动寻找人大代表，依法有序参与国家政治生活，推动人民代表大会制度不断完善。

（三）精准实施教学

制定好教学目标，就奠定了精准教学的前提，接下来要开展精准教学活动了，即教师采取何种教法、学生如何学习的问题。

首先，对改进课班级进行了班情分析。该班大部分学生思维较活跃、课外资源信息量较大，但获取的资料呈现片段化、表象化的特征，多为对事物的感性认识。还有部分学生政治学科素养较弱、知识面较窄、公民意识较为淡薄，较少关注政治，认为政治学科所学内容与他们的现实生活距离较远。学生的这种"这些制度只与成年人"有关的片面理解与认识，恰恰反映了他们公民意识的薄弱，而实际上是落实全面推进依法治国理念、建设社会主义法治国家的最大问题。

基于此，确定了任务型教学法和小组合作学习方式，由教师层层深入地设置任务，引导学生以团队合作的方式完成学习。

在教学时，教师以美国历史上最长时间的政府"停摆"一事引出本课教学内容。通过组织学生思考为什么美国出现政府"停摆"的深层次原因，了解美国三权分立的政体，顺势引出我国的根本政治制度，直接进入本课主题。

在具体的教学活动中，笔者设计了以下四个环节。首先，小组合作，探讨政体。在了解我国根本政治制度之前，学生需要了解其内涵，即国家权力归属、权力分配等问题。教师给出如下问题，各小组参考任务单完成活动一（如图22）。学生根据教师任务单进行讨论，一方面初步了解我国根本政治制度的基本内涵，为下一环节奠定基础；另一方面，也能锻炼阅读能力，符合"大阅读"时代的要求。

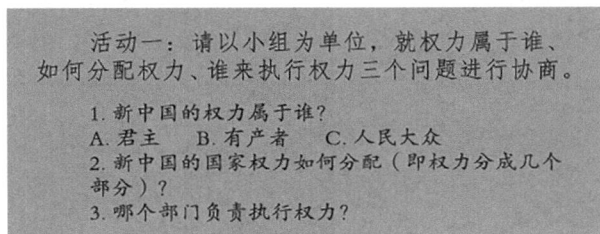

活动一：请以小组为单位，就权力属于谁、如何分配权力、谁来执行权力三个问题进行协商。

1. 新中国的权力属于谁？
A. 君主　　B. 有产者　　C. 人民大众
2. 新中国的国家权力如何分配（即权力分成几个部分）？
3. 哪个部门负责执行权力？

图22　活动任务单

其次，回溯历史，对比选择。在学生对国家权力如何分配等问题有了大致了解的基础上，教师要重点引导学生思考：如何运用这些权力以真正符合国情。通过纵向、横向两条脉络在古今中外对比中作出选择，即给出我国历史上唐朝、明朝的政体形式（纵向脉络）和美国的三权分立制（横向脉络），由小组讨论并选择（给出选择或不选择的理由）。这样设计的目的是希望学生能够从历史维度和国际维度的比较中，得出人民代表大会制度是顺应中国国情的，是历史的必然和人民的选择，从而回答学生对"为什么选择人民代表大会制度作为我国的根本政治制度"的疑惑。

再次，了解制度，合作画图。在学生了解人民代表大会制度是历史的必然和人民的选择之后，教师给出人民代表大会制度的内容，布置任务（学生分组作图表示人民代表大会制度的内容）。此活动旨在落实A2能力指标，让学生了解人民代表大会制度的内容，并锻炼学生图文转化的能力。学生绘制结束后，教师给出所画内容供学生参考并修改。

为巩固所学，实现"知行合一"，教师以地图的方式给出西城区各国家机关，如区人大常委会、区人民政府、区人民检察院、区人民法院、区监察委员会，引导学生根据所学内容解释它们之间的关系，以实现B2层级能力目标，即结合实例，说明人民代表大会制度是我国的根本政治制度。

　　最后，分组汇报，分享感受。上课前对教材内容进行适当调整，将人大代表内容单列一节，以推进改进课的顺利实施。具体做法是请班级某学生采访担任过人大代表的家长，并在班级进行汇报与讲解，以落实A3层级能力目标，即了解人大代表的各项职权和义务，同时让班级学生调查家长最关心的问题（3个）。经统计，班级学生家长最关心的问题排名前五位的是：教育、医疗、停车、垃圾分类、城市建设。各组学生就所选问题分组撰写议案并数次修改，将修改好的议案当堂汇报。这有助于培养学生发现问题、分析问题和思考解决问题的能力，同时锻炼学生依法参与国家政治生活的能力，落实C1、C3层级能力目标，即人大代表是代表人民行使权力的。当遇到棘手问题时，我们要能够积极主动寻找人大代表，依法有序参与政治生活。

　　需要注意的是，学生分组汇报结束后，教师要进行总结概括、归纳提升，增进学生对中国特色社会主义政治制度的认同，增强制度自信。本课教学目标、学科能力与学科素养的对应关系如图23所示。

教学目标	学科能力	核心素养
时事导入，引出主题		科学精神
小组合作，探讨根本政治制度的主要内涵	分析解释（B2）	政治认同
在古今中外对比中进行选择，得出人民代表大会制度的政体是历史的必然和人民的选择	搜集论证（B3）	政治认同
了解人民代表大会制度，并能根据人民代表大会制度分析解决现实中的问题，做到"知行合一"	了解认识（A2）	法治意识
小组汇报，切实感受人民代表大会制度在保障人民当家做主中的重要作用，进而认同这一具有中国特色的政治制度。学生通过汇报能够在今后的学习、工作、生活中积极主动寻找人大代表，依法有序参与政治生活	记忆概括（A3） 搜集论证（B3） 迁移发散（C1） 行为倾向（C3）	公共参与 科学精神
总结提升		政治认同

图23　教学目标、学科能力与核心素养的对应关系

三、教学成效

在改进课上，我们采用了任务型教学法和小组团队合作学习的方式进行精准干预。课后，教师在"智慧学伴"上布置后测题（由教师自主组卷，共8道选择题）。学生完成情况如下。

通过"智慧学伴"完成人数26人，线下完成3人，共计29人，占班级总数（32人）的90.63%。其中班级平均分为5.97，总得分率为74.57%。从学科能力表现上，班级同学在记忆概括方面的掌握度为82.76%，观察体验方面掌握度为70.69%，了解认识方面的掌握度为74.48%。

在线智能学习平台实现了现代信息技术与道德与法治学科教学的有机融合。利用在线智能学习平台，可以精准地诊断问题以精准了解学情，从而精准地制定教学目标，实施教学活动。精准实施教学之后，再运用在线智能学习平台进行后测，结果显示本次改进课达到了预期的效果。由此可见，通过在线智能学习平台，能够切实提高学生道德与法治学科的学习水平和学习成绩，真正做到精准化教学。同时要看到，只有长时间地持续追踪才能为本研究提供更翔实的数据和充足的证据。在今后的教学实践中，笔者将继续运用现代信息技术精准诊断问题、制定教学目标，以实现精准实施教学，真正地助力学生发展和教师教学水平的增强。

（撰文：裴志新）

（本文发表于《中小学数字化教学》2019年12月刊，部分地方略有修改）

高考政治主观题作答的结构化策略

引导学生构建结构化的作答思维，是复习备考的重中之重。所谓答案的结构化，是指能扣住问题进行有效作答，知识运用准确，将各答案要点按照一定的逻辑结构串联，思路清晰顺畅。构建结构化的作答框架，能够帮助学生优化审题流程，厘清答题思路，规范作答文本，提高答题效率。等级性学业水平考试往往看重的是学生解决现实问题的能力。基于此，我们需要引导学生构建以解决问题为中心的答题思路，并基于知识的结构化、设问的结构化、情境的结构化来尝试构建作答的结构化框架。这样，呈现出来的效果就不会是简单的知识堆砌，而是紧扣问题、逻辑清晰。

一、知识的结构化

知识的结构化是指通过把握学科概念间的相互联系，搭建起网状的知识结构，形成关于学科知识的整体思考。对于考试答题来说，知识作为学科的基本载体，掌握学科必备知识，是对考生的一项基本能力要求。考生在答主观题的时候，经常出现这样一种情况，评标给出了若干点参考答案，但考生在回答时往往会遗漏某点，事后回忆，是考试的时候没想起来。其根源在于学生在记忆学科知识的时候，是机械背诵，对于学科概念间的联系并不清楚，知识是发散式的、分割式的，而不是网状结构。以哲学教材中"矛盾观"为例，学生在总结知识的时候，经常会呈现出"树状图"的形式。

从这种树状图的画法来看，似乎全面囊括了和"矛盾"相关的学科概念，构图优美，方便识记，但其实人为割裂了学科概念间的联系，知识完全是碎片化的，缺少逻辑推理过程。但如果按照知识结构化的思路来梳理"矛盾观"，呈现出来的效果如下。

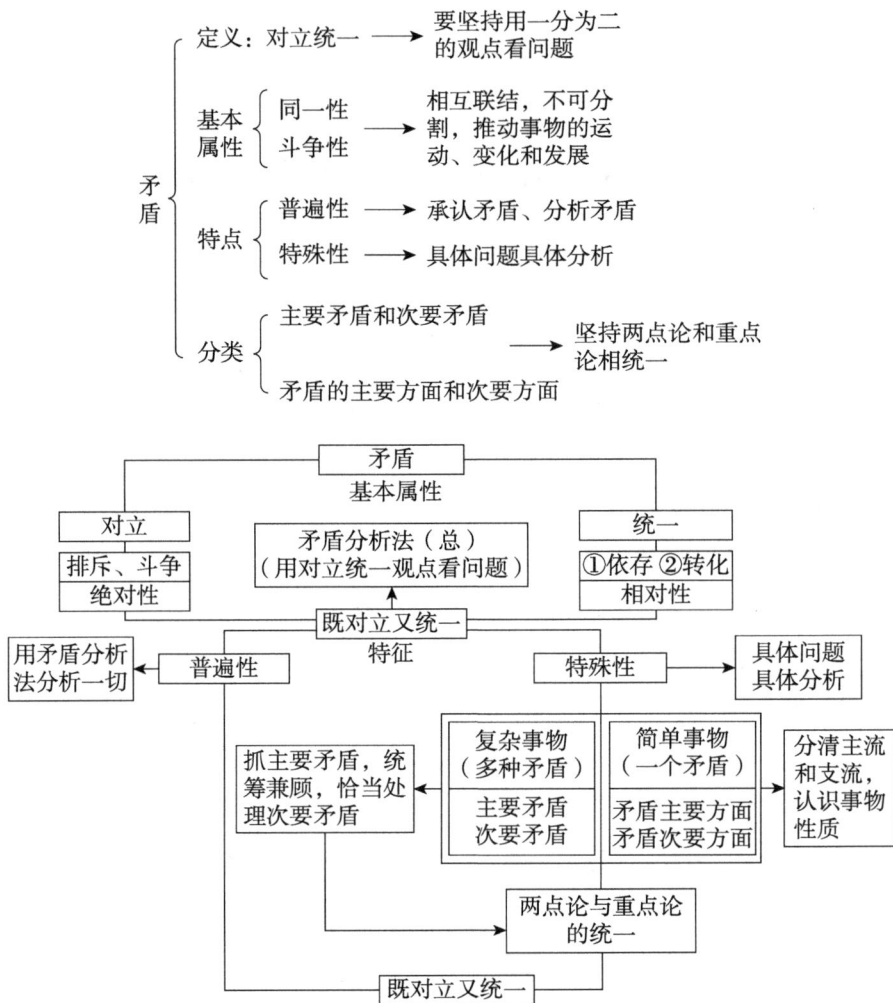

图24

从上图来看，矛盾即对立统一，矛盾双方既相互排斥、相互斗争（矛盾的斗争性），又相互依存、相互转化（矛盾的同一性），要求我们用对立统一的观点看问题。矛盾的对立统一还体现在矛盾的普遍性和特殊性上，普遍性和特殊性相互联结，矛盾的普遍性要求我们用矛盾分析法分析一切问题，矛盾的特殊性要求我们具体问题具体分析。矛盾的特殊性又表现在主要矛盾和次要矛盾、矛盾的主要方面和次要方面的区分上，要求我们坚持两点论和重点论相统一。按照知识结构化的思路来梳理知识，强调演绎推理，逻辑清晰，思路流畅，可以明确学科概念间的联系，知识能够形成网状结构。这样在考试作答时，学生能够迅速调动学科知识，牵一发而动全身，不至于面对试题无处下手，一脸茫然。典型试题是2019年北京市海淀区高三二模试题38（1）。

一张桌、一盏灯、一本书，想待多久就待多久，不管你衣着光鲜还是衣衫褴褛，这灯对所有人发光……2014年，三联书店在北京播下了第一颗夜读的种子，自此24小时书店便在全国范围内如星火燎原般蔓延。

有人说：24小时书店不符合产业运行的规律，在夜里12点至早上8点这个时间段营业没有意义。如果用100万元的经营成本去补贴几十个读者的需求，那就是一种浪费。

有人说：文化地标对一个城市的品位来说相当重要。不眠灯光陪护守夜读者潜心前行，引领不释卷蔚然成风，让更多的人从知识中汲取力量。

运用矛盾分析法说明如何正确认识并处理"书香"与"进账"的关系。（12分）

试题分析：从实际阅卷的情况来看，由于设问限定了作答范围是"矛盾分析法"，学生很容易认识到"书香"和"进账"是对立统一的关系，并能结合情境做出具体阐述。在处理"书香"和"进账"关系时，也不难得出要坚持两点论与重点论相结合的办法，即书店要重点把握社会效益，但同时也要兼顾经济效益。从如何"认识"到如何"处理"，这样一种作答思路看似完美，但其实遗漏了一个采分点，即把握矛盾的特殊性，具体问题具体分析。实际上，从情境本身来看，材料也并未体现针对不同城市、不同顾客、不同书店的做法，故而很容易丢分。而从知识结构化的角度出发，我们知道"坚持两点论与重点论相结合"是从对"主要矛盾、次要矛盾、矛盾的主要方面和次要方面"中分析得出的，而"主要矛盾、次要矛盾、矛盾的主要方面和次要方面"的存在恰恰是因为矛盾具有特殊性，即矛盾着的事物及其每一个侧面各有特点，需要具体问题具体分析。知识环环相扣，逻辑清晰，把握好结构，在面对具体情境作答时，思考维度将更加全面、系统，不易丢点。

二、设问的结构化

在高三备考的过程中，教师往往会反复和学生强调"要仔细审设问、设问非常重要"，而审设问"一定要抓关键词"。但实际上抓关键词也只是在抓细节，缺少宏观视角，难以形成整体性认识。设问的结构化指的是设问本身强调逻辑，命题有维度，突出学科任务。设问是主观题命制的核心，好的设问能让试题充满生命力，学生抓住设问的逻辑，就是"牵住了牛鼻子"，基于对设问逻辑的把握，形成清晰的思维链，作答也会显得有层次和结构。如2019年北京卷38（1）。

制订规划，谋定而动。70年来，中国共产党团结带领全国人民，将民主和集中相结合，合理规划，统筹安排，从中华人民共和国成立初期的"一五计划"到正在贯彻实施的"十三五"规划，从"三步走"战略到"两个一百年"奋斗目标，分阶段、有步骤地推进社会主义现代化建设事业。

商以求同，协以成事。"有事好商量，众人的事情由众人商量"，70年来，我国不断推进政党协商、人大协商、政府协商、政协协商、人民团体协商、基层协商以及社会组织协商，"民主恳谈会""参与式预算"等形式不断涌现，常态化、多层次、各方面有序参与的格局正进一步形成。

集中力量，办成大事。70年来，我们党带领人民办成了一系列关系国计民生的大事。从"两弹一星"、神舟飞船等重大项目，到三峡工程、青藏铁路、港珠澳大桥等重大基础设施工程；从成功举办北京奥运会、上海世博会等重大国际活动，到打好脱贫攻坚战、推进供给侧结构性改革、着力建设现代化经济体系……

结合材料一，运用《政治生活》相关知识，说明我国是如何发挥政治优势凝聚中国力量的。（12分）

试题分析：设问"说明我国是如何发挥政治优势凝聚中国力量的"，考生对该问题的思考应该分为三个维度：第一，情境体现的我国的"政治优势"有哪些？第二，我国是如何发挥"政治优势"的？第三，发挥"政治优势"产生的结果是"凝聚中国力量"，集中力量办成大事，这是回答的落脚点。基于以上对设问逻辑的把握，再回到情境中寻找答案，即可以构建起作答的逻辑结构，如下图所示。

政治优势是什么？	如何发挥政治优势？	发挥政治优势产生的结果
党的领导	总揽全局，协调各方	凝聚中国力量，集中力量办成大事
民主集中制	坚持党中央集中统一领导	
社会主义协商民主	求同存异，凝聚共识	
坚持人民主体地位	尊重人民主体地位	

类似的试题在等级性学业水平考试中非常常见，如2018年北京卷39题。

交换：各自把自己的给对方。——《汉语大词典》

交换的历史由来已久，《诗经·卫风》中的"氓之蚩蚩，抱布贸丝"，记载了古老的物物交换。每个人有不同的技能和禀赋，每一块土地有各自的特色和资源，交换就从这种多样性而来，稻作地区的人们用粮食换取来自草原的骏马，东方的丝绸绢帛换取来自西方的钟表。在驼铃悠扬的古丝绸之路上，伴随着货物交换的还有阿拉伯数字、青花瓷技艺和茶文化。"独学而无友，则孤陋而寡闻"，思维碰撞中"你有一个思想，我有一个思想，彼此交换后每个人都有两个思想"。

在全球化时代，交换愈加频繁便捷，红酒、纺织品、汽车、机械装备等数以万计的货物在各国海关进出，国际媒体间定期交换报道内容，国家首脑会晤交换对国际事务的意见……

实物、信息、知识和思想的交换每天都在发生，从哲学角度阐述，交换给我们带来了什么？

试题分析："实物、信息、知识和思想的交换每天都在发生，从哲学角度阐述，交换给我们带来了什么？"考生对该问题的思考也可以分为三个维度：第一，交换的是什么？即主体是什么？是设问中提到的"实物、信息、知识和思想"；第二，通过交换获得了什么？答案需要在情境中寻找；第三，如何运用哲学思想工具来看待这一现实生活中的行为，获得一般性的认识。基于对设问逻辑的把握，构建作答的逻辑结构如下。

哲学思想的指导	交换的主体	交换后带来了什么？
矛盾具有特殊性	商品交换（实物）	可满足人们不同的消费需求，获取对方的特色和资源
认识具有无限性和上升性	思想文化交换（信息、知识和思想交换）	给我们带来了对方的思想文化，促进了我们自身认识的深化
联系具有普遍性	全球化时代商品和思想文化的交换	通过国家间的相互影响、相互作用，全球联系更加紧密

三、情境的结构化

和设问结构化相匹配的是情境的结构化，情境的结构化指的是问题情境具有一定逻辑结构，情境呈现完整、有序。考试为了增加问题解决的难度，往往情境设计新颖、复杂，文字阅读量大，考生如果把握不住情境的精髓，就容易迷失在材料文字中。实际上，围绕设问要解决的核心问题，通过概括每段材料的中心思想，搭建联系，寻求突破，能够基于情境的结构化搭建起作答的结构化。

以2017年北京卷38（2）题为例。

践行创新、协调、绿色、开放、共享的新发展理念，谋划首都未来可持续发展的新蓝图。

材料二

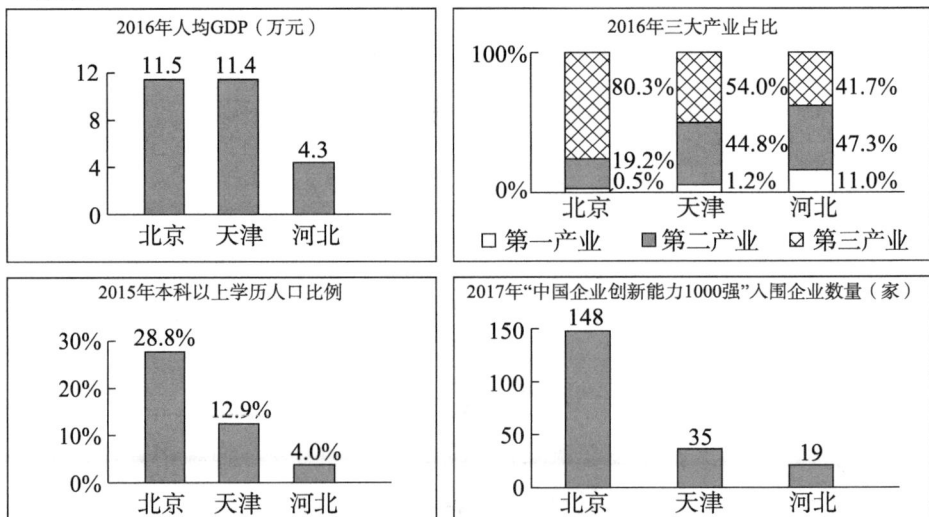

图25　京津冀发展状况

材料三　国务院印发的《"十三五"现代综合交通运输体系发展规划》，提出要"构建京津冀协同发展的一体化网络"，其中要求重点加强城际铁路建设，强化干线铁路与城际铁路、城市轨道交通的高效衔接，加快构建内外疏密有别、高效便捷的轨道交通网络。

材料四　京津冀协同发展战略实施以来，河北省累计签约引进北京市商户23140户，吸引1350多家京津冀高新技术企业落户。一些商业批发、制药行业的企业进行了整体搬迁，一些电子商务企业和高端装备制造企业把他们的物流基地和生产基地外迁到河北。2016年，河北省从京津引进项目4100个，资金3825亿元。

中心城市的人才、产业的技术等优势和周边辐射和输出，能够带动周边区域经济发展，产生"外溢效应"。在"破解非首都功能、推动京津冀协同发展"的背景下，结合材料，运用"经济生活"相关知识，谈谈如何理解北京的"外溢效应"。（10分）

试题分析：本题的设问"谈谈如何理解北京的'外溢效应'"，紧扣"破解非首都功能、推动京津冀协同发展"的时代命题，情境设计了三段材料，选材新颖，娓娓道来。如果学生把握不住三段材料的内在逻辑，就会以为材料是出题人随意选取的，不知道应该回答"外溢效应"的什么。也有学生根据所谓的"答题模块"，从设问出发回答"外溢效应"是什么、为什么、怎么办，但实际上都是在脱离情境作答。从情境来看，材料二以图表的形式展示了北京在经济发展水平、产业结构、劳动力素质、创新能力方面的发展优势，这是北京产生"外溢效应"的基础和前提。材料三提到的"加快构建内外疏密有别、高效便捷的轨道交通网络"能够降低运输成本，加速区域内人、财、物流动，提高资源配置效率，便于北京各种优势外溢，是北京加速"外溢效应"的条件。材料四讲述了企业外迁的情况，提高了当地的科技创新能力，增加了就业岗位和居民收入，能够有效带动河北当地经济发展，这是外溢效应产生的结果和影响。由此可见，围绕"外溢效应"，材料分别阐述了北京"外溢效应"的基础、条件和影响，逻辑清晰，结构明显。

需要注意的是，情境既有结构化的情境，也有不良情境。相比结构化的情境，不良情境是一种无序的叙事手法，信息交织混杂，排序较乱。[①]在等级性学业水平考试中对学生的文本阅读能力也提出了一定要求，学生如果把握不了材料的论点，就会陷入大量纷繁复杂的论据中，迷失做题的方向。典型试题是2015年北京卷38（1）。

"众"最初的字形是人们在太阳下共同劳作，在互联网时代，人们的共同劳作有了更多的可能。

材料一　某生物学教授将研究课题开发成一款用氨基酸组装蛋白的游戏，向全球的游戏玩家开放，一个困扰了研究者15年之久的蛋白结构，仅仅10天后就被破解；各领域的专业人士和业余爱好者在百科全书式网站参与贡献内容、修订词条，共同创造和分享海量的知识；百万名网友参与"让爱回家"行动，筹得230个红包和50多张回乡机票，帮助近300个家庭羊年春节团圆……

在互联网时代，"我们通过连接把自己变成了一种新的更强大的物种"。你是否赞同这一观点？并用所学的哲学原理说明理由。

试题分析：材料的核心论点是开篇提到的"在互联网时代，人们的共同劳作有了更多的可能"，材料一给出的三个具体事例，都是作为论据来解释核心论点的，学生作答时应该聚焦论点，围绕"实践、联系和发展"的观点作答。但如果对情境"论点＋论据"的结构形式不敏感，考生作答极易局限在每一条论据中，绞尽脑汁思考"向全球的游戏玩家开放""修订词条""百万名网友参与'让爱回家'行动"这些具体事例背后的哲学原理是什么，实际上走了南辕北辙的路子，更无从谈作答的结构化了。故而看似是不良的情境，其实背后也是有逻辑可循的。

从以上典型试题分析来看，教师在日常备考复习中，可以引导学生基于知识结构化、设问结构化和情境结构化来构建作答的结构化。需要特别指出的是，知识结构化、设问结构化和情境结构化三者之间是有机联系的，不能将它们人为地割裂成一个个独立的单元，否则离开任意一个方面去思考试题都会容易导致思维漏洞。知识结构化是学科最基本的载体，解决现实问题需

---

① 王礼新.问题情境、学科任务与学科内容［J］.思想政治课教学，2017（12）：16-20.

要运用好学科知识工具。在此基础上，综合审视设问和情境，有机融合，把握联系，突出逻辑，能让我们的回答更加完整、丰富，层次分明。一份优秀的回答，一定是结构化的回答，我们要走出政治回答"多答多写、越多越好"的认识误区，纠正一些以往的错误看法。

（撰文：梅超）

（本文发表于《思想政治课教学》2021年第7期）

《道德与法治》中考备考策略研究

随着新课程改革、新考试改革的推进，《道德与法治》学科要培养的是"社会主义建设者和接班人"，而非死记硬背、只会应付考试的"书呆子"。因此，应该坚持价值性和知识性相统一，培养"具有高阶思维能力的社会主义建设者和接班人"。关于高阶思维能力的培养，国内外学者有不同程度的研究，比较有代表性的是国外学者布鲁姆的思维层级理论。他将认知过程从低到高分为记忆、理解、应用、分析、评价和创造。[①]当对布鲁姆6个认知过程维度分类时，一个最简单的方法就是二分法，把记忆、理解、应用称为低阶思维；把分析、评价、创造称为高阶思维。[②]基于此，为了让学生在学习时能够基于问题思辨，指向问题解决，教师在中考备考时就要关注学生高阶思维能力的培养。为此，笔者将从以下3条路径进行阐述。

一、关注课标，吃透教材

课程标准应该是所有教师在设计教学时，都必须认真研究的"航向标"，它不仅能为我们在设计教学时提供"活动建议"，丰富我们的课堂，也会成为中考题、模拟题命制的范围之一。例如，2021年西城区二模的试题命制是以"班级之星"评选活动为背景，考查学生对"班级之星"评选活动意义的理解，其对应的课标活动建议即为"开展多样化的班集体活动，在集体活动中体会温暖与力量"。由此可见，如果教师在备课时认真研读新课标要求，

---

① 李寒梅，卢晓慧.以高阶思维打造最美思政课堂［J］.思想政治课教学，2020（4）.
② 孙宏安.高阶思维能力及其培养［J］.大连教育学院学报，2018（2）.

那么在教学中就会以课标为基准，有目的、有意识地突破一些重点，关注一些活动，学生在这个过程中能够更好地领会知识，学以致用。这样，考试的分数则不是靠死记硬背"背出来"的，而是真正基于理解在生活中"用出来的"，分数的提高自然也是水到渠成的事情。

除了新课标，教材也是需要我们重点关注的教学资源。对于教材的关注，主要有以下几点。

第一，关注教材的内容逻辑与知识逻辑。首先教师要明确，教材的内容逻辑不等于知识逻辑。如果在总复习时完全按照教材的内容逻辑来复习，即按照单元、章节的顺序进行复习，学生是无法形成思维网络的。统编版教材的教材编写顺序是依据青少年学生身心发育的特点来编写的，对于正在成长的初中生来说，他的思维认知水平和能力不足以超过当前年龄阶段。也就是说，对于一个复杂知识体系的理解，没有办法要求学生在同一个年级完全掌握。例如，在八年级下册学习宪法与法律时，学生第一次学到了"我国的根本政治制度和基本政治制度"，但是要让一个初二的孩子理解这些制度和"民主"的关系，这很显然超越了他们的认知范畴。所以当初三他们真正去学习"民主"的相关知识时，我们不妨把八年级下册的内容在九年级以及总复习时再重新进行整合，建构起知识逻辑，使学生形成对这一部分复杂知识的完整认识。

第二，关注教材中知识点的复现。教材中有一些知识点和概念的描述是会反复出现的，有些教师在教学时可能会说："你看这个知识点在八上、八

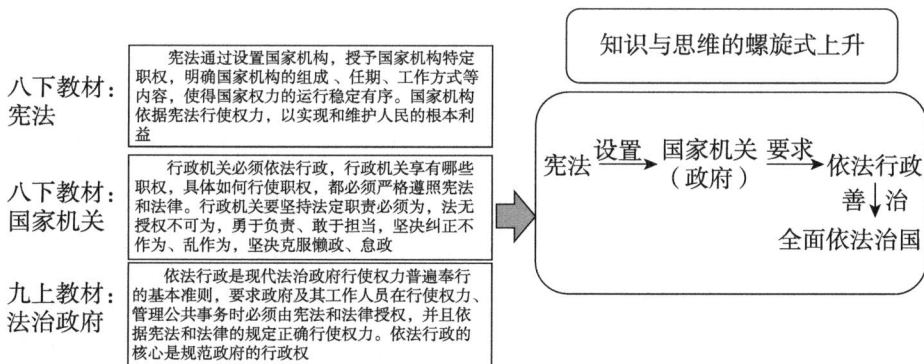

图26

下、九上都出现了，说明这个知识点很重要，大家一定要重点关注，把它背下来。"然而，知识点在不同的教材中反复出现，真的仅是简单重复吗？仔细研究就会发现，这些看似重复的知识点，实则是知识点与思维的螺旋式上升。例如，在八下的"宪法"、"国家机关"及九上的"法治政府"中都提到了"依法行使权力"，看似重复的三段话，实则是有知识递进的。宪法设置国家机关（政府），因此要求政府必须依法行政，而政府只有实现善治，才能更好地实现全面依法治国。只有理解清楚下位概念与上位概念，我们才能形成一个整体的认知，实现认知水平的提升。因此，教师吃透教材，研究清楚知识之间的逻辑关系，对于学生的分析、评价等高阶思维能力的培养起到了重大影响。

第三，逐句理解教材观点。在授课时，很多教师习惯于讲授一级大标题的内容，或者每一段落的前面几句话。对于核心观点的具体阐述部分，可能就是蜻蜓点水般一带而过了，2021年，北京中考就狠狠地给我们"上了一课"。以第8题为例，考查的内容是政府的职权，A选项说的是"对造成严重食品浪费的企业主管人员予以诫勉"。很多学生出考场之后就问我："老师，'诫勉'这个词是什么意思呀？哪个国家机关有权诫勉呀？"仔细翻阅教材后，我们会找到在监察委员会的"处置职责"中，有这样一段解释："对有职务违法行为但情节较轻的公职人员，进行谈话提醒、批评教育、责令检查，或者予以诫勉。"那么没有认真看书的同学，这道中考题可能就白白失分了。因此，教学时一定要回归教材，认真研读教材里的每一个字，切不可因为是重点内容的解读部分，就不做阐述。

二、从演绎到归纳

学生的高阶思维能力并非天生就有，而是在教师的引领下逐步培育而成的。倘若我们在授课时倾向于先讲述结论，而后再用情境、实例来支撑结论（也就是演绎法），那么学生更多发展的是记忆与理解能力，即低阶思维能力得以发展。在授课内容不变的情况下，如果我们将情境与结论调换位置，先创设情境，然后再引导学生在复杂情境中分析问题、多维度思考，从而得出结论（即归纳法），那么此时学生所具备的分析、评价和创造的能力明显更强，即高阶思维能力表现明显更加突出。在此，笔者针对自己所教授的两个班级展开了对比实验，在讲授"法治的要求"时，对于对比组班级我先是呈现了结论，即法治需要"良法"，同时需要"善治"，良法的要求有五点，善治要建立在民主的基础之上。呈现完结论之后，我又用了"《民法典》编纂过程"的例子，去佐证这则材料是如何体现"良法"以及"善治"要求的。而在实验组，我运用了归纳法，首先呈现了"《民法典》编纂过程"这一案例，同时设置了三个问题：《民法典》是一部怎样的法律？编纂《民法典》的过程中，向社会公开征求意见有何意义？有了《民法典》就等于有法治吗？实验组班级的学生在阅读完材料后结合老师的设问层层分析，进而生成了对"良法"和"善治"的认识。随后，我又在对比组和实验组进行了测验，无论从背诵默写还是解题思路上，实验组学生的成绩都明显优于对比组，且非选择题的论证思路更加清晰。

对比组与实验组数据

	人数	默写满分率	非选择题平均分 （满分5分）	非选择题作答情况
对比组	31	29.03%	2.37	背诵默写痕迹明显
实验组	25	56%	4.01	能够结合材料分析，有理有据，层次清晰

19."钢铁丛林"奏响冬奥序曲

20世纪70年代末的企业	2010年全面停产的企业	迎接冬奥的厂区一景
改革开放后，该企业在全国工业战线实行承包制，成为全国十大钢铁企业之一。1994年该企业钢铁产量位居全国第一，为我国的钢铁产业和首都城市建设做出重要贡献，在钢铁工业舞台上"秀"出了风采。	北京2008年奥运会申办成功后，该企业服从国家奥运战略和北京城市定位要求，将钢铁产业从北京搬迁到曹妃甸。同时该企业高质量完成了北京奥运会的"鸟巢"、奥运主火炬塔等多项奥运工程的建设任务。	2016年该企业以"双奥"身份再次让世界瞩目。以敦煌飞天为设计意象，将原冷却塔改造成滑雪大跳台；将原精煤车间变成国家冬季运动训练中心……作为冰雪冬奥的新地标，该企业"秀"出了奥运新风采。

（1）结合所学知识，分析该企业从"钢铁秀"到"奥运秀"说明了什么。

从中考试题的命制上来看，越来越多的试题强调对学生"分析""评价"等高阶思维能力的考查，"归纳法"授课方式已然成为大势所趋。我们以2021年北京中考第19题为例，它的素材背景是北京某企业从20世纪70年代到如今的企业转型过程，要求学生分析该企业从"钢铁秀"到"奥运秀"说明了什么。文字素材以时间轴为顺序分成了三段，第一段我们可以根据提示归纳出改革开放取得的成就。第二段可以归纳出该企业积极承担企业责任，实现了高质量发展。第三段可以归纳出传统文化的创造性转化、创新性发展；该企业积极提升资源利用率；节约资源、保护环境；助力冬奥等。除此之外，从横向上来看，该企业从20世纪70年代到如今的转型过程，恰恰说明了其坚持新发展理念；坚持党的领导；坚定四个自信；弘扬中国精神；凝聚中国力量。我们会发现，在本题的解题过程中，学生需要根据文字材料充分调动所学去分析、归纳，试想如果在日常授课中教师用"演绎法"，先讲结论，再用例子去解释结论，那么学生更多是"背默"，如果遇到这种灵活性、综合性很强的问题，他们自然没有足够的能力去解题了。可见，中考的试题已经为我们的教学指明了方向。

三、巧妙设置问题

杜威曾说："问题是思维教学的主线，思维教学要通过问题的解决才能实施。"在日常教学中我们应该如何设问才能有效培养学生的高阶思维能力？笔者总结出了以下几种能够充分调动学生思维的问题。

1.辨析性问题

辨析性问题，也就是我们日常所说的可以进行"辩论"的问题。这类问题最突出的亮点就是可以引导学生进行分类讨论，从而让学生明白在不同适用条件下，所得出结论可能是不同的。在此，我们以2020年北京中考第22题为例，该题的素材背景是某社区开展垃圾分类宣传活动，一个塑料瓶到底是废还是宝？那在不同的条件下结论是不同的。垃圾是"废"还是"宝"，是有条件的，它取决于人们是否具有保护环境、节约资源的意识，能否做出正确选择。如果人们遵守垃圾分类规定，养成良好的垃圾分类习惯，做好垃圾回收和处理，那么就会保护环境，提高资源利用率，从而使垃圾变成

"宝"。反之，如果没有做好垃圾分类，就可能造成污染，最终威胁人类生存，那么这时垃圾是"废"。当然，我们的教学不能仅仅到此就戛然而止了，除了让学生养成辨析的思维品质，我们更要让学生养成良好的行为方式，所以最后不要忘记提问学生："既然不同条件下垃圾的作用不同，那么我们应该怎么办？"以此让学生明白，我们应该提升环保意识，遵守垃圾分类规定，促使垃圾变废为宝。

笔者认为，日常生活中可用于辩论的问题，都可以根据教学需要、有针对性地引入课堂中进行辨析。此类问题可以引导学生进行分类讨论，养成全面、客观、辩证看待问题的思维品质，同时对于课堂气氛的活跃也起到了推波助澜的作用。

2.追问性问题

在日常教学中我们会发现，如果我们的设问是一个或是两个问题，那么学生的思维路径就会很短，他们难以对于一个问题形成深度认识。因此，想要学生层层递进地深入思考，教师就需要在设问上为学生搭好思维的"脚手架"。这里我以《道德与法治》九年级上册第一课"改革开放"的教学为例。为了使学生对于"改革开放"有更深入的认识和理解，我设置了层层递进的7个问题。

	设问	问题类型
①	改革开放改了什么？	事实性问题
②	解放了什么？	事实性问题
③	带来了哪些成就？	分析性问题
④	随着生活水平的提高，什么变得日益丰富了？	分析性问题
⑤	会带来哪些新变化？又可能会面临哪些新问题？应该如何做？	发散性问题
⑥	最终目的是什么？	迁移性问题
⑦	结合自身实际，谈谈改革开放对你生活的影响及启示。	开放性问题

我们会发现，问题的"脚手架"搭好了，其实学生思维的"脚手架"也

搭好了，这不就是一个完整的思维结构图吗？如果学生能够形成对这一知识的完整认识，厘清它的"前因后果"，那无论从哪一个环节出题设问，学生都能够从容应对。因此在教学中，教师要多思考知识与知识间的联系，多用追问性问题给学生搭建思考的支架，引导学生由浅入深、由易到难、层层深入思考，推动其综合分析能力、发散性思维的发展。

3.冲突性问题

冲突性问题，即与学生原有认知不一致的问题，在冲突性问题中，学生会经历"颠覆—瓦解—重构"的过程，重新形成对原有知识的新认知，加深对知识的理解，从而更好地运用与迁移。这里笔者以《道德与法治》七年级下册"个人利益与集体利益"为例。要让学生掌握的结论是："认识到个人利益与集体利益本质上是一致的，个人利益要服从集体利益。"那么如何让学生发自内心地信服，而不是背诵知识？

第一步，创设情境、教师设疑："学校马上要进行合唱比赛了，各班在紧锣密鼓地进行准备。班里的同学小慧却说'我想站在第一排，凭什么排位时因为我个子高就把我放在最后一排？'如果你是班长，你会如何做小慧的思想工作？"这里学生就会调用原有的知识去说服小慧，例如"我们应该坚持个人利益与集体利益的统一，你要服从集体"。

第二步，逆向思维、争论博弈：教师可以站在学生的对立面博弈，如"个人凭什么一定要服从集体？我们学过权利和义务之间的关系，知道个人在行使权利时不得损害国家的、集体的、他人的合法权利，那为什么集体就能损害我的合法权益？"这一步其实是最精彩的一步，教师运用其他知识去"抨击"学生原有的知识，学生会陷入深深的怀疑，觉得老师说得也对，凭什么我就要服从集体呢？在这一环节，师生可以开展辩论。学生可能会想"教材上就是这么讲的啊，为什么感觉老师抨击我说的也是对的呢？"还有的学生会说："那服从集体不是天经地义的吗？"其实这时的学生已经在进行深度思考了。

第三步，结果预设、旁征博引："如果按照老师说的，班级同意了小慧的要求，让她站在了第一排，会有什么结果？"这一设问一出，学生马上就知道了，如果让她站在第一排，那么班级可能就会因为队形不整齐而得低分，班级分数低了，那全班同学可能都会埋怨小慧，小慧自己也会因为自己想出头而影响班级感到愧疚。同时教师可以举一反三寻找相似的例子，强化学生的理解。

第四步，引出结论、迁移发散："个人与集体是一荣俱荣、一损俱损的关系，因此个人利益和集体利益本质上是一致的，个人利益要服从集体利益。"引导学生思考个人利益与国家利益，人民利益与国家利益之间的关系。学生会更好地理解戍边英雄、榜样人物的行为及精神品质，发自内心地认同，坚定"四个自信"。

在博弈的过程中，教师要引导学生学会质疑，促进学生综合分析、批判思维发展的过程，也是引导学生运用所学知识学会科学、理性地分析问题、认识问题的过程。

4.开放、创新性问题

开放、创新性的问题实际上是给学生的思维留白留下了空间。如果我们想培养学生的高阶思维能力，就必须为他们的延续性思考留出空间。对于开放、创新性的问题，我们可以把相关相似的案例放在一起。例如，在总复习时，我将"倒奶式追星""袁隆平院士逝世""黄文秀等优秀党员事迹""中国传统文化中的名言见贤思齐"等素材放到一起，引导学生思考"如何评析倒奶式追星的行为""我们要追什么样的星""生命的意义是什么""平凡与伟大"等问题。开放性问题答案不唯一，学生需根据所学、结合生活经验，条理清晰、观点明确、能够多角度综合分析，联系自身实际。从近些年的中考试题来看，越来越多的试题采取等级赋分制，其实都是在侧重于对学生创新能力的考查。例如，2019年北京中考第26题（2），让为劳动写一段赞美词，赋分原则采取等级赋分制，分为四档，最高档要求学生："观点明确，知识运用恰当，能够从多角度综合分析，并能联系自身实际，条理清晰。"可见，在日常教学中，我们不能忽视对学生创新能力的培养，要给学生的思维留白，留出延续性思考的空间。

高阶思维能力的培养是一个漫长的过程，我们现在的努力将为学生的高中生活，乃至未来的一生打下良好的思维基础。以上即为笔者在课改考改背景下，对《道德与法治》中考备考进行的探索、对学生的高阶思维能力培养方面进行的一些尝试，并对有益的策略进行了总结，以期在日后的教学中，能够更加有效地促进教学，提升教学质量，更好地锻炼学生的思维能力与学科素养，让道德与法治学科真正成为学生喜欢的"有温度""有深度""有广度"的学科。

（撰文　姚岚）

（本文发表于《思想政治课教学》2021年第11期）

后　记

　　2017年，新一轮课程改革的大幕徐徐开启。借此良机，我率领我校政治教研组的老师们提前关注改革新动向，学习课改新精神，了解课改新举措，还特意邀请了北京师范大学的李晓东老师为我们做了关于新课改的专题讲座。因此，在新课改落地实施的推进过程中，我们显得更加从容坚定！

　　2021年，恰逢我校120周年校庆，学校要求各教研组整理具有特色的教学教研成果。于是，我们就借此把之前已经初步整理的《政治学科核心素养学习·实践·研究集——以主题式教学模式为推动力》，进一步体系化、规范化、精细化。经过两年的精心打磨，终成今日之规模！

　　在此，我衷心感谢学校的大力支持，尤其王莉萍校长和顾咏梅教学副校长。她们为我们指明了努力的方向，并在工作和精神上给予了我们极大的支持，让我们有信心对我们的学习、实践和研究成果进行整理、修改和完善！

　　我也要由衷地感谢教研组的老师们，感谢你们贡献智慧、不辞辛劳，在完成学校本职工作的同时，还加班加点修改完善书稿。同时，感谢我们组新入职的丰菁献、徐伟华、刘志老师，感谢你们协助我们完成稿件的收发和编排等工作！

　　此外，我还要衷心感谢出版社领导的支持和编辑们的辛勤工作，让我们的拙作能够有幸与大家见面。希望我们在学习、实践和研究过程中遇到的一些问题，能给广大一线教师带来一些启示！

2024年3月18日